Indonesien Gestern und Heute

Reiseberichte der anderen Art
von Annette Bräker
und
Horst H. Geerken

A BukitCinta Book

Bibliografische Information der Deutschen Bibliothek:
Die Deutsche Bibliothek verzeichnet diese Publikation in der
Deutschen Nationalbibliografie; detaillierte bibliografische
Daten sind im Internet über http://dnb.dbd.de abrufbar.

1. Auflage 2016 © Horst H. Geerken, 53177 Bonn
Neuausgabe 2025

Umschlag: Gemälde von Ilse Hörning (Motiv: Reisfelder auf Bali, Technik:
    Gouache auf Papier). Bild auf Umschlag Rückseite: Annette Bräker und
    Horst H. Geerken vor dem Vulkan Gunung Batur auf Bali.
    Umschlaggestaltung Barbara Bode
Alle Fotos © Horst H. Geerken
Lektorat, Layout & Design: Barbara Bode
Gesetzt in Adobe Garamond Pro
Verlag: BoD · Books on Demand GmbH, Überseering 33,
22297 Hamburg, bod@bod.de
Druck: Libri Plureos GmbH, Friedensallee 273, 22763 Hamburg

ISBN: 978-3-8192-4799-6

Indonesien Gestern und Heute

Reiseberichte der anderen Art
von
Annette[1] Bräker und Horst H. Geerken

Auszüge aus den Reisetagebüchern
von Annette Bräker und Horst H. Geerken,
sowie aus Briefen und E-Mails von Annette
an ihre Eltern und Freunde
(bearbeitet und zusammengefügt
von Horst H. Geerken)

---

[1] Durch den Fehler eines Standesbeamten wurde in einer Urkunde ein ‚n' in Annettes Vornamen unterschlagen. In offiziellen Dokumenten wird nun Anette mit nur einem ‚n' geführt, aber im Familien- und Freundeskreis ist sie weiterhin unsere Annette. Daher wird Annette in diesen Reiseberichten durchgehend mit zwei ‚n' geschrieben.

Voller Dankbarkeit schaue ich zurück auf die Zeit,
die ich zusammen mit Annette erleben durfte!

Dieses Buch ist Ilse, Annettes Mutter, gewidmet,
einer aufrechten, ehrlichen und tapferen Frau und
– wie Annette immer betonte – einer guten Mutter.

Inhalt

Abb. 1   Übersichtskarte Indonesien

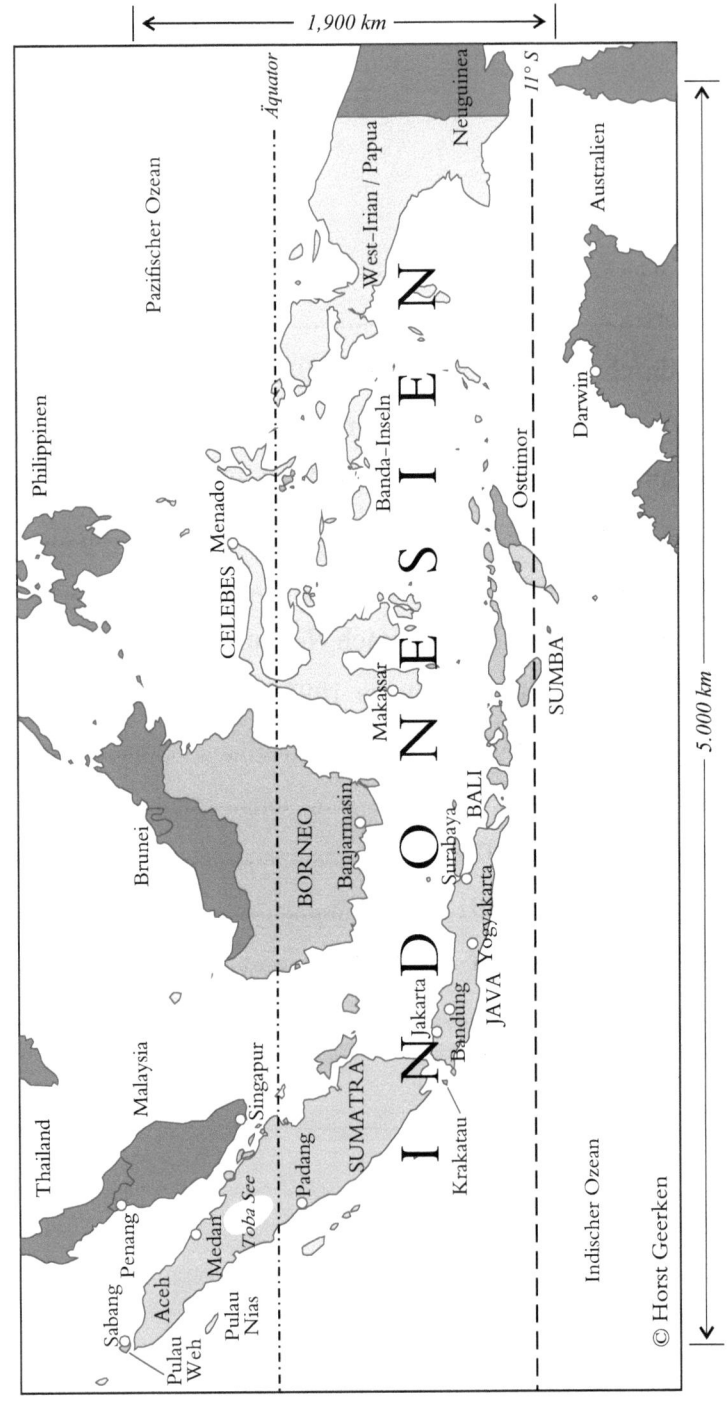

Dank

Besonders dankbar bin ich Annettes Mutter, die mir freundlicherweise Annettes Briefe von ihren Reisen zur Auswertung überlassen hat. Ohne diese Briefe wäre eine Rekonstruktion von Annettes Reisen kaum möglich gewesen.

Mein besonderer Dank gebührt auch Sabine Berner-Hoffmann, die mir bei der Auswahl der Fotos, beim Layout des Buchumschlages und bei der Realisierung der Landkarten große Hilfe leistete. Sabine ist Annettes langjährige gute Freundin gewesen. Dies zeigt auch Annettes Bericht ihrer gemeinsamen Reise von 1986 nach Indonesien.

Weiterhin bin ich Anne Schlichtiger-Mason zu großem Dank verpflichtet, da sie mir – obwohl sie unter großen Schmerzen leidet – einen Teil von Annettes mit Maschine geschriebenen Berichten in das Word-Programm transkribiert hat.

Meinem Bruder Hartmut bin ich dankbar, dass er mir bei der Findung des passenden Titels zu diesen Reiseerzählungen tatkräftig zur Seite stand, und Horst Jordt, Präsident der Walter Spies Gesellschaft Deutschland, der mich bei Fragen zu Walter Spies beriet.

Im Februar 2016

Horst H. Geerken

Vorwort

Annettes Vater, Professor Dr. Hans Bräker, war Orientalist. Er war Gründer und Leitender Wissenschaftlicher Direktor des ‚Bundesinstituts für Ostwissenschaftliche und Internationale Studien‘ in Köln, das dem Auswärtigen Amt angeschlossen war. Anlässlich einer Forschungsreise Ende der 1960er Jahre waren Annettes Eltern in Indonesien meine Gäste bei einer Indonesischen Reistafel. Ich selbst war schon seit Anfang der 1960er Jahre als Resident eines großen deutschen Industriekonzerns in Indonesien tätig. Seit dem gemeinsamen Essen bei mir zu Hause in Jakarta waren das Ehepaar Bräker und ich freundschaftlich verbunden. Annette traf ich erstmals 1991 bei einer Feier von gemeinsamen Freunden. Annette war wieder alleine und ich auch. Wir verstanden uns auf Anhieb gut, hatten viele gemeinsame Interessen und kurz danach waren wir ein glückliches Paar.

Annette war durch ihr Studium der Malaiologie, der Vergleichenden Religionswissenschaft und der Orientalischen Kunstgeschichte besonders eng mit Südost-Asien verbunden. Daher durfte sie bereits ihre Eltern bei vielen Reisen in diesen Raum begleiten. So war sie – bevor wir uns kennenlernten – zum Beispiel bereits in Indien, Kambodscha, Laos, Birma, Singapur und Indonesien. Obwohl Annette und ich oft zur selben Zeit in Indonesien weilten, trafen wir uns dort nie. Jedes Mal befanden wir uns auf unterschiedlichen Inseln des riesigen Archipels am Äquator.

Annette und ich setzten die ausgedehnte Reisetätigkeit fort. Jedes Jahr reisten wir nach Indonesien, das durch meine langjährige berufliche Tätigkeit dort und Annettes Studium zu unserer zweiten Heimat wurde. Gemeinsam bereisten wir noch weitere 57 Länder. Wir unternahmen zusammen exotische Aktionen wie die Durchquerung der Wüste Gobi in der Mongolei, eine abenteuerliche Reise von Pakistan durch das Hunza-Tal über den 5.000 Meter hohen Khunjerab Pass (auch: Kunjirap La, den höchsten befestigten Pass der Welt) nach China, eine Schiffsreise nach Neuguinea, eine Fahrt mit der Transsibirischen Eisenbahn an den Baikalsee, die Überquerung des Indischen Ozeans und des Atlantiks mit einem Großsegler, oder einen Besuch des ehemaligen Königreichs Sikkim im Himalaya, zu dem ich durch meinen Funkkontakt mit dem König[2] eine besondere Verbindung hatte. Wir ließen nichts aus und genossen das Leben!

---

2 Geerken, *Der Ruf des Geckos*, S. 319ff

Annette hatte neben anderen Hobbys eines, das sie besonders faszinierte: SCHUHE! Sie kaufte nicht nur unzählige Schuhe in Deutschland und Italien ein, auf Bali ließ sie sich Dutzende Paare anpassen und von Hand anfertigen. Auch die Schuhmacher sind auf Bali Künstler! Oft entwarf Annette zusammen mit dem Schuhmacher ein Modell. Es folgten Anproben, und wenn das erste Paar – wie fast immer – wie angegossen passte, wurde eine ganze Serie in den verschiedensten Farben gefertigt. Schuhe waren Annette ganz wichtig, möglichst bunt, so wie ihre Kleidung. Immer schick!

Und da Tanzen – besonders Lateinamerikanisch – unser gemeinsames Hobby war und wir auf Bali fast jeden Abend in einer anderen Lokalität tanzen gingen, erklärt es sich, dass in den ‚Reiseerzählungen der anderen Art' auch immer wieder Schuhe und Tanzen eine Rolle spielen.

Bei Annette wurde Anfang 2012 Krebs diagnostiziert. Mutig und diszipliniert machte sie mit ihrem bis zum Schluss bejahenden Wesen noch jede weitere Reise mit, ohne auch nur einmal zu jammern oder über Unannehmlichkeiten zu klagen. Aus ihren vielen Reiseberichten aus Indonesien, die oft nachdenklich, aber auch immer wieder voller Ironie und Humor waren, habe ich Ausschnitte in diesem Buch zusammengefasst. Obwohl Annette beim Verfassen des letzten Reiseberichts von 2014 bewusst war, dass ihr endgültiger Abschied in allernächster Zukunft lag, strahlt dieser immer noch eine ganz wunderbare und ansteckende Heiterkeit aus. Annette Bräker war eine ganz außergewöhnliche und tapfere Frau. Ich vermisse sie sehr!

Natürlich habe ich immer wieder meinen Teil zu den Reiseberichten beigesteuert, zum Beispiel durch viele Gespräche, die dann in Annettes Berichte eingeflossen sind. Andere Teile in ihren Berichten hat Annette direkt von mir übernommen. Diese Abschnitte sind dann kursiv geschrieben.

Beim Verfassen des Berichtes von meiner ersten Durchquerung Javas nach Bali im Jahre 1964 kannte ich Annette noch nicht. Damals war sie erst 12 Jahre jung und ging noch zur Schule. Von ihren weltoffenen Eltern erfuhr sie jedoch – so wie ich von meinen – schon in jungen Jahren viel über ferne Länder, besonders über Asien. Auch Annette kannte mich bei der Abfassung des Bericht über ihre Reise im Jahr 1989 mit ihrer lieben Freundin Sabine (im Bericht Bine genannt) nach Bali, Sulawesi und Java nur durch Erzählungen ihrer Eltern. Erst zwei Jahre später kamen wir uns näher.

Von den meisten Berichten sind die elektronischen Speichermedien (zu der Zeit meist Disketten) verloren gegangen. Ich fand jedoch noch Annettes

Bericht für ihre Freundin Sabine von der gemeinsamen Reise im Jahr 1989. Weitere Berichte stellte ich aus Annettes Briefen und E-Mails an ihre Eltern und Freunde zusammen. Eine besondere Hilfe war dabei Annettes Mutter Ilse, die alle Briefe der letzten Jahrzehnte von Annette fein säuberlich gesammelt und aufgehoben hatte.

Es war immer schon ein Wunsch Annettes, Ausschnitte ihrer Reiseberichte zu bündeln und in einem Buch zu veröffentlichen. Auch in den drei Jahren vor ihrem Tod redeten wir oft über dieses Thema. Aber dann fehlte Annette die Kraft und sie kam nicht mehr dazu. Nun will ich ihren Wunsch posthum erfüllen, und aus ihren Unterlagen und gemeinsamen Aufzeichnungen von uns beiden über einige Reisen nach Asien Berichte zusammenstellen und veröffentlichen, zum Gedenken an eine außergewöhnliche, liebe und tapfere Frau. Der Reigen soll beginnen mit diesen ‚Reiseberichten der anderen Art' aus Annettes Lieblingsland – Indonesien.

Reise durch Java nach Bali
Januar 1964

von Horst H. Geerken

Im Januar 1964 trat ich meine erste Reise nach Bali an. Dort sollte der erste zivile internationale Flughafen gebaut werden. Bisher bestand der Flughafen nur aus einer einfachen holprigen Graspiste. Sukarno (auch Soekarno) wollte diesen Flughafen internationalen Bestimmungen entsprechend ausbauen, um Bali für den Tourismus zu öffnen. Meine Firma in Deutschland war an dem Ausbau beteiligt, und so musste ich regelmäßig für Verhandlungen oder die Überprüfung des Baufortschritts nach Bali.

Es gab noch keine Flugverbindung von Jakarta nach Bali, daher musste ich die beschwerliche Reise mit dem Auto unternehmen. Bevor man damals eine längere Reise antrat, musste man sich ausrüsten wie für eine Expedition. Der Kofferraum wurde gefüllt mit Ersatzkanistern für Benzin, einem Kanister mit Süßwasser, Bettwäsche, einem kleinen Campingkocher, um in Notfällen Trinkwasser und Wasser zum Zähneputzen abkochen zu können, Kaliumpermanganat zum Waschen und Desinfizieren von Obst, einer Hausapotheke, einer Flitspritze gegen Moskitos, Ameisengift, einer Dose mit DDT gegen Wanzen und Flöhe, einer Taschenlampe, Wachskerzen und Streichhölzern, einer Petroleumlampe, da es unterwegs meist keine Elektrizität gab, Besteck, Tee, Zucker, Marmelade, Zwieback, Toilettenpapier, Nähzeug, Hand- und Geschirrtüchern und so weiter. Der Kofferraum war voll! So blieb für mich außer meinem Aktenköfferchen, das ich vorne mit im Fond hatte, um – wenn es nicht zu sehr schwankte – zu lesen und zu arbeiten, nur noch Platz für eine Reisetasche für meinen täglichen Bedarf.

Mein indonesischer Gesprächspartner für dieses Projekt war in Jakarta ein Ingenieur aus dem Batakerland in Sumatra, der seine Ausbildung in Deutschland erhalten hatte. Menschen aus dieser Region Sumatras waren bekanntermaßen gute Geschäftsleute. Kurz vor meiner Abreise besuchte ich noch diesen Herrn aus dem Batakerland in seinem Ministerium. Er gab mir den Rat mit auf die Reise: ‚Arbeiten Sie nicht zu viel, Herr Geerken. Besser ist es, auf dem Sofa zu sitzen und nachzudenken‘! Offensichtlich hatte er auch schon viel ‚nachgedacht‘, denn er war – für Indonesier eher ungewöhnlich – sehr füllig. Eine seiner Bemerkungen, dass auch deutsches Blut in seinen Adern fließen würde, überraschte mich doch sehr, denn der Herr war ziemlich dunkelhäutig. Nach seiner Erklärung: ‚Mein Großvater hat noch einen deutschen Missionar aufgefressen‘, war alles klar!

Die Bataker sollen bis vor gut einem Jahrhundert noch Kannibalen gewesen sein. Nach alten Reiseberichten wurde noch 1907 öffentlich Menschenfleisch verkauft, und viele europäische Missionare sind aus dem Batakerland nicht zurückgekommen. Ein solches Ende soll aber nur fremden Eindringlingen, Kriegsgefangenen, Ehebrechern und Dieben widerfahren sein. Der Herr konnte also mit seiner Bemerkung durchaus Recht haben. Wie ihm sein Großvater erzählt hatte, sollen die Handballen der weißen Missionare die größte Delikatesse gewesen sein. Dies bestätigt auch Louis Couperus in seinem Buch „Unter Javas Tropensonne" von 1925.

Touristen müssen heutzutage keine Angst mehr haben, aufgefressen zu werden, aber Hunde leben dort bis heute nicht sicher. Im Reich der Bataker wird nämlich Hundefleisch als große Delikatesse geschätzt. Für uns ist das sehr ungewöhnlich, aber viele Indonesier sind genauso entsetzt, wenn sie hören, dass wir in Europa Schweine essen. In Jakarta hatte ich einen Bataker als Nachbarn. Er wollte mich immer wieder überzeugen, wie lecker Hundefleisch schmecken würde. Ich habe aber alle Einladungen zu einem Mahl dankend abgelehnt und auf meine eigenen beiden Hunde Aldi und Blacky immer ein besonders wachsames Auge gehabt.

Schon morgens um 4:30 Uhr war ich mit meinem Fahrer Sudjono in Jakarta losgefahren, um die größte Hitze des Tages zu vermeiden. Es war wunderschön in der Morgendämmerung zu fahren, durch Palmenhaine und Dörfer mit strohgedeckten Häusern. Schon kurz hinter Jakarta, nach der flachen Küstenebene, sah man bei guter Sicht die Berge Gunung Salak und Pangrango. Nun kamen wir in die grünen Hügel von Bogor vor dem Punjak-Pass (heute: Puncak-Pass). Vorbei ging es an dem botanischen Garten von Bogor, der von dem deutschen Botaniker Kaspar Georg Karl Reinwardt gegründet und gestaltet wurde. 1817 wurde der bis heute auf der ganzen Welt berühmte botanische Garten eröffnet. Hier steht immer noch der überdimensionale Palast des holländischen Gouverneurs, der aber nun von Präsident Soekarno als Sommerpalast genutzt wurde. Nach Bogor, einer regenreichen Stadt, ging es bergauf. Links und rechts der Straße lagen herrliche Villen in den Feldern, in denen die Europäer während der Kolonialzeit ihre Wochenenden im kühleren Klima verbrachten. Heute haben sich dort viele ausländische Geschäftsleute und Diplomaten für die Wochenenden eingemietet. Die Reisterrassen wurden weniger, und nun ging es in vielen Kehren durch Teeplantagen in Richtung Punjak-Pass. Der Geruch der blühenden Bäume und Sträucher wurde immer intensiver. War unten, vor Bogor, der Verkehr noch ziemlich heftig, so hatte man hier oben auf der kurvenreichen Straße freie Fahrt. Nur ab und zu begegnete man einem Militärfahrzeug. Bauern und Teepflückerinnen in bunten Sarongs und mit großen kegligen Stroh-hüten waren schon unterwegs, um die Tagesarbeit zu beginnen. Indonesier sind Frühaufsteher.

Schon bald, mit dem ersten Licht des Morgens, pflücken die Frauen mit feinem Fingerspitzengefühl die äußersten vier Blätter der jungen Triebe von den kugelförmigen Teebüschen. Mit den bunten gebatikten Kains (Wickelröcken) und dem Schnürleibchen wirken sie wie farbige Flecken in der grünen Landschaft. Am Morgen ist es noch frisch. Gegen die Kälte haben sie noch einen langen Slendang (Tuch) um die Schultern drapiert. Sie unterhalten sich schon fröhlich, denn immer wieder flattert durch das geöffnete Fenster ein plötzliches Lachen zu mir hin. Es ist ein sorgloses Lachen, wie von Kindern.

Die Teepflückerinnen tragen einen langen schmalen Korb auf dem Rücken, in den sie zielsicher eine Handvoll Triebe nach der anderen über die Schulter hineinwerfen. Die jüngsten drei Blättchen ergeben den besten Tee. Das vierte Blatt wird später in der Fabrik abgezupft und ergibt, zusammen mit dem Stängel, eine minderwertigere Qualität.

Hier oben, mitten in den Teeplantagen, hatte Präsident Soekarno sein sogenanntes ,Teehaus' bauen lassen, das er immer gerne mit ausländischen Staatsgasten besuchte. Von hier hatte man einen überwältigenden Ausblick über die grünen Teeplantagen und die wasserbedeckten Reisfelder im Tal. Allerdings musste man in dieser Höhe immer mit einem Regenguss rechnen. Die Teepflückerinnen und die Bauern hielten dann einfach ein riesiges Bananenblatt als Regendach über den Kopf.

Wenn man 1964 über das Land fuhr, haben sich immer wieder Bauern an der Straße und auf den Feldern vor dem ,weißen Mann' im Auto tief verneigt. Die von den Holländern eingehämmerte Geste der Unterwürfigkeit saß tief! Ganz oben, im Hotel und Restaurant auf dem Punjak-Pass, zwischen Tjemara-Bäumen (heute: Cemara) mit ihrer üppigen Nadelpracht und Tamarisken, gab es immer eine Teepause. Hier gedeihen Sonnenblumen und Dahlien; eine Stimmung wie in einem europäischen Garten! Es war morgens in dieser Höhe noch sehr frisch. Die Sonne stand ganz flach am Himmel. Der Blick, nun nach Osten über die Reisterrassen und Kokospalmenhaine des Preangerlandes (der Gegend um Bandung), über das hügelige Gelände mit der kleinen Moschee im Frühnebel, war traumhaft schön. Riesige Bambusbüsche, mit ihren sich nach oben hin verjüngenden armdicken Trieben, wirkten aus der Ferne wie zarte zerbrechliche Kunstwerke. Der Wind trieb grüne Wellen durch das Meer der terrassenförmig angelegten Reisfelder. Noch glasklar ragten die Vulkane Gunung Gede und Gunung Salak in den blauen Himmel. Deutlich erkannte man dann die

Spuren, die einst die über den Kraterrand strömende Lava bis tief hinab ins Tal hinterlassen hat. Nur eine oder zwei Stunden später verschwanden die Gipfel dann für den Rest des Tages in dunklen Wolken. Ich sollte noch unzählige Male diese Route befahren und jedes Mal machte ich hier Rast. Immer wieder stand ich oben an diesem Aussichtspunkt in der Morgendämmerung und wurde von der unglaublichen Schönheit dieses Panoramas und der zarten Atmosphäre des frühen tropischen Morgens überwältigt.

Nun ging die Reise weiter, in engen Kurven nach unten in flacheres Land. Es fällt auf, dass die Namen vieler Dörfer mit Ci beginnen, dem sundanesischen Wort für Wasser oder Fluss. Kein Wunder, denn hier gibt es viel Wasser. Alle Dörfer liegen an einem Fluss oder größeren Bach. Es war Reisernte. Hunderte von Frauen und Männern in langen Reihen mit den großen schattenspendenden konischen Strohhüten standen in den Reisfeldern, um die Ähren zu ernten. Die Reisernte ist immer ein buntes und fröhliches Fest. Dabei werden auf ganz Java riesige Flächen Ähre um Ähre einzeln abgeerntet, mit einem kleinen Messerchen, das in der Hand nach innen gehalten wird, unsichtbar für den Reishalm. Die Ähre soll sich beim Anblick des scharfen Werkzeuges nicht ‚erschrecken‘. Denn in jeder Reisähre lebt für die Indonesier die Göttin des Reises: Sri Dewi. Somit hat jede Reisähre eine Seele, wie jeder Mensch und jedes Wesen, und dieser Seele würde man beim Anblick einer Sichel oder Sense große Furcht einjagen. Sri Dewi wacht aber nicht nur über das Gedeihen des Reises, sie ist auch für die Fruchtbarkeit der Frauen zuständig.

Die Ähren werden dann zu großen Büscheln gebunden, wie mächtige Blumensträuße. Mit diesen Reisgarben auf den Häuptern gehen die Frauen am Abend kerzengerade und graziös in rhythmischem Schritt zu ihren Dörfern zurück. Nur die Augen schweifen umher, um die Welt zu beobachten. Die Männer binden die Garben an die Enden der Pikul, einer federnden Bambusstange, die sie auf der Schulter tragen. Die Lasten sind schwer und müssen im Gleichgewicht gehalten werden indem die Träger mit einem Arm kräftig schwingen und mit der anderen Hand das auf und ab wippende Bambusjoch auf ihrer Schulter festhalten. Dies führt zu dem typisch federnden und tänzelnden flotten Gang der Träger.

Wenn man über die Insel Java fährt, kann man die Reisernte immer wieder zu den verschiedensten Jahreszeiten erleben. Die vulkanischen Böden Javas gehören zu den fruchtbarsten der Welt. Immer kann man zweimal, oft sogar dreimal im Jahr den Nassreis ernten. Die enorme Fruchtbarkeit der Böden, auf denen schon seit Jahrtausenden intensiv Reis angebaut wird, zeugt von der Fertigkeit der Kultivierung, der Kunst und dem Fleiß der Reisbauern. Urkräfte der Natur, wie die regelmäßigen Vulkanausbrüche,

Erdbeben, Überschwemmungen oder Dürreperioden haben sie immer gemeistert.

Plötzlich rannte eine schwarze Katze kurz vor dem Auto über die Straße und mein indonesischer Fahrer konnte nur durch eine Vollbremsung das Tier vor dem sicheren Tode retten. Wir stiegen aus dem Auto aus. Nichts passiert! Aber mein Fahrer Sudjono sagte: ‚Nun müssen wir bei der Weiterreise sehr aufpassen. Das war ein ganz schlechtes Omen.‘

Erst am Abend erreichten wir Bandung, meine erste Station. Die Straßen waren schlecht und schmal, mit Schlaglöchern übersät. Man musste vorsichtig und langsam fahren, um den Wagen nicht zu demolieren. Ich übernachtete in dem alten Kolonialhotel Savoy Homann. Es war damals **das** Hotel in Bandung, in einem späten Art Deco-Stil erbaut, mit riesengroßen Zimmern. Wegen der geschwungenen Balkone, der runden Linien und Kurven, sowie mancher Bullaugen nachempfundenen Fenster, wurde diese Richtung des Art Deco auch ‚Ocean Liner Style‘ genannt. Dieser Stil drückt Bewegung, moderne Technologie und Optimismus aus.

Hier erholte ich mich nach der ersten Etappe meiner Reise in den wuchtigen weinroten Sesseln der Bar und im an die Bar anschließenden wunderschönen Art Deco-Speisesaal. Wegen der unzähligen Schlaglöcher auf den Straßen, denen man nicht immer ausweichen kann, ist eine Reise über Land sehr anstrengend. Seit der niederländischen Kolonialzeit war die Indonesische Reistafel im Hotel Homann eine Spezialität. Zur Jalan Asia Afrika (der Asia-Afrika Straße) hin waren die Räume offen. Den Namen bekam sie anlässlich der 1955 von Präsident Soekarno einberufenen Asia-Afrika-Konferenz für die ‚Newly Emerging Nations‘. Auf der Straße waren nur Becaks (Fahrradrikschas) und kleine Pferdekutschen unterwegs. Zur Kühlung summten nur die Ventilatoren an der Decke. Die Kompanien von Bediensteten in gestärkten weißen Uniformen waren noch vom ‚alten Schlag‘, nicht mehr jung, aber unglaublich aufmerksam.

Das Hotel war – wie alle Hotels in Indonesien – auch für die Übernachtung der Chauffeure eingerichtet. Wie in der Kolonialzeit fuhr man damals kaum selbst. Daher bezahlten auch die Stammhäuser in Deutschland noch diesen Luxus für ihre nach Indonesien entsandten Mitarbeiter. Für meinen Sudjono war also gesorgt. Er bekam seinen eigenen Schlafplatz, und die Fahrer hatten ihren eigenen Speiseraum. Dieser Service für die Fahrer war im Normalfall bereits in dem Preis des Gastes enthalten.

Als ich mit einem alten Kellner auf die Kolonialzeit zu sprechen kam, zeigte er mir den berühmten und berüchtigten runden Tisch mit einem großen Loch in der Mitte. Das Hotel Savoy Homann war während der Kolonialzeit das beliebteste Hotel der holländischen Pflanzer aus dem Preangerland, wo hauptsächlich Tee, aber auch Kaffee und Chinin angepflanzt wurden. Hier wurde an Wochenenden bis in die Morgenstunden gefeiert und kräftig getrunken. Wie mir der Kellner erzählte, sollen die Plantagenverwalter auf ihren Pferden bis hinein in die Lobby und an die Bartheke geritten sein. Trinkgelage der Pflanzer fanden dann an dem runden Tisch statt. In der Mitte des Tisches, unterhalb dieses Loches, musste ein indonesischer Diener kauern, in der einen Hand einen Fächer, um die Fliegen und Moskitos von den Füßen der Pflanzer zu vertreiben, in der anderen Hand einen Krug voll Wein. Die Holländer saßen rund um den Tisch, und wenn ein Glas leer getrunken war, bekam der Diener unter dem Tisch einen Fußtritt als Signal, durch das Loch in der Mitte des Tisches hochzuschnellen, das Glas wieder aufzufüllen, sofort wieder unter dem Tisch zu verschwinden und geduldig auf den nächsten Fußtritt zu warten. Die Einheimischen waren gewohnt, von den Kolonialherren menschenunwürdig behandelt zu werden.

Immer wieder sollen betrunkene und randalierende Plantagenverwalter und Pflanzer bei ihren Trinkgelagen die Bar und die Lobby zerstört haben. Trunkenheit war unter ihnen ein allgemein bekanntes Problem. Damals hieß es: ‚Die einzigen Wilden im ganzen Archipel sind die besoffenen holländischen Pflanzer!‘ Aber was blieb einem Pflanzer außer Alkohol an Unterhaltung sonst noch übrig? Sie lebten oft alleine in den Teeplantagen hoch oben in den Bergen, ohne Kontakt zu anderen Kollegen. Jeden Nachmittag kam der Nebel und gegen Abend der Regen. Regelmäßig um 6 Uhr abends umgab sie das unergründliche Dunkel der Nacht. Die Abende sind auch mit Alkohol lang, und es wurde immer schwerer, sich mit der Einförmigkeit des Lebens abzufinden. Wenn der Pflanzer seine Frau dabei hatte, war es für diese meist noch schwieriger. Sie hatte wohl Dienstmädchen, Köchin, Kindermädchen und einen Gärtner zur Verfügung. Aber durch die Untätigkeit und den Mangel an Verantwortung und Unterhaltung langweilte sich die Frau zu Tode. Das ging an die Nerven. Da wurde ein Hari Besar, ein freier Tag, mit Freuden begrüßt. Auch die Kontraktarbeiter, die eingeborenen Kulis auf den Plantagen, hatten nur einen freien Tag in zwei oder drei Wochen. Und das bei 12 Stunden Arbeit pro Tag, bei einem dreijährigen Arbeitsvertrag und einem armseligen Anfangsgehalt.

Schon um 4:30 Uhr ging es weiter nach Tjierebon (heute: Cirebon). Sudjono wollte immer ganz früh abfahren, vor allem wegen der morgenlichen Frische. Ich hatte natürlich keine Klimaanlage im Auto. Das war noch nicht üblich. Jeden Morgen stand Sudjono wie aus dem Ei gepellt da, mit weißer Uniform und dem schwarzen Käppchen, dem *Topi*, auf dem Haupt. Das Auto war stets frisch gewaschen. Da wir so früh losfuhren konnte ich jeden

Tag einen neuen Sonnenaufgang erleben, wobei ich jedes Mal den Eindruck hatte, dass dieser noch schöner als alle vorher gesehenen wäre.

Mein Fahrer Sudjono war sehr zuverlässig. Er fuhr, wenn es die Straßen zuließen, flott und sicher. Die Überlandstraßen wurden aber immer miserabler, je weiter wir nach Osten kamen, von riesigen Schlaglöchern übersät, so dass wir nur langsam vorwärts kamen. Ein Federn- oder Achsenbruch war keine Seltenheit.

Schon kurz hinter Bandung gab es bei uns die erste Panne. Mit einem lauten Schlag fiel mein Opel Admiral 2,8S in ein großes Schlagloch und setzte hart auf einem Stein auf. Der Tank war angeschlagen, und das Benzin lief in dünnem Strahl auf die Straße. Mein Fahrer Sudjono sagte: *Tidak apa apa* (Macht nichts)! Er gab mir ein Stück Bananenblatt in die Hand, um das Loch am Tank zuzuhalten. Nun pflückte er eine unreife grüne Banane von den überall neben der Straße wachsenden Bananenstauden, und knetete die unreife Frucht so lange zusammen mit einem Stückchen Seife, bis eine kaugummiartige Masse entstanden war. Mit dieser Masse verschloss er das Leck. Und der Tank war nicht nur bis zur nächsten Werkstatt dicht, nein – bis nach Bali und zurück nach Jakarta! Noch 3000 Kilometer sind wir mit diesem Provisorium ohne Problem gefahren. Indonesier sind Improvisationsgenies! Ich war immer wieder erstaunt über ihre Geschicklichkeit und ihre Fähigkeit, sich auch unter den schwierigsten Verhältnissen mit den einfachsten Mitteln zu behelfen.

Schon um diese frühe Stunde waren die Hühner sehr aktiv, die immer kurz vor unserem Auto flatternd und gackernd noch die Straße überqueren wollten. Ab und zu blieb ein Huhn, von fliegenden Federn und einem Verlegenheitslachen meines Fahrers begleitet, auf der Strecke! Aber die meisten Hühner schafften es doch, im letzten Moment den sicheren Straßenrand zu erreichen. Die Hühner waren durch die viele Rennerei sehr muskulös und fettarm. Im Volksmund hießen sie *Ajam karet* (Gummihühner). Bei den Ausländern hießen sie ‚Java Road Runners'. Aber eines muss man diesen *Ajam Kampung*, diesen Dorfhühnern, lassen: als *Sate Ajam* mit Erdnusssauce schmecken sie wirklich ganz vorzüglich.

Keinen dieser Sonnenaufgänge auf Java möchte ich missen. Jeder einzelne war wie ein tägliches buntes Wunder, ein Feuerwerk. Es ist wunderschön, wenn der Morgennebel noch über der lieblichen Landschaft mit den Reisterrassen und den gewaltigen Bambusbüschen mit den zartgrünen Blättern hängt und die frühe Sonne den Tau auf den Palmen zum Glänzen bringt: diese üppigen Farben, dieses warme Morgenlicht! Ein glücklicher Friede des frühen Morgens umhüllt zu dieser Zeit die Landschaft. Schon am frühen Morgen wölbt sich der Himmel wie ein blauer Baldachin über dem intensiven Grün, geschmückt mit kleinen dahinsegelnden weißen Wolken. Besonders in der Regenzeit mit ihrer feuchten Wärme, war es – nach den reinigenden Regenfällen der Nacht – besonders schön, und ich fühlte mich glücklich, dies alles erleben zu dürfen. Die auf Java schon üppige Vegetation explodierte durch das regelmäßige Zusammenspiel von kräftigen Regenfällen und heißem Sonnenschein förmlich und ich hatte das Gefühl, durch eine neugeborene Welt zu fahren.

Schon die ersten Sonnenstrahlen stachen, und im leichten Morgenwind spürte man bereits die Hitze des Tages. In der kurzen Zeit der Dämmerung wurden durch die aufgehende Sonne die üppigen Farben zum Leben erweckt. Fleißige Bauern waren schon auf den Reisfeldern, die die Sonne in glänzende Spiegel verwandelte. Sicher gingen sie barfuß entlang der schmalen und glitschigen Erddämme, die die einzelnen nassen Reisfelder voneinander trennen. Fruchtbare Asche, immer wieder von den Vulkanen ausgespuckt, wird als natürlicher Dünger mit dem Wasser, das auf den Reisfeldern von Terrasse zu Terrasse fließt, verteilt. Auf dieser fruchtbaren Vulkanerde gedeiht eine üppige Vegetation.

In den Gräben zwischen den Reisfeldern lagen in dem zäh haftenden Schlamm noch träge die plumpen Wasserbüffel mit den furcherregenden Hörnern, auf deren breiten Rücken weiße Reiher posierten, bevor die Arbeit vor dem Pflug begann. Eifrig waren die großen Vögel dabei, Insekten aus dem dunkelgrauen Fell der Büffel zu picken. Das vom Morgentau noch nasse Gras glitzerte wie tausend Kristalle. In der Ferne sah man die in der Morgenhitze blau zitternden Berge. Etwas später gingen die Bauern hinter ihren schwarzen Wasserbüffeln, die die hölzernen Pflüge langsam durch den schweren, nassen Boden zogen. In den Dörfern entlang der Straße, gesäumt von blühenden Hibiskussträuchern, Trompetenbäumen mit leuchtend gelben Blüten und Massen von farbenprächtigen Bougainvilleas, hing ein Schleier vom Rauch der Holzfeuer über den Häusern. Das Frühstück, meist *Nasi Goreng*, gebratener Reis, und *Kopi Tubruk*, ein starker, gesüßter Brühkaffee, wurde zubereitet. Später am Tag schwängerte der Geruch von Gewürzen und zum Trocknen ausgelegten Kokosschalen die Luft. In jedem Dorf lagen Berge dieses getrockneten Kokosfleisches für den Export bereit. Im Westen werden daraus Kokosfett, Seifen und Cremes hergestellt.

Die sauberen Häuser aus Palm- und Bambusmatten lagen versteckt zwischen Bananenstauden und Papayabäumen mit ihren kräftigen gelben Früchten unter dem mageren Schatten der Kokospalmen, oft umgeben von dunkelroten Cannas, die hier wie Unkraut wachsen. Dazwischen standen mächtige Flamboyants, deren flache Laubkronen vor lauter Blüten weithin glutrot leuchteten. Die Dächer der Häuser waren gedeckt mit getrocknetem

Alang-Alang-Gras. Hühner liefen umher und pickten hastig nach Futter. Das erste Sonnenlicht brach sich im glänzenden Gefieder der bunten Vögel, die von Palme zu Palme flogen. In Käfigen, die an langen Bambusstangen schaukelten, jubilierten fröhlich Singvögel. Dort oben, zwischen den Palmen, sollten sie so nah wie möglich in der Natur bei ihren Artgenossen sein, um so zum Singen angeregt zu werden. Die Haltung von Singvögeln ist eine beliebte Freizeitbeschäftigung der Indonesier, und ein guter Singvogel, der auch noch Glück bringen soll, wechselt oft für ein halbes Vermögen den Besitzer.

Obstbäume, übervoll mit *Manggas, Rambutan, Belimbings, Jambus* und anderen tropischen Früchten, standen zwischen den Häusern. Die Dörfer waren von Wassergräben und kleinen Brücken durchzogen, voller Leben, mit Scharen von Hausgetier und lachenden Kindern. Mädchen kamen vom Brunnen mit einem Krug voll Wasser auf dem Kopf: eine liebliche Idylle. Unter den offenen Türen standen viele Frauen und stillten ihre Babys oder trugen ihre Kinder in ihrem *Slendang*, einem Tuch, auf den Hüften oder dem Rücken. Nur die kleinen Köpfchen mit den neugierigen dunklen Augen waren zu sehen. Den ganzen Tag wurden die Kleinen von der Mutter oder der älteren Schwester herumgetragen, da sie, solange sie noch nicht selbst laufen können, den Boden nicht berühren dürfen. Die Kinder gehören die ersten Monate ihres Lebens zur Götterwelt und dürfen daher nicht wie Tiere herumkrabbeln. Da die kleinen Kinder dadurch den ganzen Tag einen sehr engen Kontakt zur Mutter haben, bekommen sie Sicherheit und Geborgenheit, und durch die Hausarbeit der Mutter eine dauernde Ablenkung. Daher hört man nur äußerst selten ein weinendes Kind. Schon von frühester Jugend an lernen die Kinder auf andere Rücksicht zu nehmen. Sollte es doch einmal vorkommen, dass ein Kind quengelt, bekommt es keine Ermahnung oder Rüge, sondern die Brust der Mutter, oft bis zum vierten Lebensjahr. Die schon älteren Kinder tollten wild im Dorf herum. Obwohl die Kindersterblichkeit sehr hoch war, gab es sehr viele Kinder, da Kinderreichtum religiös bedingt und zudem als Altersversorgung sehr wichtig ist. Genauso überwältigend wie die Fruchtbarkeit der Natur scheint die der Menschen zu sein.

Trotz ihrer Armut hatten die Mütter immer ein Lächeln auf den Lippen und strahlten eine kindliche Fröhlichkeit aus. Bei älteren *Betel* kauenden Frauen mit rot verfärbtem Mund und einer Zunge so blau wie Pflaumen, sah dieses Lächeln allerdings weniger anziehend aus. In der Nähe eines jeden Dorfes gab es einen muslimischen Friedhof, der immer mit rot- oder weiß blühenden Kambodscha-Bäumen bepflanzt war.

Gerade war die Reifezeit der *Durian*-Früchte, einer bis zu mehreren Kilogramm schweren Frucht, die auf einem über 40 Meter hohen Baum wächst.

Dadurch hing ein unangenehmer süßlicher Geruch über der Landschaft, der mich an Aas erinnerte. Die braune Baumfrucht, wie eine Melone mit Stacheln, fällt vom Baum, wenn sie genau den richtigen Reifegrad erreicht hat. Die Stacheln wirken dabei wie Stoßdämpfer. Die Füllung ist eine cremeartige gelbe Masse. Als Königin der Früchte, wie sie in Südost-Asien genannt wird, gilt sie als Delikatesse: süß, fein, verführerisch. Für westliche Gaumen schmeckt sie meist faulig und vergoren, und die meisten Weißen nehmen Reißaus vor dem Geruch. Mich erinnerte der Geschmack an einen Pudding aus Erdbeeren, Limburger Käse und rohe Zwiebeln. Aber die Indonesier aller Schichten lassen keine Gelegenheit aus, diese Frucht zu genießen. Indonesier sind echte Durian-Liebhaber, je mehr die Frucht für unsere Nasen stinkt, desto besser der Geschmack. Wie bei manchem Käse, wobei stinkender Käse bei Indonesiern genau die gleichen Reaktionen auslöst wie bei uns die Durian! Die Durian, deren Name von dem Wort *Duri* für Stachel kommt, hat auch ihre positiven Seiten: Sie ist reich an Proteinen und es wird ihr nachgesagt, ein starkes Aphrodisiakum zu sein. Auf Java wird gesagt: ‚Wenn die Durian-Früchte vom Baum fallen, ist die Zeit der Liebe‘!

In besseren Hotels ist die Mitnahme der Durianfrucht verboten. Ein Gast, der mit einer Durian im Zimmer erwischt wird, muss das Zimmer eine Woche lang bezahlen. So lange dauert es, bis der penetrante Gestank aus dem Zimmer wieder verschwunden ist.

Schon in der Morgendämmerung beginnt die Feldarbeit. Denkt man an Java, fallen einem zuerst neben Palmen die malerischen Reisfelder ein. Der javanische Reisbauer wächst inmitten seiner Reisfelder auf, und der Reisanbau begleitet ihn von frühester Jugend an bis zu seinem Tod. Während der Kolonialzeit zwangen ihn die Holländer, in Monokulturen andere Produkte, die in Europa einen höheren Profit brachten, anzubauen - vielfach Zuckerrohr. Heute hat der indonesische Landwirt zu seiner alten Tradition zurückgefunden.

Unzählige *Grobaks*, javanische Ochsenkarren, die von bengalischen Rindern gezogen wurden, zogen in langen Reihen mit ihrem Dach aus Palmenblättern wie langsam daher rollende Häuschen träge die Straße entlang. Meist fuhren sie auf der falschen Straßenseite und reagierten auch auf lautes Hupen nicht. Die Fuhrleute lagen schlafend auf den Wagen, die Zügel, mit denen sie ihre Rinder lenkten, schlaff in ihren Händen. Die Rinder mit den geschwungenen Hörnern und dem Höcker auf dem Nacken ließen sich nicht aus der Ruhe bringen, und stapften verträumt wiederkäuend gemächlich hintereinander her. Die hölzernen Radachsen der Karren quietschten und knarrten. Es war ein Wunder, dass nur selten ein Unglück geschah. Diese weißen oder hellbraunen Höckerrinder aus Bengalen schienen sich ihrer Schönheit bewusst zu sein. Sie zogen die *Grobaks* mit einem Stolz und voller Würde, ohne sich zu übereilen. Der Kopf war beinahe hochmütig zurückgelegt und die schönen braunen und gutmütig sanften Augen schauten gelassen in die Ferne.

Später musste ich diese Strecke auch oft während der Monsunzeit befahren. Es regnete selten den ganzen Tag. Auf einen Sturzregen folgte immer wieder Sonnenschein, der die Straße zum Dampfen und die Natur zum Glänzen brachte. Die frische Luft war dann gefüllt mit einem Duft nach neuem Wachstum. Dies war die Zeit der Wasserbüffel, die jedes Schlammbad suchen, um sich darin zu suhlen und mit dem Schwanz träge nach den auf ihrem Rücken sitzenden Fliegen zu schlagen. Die Tiere haben massige Körper, sie sind aber erstaunlich gutmütig. Kleine Jungen, splitternackt bis auf den obligatorischen Hut, die kaum auf den eigenen Füßen stehen konnten, trieben die schlammverkrusteten, mehrere hundert Kilogramm schweren Kolosse vor sich her. Vor den riesigen schwarz- bis rosafarbenen Wasserbüffeln hatten sie keine Angst, aber nach mir drehten sie sich immer wieder beunruhigt und drohend um. Kindheit ist in Indonesien eine kurze Lebensphase. Die kleinen Jungen kümmern sich bereits um die Tiere oder helfen bei der Feldarbeit. Kleine Mädchen, kaum der Brust entwöhnt, hüten bereits die noch jüngeren Geschwister und helfen bei der Hausarbeit.

Entlang der Straßen Javas sah ich in jedem Dorf an irgendeinem Haus ein auffälliges rotes Schild mit Hammer und Sichel. Die PKI, die kommunistische Partei Indonesiens, war sehr gut organisiert und hatte das ganze Land mit ihren Büros überzogen. Hier wurden neue Mitglieder angeworben, die meist gar nicht wussten, worum es ging. Nur um der Geschenke oder des Geld willen wurden sie Parteimitglieder. Zudem versprach der Führer der kommunistischen Partei, Aidit, dass es keine Reisknappheit mehr geben würde, wenn er gewählt würde. Nur so war die große Mitgliederzahl der PKI, der drittgrößten kommunistischen Partei der Welt, zu erklären.

In jedem Dorf gab es unübersehbare Reklame-Schilder mit überdimensionalen Zähnen oder einem gefährlich aussehenden Gebiss, das fast an ein Haifischmaul erinnerte. Es waren die Praxen der *Dokter Gigi* oder *Tukang Gigi*, der Zahnheilkundler. Meist hatten sie nur Bohrer, die wie bei einem Fahrrad über Pedale mit den Füßen über eine Kette angetrieben wurden. Aber Bohren oder die Reparatur eines Zahnes war ohnehin ein seltener Wunsch. Der Javaner und die Javanerin liebten viel mehr einen Zahn oder besser noch ein ganzes Gebiss – je nach Finanzlage – aus Gold oder Silber. Der Schatz im Mund war eine Investition für schlechte Zeiten oder für die nachfolgende Generation, und gleichzeitig ein Statussymbol.

Obwohl mein Fahrer täglich mindestens acht bis zehn Stunden fuhr, kamen wir am zweiten Tag meiner Reise nur bis Tjirebon, das an der Nordküste Javas liegt. Die Straßen waren in einem sehr schlechten Zustand. Teilweise war es nur nackter, steiniger Boden mit wassergefüllten Rinnen, über die der Wagen holperte. Löcher, so groß wie Badewannen, mussten umfahren werden. Durch die erzwungene Slalomfahrt kamen wir nur langsam voran. Besonders bei Regen waren die Straßen gefährlich, da die großen Schlaglöcher kaum zu erkennen waren.

Ich stieg im Grand Hotel – einem stolzen Name für eine Kaschemme – ab, und da Cirebon *Kota Udang* genannt wird, die Stadt der Langusten, freute ich mich schon auf einen großen Teller mit Meeresfrüchten. Als ich die ehemals sicher prächtige Auffahrt des Hotels hochfuhr, stürmten gleich sieben Kofferträger in der Hoffnung auf ein Trinkgeld aus dem Hotel und balgten sich um mein Aktenköfferchen und meine Reisetasche. ,Ein toller Service', dachte ich! Da es schon spät war und ich großen Hunger hatte, wollte ich erst nach dem Abendessen duschen. Voller Erwartung auf die erträumten Meeresfrüchte ging ich in den Speisesaal des Hotels. Ich war der einzige Gast. An einem Ende befanden sich ein verstaubter antiker Schanktisch und eine lange Bar mit einer hellen Marmorplatte. Flaschen für einen entspannenden Drink entdeckte ich leider nirgends. Freudig wurde ich von zehn Kellnern und einem Oberkellner begrüßt und an einen Tisch geleitet. Die altmodischen Stühle hatten schon Generationen holländischer Verwaltungsbeamter durchgesessen. Ein altersschwacher Ventilator kreiste quietschend über meinem Kopf und quirlte die schwüle Luft. Die abgegriffene und befleckte Speisekarte war bestimmt noch aus der Kolonialzeit und zeigte ein reichhaltiges Angebot. Ich war zunächst glücklich! Aber die Enttäuschung kam schnell, denn auf jeden Wunsch hörte ich von dem freundlichen Oberkellner in seiner fleckigen weißen Uniform mit verschwitztem Kragen: *Tidak ada* (Gibt es nicht). Fehlanzeige: es gab gar nichts für den hungrigen Magen! Wie der Kellner erklärte, waren die letzten vier Wochen keine Gäste mehr da, der Koch wäre nach Hause gegangen und auf dem Markt würde es am Abend ohnehin nichts mehr geben. Für den nächsten Abend könnte ich etwas bestellen. Aber da wollte ich ja schon wieder viel weiter in Richtung Bali sein. Nach dieser Enttäuschung setzte ich mich auf die Hotelterrasse in einen der wackeligen Rattan-Stühle und betrachtete die Landschaft durch einen Vorhang aus warmem Regen. Ich aß noch ein paar Kekse aus meinem Notproviant, trank dazu ein warmes Bier, die einzige Flasche, die ich im Hotel ergattern konnte, und freute mich auf eine ruhige und erholsame Nacht.

Zunächst freute ich mich auf eine ausgiebige Dusche, wurden aber bitter enttäuscht. Aus dem Wasserhahn im Badezimmer und aus der Dusche kamen nur einzelne Tropfen. Ich musste bei den Bediensteten um jeden Liter Wasser kämpfen. Das Hotel war total heruntergekommen. Das Grand Hotel hatte bestimmt schon bessere Zeiten erlebt.

Mit dem Schlaf war es auch nicht besser. Mein Zimmer war riesengroß, aber sehr spärlich möbliert und alles war total verstaubt. Hier musste erst mal geputzt werden! Aber von den vielen Kofferträgern und Kellnern fühlte sich keiner zuständig. Als ich mit meiner Forderung nicht nachgab, nahm der ‚Geschäftsführer‘ persönlich einen Staubwedel in die Hand und wirbelte den Staub gleichmäßig im Zimmer herum.

Ein übergroßes Doppelbett war in der Mitte des Raumes und an der Wand standen zwei altersschwache Stühle. Fliegende Käfer umkreisten die nackte Glühbirne, die an einem Kabel von der Decke hing und ein schwaches schummriges Licht verströmte. Da ich der einzige Gast im Hotel war, freute ich mich auf eine Nacht ohne die Geräusche der Gäste in den Zimmern neben mir. Die Häuser und Hotels in Indonesien waren nämlich äußerst hellhörig. Die Außen- und Innenwände der Zimmer waren dünn und am oberen Ende der Wände waren durchbrochene grünglasierte Ziegel für den Luftdurchzug eingemauert. Die Fußböden waren aus Stein und es gab keine Deckenverkleidung. Jedes Räuspern, Stöhnen und Seufzen aus den Nebenräumen war dadurch natürlich deutlich zu hören.

Auf Reisen musste man immer seine eigene Bettwäsche dabei haben, aber hier, in dem großen Bett, mit übergroßen Löchern im Moskitonetz, half dies auch nichts. Die Flöhe und Wanzen waren äußerst aggressiv. Nun hieß es das Bett mit dem mitgebrachtem DDT-Puder zu bestäuben und sich dann darauf zulegen. Damals war man noch nicht so umwelt- und gesundheitsbewusst wie heute. Jahrelang war diese Methode unter Ausländern allgemein üblich und ich wundere mich heute noch, dass ich keine dauerhaften Schäden von diesem starken Gift davongetragen habe.

Wie überall in Indonesien durfte natürlich auch hier im Bett ein *Guling* nicht fehlen. Indonesien ist sicher das einzige Land der Welt, das in allen Betten, zusätzlich zu einem Kopfkissen, noch eine spezielle komfortable Bettrolle hat. Diese holländische Erfindung ist eine runde lange und hart mit Kapok gestopfte Rolle, fast ein Meter lang und zwanzig bis dreißig Zentimeter im Durchmesser. Im Volksmund wird dieser *Guling* auch ‚Holländische Jungfrau‘, oder auf Englisch ‚Dutch Wife‘ genannt. Man nimmt die ‚Holländische Jungfrau‘ bei Nacht in den Arm, legt ein Bein darauf und es ist herrlich bequem und kühl. Der *Guling* war, wie die Holländer sagten, für die Nacht gedacht, um die Luft besser zirkulieren zu lassen und um den Schweiß von den Beinen zu absorbieren. In Jakarta kursierten allerdings viele Witze über dieses gute Stück, denn viele glaubten, dass es für ganz andere Zwecke, die dem sexuellen Vergnügen dienen sollten, vorgesehen war.

Schon vor dem Frühstück ging es weiter nach Semarang, entlang der smaragdgrünen Java-See, die draußen, wo das Meer mit dem blauen Himmel verschmolz, tiefblau wurde. In der Nähe des Meeres waren immer Plantagen mit kerzengeraden Kokospalmen, deren Kronen mit den im Wind zitternden Palmblättern weit auseinanderstrebten. Hier über den Fischerdörfern lag der typische Geruch aus einer Mischung von Trockenfisch und ranzigem Kokosfett, den auch die salzige Brise von der See nicht vertreiben konnte. In einzelnen Dörfern an der Küste roch es noch intensiver, und zwar dort wo *Trassi*, eine schwarze Krabbenpaste, die in Indonesien als Gewürz Verwendung findet, hergestellt wurde. Die Landschaft war wunderschön, aber die Armut in den Dörfern deprimierend. Eine Rattenplage hatte 1963 die gesamte Reisernte vernichtet und die Menschen dort quälte der Hunger. Entlang der Straßen in den Dörfern standen hunderte Frauen und Kinder und bettelten um etwas Reis oder Geld.

Am Strand lagen *Prahus*, die einfachen Fischerboote, und die Fischernetze waren zum Trocknen aufgespannt. Weiter von der Küste entfernt befanden sich abwechselnd dichte Wälder von Teakholzbäumen mit ihren riesenhaften ovalen Blättern und große Kautschukplantagen. Aus einem schrägen Rindenschnitt an den Gummibäumen tropfte langsam der Saft in an die Bäume gebundene Blechbehälter. Morgens kamen die Arbeiter, um den Saft einzusammeln, der in der Fabrik zu Rohgummi weiter verarbeitet wurde. An den Straßenrändern tummelten sich unzählige Affen, die auf einen Leckerbissen warteten. Immer wieder rannten sie dicht vor unserem Auto über die Straße.

Mein Fahrer und ich mussten die Route so festlegen, dass wir an den damals noch ganz wenigen Tankstellen, die man auf Java an einer Hand abzählen konnte, vorbei kamen. Mindestens zwei Ersatzkanister voll Benzin hatten wir immer dabei. Notfalls erhielt man auch noch Benzin in den Dörfern. In kleinen Kiosken entlang der Straße gab es Benzin vom Schwarzmarkt. Dieses war in einzelne Literflaschen abgefüllt und stand aufgereiht wie bei uns Wein oder Schnaps in den Regalen. Dieser Treibstoff war – obgleich viel teurer als an Tankstellen – nicht zu empfehlen, da er meist mit Wasser gestreckt wurde.

Ein großes Problem ergab sich auf diesen langen Fahrten anfänglich, wenn sich ein dringendes menschliches Bedürfnis bei mir bemerkbar machte. Es gab natürlich keine öffentlichen Toiletten (*Kamar kecil*, kleines Zimmer) und sobald man glaubte ein ruhiges verstecktes Eckchen gefunden zu haben und sich erleichtern wollte, stellte man unverzüglich fest, dass man plötzlich umringt war von vielen höchst interessierten Männern, Frauen und Kindern, die einen mit großen Augen andächtig bestaunten und für die man in seiner höchsten Not auch noch einen großen Unterhaltungswert besaß. Indonesier verrichten ihre Notdurft ohne Scheu überall: auf dem

Feld, am oder im Fluss, im Palmenhain. Sie brauchen keine Privatsphäre, sie bezeichnen sich bei diesem Geschäft als für andere unsichtbar. Das gilt aber nur für sie selbst, Europäer sehen sie durchaus. Not macht zwar erfinderisch, aber nachdem ich eingesehen hatte, dass es bei der dichten Bevölkerung Javas wohl kaum möglich sein würde, ein ruhiges Plätzchen für eine Notdurft zu finden, ergab ich mich in mein Schicksal und diente der interessierten Landbevölkerung fortan in solch einer Situation als ausländisches Belustigungs- und Studienobjekt.

Da die nördliche Straßenverbindung zwischen Semarang und Surabaya wegen vieler Erdrutsche seit Anfang der 1960er Jahre unbefahrbar war, musste ich auf dieser Reise nach Süden über Yogyakarta ausweichen. Verglichen mit Sumatra, Borneo und Celebes ist Java die kleinste der vier großen Sundainseln. Vom wirtschaftlichen und politischen Standpunkt aus war sie aber schon immer die wichtigste. Obwohl Jakarta die Hauptstadt des Archipels ist, liegt das Herz des kulturellen Indonesiens seit jeher in Mitteljava, besonders in Yogyakarta und Surakarta.

Ich übernachtete in Yogyakarta neben einem chinesischen Restaurant, in dem ich mein Abendmahl verzehrte. Unzählige hungernde Frauen und Kinder, die mit gierigen Blicken durch die Fenster auf meinen vollen Teller starrten, warteten auf die zurückgelassenen Reste. Auf den Müllhalden suchten hunderte Menschen nach etwas Essbarem. Es war eine entsetzliche Hungerperiode nach der schlimmen Rattenplage. Aber der Zorn richtete sich nie gegen Soekarno. Sein Anspruch auf Vertrauen und Gehorsam war tief im Volke verwurzelt.

Hier in Yogyakarta erlebte ich auch meine erste Aufführung einer *Wayang Kulit*-Aufführung, dem javanischen Schattenspiel mit flachen, fein durchbrochenen, wie aus wertvoller Spitze gearbeiteten Figuren aus Büffelleder, die Schatten wie Scherenschnitte auf eine Leinwand werfen. Die starren Figuren sind mit Handgriffen aus Büffelhorn für Körper und Arme versehen, um ihnen durch Bewegung Leben einzuhauchen. Der *Dalang*, der Puppenspieler, konnte gleichzeitig mehrere Figuren bewegen und er hatte die Fähigkeit, den Puppen Leben einzuhauchen. Besonders in der Trockenzeit wird überall in den Dörfern Mitteljavas *Wayang Kulit* gespielt. Wayang ist nicht nur ein Spiel zur Unterhaltung, sondern auch eine Lehrstunde für Moral und eine Hilfe für die tägliche Lebensführung. Für uns schwer zu verstehen sind die verschiedenen Intrigen, Komplotte und Streitigkeiten, die in diesen Stücken dargestellt werden. Wenn man ein Stück von Anfang bis Ende sehen will, muss man viel Zeit mitbringen. Die Vorführung beginnt mit der Abenddämmerung und endet im Morgengrauen. Erst dann kommen die

Auflösung der Verstrickungen und das ‚Happy End'. Ganze Dörfer bleiben wach, die jungen wie die alten Bewohner. Man nimmt sein Essen mit und seine Kinder, auch Babys. Es ist ein Erlebnis, zu sehen, wie sich die Schatten und Silhouetten der Wayang-Puppen wie lebende Personen im schnellen Bewegungsablauf über die Leinwand bewegen, mal scharf, mal unscharf, je nach dem dramaturgischen Effekt. Auch bei diesem Spiel, das sich um die Geschichten des Ramayana und Mahabarata sowie die alten verlorenen Königreiche, wo alles im Einklang war, dreht, wird die hinduistische Vergangenheit des islamischen Javas sichtbar. Aber wie in einem Kabarett der westlichen Welt dürfen aktuelle politische Ereignisse oder Neuigkeiten, die im Dorf passiert sind, einfließen. Ganz aktuell war das Thema Familienplanung und Geburtenkontrolle. Nicht nur beim Wayang-Spiel.

Mein Fahrer Sudjono hatte mehrere Frauen und schon sieben Kinder. Auch er wollte nicht noch mehr Kinder haben, das sei ihm zu teuer. Er fragte mich immer wieder, wie wir Europäer das machen würden, dass wir so wenige Kinder hätten. Ich erklärte ihm, dass es für diesen Fall doch die Anti-Baby-Pille geben würde. Noch kurz vor der Reise kam er zu mir und erzählte, nun sei alles geregelt. Er hätte auf dem Markt eine Anti-Baby-Pille gekauft und schon geschluckt. Ich musste mich sehr zusammennehmen, um nicht laut aufzulachen, versprach ihm aber, ihn nochmals ausführlicher aufzuklären.

Von Seiten der Regierung gab es eine Offensive gegen den hohen Geburtenüberschuss mit der entsprechenden Aufklärung. Auf Plakaten, die eine Mutter mit einem Jungen und einem Mädchen an jeder Hand zeigten, sowie in Radio und Fernsehen hieß es überall *Dua Anak cukup!* (Zwei Kinder sind genug!). Die Anti-Baby-Pille wurde probehalber kostenlos in den Dörfern verteilt. Aber anfangs gab es Probleme mit der Nachlieferung der Pillen und zudem auch große Missverständnisse in der einfachen dörflichen Bevölkerung. Es gab Frauen, die nahmen den gesamten Wochenbedarf auf einmal ein, andere nahmen die Pille nur nach oder vor dem Verkehr.

Erst nachdem Soekarno den Befehl erließ, dass der *Kepala Kampung*, der Dorfälteste, jeden Abend um 18 Uhr den *Kul Kul*, die Dorftrommel, in einem bestimmten Rhythmus schlagen müsse, als Zeichen, dass nun die verheirateten Frauen eine einzige Pille zu nehmen hätten, kam Klarheit und System in die Empfängnisverhütung. Da das Thema Empfängnisverhütung überall offen und ohne Tabus diskutiert wurde, waren schon bald auch erste Erfolge zu verzeichnen. Daran hatten die *Dalangs*, die einflussreichen Meister der Schatten- und Puppenspiele, einen ganz entscheidenden Anteil. Zur allgemeinen Erheiterung des dörflichen Publikums wurde dieses Thema mit vielen intimen Einzelheiten immer wieder mehr oder weniger ausführlich erörtert.

In Indonesien gab es nie Zwangssterilisationen wie in Indien, um den Geburtenüberschuss in den Griff zu bekommen. Bei einer Bevölkerungszuwachsrate von etwa 2,5 Prozent pro Jahr war daher Familienplanung ein wichtiges Thema. Nach islamischem Gesetz dürfen Männer bis zu vier Frauen haben, so dass Familien mit zehn und mehr Kindern keine Seltenheit waren. So wurde neben der teuren importierten Pille auch nach anderen Mitteln und Wegen gesucht. Andere Techniken? Ein delikates Thema? Prüde Muslime? Im Gegenteil!

Vom islamischen Glauben her sind viele Kinder durchaus erwünscht, und da es keine Sozialabsicherung gibt, sind viele Kinder die Garantie für ein gesichertes Alter, da ja auch die Kindersterblichkeit wie in allen Entwicklungsländern sehr hoch ist und man immer mit dem Tod des einen oder anderen Kindes rechnen muss. Daher geht es eher um das Gegenteil von prüde. Es geht darum, die traditionellen muslimischen Werte zu überwinden, wenn man Kinderbeschränkung durchsetzen will. Das Gleiche gilt für die Hindus auf Bali. Auch hier braucht man viele Kinder, um in den Himmel zu kommen, und ohne einen Sohn kann man in Bali nicht einmal entsprechend der Tradition nach dem Tode verbrannt werden. Soekarno konnte mit seinen öffentlichen Erklärungen in allen seinen Reden die Menschen trotz aller Vorbehalte überzeugen, dass es für die Familie, für die Ausbildung der Kinder, für einen höheren Lebensstandard und für das ganze Land besser wäre, weniger Kinder zu haben. Daher wurde in Indonesien dieses Thema ganz offen zu Hause, bei Gesellschaften, im Rundfunk und in Zeitungen diskutiert. Ali Sadikin, der Gouverneur von Jakarta, setzte sich in aller Öffentlichkeit für eine Kondom-Fabrik in Jakarta ein. Diese sollte die größte in ganz Ost-Asien werden. Er sagte, weil die importierten Produkte den Wünschen der indonesischen Männlichkeit nicht entsprächen, sollten die lokal hergestellten Produkte in Größe und Farbe den Indonesiern angepasst werden. Ob diese dann größer oder kleiner ausfallen müssten, ließ er offen. Dies war in den 1960er Jahren ein Thema für viele Witze, und für lange Zeit Gesprächsstoff auf Cocktail-Partys.

Den größten Erfolg bei der Senkung der Geburtenrate hatte allerdings das Fernsehen. Von der Regierung wurden Fernseh-Gemeinschaftsanlagen gefördert und in allen Dörfern installiert. Die Menschen konnten gar nicht genug von diesen Bildern sehen, die für sie wie ein Wunder über den Äther kamen, und sie fielen bei Sendeschluss todmüde in einen tiefen Schlaf, das Vergnügen vergessend, dem sie sich zuvor, als es noch kein Fernsehen gab, hingegeben hatten.

Viele Details einer Geburtenkontrolle waren damals – wie schon erwähnt – die Hauptthemen auf den Schaubühnen der Schattenspiele. Besonders der demütige, dicke, vom Publikum so geliebte Diener *Semar* trieb in diesem Zusammenhang oft sehr obszöne Possen. Der Alleinunterhalter, der *Dalang*, ist ein intelligenter und hochangesehener Mann. Er hat über dieses Spiel einen ziemlich großen Einfluss auf die politische Stimmung im Volke. Auch Soekarno, der als ‚der große *Dalang*‘ bezeichnet wurde, hat über das *Wayang*-Spiel viele seiner politischen Ideen dem Volk nahe bringen lassen. Der *Dalang* ist nicht nur ein Künstler, er ist auch ein Meister der Improvisation. Er hockt alleine hinter einem großen Schirm aus Leinwand. Eine helle Petromax–Petroleumgaslampe hängt hinter ihm an der Decke. Vor dem *Dalang* liegt der Stamm einer frisch geschlagenen Bananenstaude, in der eine ganze Reihe der filigranen Lederpuppen stecken, unter vielen anderen natürlich immer der Held *Arjuna* und der Zwerg *Semar,* der das Publikum immer wieder zum Lachen bringt. Es ist unglaublich, mit welcher Fingerfertigkeit ein *Dalang* mehrere Puppen gleichzeitig tanzen lassen kann, wie sie miteinander kämpfen und wie er sie groß und wieder klein werden lassen kann.

Das Publikum saß auf beiden Seiten der Leinwand, wo auch kleine Stände mit Zigaretten, Süßigkeiten, Essen und Getränken aufgebaut waren. Auf der Seite des *Dalangs* konnte man diesen beobachten, wie er mit großer Fingerfertigkeit über Stiele aus Büffelhorn die spinnenfeinen Glieder der vielen Puppen bewegte, wie er gleichzeitig mit einem zwischen den Zehen des Flusses eingeklemmten hölzernen Schlegel den Takt gegen eine Holzkiste schlug und damit das *Gamelan*-Orchester dirigierte, wie er die Dialoge mit der jeder Figur eigenen Stimme sprach und wie er mit den Sängerinnen um die Wette sang. Es war ein wahres Feuerwerk der unterschiedlichen Stimmen, Geräusche und Gesänge. Ein *Dalang* ist ein genialer Künstler.

Eine *Wayang Kulit*-Aufführung war jedes Mal ein großes Fest. Leute lachten zusammen, Körbe mit Essen wurden ausgepackt, Kinder rollten sich auf den Matten und schlummern ein. Als es Mitternacht wurde, waren im Publikum nur noch wenige Zuschauer aufmerksam. Fast alle Kinder schliefen inzwischen fest, aber auch die von der Feldarbeit müden Erwachsenen machten hin und wieder ein kleines Schläfchen, um dann von einer Lachsalve des Publikums wieder hochzuschrecken.

Es ist ein ewiger Konflikt zwischen Gut und Böse, ein magisches Spiel, durch das das Volk immer wieder fasziniert und hingerissen ist. Die Schatten bekommen erst durch den *Dalang* eine Seele. Zum *Gamelan*-Orchester mit mehreren Sängerinnen sprach und sang der *Dalang* mit einer hohen, fast weiblichen, dann wieder mit einer gutturalen Stimme. Jede Figur hatte ihren eigenen Tonfall. Gegen Ende, beim Morgengrauen, ist dann nach vielen Verwirrungen immer ein Ausgleich zwischen Gut und Böse geschaffen.

Ich saß bei dem Spiel als einziger Zuschauer auf der Seite des *Dalangs*, um ihn bei seiner Kunst zu beobachten. Dies ist interessant, aber die magische Seite ist die Seite der Schatten. Verstehen konnte ich allerdings so gut wie nichts, denn der *Dalang* singt und spricht immer in einer altertümlichen javanischen Sprache. Auch vom Spiel selbst verstand ich wenig: Es ist eine andere Welt. Kurz nach Mitternacht ging ich zurück in mein Hotel. Es war eine kurze Nacht.

Am frühen Morgen ging die Reise weiter. Ganz klar ragte der qualmende Vulkan Gunung Merapi bei Yogyakarta (übersetzt ,der Feurige') in den Himmel. Im Laufe der Jahrhunderte hat dieser Berg schon Tausende von Opfern gefordert. Leider reichte bei dieser ersten Reise durch Java die Zeit nicht, den nur wenige Kilometer von Yogyakarta entfernten Borobudur, den größten buddhistischen Tempel der Welt, zu besuchen.

Konisch geformte Hügel, die früher Vulkankegel gewesen waren, und hohe, noch aktive Vulkane, reckten sich von der Ebene aus in die Höhe. Hier in Zentral- und Ostjava gab es immer noch zwei Verkehrsschilder pro Richtung: eines für Personen, die lesen konnten, und ein zweites für Analphabeten. Das zweite bestand aus farbigen Zeichen. Wenn ein Analphabet zum Beispiel nach Solo wollte, musste er in die Richtung mit zwei großen roten und einem kleinen blauen Kreis fahren.

Im übervölkerten Mitteljava wurde jedes Fleckchen Erde landwirtschaftlich genutzt. Von Surakarta, heute Solo, nach Madiun nahm mein Fahrer die Bergstrecke über das kleine Bergdorf Sarangan. Steil ging es nach Sarangan hinauf, das 1.400 Meter hoch am Hang des Vulkans Gunung Lawu gelegen ist. Zum Glück hatte ich einen 6-Zylinder Opel Admiral mit 2,8 Liter Hubraum als Dienstwagen, aber auch dieser schaffte die Steigungen mit Gepäck nur mühsam im ersten Gang. Kleinere Autos konnten die Steigung meist nur im Rückwärtsgang bewältigen oder sie mussten das Gepäck ausladen und die schmale Pass-Straße durch dichten Urwald hoch tragen lassen und von den immer bereitstehenden *Kulis* Schubhilfe anfordern.

In Sarangan übernachtete ich in der einzigen Unterkunft, dem Hotel Sarangan. Es war ein altes Hotel mit kolonialer Atmosphäre, herrlich gelegen an einem klaren und kühlen Kratersee, mit einer überwältigenden Aussicht. Die Einheimischen erzählten, dass dieses Hotel von zwei Deutschen gebaut worden war, die während des 1. Weltkrieges hier hängen geblieben waren und dass während des Zweiten Weltkriegs und danach eine große deutsche Schule in Sarangan gewesen sei. Abends konnte man Gruppen von *Kulis* beobachten, die schwere Körbe, gefüllt mit großen Schwefelbrocken vom noch aktiven Vulkan Gunung Lawu herab schleppten, die sie oben auf dem Vulkan inmitten giftiger Schwefeldämpfe aus dem Fels gebrochen hatten. Eine schrecklich schwere und ungesunde und dazu sehr schlecht bezahlte Arbeit.

Am Abend wurde im Zimmer gegen die Kälte und Feuchtigkeit ein Holzfeuer im Kamin angezündet. Fast alle Zimmer waren von Russen mit ihren Familien belegt. Entsprechend floss der Wodka. Präsident Soekarno hatte für die indonesische Luftwaffe Kampfflugzeuge in der Sowjetunion bestellt. Diese waren auf dem Luftwaffenstützpunkt in Madiun stationiert und die russischen Piloten bildeten nun Indonesier an den Flugzeugen aus. Da es den Russen in Madiun zu heiß und feucht war, pendelten sie jeden Tag und übernachteten im kühlen Sarangan bei ihren Frauen. Gerne wäre ich noch länger in dem schönen Sarangan mit der gesunden Höhenluft geblieben, aber die Pflicht rief.

Die nächste Station war Surabaya. Wir übernachteten außerhalb von Surabaya, in Tretes, einem kleinen Ort, 800 Meter hoch am Fuße des Vulkans Arjuna gelegen. Hier war es herrlich kühl. Schon in Jakarta wurde mir das Schwimmbad ‚Dirgahayu‘ empfohlen. Während der Kolonialzeit war es ein Luxusbad, das die Holländer ‚Nimfenbad‘ nannten. Es war immer noch beeindruckend, riesengroß mit Sprungtürmen, Rutschen, Bächlein und Brücken, aber die Nymphen aus Marmor rund um die Becken waren schon ziemlich verblasst, was die Abkühlung in dem frischen Gebirgswasser aber nicht beeinträchtigte.

Am Morgen ging ich in den großen Frühstücksraum. Ich war so früh natürlich der einzige Gast. Das Frühstück hatte ich schon am Abend zuvor für 5 Uhr bestellt. Die Diener wachten pflichtschuldig aus ihrem Nickerchen auf und stellten sich mit grenzenloser Gleichgültigkeit an der Wand entlang auf, in der Hoffnung, dass der Dienst noch nicht beginnen würde. Der Oberkellner saß, ein Bein unter sich gezogen, mit dem anderen baumelnd, gelangweilt auf seinem Stuhl und ließ alle seine Finger in den Gelenken knacken, einen nach dem anderen. Danach kratzte er sich genüsslich am Kopf, bis ihn mein Ruf nach Frühstück aus seinem Halbschlaf aufschreckte. Dreimal musste ich nach meinem Frühstück fragen, bis es der Herr Oberkellner endlich mit verträumtem Blick und herausfordernder Langsamkeit servierte, als wolle er sagen: ‚Die Weißen haben es immer so eilig! Diese ewige Ungeduld!‘ Die Trägheit des Ostens war für mich immer noch unbegreiflich, besonders wenn man bedenkt, dass das damals überall übliche Frühstück aus einem kalten *Nasi Goreng* mit einem gummiartigen kalten Spiegelei darauf bestand. Der Reis und die Spiegeleier wurden schon am Abend zuvor vorbereitet und dann am nächsten Morgen kalt serviert. Das zu servieren hätte also keinerlei Aufwand bedeutet! Selbst das weiche Toastbrot gab es in keinem Hotel. Ausländische Gäste kamen nur ganz selten, und Brot gab es selbst in Jakarta nicht. Dazu gab es *Kopi Tubruk*, den starken indonesischen Brühkaffee mit viel Zucker. Man muss diesen Kaffee langsam trinken, denn ein dicker Kaffeesatz bleibt zurück. Ich wollte immer schon wissen, wer diese schreckliche Sitte eines kalten *Nasi Gorengs* zum Frühstück eingeführt hat. Waren es die Holländer? Denn die Indonesier essen zwar das Gleiche zum Frühstück, aber immer warm und frisch zubereitet. Erst einige Zeit später entdeckte ich, dass es in den Hotels in Mittel- und Ostjava ein indonesisches Rührei gab, das vermischt mit Tomate, Zwiebel, Knoblauch und *Sambal* immer frisch zubereitet wurde. Es schmeckt köstlich und man konnte dadurch die tägliche kleine Frustration mit dem kalten Reis-Frühstück schnell vergessen. Auch wurde das frugale Frühstück plötzlich unerheblich, wenn man draußen in der Natur die in der aufgehenden Sonne silbrig glänzenden taunassen Kronen der Kokospalmen und die überwältigende Landschaft sah. Mittags und am Abend war selbst im kleinsten chinesischen Restaurant, die es überall auf Java gab, alles frisch zubereitet und kam kochend heiß auf den Tisch. Bei den Chinesen war man relativ sicher, keine Magen- und Darmverstimmung zu bekommen.

Von hier ging es am nächsten Morgen weiter in Richtung Banyuwangi, von wo die Fähre nach Bali abfuhr. Da die Straßen in Ost-Java besonders schlecht waren, wusste ich, dass wir bis zum Abend Banyuwangi kaum erreichen würden. Es gab viele Militärposten und Sperren entlang der Straßen. Wir wurden umgeleitet, durch viele wogende Zuckerrohrfelder. Mein Fahrer hielt an, um einen kleinen Vorrat der zuckersüß schmeckenden Stängelabschnitte ins Auto zu legen. Es war herrlich während der Fahrt daran zu kauen und zu lutschen. Plötzlich wurde es Nacht und wir waren auf ganz kleinen Nebenstrecken. Und nirgends eine Übernachtungsmöglichkeit. In den Dörfern gab es hin und wieder Straßenbeleuchtung: kleine handgefertigte Laternen mit einer brennenden Wachskerze. Immer wieder versperrten unbeleuchtete Ochsenkarren unseren Weg. Eine Fahrt bei Nacht war sehr unangenehm. Die Fahrer von Personen- und Lastkraftwagen hatten eine dumme Angewohnheit: Sie gebrauchten nur das helle in die Ferne strahlende aufgeblendete Licht oder gar keins. Man sah auf der Landstraße ein Fahrzeug mit Fernlicht auf sich zukommen. Zwei- bis dreihundert Meter vor der Begegnung schalteten beide Fahrer ihr Licht ganz aus und man raste in völliger Dunkelheit aufeinander zu. Erst kurz vor der Begegnung wurde das Aufblendlicht wieder eingeschaltet, aber nun sah man erst recht nichts mehr. Was dies sollte, habe ich nie verstanden und auch mein Fahrer konnte mir keine einleuchtende Erklärung geben. Ein gefährliches Spiel, das besonders von Lastkraftwagen und den schnellen Überlandbussen gespielt wurde.

Nicht nur deshalb wollten wir so schnell wie möglich eine größere Ortschaft erreichen, um dort ein einigermaßen zumutbares Bett zu finden. Mein Fahrer Sudjono kannte sich überall auf Java sehr gut aus, aber auf den kleinen Nebenwegen hatte er in der Nacht eine scharfe Kurve übersehen und wir landeten mit allen vier Rädern im Wasser eines matschigen Reisfeldes. Es war Neumond, eine stockdunkle Nacht. Was sollten wir tun? Wir saßen fest. Im Auto die Nacht verbringen? Hatte nun das ‚böse Omen' vom Beginn der Reise mit der schwarzen Katze zugeschlagen?

Kampungs, wie die Dörfer heißen, sind auf der dicht besiedelten Insel Java nie weit voneinander entfernt, aber es war absolut nichts zu sehen. Ich wollte meinen Fahrer zu Fuß losschicken, um Hilfe zu holen, denn alleine kamen wir nie mehr aus dem nassen schlammigen Reisfeld heraus. Der Wagen war bis zur Bodenwanne im Sumpf versunken. Doch plötzlich tauchten um uns herum kleine Lichter auf, wie Glühwürmchen, die von allen Seiten auf uns zukamen. Es sah gespenstisch aus. Es waren alles Männer aus den umliegenden *Kampungs* mit ihren hellen Petromax-Lampen, die uns ungerufen zu Hilfe kamen. Wer hatte sie wohl über die Buschtrommel informiert? Es musste nur eine Person unseren Unfall bemerkt haben, dann wurde die Nachricht in einem raschen, fremdartigen Rhythmus über den dunkel und eher drohenden Klang der geschlitzten hölzernen Dorftrommeln, der *Tom Toms*, verbreitet. Etwa dreißig Mann stellten sich rund um den schweren Opel Admiral auf, und ohne zuerst nach einer Entlohnung gefragt zu haben, hievten sie ihn mit Hau-Ruck Zentimeter um Zentimeter zurück auf die Straße. Dem Wagen war nichts passiert. Ich war sehr erleichtert. Mit dem großzügigen Trinkgeld waren sie auch zufrieden. Der Besitzer des ziemlich zertrampelten Reisfeldes bekam einen extra großen Rupiah-Schein. Im nächsten größeren Dorf fanden wir ein *Losmen*, eine ziemlich einfache Herberge. Aber mir war jetzt alles egal: Hauptsache ein Bett!

Am nächsten Morgen stand der Opel Admiral unversehrt, frisch gewaschen und poliert wie immer vor der Herberge. Mein Sudjono muss stundenlang daran gearbeitet haben, um ihn wieder von allem Schlamm und Dreck zu säubern. Unterwegs nach Banyuwangi begegneten wir immer mehr Lastwagen vollgestapelt mit lebenden Schweinen, die einzeln in große weitmaschige Rattankörbe verpackt waren und die sich darin so gut wie nicht bewegen konnten. Schweine waren der Hauptexportartikel der Insel Bali, ein Leckerbissen für die vielen Chinesen in Singapur und auf dem schweinelosen islamischen Java.

Einige Schwierigkeiten bereitete die Überfahrt von dem kleinen ostjavanischen Hafen Banyuwangi mit seinen vielen *Prahus* und Fischerbooten nach Gilimanuk, dem balinesischen Hafen. Lange dauerte es, bis eine so große Motorfähre eintraf, die auch ein Auto (mit viel Geschrei) verladen konnte. Schon kurz nach dem Ablegen lernte ich die Tücken dieser Meerenge kennen. Hier treffen zwei Meere zusammen. Die Javasee rollt von Norden ein und der Indische Ozean prallt von Süden dagegen. Immer wieder türmten sich hohe Wellen und Brecher auf. Nass bis auf die Haut trafen mein Fahrer und ich in Gilimanuk ein. Hier werden die Uhren um eine Stunde vorgestellt. Hier geht die Sonne früher auf als auf Java.

Schon nach den ersten Kilometern konnte man sehen, dass Bali anders ist als Java. Der Name der nahen Nachbarinsel Java, hier auf Bali *Jawi* genannt, bedeutet in Bali ‚fernes Land‘. Die Landschaft und die Reisterrassen sind hier lieblicher. Der Mittelpunkt des Lebens in den Dörfern befindet sich meist im Schatten der massiven heiligen Waringin-Bäume, deren Stamm oft zwanzig Männer nicht umfassen können. Hier wird verkauft, gehandelt und geschwatzt; hier werden Haare geschnitten, Freundschaften geschlossen und Streitigkeiten geschlichtet. Frauen mit vollen Körben, mit der Ernte aus dem eigenen Garten auf dem Kopf, gingen mit majestätischem Schritt zum Markt, um dort ein paar Rupiahs zu verdienen. Vor den Häusern standen grob geflochtene Körbe mit dem teuersten und liebsten Besitz eines Balinesen: seinen Kampfhähnen. Oft saß der Besitzer dabei und massierte und liebkoste sein Lieblingstier, um ihm für den nächsten Kampf Kraft zu geben. Überall entlang der Straße, vor den Tempeln, den Häusern, den heiligen Waringin-Bäumen lagen Opfergaben in kleinen, in kunstvollen Mustern geflochtenen Bastkörbchen, gefüllt mit bunten Blüten, etwas Reis, Obst und duftenden Räucherstäbchen. Frauen in traditioneller Kleidung beteten und verteilten Weihwasser mit graziösen Handbewegungen. Die kunstvoll aus Stein gearbeiteten Tempelwächter vor den Tempeln und den gespaltenen Toren und die heiligen Waringin-Bäume waren mit schwarzweiß karierten oder gelben Tüchern umschlungen, die die imaginären Schamteile verdecken sollten. Vor den Tempel und Häuser stehen steinerne Tempelwächter, um diese vor bösen Dämonen zu schützen. Die Menschen auf Bali leben sehr intensiv mit ihren Dämonen, Geistern und nicht greifbaren Ungeheuern. Die Balinesen bekennen sich zum Hinduismus. In einigen Teilen der Insel gibt es aber bei den sogenannten *Bali-Aga*-Dörfern, z.B. in Tenganan oder Trunyan, immer noch die vorhinduistischen, animistischen religiösen Sitten und Bräuche. Auch der Baustil der balinesischen Tempel wird von vorhinduistischen Überlieferungen geprägt. Die stets ungerade Anzahl der übereinander angeordneten Dächer zeigt die Macht des verehrten Gottes an.

Überall war Bewegung, überall sah man freundliche Gesichter mit einem Lächeln für den Fremden. Herden von quakenden Enten watschelten gehorsam im Gänsemarsch meist hinter einem Kind mit einer kleinen bunten Fahne her zu den immer nahen Tümpeln und Reisfeldern. Schon auf Java fiel mir auf, dass viele Hühner immer kurz vor unserem Auto noch die Straße überqueren wollten. Schon einige mussten auf dieser Reise ihren Leichtsinn mit dem Leben bezahlen. Hier auf Bali waren es die kleinen Ferkel, die diesem gefährlichen Sport nachgingen.

Auf dem Weg in den Süden von Bali mussten wir die Bergkette, die die Insel von West nach Ost durchzieht, überqueren. Hier war die tropischste aller Tropenlandschaften, die ich je gesehen hatte. Noch vor weniger als 100 Jahren wurden hier in Westen von Bali die letzten Tiger geschossen.

Man sah, dass es den Menschen hier gut ging. Sie waren gut gekleidet und gut genährt, sahen glücklich, friedlich und fröhlich aus und es gab nirgendwo Bettler. Nach Untersuchungen amerikanischer Institute gehörten die Balinesen in den 1930er Jahren zu den reichsten und glücklichsten Menschen dieser Welt. Bei drei Reisernten im Jahr und unter Beibehaltung ihres einfachen Lebensstils mussten sie nur vier Monate im Jahr arbeiten, um das ganze Jahr leben zu können. Allerdings hat sich dieses Verhältnis, seit in den Städten der Bedarf für westliche Güter wie Motorräder, Autos, Fernseher oder Kühlschränke geweckt wurde, sehr zu ihrem Nachteil verschoben. In den Dörfern benötigen die Balinesen diese Dinge auch heute nicht. Sie haben alles zum Leben in ihrer fruchtbaren Umgebung.

Was macht den Charme der Insel Bali aus? Seit Anfang des letzten Jahrhunderts wirkt die Insel wie ein Magnet auf Maler, Musiker, Filmemacher, Schriftsteller, Schauspieler und die oberen Zehntausend. Gregor Krause, ein Deutscher, der nach Abschluss seines Medizinstudiums eine Asienreise machte, trat hier in den Dienst der niederländischen Kolonialregierung ein und wirkte Jahrzehnte an verschiedenen Stellen des Archipels, unter anderem auch auf Bali. Er machte Bali durch seine ab 1920 erschienenen Bücher bekannt. Besonders nach seinem 1926 erschienen Werk ‚Bali; Volk, Land, Tänze, Feste, Tempel' mit vielen Illustrationen war es die reiche Crème de la Crème der Gesellschaft Europas und der Vereinigten Staaten, die eine ganz exklusive Abwechslung von ihrem Alltag auf dieser Insel suchte. Den Charme der Insel machen nicht nur die Vulkane, die Berge, die langen Strände, die wunderschöne tropische Landschaft, die exotischen Rituale und vielen Tempelfeste, die in Indonesien einzigartige, nur auf Bali zu findende Hindukultur, die sich durch die Mischung von hinduistischen, buddhistischen und lokalen Elementen sehr von der indischen unterscheidet, und das gemäßigte Klima aus, sondern auch die friedlichen, freundlichen und attraktiven Balinesen, deren ganzes Leben von Magie und Religion durchdrungen ist. Es ist eine malerische Insel, die es geschafft hat, ihre einzigartige eigene Tradition über Jahrhunderte hinweg, auch während der Kolonialzeit, zu wahren. Da die Balinesen großen Respekt vor dem Meer haben, sind sie bis heute keine Seefahrer und waren daher kaum Einflüssen von außen ausgesetzt. Balinesen verlassen nicht gerne ihre geliebte Insel, ihre Tempel und ihr Zuhause. Den Fischfang besorgen meist die Muslime, die sich entlang der Küste in einigen Regionen angesiedelt haben.

Einer christlichen Missionierung, die ihnen den ‚rechten Glauben' bringen wollte, haben sie sich ebenso erfolgreich widersetzt wie auch der Missionierung durch Muslime, die auf der Insel Java so erfolgreich waren. Der hinduistische Glaube der Balinesen ist mit ihrem täglichen Leben zu tief verwurzelt.

Auch die Holländer hatten große Schwierigkeiten, auf Bali Fuß zu fassen. Die Balinesen wehrten sich vehement gegen die weißen Eindringlinge, die immer wieder versuchten, mit tausenden Soldaten und vielen Kriegsschiffen von Norden her nach Bali einzudringen. Selbst mit ihren gegenüber den Holländern weit unterlegenen Waffen konnten die Balinesen diese 1846 und 1848 zurückschlagen. Die Holländer erlitten schwere Verluste. Erst 1849 gelang es ihnen, Teile von Bali im Norden und Osten der Insel zu erobern. Endgültig ist den Holländern die Unterwerfung Balis nach sieben erfolglosen militärischen Aktionen erst durch die Massaker von Badung im Jahre 1906 und in Klungkung von 1908 gelungen. Der eindrucksvolle Roman ‚Liebe und Tod auf Bali', den Vicki Baum in den 1930er Jahren im Haus von Walter Spies mit dessen fundiertem Rat schrieb, handelt von dem Massaker der Holländer in Badung. Dieser Roman beschreibt präzise das Leben der Einheimischen und ist immer noch aktuell.

Die Dörfer und Gehöfte auf Bali sind hinter hohen dunkelroten Ziegelmauern versteckt. In das Innere eines Hauses oder eines Hofes kommt man nur durch sogenannte gespaltene Tore, hinter denen eine etwa 2,5 Meter hohe Mauer steht, die eine Einsicht in das Innere des Areals verhindert, da diese Mauer breiter als das Eingangstor ist. Die gespaltenen Tore sind aus Sand- oder Vulkangestein kunstvoll gemauert. Die beiden sich gegenüber liegenden Seiten, durch die man schreitet, sind immer rechteckig und glatt. Die Außenseiten dagegen, die in die Mauer übergehen, sind immer geschwungen und reich verziert mit Blumenmustern, Figuren von Drachen oder Dämonen. Diese Kunstwerke halten allerdings nie lange. Der Regen und die nachfolgenden heißen Sonnenstrahlen lassen das weiche Gestein schnell verwittern. Nach 20 oder 30 Jahren steht an dieser Stelle meist ein neues Kunstwerk. Daher gibt es auf Bali kaum einen Tempel, der älter ist als 80 oder 100 Jahre. Kunst ist auf Bali nichts Dauerhaftes. Jede Generation wird gefordert, Verfallenes neu zu gestalten. Kunst lebt auf Bali und ist Teil des täglichen Lebens.

Diese Eingangskonstruktion, einschließlich der erhöhten Türschwellen in allen balinesischen Häusern, soll den vielen Dämonen, mit denen die Balinesen leben, das Eindringen ins Haus unmöglich machen. Dämonen, die sich immer im Zustand der wütenden Raserei befinden, prallen von der Mauer, die hinter dem gespaltenen Tor steht, ab oder sie stolpern über die erhöhte Türschwelle und haben somit in ihrer Wut nicht die Möglichkeit ins Haus zu gelangen. Da Dämonen auch nicht um Ecken herum kommen können, müssen sie somit Haus und Hof meiden.

Überall, bei jedem Haus, sieht man steinerne Tempel für einen der vielen Hindugötter. Für einen Außenstehenden ist Bali mit seinen Tempeln, den Farben, seinen Tänzen und der Musik wie ein Museum. Für die Balinesen ist dies alles lebendige Wirklichkeit. Von irgendwoher ertönt immer Musik. In jedem Dorf wurde und wird *Gamelanmusik* gespielt oder geübt. Mit kleinen Hämmern werden Gongs in allen Größen, die an bunten hölzernen Gestellen aufgehängt sind, sowie Metallplatten und Bambusstäbe angeschlagen. Kinder üben mit den Musikern. Väter halten während des Musizierens ihre Babys auf dem Schoß, die so schon vom Kindesalter an an diese komplizierte Musikform herangeführt werden. Jungen und Mädchen werden auf den Plätzen vor den Tempeln im Tanz ausgebildet. Die Bauern singen auf den Feldern, die Frauen, wenn sie in den Flüssen baden. Immer wieder und überall hört man bis heute die dumpfen Töne der *Tom Toms*, der hölzernen Schlitztrommel, oder der großen Gongs. Mein erster Eindruck war, dass hier Schönheit und Glück Realität sind.

Nach einer ganzen Woche anstrengender Fahrt durch Java und Bali war ich endlich an meinem Ziel angekommen. Die Bauarbeiten für den Flughafen hatten schon begonnen. Zusammen mit den indonesischen Ingenieuren führte ich die Planung für die Sende- und Empfangsanlagen durch. Es waren Feldversuche notwendig, um den Platz für die dafür vorgesehenen Gebäude und die großen Antennenanlagen auszusuchen und festzulegen. Es war viel Arbeit, die mich und meine indonesischen Partner auch samstags voll beschäftigte. Aber an den wenigen freien Sonntagen machte ich immer Ausflüge, um Land und Leute kennenzulernen. Sofort ist mir Bali mit seiner zauberhaften Landschaft und seinen liebenswerten Menschen ans Herz gewachsen.

In dem kleinen Fischerdorf Kuta gab es keine Übernachtungsmöglichkeit. Die indonesische Regierung hatte jedoch für das deutsches Personal direkt am Strand in der Nähe der Baustelle eine Reihe von kleinen Bungalows erstellt, die aber noch nicht bezugsfertig waren. Es gab aber noch das alte ‚Bali Hotel' in Denpasar, das die holländische Schifffahrtsgesellschaft KPM

Ende der 1920er Jahre des letzten Jahrhunderts für die ersten Touristen erbauen ließ, sowie einige einfache, heruntergekommene Losmen. Nach einer Nacht im sehr unpersönlichen und sterilen ‚Bali Hotel‘ entschied ich mich daher für eine kleine Bungalowanlage in Sanur, das ‚Hotel Sindhu Beach‘. Es gehörte einer Deutschen, die mit einem reichen Indonesier verheiratet war. Hier war es ruhig und die Bungalows lagen direkt am Strand. Es gab zwar keinen Strom, nur eine trübe Petroleumlampe, aber ich war froh, endlich wieder ein sauberes Zimmer und ein Bad mit fließendem Wasser zu haben! Unterwegs war das meist nicht so.

In Denpasar und auch hier in Sanur wunderte ich mich, dass die Zimmertüren keine Schlösser hatten: Aber da es damals noch keine Kriminalität und keine Diebstähle auf Bali gab, waren verschließbare Türen überflüssig und unüblich.

In Denpasar gab es damals schon das kleine, aber interessante Museum mit historischen Belegen über die Kolonialzeit. Der deutsche Architekt Curt Grundler entwarf es 1910 als ethnographisches Museum. Um sein Konzept in Form eines balinesischen Tempels zu verwirklichen, zog er balinesische Künstler als Berater hinzu. Bereits 1917 wurde das Museum durch den Ausbruch des Vulkans Gunung Batur und die nachfolgenden Erdbeben zerstört. Durch die Initiative von Walter Spies wurde das Museum in seiner heutigen Gestaltung neu errichtet, Spies war auch dessen erster Kurator. Betritt man das Museum vom Alun-Alun aus, dem großen freien Platz vor dem Museum, gibt es auf der linken Seite die Statue eines weiß gekalkten, einen Geldsack tragenden Holländers mit Zylinderhut, der die Ausbeutung Indonesiens durch die Kolonialherren symbolisieren soll. In einem anschließenden Hof gibt es als Pendant dazu einen alkoholisierten Holländer mit einem Glas in der Hand, ebenfalls mit einem Zylinderhut geschmückt, dem man zudem ins weiß gekalkte Gesicht eine rote Säufernase gemalt hat. Mir wurde in dem Museum erzählt, dass von Holländern bereits eine Menge Geld geboten worden sei, um diese Verunglimpfungen zu entfernen.

Anfang der 1960er Jahre stand auf der nördlichen Mauer, die den *Kerta Gosa*, den ehemaligen Königspalast in Klungkung umgibt, ebenfalls eine Steinstatue eines Holländers, der einen Geldsack trägt. Diese Statue hat man nun im Museum aufgestellt. Auf dem gesamten Areal befinden sich noch diverse Skulpturen, die ehemalige holländische Kolonialherren darstellen. Warum sie gerade dort gehäuft aufgestellt wurden, kann man nur mutmaßen. Ich nehme an, es steht im Zusammenhang mit dem größten *Puputan* der Insel, der hier 1908 stattgefunden hat. Hunderte Balinesen kamen dabei ums Leben, für diese Tat sollen die Holländer verunglimpft werden.

Für einen deutschen Herrn auf Bali wurde mir aus Jakarta ein Paket mitgegeben, das für ihn mit Seepost aus Deutschland angekommen war. Es war von seiner Familie, die ihm mit deutschen Spezialitäten eine riesige Freude machte. Darunter war auch eine große Dose Rollmöpse. Die Dose sah schon von außen nicht mehr besonders vertrauenserweckend aus, denn sie war ziemlich bauchig geworden. Schlimmer wurde es aber, als sie mit – durch lange Rollmops-Entbehrungen hervorgerufener – großer Ungeduld unverzüglich geöffnet wurde: Die Rollmöpse hatten sich durch die Wärme während der langen Schiffsreise und das Schütteln während der langen Autofahrt durch Java total aufgelöst. Auf einer eklig aussehenden Soße schwammen die kleinen Holzspießchen, mit denen die Rollmöpse fixiert waren. Normalerweise hätte man so etwas sofort weggeworfen, aber die Lust auf den schon so lange entbehrten Heringsgeschmack war größer. Der Herr hatte eine Idee. Er machte einen Kartoffelsalat und mischte die Heringssoße darunter. Zu diesem ,Festessen' wurden noch weitere deutsche Freunde eingeladen. Alle waren von der Köstlichkeit begeistert und merkwürdigerweise wurde auch keiner davon krank.

Auf der Insel Bali, die in der Größe mit Mallorca vergleichbar ist, gab es keinen Platzmangel. Aber Präsident Soekarno war von der Idee besessen, in Bali einen Flughafen mit einer spektakulären Start- und Landebahn, die weit ins Meer hinaus gebaut ist, zu errichten. In Kolonnen rückten die Lastwagen an, um Millionen Kubikmeter Steine ins Meer zu kippen. Ein Lastwagen nach dem anderen, Tag und Nacht. Die Steine kamen von einem Steinbruch im Süden der Insel. Die schwerste Arbeit leisteten hier Hunderte von Frauen. Die Männer saßen in den Führerhäuschen der Bagger, um die anrollenden Lastwagen zu beladen. Wie mir ein deutscher Experte erzählte, konnten die Balinesen innerhalb von Stunden, nicht von Monaten wie in Deutschland üblich, zu perfekten Baggerführern ausgebildet werden. Allerdings bereite ihnen Probleme, die Maschinen bei Feierabend wieder abzustellen. Sie gingen einfach nach Hause und ließen die Motoren laufen.

Wieder und wieder, wenn man dachte, dass es nun endlich geschafft sei, brachen die Hohlräume unter den Korallenbänken zusammen und die aufgeschüttete Landebahn sackte ab und verschwand wieder im Meer. Die Ingenieure der Baufirma waren verzweifelt, gaben aber nicht auf. Erneut mussten die Lastwagen mit neuem Auffüllmaterial anrücken. Erst nachdem die Landebahn mehrmals abgesackt und wieder im Meer versunken war, hielt sie. Die unterste Schicht des Auffüllmaterials hatte festen Untergrund erreicht und die Start- und Landebahn konnte endgültig fertiggestellt werden.

Bali war ursprünglich und vom Massentourismus verschont. Die holländische Schifffahrtsgesellschaft KPM (Koninklijke Paketvaart Maatschappij hat auf ihren Frachtschiffen die ersten Touristen nach Bali gebracht. Im Jahre 1930 waren es 50 bis 100 pro Monat. Die begeisterten Berichte über diese Insel ließen diese Zahl im Jahre 1939 bereits auf über 200 pro Monat steigen. Gregor Krause schwärmte in den 1920er Jahren in seinen Büchern von barbusigen balinesischen Schönheiten. Auch viele andere Autoren aus den 1920er und 1930er Jahren kommen auf dieses Thema zu sprechen. Die holländische Tourismusbehörde stellte in ihren Publikationen immer barbusige Schönheiten in den Mittelpunkt. Auf Postkarten dieser Zeit wurde für Bali als „The island of the bare breasts" geworben. Auch das Werbeplakat für Baron von Plessens Film „Insel der Dämonen" ging mit einer barbusigen Balinesin um die Welt. Es war also kein Wunder, dass hier Erwartungen bei den männlichen Besuchern geweckt wurden. Ich hatte große Bedenken, dass nach Fertigstellung des internationalen Flughafens ein ausufernder Massentourismus beginnen würde.

Irgendwo, aber besonders bei Vollmond, war immer ein Tempelfest mit Tänzen in einem Dorf. Die ganze Nacht hörte man die entfernten Klänge eines Gamelanorchesters. Ich lernte den jungen Ngurah kennen; er stammte aus einer weitverzweigten balinesischen Familie mit guten Verbindungen zur Verwandtschaft in den Dörfern, und wir freundeten uns an. Ngurah organisierte alles. Er war ein hervorragender und kenntnisreicher Begleiter. Er wusste immer genau, in welchem Dorfe gerade ein *Legong*-Tanz, ein *Kecak*, der balinesische „Affentanz", oder ein Hahnenkampf stattfand oder wo man einfach nur der *Gamelanmusik* lauschen konnte. Ich glaube, es gibt keinen Platz auf der Welt, wo – im Vergleich zu der Größe der Insel – mehr getanzt wird als auf Bali. Balinesische Tänze, an denen immer das ganze Dorf teilnimmt, drehen sich meist um die Legenden der hinduistischen Glaubenswelt und sie haben immer einen religiösen Hintergrund. Sie sind wie eine Opfergabe an die Götter. Die Schauspieler und Musikanten sind Mitglieder der Dorfgemeinschaft. Die Aufführungen sind bis heute Allgemeingut des Volkes. Das Gemeinschaftsleben hat Vorrang vor individueller Tätigkeit. Eingebunden sein in eine Gruppe bedeutet für die Balinesen Geborgenheit und Sicherheit. *Gotong Royong,* das gegenseitige ‚Helfen', ist ein Lebensmotto. Daher auch die vielen gemeinsamen nächtelangen Feste, Tänze und Spiele.

Besonders der *Legong*-Tanz hatte es mir angetan. Es ist ein Tanz, der nur von jungen Mädchen vor der Pubertät getanzt werden darf. Die Mädchen – zumeist zwei – werden vor dem Tanz vom Priester in Trance versetzt und von ihren Müttern auf den Platz im Tempel gebracht, auf dem der Tanz stattfindet. Die Mädchen, in kostbare golddurchwirkte Gewänder gekleidet, tanzen mit einer Hingabe und Besessenheit stundenlang die schweren und immer wieder wechselnden Figuren völlig synchron zu einem mal sehr ruhigen, und dann wieder sehr schnell aufpeitschenden Rhythmus der Musik des *Gamelanorchesters*. Für unsere Ohren klingt diese Musik erst einmal fremd. Aber wenn man sich ‚hineingehört' hat, hört man die Melodie, die in immer neuen Variationen wiederzuerkennen ist. Die Melodie und der Rhythmus sind lebendig und leidenschaftlich. *Gamelan* ist Präzision, eine wunderschöne Mathematik, wie das Muster eines orientalischen handgeknüpften Teppichs. Die Musiker sind Virtuosen, die ohne Dirigent wie ein einziger Klangkörper spielen. Teilweise steigert sich das Tempo derart, dass die Gongs für die Melodie von zwei Musikern abwechselnd angeschlagen werden muss, da sie zu schnell ist, um von nur einem Musiker alleine gespielt werden zu können.

Der goldene Kopfschmuck der jungen Tänzerinnen hob den Glanz der dunkelschwarzen Haare besonders hervor. Ihre Hände schienen von den Armen gelöst. Ihr Kopf mit den Augen tanzte, ihre schmalen Finger tanzten. Ihre winzigen Füße zuckten mit angewinkelten Knien zu Boden, sie flatterten wie menschliche Schmetterlinge, die Füße nach außen gestellt und die Zehen nach oben gebogen. Ihre Miene blieb unverändert mit hochmütigem, starrem Blick, und ihre dunklen Augen mit den weit aufgerissenen Lidern strahlten gleichzeitig ewige Jugend und tiefen Ernst aus. Obwohl ihre Füße auf dem Boden tanzten, schien es, als schwebten sie über der Erde. Jede Drehung, jede Wendung der vor Ungeduld vibrierenden Finger, jede Bewegung der Augen, des Mundes oder der angespannten Arme enthält eine Bedeutung, die wir selbst durch langes Studium kaum erkennen können. Die Gesten der Hände, der Finger und des Körpers ersetzen das gesprochene Wort. Es ist die Harmonie des Körpers mit der Musik, eine Sprache der Bewegungen mit tausend Variationen: lebende Präzision. Die jungen Mädchen sahen umwerfend schön aus. Am Ende des Tanzes sanken sie um und wurden von ihren Müttern, die am Rand der Tanzfläche bereitstanden, aufgefangen und behutsam zu Boden gelegt, um dann in den Armen ihrer Mütter vom Priester aus ihrer Trance zurückgeholt zu werden. Danach wurden sie völlig erschöpft von der Tanzfläche getragen.

Schon mit drei oder vier Jahren beginnt der Tanzunterricht, der täglich bis zu mehrere Stunden dauern kann. Obwohl die verschiedenen Tänze für unsere westlichen Augen ähnlich aussehen mögen, ist jeder anders. Für jeden der vielen Tänze, zum Beispiel den *Baris*, den *Kebyar*, den *Topeng* oder den *Legong*, ist ein eigener Tanzlehrer zuständig. Im Laufe der Jahre tanzen die Mädchen mit einer unglaublichen Körperbeherrschung und Präzision, die besonders bei synchronen Tänzen mit zwei Mädchen sichtbar wird. Ihr Tanz ist die Sprache der Körper. Er ist Poesie. Genauso wie der Tanz bei religiösen Zeremonien, gehört das Zubereiten von Opfergaben zu den alltäglichen Aufgaben balinesischer Frauen.

Ngurah machte mir den Hahnenkampf schmackhaft und er erzählte mir, wie man gute Kampfhähne erkennt und wie man Wetten abschließt und mit wem. Nun wollte er mir in einem entfernten Dorf einen Hahnenkampf zeigen. Um einen viereckigen Kampfplatz herum saßen über hundert Männer mit rollenden Augen unter einer dichten Zigarettenwolke. Mit von Gier erfüllten Blicken schauten sie auf die Geldscheine der Mitbietenden und riefen wild gestikulierend durcheinander. Hier herrschte eine wüste Wettleidenschaft. Es war nicht ungewöhnlich, dass die Balinesen durch dieses Laster schon am ersten Abend nach dem *Hari Besar*, - dem ‚großen Tag‘, wie in Indonesien der Zahltag heißt – ihren ganzen Monatslohn oder sogar ihr ganzes Hab und Gut verspielten. Wie hier ordentliche Wetten zustande kommen konnten, war mir ein Rätsel. Bis kurz vor dem Kampf wurden die Kampftiere gegen den Strich gestreichelt und es wurde ihnen der Speichel ihres Herrn eingeflößt, um sie mit diesen Tricks für den Kampf wild, stark und angriffslustig zu machen. Kleine messerscharfe eiserne Messer, wie chirurgische Skalpelle, wurden den Hähnen an den rückwärtigen Klauen angebunden.

Nun standen sich die Hähne Brust an Brust gegenüber, voll von Kampfeslust. Der Kampf begann, die Federn flogen und bald war das blutige Schauspiel vorbei. Ein Hahn lag zu Tode verletzt in seinem Blute. Der Hahnenkampf selbst dauert nur eine oder zwei Minuten. Die maximale Kampfdauer wurde bei gleichstarken Hähnen durch eine Kokosnussschale mit einem Loch bestimmt, die in einen Eimer mit Wasser gelegt wurde. Versank die Schale, wurde der Kampf unentschieden beendet. Aber Federn fliegen immer! Flüchtete ein Hahn vor dem Gegner, wurde über beide Hähne ein großer Korb gestülpt, so dass auch der ängstlichere Hahn zum Kampf gezwungen wurde.

Es war interessant zu beobachten, wie im Verlauf weniger Augenblicke große Summen verwettet und immer kühner größere Beträge gesetzt wurden. Nach dem Kampf ging es ganz friedlich zu, es gab – soweit ich beobachten konnte – keine Unstimmigkeiten oder Missverständnisse. Der Kampf selbst ist grausam und blutig. Dem unterlegenen Hahn wird kurzerhand die Kehle durchtrennt. Dem glücklichen Besitzer des Siegers werden die besten Stücke des besiegten Hahnes zugeteilt. Der Spezialist, der die Messerchen an die Beine der Kampfhähne bindet, bekommt als Lohn einen Hühnerschlegel. Der Besitzer des unterlegenen Hahns bekommt als Trost den kümmerlichen Rest!

An einem Sonntag unternahmen Ngurah und ich eine Fahrt in den Osten der Insel. Kurz zuvor war es bei dem über 3.000 Meter hohen und perfekt kegelförmigen Vulkan Gunung Agung zu einer gewaltige Eruption gekommen. Bei dieser verheerenden Naturkatastrophe haben mehr als 1.600 Menschen ihr Leben und über 300.000 Haus und Hof verloren. Wenn die Regierung nicht bereits Tage vor der großen Eruption einige Zehntausend Familien vorsorglich evakuiert hätte, wäre die Zahl der Getöteten um ein vielfaches höher gewesen. Äcker waren auf Jahre nicht mehr zu bewirtschaften und Hungersnöte waren trotz weltweiter Hilfen die Folge.

Ein Besuch der verschütteten Dörfer war nur unter großen Schwierigkeiten möglich. Ich wollte eigentlich mit meinem Opel Admiral fahren, aber Nurah überzeugte mich, dass dies unmöglich sei. So fuhren wir mit seinem Motorrad los, ich auf dem Sozius. Östlich von Klungkung waren alle Brücken zerstört und hinter Karangasem alle Dörfer. Von den vielen Kokospalmen ragten nur noch die schwarzen verkohlten Stümpfe in die Höhe. Lange Fußmärsche mussten in Kauf genommen werden, da wir auch mit dem Motorrad in der Vulkanasche versanken. Es war deprimierend. Die meterhohe Ascheschicht wurde immer dicker und grobkörniger, je näher wir dem Vulkan kamen. Von vielen Häusern waren nur noch die letzten Zentimeter der Dachgiebel zu sehen. Bäume waren entlaubt. Der Ort Besakih, 1.000 Meter hoch am Fuße des Vulkans gelegen, war fast vollständig zerstört. Hier liegt auch das größte und wichtigste hinduistische Heiligtum Balis, die Tempelanlage Puri Besakih, der Muttertempel der Insel. Die glühende Lava hatte hier die ganze Gegend zerstört, aber den Tempel weitgehend verschont. Die Gläubigen sahen dies als gnädiges Zeichen der Götter. In jedem Tempel wurde gebetet und es wurden ununterbrochen Opfergaben niedergelegt. In ihrer Hoffnung auf ein Ende des Unglücks wenden sich die Gläubigen immer an die Götter. Außerhalb der Tempelanlagen sahen wir kaum Menschen und keine Tiere. Selbst die Vögel hatten diesen unwirtlichen Platz verlassen. Der höchste und heiligste Berg Balis, auf dessen Gipfel der Sage nach der Gott Shiva wohnt, hatte seine Opfer gefordert. Der Gipfel des Götterbergs Gunung Agung war immer noch von dicken Dampf- und Aschewolken verhüllt. Das schöne tropische Bali mit seinem üppigen Grün war im Osten der Insel zu einer grauschwarzen Wüste geworden. Es herrschten Armut und Hunger.

Immer wieder gibt es durch Vulkanausbrüche und Erdbeben Schreckensjahre mit vielen Toten auf dieser Insel, die wir die „Glückliche" nennen. Wir in Europa hören bisher nur wenig von diesen Naturkatastrophen, da die Balinesen über das von den Göttern verhängte Leid nie klagen.

Oben, in den Bergen von Bali, inmitten des Künstlerdorfes Ubud, hatte sich der holländische Maler Han Snel in einem herrlich malerischen Anwesen niedergelassen, wo er seine Kunst ungestört ausüben konnte. Im Jahre 1946 war er als Soldat der holländischen Marine nach Bali gekommen und hatte sich sofort in die tropische Insel verliebt. Als er mit eigenen Augen sah, mit welch großer Brutalität seine Regierung die Unabhängigkeit Indonesiens verhindern wollte, legte er seine holländische Staatsbürgerschaft ab, nahm die indonesische an und vermählte sich mit einer jungen, gut aussehenden, schlanken balinesischen Tänzerin. Seine Frau war sein Modell; ich hatte sie schon in Jakarta auf vielen seiner Bilder in Galerien bewundern können. Nun wollte ich sie und ihn persönlich kennen lernen. Seine Bilder in Kohle, Öl oder Pastell waren sehr gefragt. In Ubud gab es natürlich noch keine elektrische Stromversorgung, aber Han Snel behalf sich als einziger in der ganzen Stadt mit einem kleinen Diesel-Notstromaggregat.

Am darauffolgenden Sonntag machten Sudjono, Ngurah und ich einen Ausflug nach Ubud. Von Süden kommend fuhr ich die Monkey Forest Road hoch. Die Straße machte ihrem Namen alle Ehre, denn am unteren Ende der Straße war ein Wald, in dem es von Affen wimmelte. Die Monkey Forest Road war ein schmutziger Feldweg zwischen Reisfeldern links und rechts. In der Mitte des Weges war ein kleiner Warung, ein kleiner Kiosk, in dem die auf den Feldern arbeitenden Bauern Tee und ein einfaches Reisgericht kaufen konnten. In Ubud gab es bei meinen ersten Besuchen keine Elektrizität, kein Telefon, kein einziges Hotel. Ich durfte in einem kleinen Gästezimmer beim Palast des Cokorden, des Fürsten von Ubud, übernachten. Dies war die einzige Übernachtungsmöglichkeit, aber auch eine wunderschöne!

In Ubud traf ich zum ersten Mal mit Han Snel und seiner Frau zusammen. Bei einer anderen Gelegenheit nahm mich Han Snel zu einer Einladung zum Fürsten von Ubud mit, dem Cokorde Gede Agung Sukawati, der seinen großen prunkvollen Palast, umgeben von einer hohen roten Ziegelmauer, ganz in der Nähe von Han Snels Haus hatte. Wir betraten den Palast durch ein offenes Tor, das von großen Steinfiguren, die Hindugötter darstellten, gegen böse Dämonen beschützt wurde. Es sollte nur eine Tanzvorführung werden, aber es wurde ein üppiges Fest. Der Cokorde saß mit nacktem Oberkörper auf seinem Thron, einer mit Palmblättern ausgelegten Bambusplattform, umgeben von phantasievoll geformten Opfergaben aus Früchten und Blumen für die Götter. In seinem *Kain*, dem langen Hüfttuch, steckte ein balinesischer *Kris* mit einem goldenen Griff, der mit bunten Edelsteinen verziert war. Um ihn herum saß die halbnackte Menge seines Gefolges in bunten *Kains*. Priester bereiteten heiliges Wasser zu und

Priesterinnen streuten bunte Blumen in die Menge. In Bananenblätter eingewickelte Leckereien und Getränke in Kokosnussschalen wurden herumgereicht. Tempelglocken läuteten und das *Gamelan*-Orchester spielte mal einschläfernd, mal aufpeitschend. Der Palasttempel war eine wundervolle Kulisse für die Tanzvorstellung, erleuchtet von Tausenden von unruhig flackernden Kerzen und Petroleumlämpchen. Es war ein Abend, der mir bis heute wie ein schöner Traum vorkommt.

Das große Bali Beach Hotel in Sanur war noch im Bau. Präsident Soekarno hatte schon damals erkannt, dass Bali zu einer Touristenattraktion werden würde und ordnete den Bau dieses Luxushotels an, das zum Teil durch Reparationsgelder aus Japan finanziert wurde. Es sollte auf Bali das einzige Hotel werden, das höher als die Palmen wurde, denn schon beim Bau des Hotels legte der Präsident per Gesetz fest, dass – um die Umwelt zu schonen und den optischen Eindruck der Insel zu erhalten – kein Gebäude höher als die Palmen gebaut werden dürfe.

Gleich neben der Baustelle des Bali Beach Hotels in Sanur lag das Haus des 1958 im Alter von 78 Jahren verstorbenen belgischen Malers Adrian Jean Le Mayeur de Merpes. Le Mayeur reiste und malte in Afrika, in Italien und im Süd-Pazifik, bis er 1932 in Bali seine endgültige Heimat fand. Hier heiratete er – inzwischen 55 Jahre alt – die 15jährige Balinesin Ni Polok. Sie war eine bekannte Schönheit und berühmte *Legong*-Tänzerin. Ich konnte mich mehrmals mit ihr unterhalten. Sie war immer noch von außergewöhnlicher Schönheit. In dem balinesischen Haus hingen noch ein großer Teil seiner Gemälde. Viele Bilder des Künstlers waren bereits in den großen Museen der Welt.

Viele Frauen auf dem Lande waren Anfang der 1960er Jahre immer noch barbusig unterwegs, entlang der Straße, auf den Pfaden zwischen den Dörfern, auf den Märkten und bei der Feldarbeit. Auf Bali versuchten die Kolonialherren schon Ende des 19. Jahrhunderts die Verordnung durchzusetzen, dass auch die Balinesinnen ihre Brüste bedecken sollten. Nackte Haut galt als unanständig und verführerisch. Die Tradition war aber hier, besonders im Norden der Insel, dass sich nur unanständige Frauen und leichte Mädchen ganz verhüllten. Ein bedeckter Busen galt als Zeichen der Prostitution. Daher waren die Holländer mit ihrer Verordnung auf Bali zunächst nicht erfolgreich.

Präsident Soekarno, der bestimmt kein Kostverächter war, hatte Ende der 1950er Jahre nochmals verordnet, dass auch auf der Insel Bali die Brüste der Frauen bedeckt sein sollten. Seiner Meinung nach starrten ausländische Touristen nur auf die Brüste der hübschen Balinesinnen und übersahen dabei die Schönheit der Landschaft und der Gebräuche der Insel. Entlang der Straßen auf Bali waren Plakate aufgestellt, die eine züchtig bekleidete Balinesin zeigten mit dem Hinweis, dass wegen der ausländischen Besucher und aus moralischen Gründen die Brüste bedeckt werden sollten. Aber in den Dörfern auf dem Land hielten sich zunächst nur wenige Frauen daran. Immer wieder kam es vor, dass eine Frau, die ihre Brüste mit einem Tuch bedeckt hatte, dieses Tuch wegnahm und sich damit Kopf und Augen verhüllte wenn sie uns Fremde entdeckte, sozusagen nach dem Motto: ‚Sehe ich Dich nicht, siehst Du mich nicht'. In der Familie, in ihren von hohen Mauern umgebenen Häusern, fühlen sich die Balinesinnen mit nacktem Oberkörper ohnehin am wohlsten.

Ich finde es wunderschön, wenn bei Beginn der Abenddämmerung unzählige Frauen mit Blumen im Haar, die kunstvoll mit Obst und Blumen hoch aufgeschichteten Opfergaben auf dem Kopf, stolz und anmutig zum nächsten Tempel wandeln. Die *Kebayas* in allen Farben des Regenbogens, die lächelnden braunen Gesichter, das glatte schwarze Haar mit einer koketten Locke: unendlich viele Motive für einen Künstler. Dass die Frauen nie Schuhe mit Absätzen tragen und gewohnt sind, die Lasten auf dem Kopf zu tragen, ist das Geheimnis ihres aufrechten graziösen und leichten Gangs. Und am Straßenrand sitzen die halbnackten Männer und drücken ihre geliebten Kampfhähne an die Brust.

Die Balinesen haben eine große handwerkliche Begabung. Einzelne Dorfgemeinschaften haben sich auf bestimmte Handwerkszweige spezialisiert, zum Beispiel Ubud auf die Malerei oder Celuk auf Gold- und Silberschmiedekunst und Mas auf Holzschnitzereien. Kunst ist für die Balinesen auch eine Form von Gottesverehrung. Etwas für uns Unbekanntes sind auch Künstlergemeinschaften, die z.B. gemeinsam ein Bild malen, was gar nichts Ungewöhnliches ist und den Wert der Arbeit keineswegs schmälert. Viele Traditionen und Überlieferungen haben sich erhalten.

Berühmt ist der typisch balinesische *Kris*, der Dolch mit seiner gewellten Klinge, die Einschlüsse von Meteoreisen enthält, und der vor allem eine spirituelle Bedeutung hat. Es gab kaum noch Eisenschmiede, die diese *Krise* in der alten überlieferten traditionellen Weise fertigen konnten. Im Gegensatz zu anderen Handwerkern stehen die Schmiede für *Krise* und Gongs ganz oben in der Hierarchie der Kasten. Sie arbeiten mit Eisenerz und Meteoreisen, Produkten aus dem Inneren der Erde und der Sterne, die ihrer Meinung nach geladen sind mit magischer Kraft. Sie sind Mitglieder einer eigenen Kaste und haben bei ihrem Tode das Recht für die höchste Verbrennungs-Zeremonie wie ein König!

Ngurah erzählte mir, dass das glühende Eisen mit bloßen Händen verformt werden müsse. Ich als Techniker konnte dies natürlich nicht verstehen und schon gar nicht glauben. Aber er wollte es mir beweisen und bat mich, mitzukommen. Gerade habe der Schmied die lange Phase der Vorbereitung hinter sich – 40 Tage Meditation und Fasten lägen hinter ihm – die notwendig seien, um einen neuen *Kris* herstellen zu können. Ich fuhr mit Ngurah in ein kleines Bergdorf unterhalb von Ubud. In einem kleinen Innenhof brannte in der einfachen Schmiede neben dem Haustempel das Feuer, in dem schon glühende Eisen lagen, normales Eisen, gemischt mit Spuren von Meteoreisen. Vor dem Feuer kauerte ein kleiner schmächtiger Mann in Meditationshaltung, von den zuckenden Flammen mystisch beleuchtet. Da wir ihn in seiner Trance nicht stören durften, mussten wir uns etwa 10 Meter von ihm entfernt setzen. Wir durften nicht reden. Die Zeit verging, eine Stunde, zwei Stunden, dann griff er sich plötzlich einen glühende Eisenstab und formte ihn mit blanken Händen. Er nahm das Eisen am oberen dünnen Ende, stellte das andere Ende des Eisens auf eine Steinplatte und strich das gelbglühende Eisen zwischen Daumen und Zeigefinger nach unten. Während der Bewegung nach unten, wand sich sein Oberkörper wie eine Schlange nach links und rechts. Die Finger machten diese Bewegung mit und gaben damit dem *Kris* die Wellenform. Immer wieder wurde das Eisen zum Glühen gebracht, der Schmied benetzte seine Finger und der Vorgang begann wieder von vorne. Leider konnte ich aus der Ferne keine Einzelheiten prüfen. Nach etwa 30 Minuten war der *Kris* fertiggestellt und wir durften das Kunstwerk im Rohzustand bewundern. Der Schmid verharrte weiter in Trance. Vielleicht wollte er noch einen zweiten *Kris* herstellen. In den nächsten Tagen sollte der *Kris* dann noch geschliffen und poliert werden, aber schon jetzt waren die Spuren seiner Finger deutlich zu erkennen. Es gibt Unbegreifliches und Verwirrendes in Indonesien, Dinge, die ich vorher für völlig unmöglich gehalten hatte. Ein mit mir befreundeter General, der zum engsten Stabe des Präsidenten gehört, hatte mir erzählt, dass Präsident Soekarno ab und zu Stunden betend mit seinem *Kris* verbrächte. Der *Kris* ist ein Symbol der Lebenskraft, eine mystische Waffe und auch Präsident Soekarno schöpfte daraus Stärke und suchte Rat.

Eines Morgens stieg ich vor Arbeitsbeginn in die Fluten, um mich nach einer heißen Nacht zu erfrischen. Klimaanlagen gab es noch nicht. Ich war ganz alleine und niemand war an dem menschenleeren kilometerlangen Sandstrand von Kuta zu sehen. Entlang der ausladenden Bucht standen nur wenige kleine Fischerhütten. Die Wellen waren ziemlich hoch und die Brandung knallte donnernd gegen den Strand. Ich schwamm durch die Brandung und genoss das warme Meer, bis ich merkte, dass ich immer weiter auf das offene

Meer hinausgetrieben wurde. Die Unterströmung hinaus aufs offene Meer war so stark, dass ich dem Ufer kaum mehr näher kam. Ein unheimliches Gefühl übermannte mich, ich dachte an Haifische draußen im offenen Meer und an die Tiefe des Meeres, und in meiner Panik schwamm ich immer wilder, nahm auch keine Rücksicht mehr auf die von hinten kommenden Wellen, die mich überrollten, und schluckte Wasser. Mit allerletzter Kraft gelang es mir, wieder Boden unter meine Füße zu bekommen und den Strand zu erreichen. Mein Herz klopfte wie wild, ich spuckte Wasser, aber ich hatte es nochmals geschafft. Das Meer hat mir hier eine Lektion erteilt.

Balinesen erzählten mir anderntags, dass ich großes Glück gehabt hätte, da ich keine grüne Badehose getragen hätte. Nyi Loro Kidul, die Meeresgöttin oder auch Königin der Südsee genannt, würde jeden der Grün trägt als Opfer verschlingen. Kein Javaner oder Balinese würde aus diesem Grunde mit grüner Kleidung auch nur in die Nähe des Strandes gehen.

Natürlich zeigte mir der geschäftstüchtige und gewandte Ngurah auch Gianyar und Goa Gajah, den Elefanten-Höhlentempel. Der 1.000 Jahre alte Tempel ist in den Fels geschlagen und man betritt die Höhle durch das aufgerissene Maul eines Dämonenantlitzes. Eine Reihe Stufen führen durch einen niedrigen Gang hinunter zum Heiligtum des Gottes Ganesha. Am Eingang warnte mich ein kleiner balinesischer Junge vor dem niedrigen Eingang mit dem Ausruf ‚Awas kepala!‘ – ‚Schon passiert‘ jammerte ich und massierte mir den angeschlagenen Schädel. Die Türen und Eingänge auf Bali sind nicht für uns große Europäer gebaut!

Nach gut drei Wochen war mein Auftrag auf Bali erfüllt und ich musste wieder den Wagen für die Rückreise nach Jakarta beladen. Es dauerte wieder eine ganze Woche, bis ich die Strecke durch Java bewältigt hatte. Diese anstrengende Reise musste ich noch mehrmals machen, bis endlich eine erste Flugreise nach Bali möglich wurde. Auch Sudjono war glücklich, wieder zu Hause bei seinen Frauen zu sein. Für ihn war die tägliche Fahrerei auf den schlechten Straßen natürlich sehr anstrengend. Da er mich unversehrt nach rund 3.000 Kilometern wieder nach Jakarta zurückgebracht hatte, wurde er mit einem extra großen Obolus belohnt. Auf diesen langwierigen und anstrengenden Reisen mit dem Auto durch Java habe ich jedoch die ganze Schönheit der Insel Java kennenlernen dürfen. Dafür bin ich dankbar und ich möchte keine einzige Reise missen!

(In dem Bericht sind einige Ausschnitte aus meinem Buch ‚Der Ruf des Geckos‘, ISBN 978-3-8391-1040-9, enthalten. Da bei einem Umzug von Australien nach Deutschland ein Karton mit Fotoalben verloren ging, ist dieser Bericht leider ohne Abbildungen.)

Sumatra, Java, Bali,
Juli-September 1987

von Annette Bräker
(bearbeitet von Horst H. Geerken)

Vor Beginn jeder Reise gehen mir alle möglichen Katastrophen durch den Kopf – wohlgemerkt, ein Absturz spielt in meinen Fantasien niemals eine Rolle. Die schlimmste Fantasie ist die, dass ich in der mittleren Reihe eingequetscht zwischen zwei dicken Männern sitzen muss, die unter Umständen schnarchen und stinken, und denen ich nicht verständlich machen kann, dass ich aufs Klo muss. Die Vorstellung: ‚Ich schaffe das alles nicht' ist ja vor Reiseantritt notorisch, aber keine besondere Schwäche von mir alleine. Natürlich habe ich das auch diesmal alles geschafft, außer dass ich einen halben Weißkohl und die harten Eier im Kühlschank vergessen habe zu entsorgen.

Der Flug war recht unbequem, keine Business-Class. Zuerst saß neben Ursel ein Holländer, der infolge heftigen Whiskykonsums von Stunde zu Stunde betrunkener wurde. In Wien – der 1. Zwischenlandung – war er schon ziemlich hinüber. In Kairo – der 2. Zwischenlandung – drückte er uns zwei feuchte Küsse auf die Hand und stieg aus. Die ganze Zeit hatte er uns einen Haufen Unsinn über Indonesien erzählt, obgleich er noch nie dort war. Typisch Holländer, bei denen das Verhältnis zu ihrer ehemaligen Kolonie immer noch gestört ist.

Bei diesem Flug hat Singapur-Airlines den bisher guten Ruf wirklich nicht verdient. Das Essen war mäßig, der Service ebenfalls. Die Stewardessen waren weder hübsch noch freundlich. Im Gegenteil, sie wirkten als sei ihnen alles zu viel, sowohl die erste als auch die zweite Crew, die in Kairo gewechselt wurde.

Diesmal hatte ich Ursel als Reisegefährtin dabei. Ich hatte sie in der Universität in Bonn beim Studium der Malaiologie kennen gelernt und sie bat mich, ob sie sich mir anschließen dürfte. Ich zögerte zunächst, denn ich kannte sie ja noch gar nicht richtig, aber dann sagte ich zu.

Unser Hotel in Singapur war sehr edel. Abends haben wir dort ein chinesisches Fondue gegessen. Trotz aller Anstrengung klappte es nicht so recht mit der Tischordnung. Ursel hat für das vielfältige Seegetier direkt Löffel und Gabel benutzt, aber ich wollte es – als alte Asienkennerin (!) – mit Stäbchen bewältigen. Es ging auch eine Weile ganz gut, bis die Nudeln an meinem Teeglas klebten. Dann griff auch ich lieber zu Löffel und Gabel. Aber auch damit waren wir nicht die Ordentlichsten. Wir hatten immer den

Eindruck, die Chinesen lachen sich über uns halb tot. Aber als ich sah, dass die Tischdecken der anderen Gäste mindestens ebenso bekleckert waren wie unsere, war ich doch beruhigt.

Die Nacht in unserem Feudalhotel machte uns dann nicht allzu viel Freude. Um 2:15 Uhr läutete das Telefon, irgendjemand aus dem Haus hatte sich offensichtlich vertan. Um 3:05 Uhr donnerte jemand an unsere Tür und wollte rein. Auch er hatte sich vertan, er wollte zur Tür gegenüber. Dort startete danach eine Party. Die wurde dann auch laut und immer lauter. Nach einer halben Stunde versuchte jemand vom Hotel Ruhe zu schaffen, was aber nur teilweise gelang. Morgens um 6:00 Uhr – da mussten wir schon zum Frühstück, um nicht unseren Weiterflug nach Medan zu verpassen – hämmerte ich dafür heftig an seine Tür und Ursel drehte das Schild ‚Do not disturb' um, in der Hoffnung, dass ganz früh vom Zimmermädchen erneut geweckt wird.

Unser Flug von Singapur nach Medan verging ‚wie im Flug', weil wir unseren Blick nicht von einer reichen chinesischen Familie abwenden konnten. Die kleine, etwa 12jährige Tochter war am schönsten aufgeputzt: schwarzes Samtkleidchen (bei der Hitze!) mit rot abgesetzten schwarzen Netzstrümpfen, Perlenkette und Perlenarmband, alles dreifach und mit Brillanten besetzt. Dazu hatte sie einen riesigen Teddy im Arm, so groß wie ein Schießbudenexemplar. Des Weiteren bestand die Familie noch aus Mutter und Großmutter, einem dicken Vater mit einer Rolex-Uhr und einem extrem fetten Sohn mit Cartier-Uhr. Bis auf den Sohnemann aß die gesamte Familie während des ganzen Fluges nichts, aber der schon dicke Sohn aß laut schmatzend und schlürfend sämtliche fünf Portionen bis auf den kleinsten Rest alleine auf. Als wir schon Wetten abschließen wollten, wann er platzen würde, war der Flug zu Ende.

Heute Morgen sind wir in Medan auf Sumatra angekommen. Medan, eine Stadt, die hauptsächlich hässlich und dreckig ist. Über den Straßen liegt eine Dunstwolke von Abgasen. Gestern, in Singapur, war noch alles sehr westlich und ordentlich – nur die Gesichter und die Vegetation waren exotisch – und heute sind wir schon mittendrin im Gewühl. Ich wusste gestern nicht genau, was Ursel meinte, als sie in dem makellosen Hotel in Singapur sagte: ‚Schau dir alles noch einmal genau an, so etwas siehst du so schnell nicht wieder'.

Denn heute führte sie mich in Medan in ein ‚Hotel' – es nennt sich wirklich so –, das wirklich ungeheuerlich ist. Ursel ist schon früher hier abgestiegen. Ein Verschlag mit zwei Bettgestellen, einem klapprigen Stuhl und einem kleinen Tisch mit einem rostigen Ventilator drauf. Kein Fenster und entsetzlich heiß! Allerdings war das Bettlaken sauber, aber das Klo war außerhalb. Ursel sagte schon als wir hier ankamen, es wäre ein hässliches Hotel, aber günstig – es kostete pro Person nämlich auch nur umgerechnet DM 1,80 pro Nacht!! Als ich diese Absteige sah, machte ich ihr sofort klar, für eine einzige Nacht wäre es mir egal, aber noch einmal? Auf keinen Fall! Es wäre das erste und letzte Mal, dass ich in so einem Stall absteige, andernfalls würde ich alleine weiterreisen. Ach, da hörte ich auch noch, dass wir in der Einflugschneise des Flughafens von Medan liegen! Was für ein Lärm der direkt über uns hinweg donnernden Maschinen! Man kann doch nicht für DM 2.000,- von Deutschland hierher fliegen und dann für DM 1,80 in einem Stall übernachten! Aber Ursel versuchte mich zu trösten: sie hätte schon viel schlimmer genächtigt! Zum Abendessen konnte ich Ursel dazu überreden, in ein schönes Restaurant zu gehen. Bei der Rückfahrt mit einer Becak zu unserem ‚Hotel‘ verfuhr sich der Fahrer ganz furchtbar. Dadurch haben wir aber nun nicht nur das schreckliche Zentrum von Medan gesehen, sondern auch sehr schöne Stadtteile mit tollen Villen.

In unserer ‚hervorragenden‘ Absteige haben wir eine genauso ‚hervorragende‘ Nacht verbracht wie zuvor in Singapur. In dem Nebenkabuff wohnten zwei junge Indonesier, die uns sogleich besuchten, sich auf unsere Betten setzten und etwas aufdringlich wurden. Wir warfen sie raus, waren aber dann so verunsichert, dass wir uns nachts gar nicht mehr raus aufs Klo trauten. Eine Querstange aus meinem Koffer hatten wir rausgenommen und zur tatkräftigen Verteidigung bereitgehalten. Aber außer dass sie noch ein paar Mal vor unserer Tür herumlungerten, an die Tür klopften und ‚Hello Miss, are you sleeping?‘ riefen, passierte nichts weiter. Als alles schlief, schlichen wir uns ins Bad, selbstverständlich mit unserer Stange bewaffnet.

Am nächsten Morgen frühstückten wir noch in diesem Etablissement, das heißt mitten im Wohnraum des Besitzers, der gleichzeitig Küche war. Wir bekamen nichts von dem, was wir bestellten, obwohl ich mich schon ganz ordentlich auf Bahasa Indonesia ausdrücken konnte. Aber satt wurden wir trotzdem. Danach verließen wir fluchtartig diese ‚Stätte des Grauens‘.

Der ‚Hotel‘-Boy besorgte uns noch eine Becak (eine Fahrradriksha) und quetschte uns mit Koffer, großer Reisetasche und Handtasche hinein, sodass ich vermutete, dass wir da nie wieder rauskämen. Am Busbahnhof entriss man uns gleich unser Gepäck. Wir wussten erst gar nicht, wo es hingekommen war. Aber dann entdeckte ich meinen Koffer oben auf einem Bus, der auch der richtige zu sein schien. Säcke voller Hühner wurden aufgeladen, Kisten und Körbe und mittendrin unsere Koffer. Na, so eine Fahrt muss man mal mitgemacht haben. Eingequetscht, still vor uns hin schwitzend, raste der Bus in halsbrecherischer Art und Weise über fünf Stunden lang durch das Land.

Am Tobasee angekommen, wurde uns vom Busfahrer mitgeteilt, dass unsere Koffer nicht mehr da wären. Dabei hatte ich genau beobachtet, wie sie abgeladen worden waren. Ursel brach sofort vor Schreck zusammen, aber dann tauchten sie plötzlich wieder auf. Wir wurden direkt von einem geschäftstüchtigen Einheimischen gekidnappt, der uns in sein Reisebüro schleppte und uns Karten für die Überfahrt zur Insel Samosir verkaufte – und auch gleich für die Weiterfahrt nach Bukittinggi in einer Woche. ‚Es gäbe sonst keine vernünftige durchgehende Busverbindung', überzeugte er uns.

Wir wurden in eine kleine Nussschale von Boot verfrachtet und das war ein Unternehmen für sich! Hier gab es keinen Bootssteg. Wir mussten über Stock und Stein bergab kraxeln, was ohne Gepäck schon eine große Leistung gewesen wäre. Zum Glück wurden unsere Koffer getragen, aber es war absolut abenteuerlich. Wir hatten noch weitere fünf ‚Weiße' im Boot, die nur Reisetaschen oder Rucksäcke hatten. Wegen unseres Gepäcks schauten sie uns mitleidig und herablassend an. Von unserer Nussschale aus sahen wir dann, wo die richtigen Fährschiffe lagen. Aber wir kamen auch so zur Insel.

Ich blieb dort erst mal mit unserem Gepäck auf einer Treppe sitzen und Ursel sauste los, um uns ein Zimmer zu suchen. Gleich als wir ankamen wurde uns gesagt, alles sei voll! Das sind ja schöne Aussichten! Ich machte mich schon auf das Schlimmste gefasst: auf einen neuen Verschlag oder auf eine Nacht mit dem Koffer am Ufer des Sees. Aber dann kam Ursel nach einer Weile zurück und brachte gleich drei Boys für unser Gepäck mit. Sie hatte einen wunderschönen kleinen Bungalow für uns gefunden, direkt am Wasser. Zunächst war sie ganz unsicher, ob ich – wie in Medan – nicht zufrieden sei, weil der Bungalow ganz einfach sei: zwei Betten, ein Tisch und dahinter ein kleines Bad. Aber die Lage und die Aussicht waren einmalig! Als auch ich begeistert war, war sie richtig erleichtert.

Jetzt sitzen wir auf unserer Terrasse und schreiben beide, und unter uns rauscht der Tobasee. Es ist der größte Vulkan-Kratersee der Erde, doppelt so groß wie der Bodensee. Wir bleiben fünf Tage in unserem Batak-Häuschen hier in Tuk-Tuk. Da können wir uns in Ruhe mit allem vertraut machen und uns akklimatisieren. Allerdings hapert es hier etwas mit der Sprache. Wenn ich die Einheimischen auf Bahasa Indonesia anspreche, antworten sie meist auf Englisch oder Deutsch. Es scheint, die Insel ist fest in deutschsprachiger Hand. Ich kam hier an und hörte nur Deutsch um mich herum. Es war eine richtige Erleichterung, beim Essen wenigstens einem französischen Paar zu begegnen. Aber warum antworten die Indonesier meist auf Deutsch oder Englisch, wenn man sie in der Einheitssprache Bahasa Indonesia anspricht? Untereinander reden sie nur in ihrer lokalen Bataksprache, einer malayo-polynesischen Sprache, und Deutsch oder Englisch reden sie oft besser als Bahasa Indonesia. Die deutsche Sprache war den Einheimischen durch die vielen in diesem Raum tätigen Missionare der Rheinischen Mission nicht fremd.

Beim Frühstück setzte sich unser ‚Kofferträger' von der Ankunft wie selbstverständlich zu uns an den Tisch und ließ sich eine batakische Nudelsuppe bringen, von der er uns gleich probieren lassen wollte. Diese Suppe schlürfte er so laut schmatzend in sich hinein, dass uns der Appetit aufs eigene Frühstück verging. Dann erbat er sich einen Schluck von Ursels Tee, die ihm den auch vor Schreck nicht abschlug, ihn aber selbst auch nicht mehr mochte. Als ich ihr ernsthaft erklärte, dass ich das aber unvorsichtig von ihr fände, denn bei den Batakern bedeute das, dass sie nun bereit sei ihn zu erhören, habe ich ihr im ersten Moment einen schönen Schreck eingejagt.

Ein Postamt gibt es hier nicht, aber gestern haben wir einen motorisierten Postboten entdeckt, der alle zwei oder drei Tage durchs Dorf fährt. Ich sagte ihm, beim nächsten Mal hätte ich Post nach Deutschland mitzugeben. Ob das wohl klappt? An einem kleinen Stand habe ich mir einen hübschen Sarong gekauft, der mir von nun an als Sonnenschutz, Bettlaken, Strandtuch und als Sichtschutz bei Pinkelpausen auf langen Busfahrten dienen soll.

Gestern erzählte uns der Besitzer von unserem Hotel, dass er in den nächsten 20 Jahren eine Vulkaneruption unter dem Tobasee erwarte. Seit einiger Zeit hätte er festgestellt, dass der Wasserspiegel des Sees täglich um mindestens einen Zentimeter falle. Er hätte sein ganzes Leben am Tobasee verbracht, aber das habe es noch nie gegeben. Täglich überprüft er den Wasserspiegel und macht Notierungen. Na, hoffentlich passiert morgen nichts. Da wollten wir eine Bootstour machen. Heute haben wir einen Ruhetag eingelegt. Trotz wenig Sonne hatten wir uns ziemlich verbrannt. Hier ist ein Ruhetag wunderschön, ideal zum Akklimatisieren. Das Klima ist wie bei uns im Hochsommer und abends gibt es immer einen Regenschauer.

Unsere Bootstour war ein richtiger Touristenrummel. Morgens um 9:00 Uhr wurden wir auf ein Schiff geladen und zum Batak-Museum auf der anderen Seeseite gefahren. Dort tanzten schon die Einheimischen mit einer Horde Touristen im Kreis herum. Danach kam ein Tanz, bei dem die Touristen Geld opfern sollten! Dabei hatte man am Eingang bereits Eintrittsgeld bezahlt!

Danach ging es in einer eineinhalbstündigen Fahrt zu den heißen Quellen. Bei der Fahrt bekam ich einen ganz schönen Eindruck vom Tobasee und seiner Größe. An den glatten Rändern der den See umgebenden Steilküste sieht man deutlich, dass dies ein riesiger Krater ist. Die heißen Quellen waren dann eine Erleuchtung! Ein nach Schwefel stinkendes warmes Bächlein, das sich durch eine kahle Landschaft vom Berg herunter schlängelt. Daneben eine dreckige Bretterbude, in der man etwas zu essen und zu trinken kaufen konnte. Ursel, die bereits mit Durchfall geplagt war, versuchte es mit gebratenen Nudeln. Ich war vorsichtiger und beschränkte mich auf ein gekochtes Ei. Die Nudeln schmeckten nach ranzigem Fett und das Ei nach Fischmehl.

Die Rückfahrt war ziemlich stürmisch. Ein Gewitter mit heftigem Wind durchnässte uns völlig und wir froren erbärmlich. Bei dem schwankenden Boot war es abenteuerlich, wieder an Land zu kommen. Es gibt keine Landungsstege und schon gar keine Häfen. Wie wird das nur morgen sein, wenn wir mit unserem großen Gepäck wieder auf ein Boot gehen?

Es vergeht doch kaum eine Minute, in der nicht etwas passiert. Jetzt, bereits in Bukittinggi, könnte ich stundenlang von der Busfahrt von Parapat nach Bukittinggi erzählen. Ein Albtraum, dabei fing alles so gut an.

Gestern ging es mit einem Boot zurück nach Parapat an der gegenüberliegenden Seite des Sees. Meinen Koffer hatte ich schon am Abend zuvor gepackt und zu meiner Überraschung ging er auch zu. Dabei war jetzt mehr drin als vorher. Zwei Mann hievten den Koffer auf ein Boot. Bis zur Busstation klappte alles ziemlich gut. Im Hinblick auf die lange Fahrt von knapp 20 Stunden hatten wir den Luxusbus mit Klimaanlage gebucht. Der Bus sah auch von außen sehr edel aus und das Gepäck wurde unten im Bus verstaut. Es saßen schon eine ganze Reihe von Indonesiern im Bus und daher war er auch schon ziemlich dreckig: Schalen von allerlei Obst, Zigarettenkippen und Erdnussschalen lagen auf dem Fußboden herum. Vor uns saß eine Familie mit zwei Kindern, die ununterbrochen mit Spielzeugtrompeten Krach machten. Aber die Sitze waren bequem und irgendwann würden die Kinder auch aufhören. Das ging schneller als ich dachte: Bei den ersten scharfen Kurven fing die Hälfte der Indonesier an, sich lautstark zu übergeben. Die Frau vor uns hörte die ganze Strecke bis Bukittinggi nicht mehr auf. Dazu rauchte der Vater die billigsten Zigaretten, die wirklich erbärmlich stanken. Die Frau und ihre beiden Kindern übergaben sich am anhaltendsten und mit der intensivsten Geräuschentwicklung – zum Glück in Tüten. Hinten und vorne im Bus wurde direkt auf den Fußboden gespuckt. Zusammen mit dem Zigarettengestank roch es in dem Bus wie nach aufgekochter Jauche. Der Dreck wurde auch an Stopps nicht entfernt. Es wurde einfach ein Stück Pappe darüber gelegt, damit man nicht ausrutscht! Die Strecke ist ungemein kurvenreich und ich kann nicht behaupten, dass ich mich besonders gut gefühlt habe.

Die Kloerlebnisse unterwegs sind ein Kapitel für sich. Das erste Klo beim Busstopp war das tollste, das ich je gesehen habe. Über ein schmales Bächlein war ein schmaler Steg gebaut, über dem eine Bretterbude so gestellt war, dass rechts und links ein Stück frei blieb. Da sollte man dann den Po drüber hängen und sein Geschäft in das erbärmlich stinkende Bächlein machen. Da es an diesem Busstopp schon stockfinster war, hatte man ständig Angst – auch wegen des glitschigen Stegs – in den Bach zu fallen.

Nachdem der Ausflug auf das Plumpsklo ohne Zwischenfall beendet war, gingen wir in den dazugehörigen Warung. Hier, mitten im Dschungel, ließ uns der Busfahrer für einen Imbiss Zeit. Ursel und ich tranken nur einen heißen Tee und unterhielten uns rege auf Deutsch. Ein junger Mann, der uns bedient hatte, sprach uns in sehr gutem Deutsch an. Er fragte, aus welcher Stadt in Deutschland wir kämen. Auf unsere Antwort Bonn erwiderte er: ‚Aus Bonn direkt oder aus Beul?‘ Wir waren sprachlos! Er hatte einige Semester in Bonn studiert – und nun arbeitete er mitten im Busch und weit und breit gibt es keine größere Ortschaft. Aber – wie er sagte – wäre er mit dem Leben zufrieden.

Das Klo beim übernächsten Stopp, das ich dringendst frequentieren musste, war eigentlich ganz ordentlich – links Frauenseite und rechts Männerseite, eine Luxus-Bedürfnisanstalt. Es war 02:00 Uhr in der Nacht. Die Toilettenkabine hatte eine nur einen Meter hohe, nicht abschließbare Tür. Mir war alles egal, Hauptsache ich konnte mich auf der Stehtoilette erleichtern. Ich hockte also da, als eine Indonesierin über die Tür schaute, diese dann aufriss, mir voller Begeisterung zuschaute wie ich da hockte und dann schallend lachte, lachte und lachte. Sie blieb in ihrer Begeisterung natürlich nicht alleine. Im Nu war ein ganzer Haufen Frauen da, die mir beim Durchfall zuguckten. Das war so komisch, dass auch ich schallend lachen musste.

Da unsere Busfahrt um die Mittagszeit losging, konnten wir einen Eindruck von der Landschaft in Sumatra bekommen. Sie ist wirklich grandios: Hochgebirge mit subtropischer Vegetation. Es fällt stark auf, dass Sumatra viel ärmer ist als Java oder Bali. Schon Medan erinnerte mich mit seinem Schmutz und Lärm stark an eine indische Stadt. Um den Tobasee herum ist das gesamte Gebiet christianisiert, aber man sieht doch hin und wieder Moscheen.

Als wir noch durch Batak-Gebiet fuhren, sah man noch viele kleine Dörfer mit Häusern im Batak-Stil, das sind Häuser mit einem mächtig nach oben gebogenem Satteldach. Oft konnte man die Dörfer nur erahnen, weil sie immer von zehn Meter hohen Bambushainen dicht umgeben sind.

Die Autostraße verlief nun genau von Nord nach Süd. Beim Dorf Bonjol überquerten wir den Äquator. Da gerade die Morgendämmerung einsetzte, baten wir den Busfahrer kurz anzuhalten. Ich wollte wenigstens einmal mit einem Fuß auf der südlichen und mit dem andern auf der nördlichen Erdhalbkugel stehen.

An den Busstopps stopfen sich die bis dahin seekranken Indonesier den Bauch mit allem möglichen Essbaren voll. Auf der Weiterfahrt gaben sie es dann wieder von sich. So eine Verschwendung. Selbst Ursel meinte, sie habe ja schon viel erlebt, aber eine Fahrt wie diese noch nie. Aber damit war das Chaos noch nicht zu Ende. Etwa eine Stunde vor unserem Ziel Bukittinggi hielt der Bus an, und hier war alles andere, nur kein Busbahnhof. Der Busfahrer lamentierte heftig auf Batakisch und fuhr dann auf dem Sozius eines vorbeikommenden Motorrads in die Richtung, aus der wir gekommen waren. Nach einigen Nachfragen erfuhren wir, dass ein Koffer verloren gegangen sei, da die Gepäckklappe am Bus nicht richtig verschlossen gewesen sei. Da die einzigen Koffer, die wir zwischen all dem Gepäck gesehen hatten, unsere waren, war uns schnell klar, dass es einer von unseren gewesen sein musste. Natürlich hatten wir unsere Flugtickets und Pässe aus ‚Sicherheitsgründen' im Koffer verstaut. Ursel regte sich schon schrecklich auf, aber ich veranlasste den zweiten Busfahrer, die Gepäckklappe zur Kontrolle zu öffnen. Zum Glück waren unsere beiden Koffer noch da. Das schwere Gewicht meines Koffers hatte sich zum ersten Mal als Vorteil erwiesen. Allerdings waren zwei Rucksäcke verloren gegangen, die auf meinem Koffer lagen. Es waren die Rucksäcke eines holländischen Pärchens. War dies die Rache an den ehemaligen Kolonialherren? Drei Stunden dauerte der Aufenthalt. Ich blieb an der frischen Luft, bis es endlich wieder weiter ging.

Wir waren wie gerädert und todmüde, als wir endlich in Bukittinggi ankamen. Uns wurde ein Hotel empfohlen, zu dem wir uns hinbringen ließen. Es war eine schreckliche Bude zu horrenden Preisen. Aber gleich nebenan war das ‚Grand Hotel'. Die Zimmer waren klein und einfach eingerichtet, aber die Leute waren freundlich, alles war sauber und der Preis günstig. Zudem wohnten noch einige andere westliche Touristen hier. Uns war alles egal, wir wollten nur noch schlafen! Das Klima war für einen Schlaf perfekt. Es war kühl, denn Bukittinggi liegt über 900 Meter hoch.

Beim Abendessen in einem kleinen Restaurant setzten sich drei indonesische Studenten zu uns an den Tisch. Sie kamen aus Padang und verbrachten ein Wochenende in Bukittinggi. Sie erzählten uns, dass die Re-Islamisierungsbewegung in der letzten Zeit stark zugenommen habe – nicht nur auf Sumatra, sondern auch auf Java. Auch mir war schon aufgefallen, dass besonders junge Mädchen und Frauen sich von den Haaren bis zu den Füßen vermummen. Früher war das nicht so.

Wir unternahmen eine Tour, um die Minangkabau-Kultur kennenzulernen, die sich sehr von der im Batakland unterscheidet, zum Beispiel haben hier die Frauen das Sagen. Hier werden alle rechtlichen und sozialen Beziehungen über die Abstammung der mütterlichen Linie geregelt, obwohl sie im Gegensatz zu den christlichen Batakern muslimisch sind. In Datar haben wir das große Versammlungshaus der Clanältesten der drei Regionen West-Sumatras gesehen. Das war wirklich beeindruckend. Es ist über und über mit bunt ausgemalten Schnitzereien versehen. Die Hauptfarben sind rot, gelb und hellblau. Hier werden noch regelmäßig Sitzungen abgehalten und die Ergebnisse der Regierung mitgeteilt. Dort habe die Clanältesten allerdings kein Mitsprache- oder Vetorecht. Danach besichtigten wir noch die Nachbildung des Königspalasts und ein typisches Dorf.

Ursprünglich hatten wir vorgesehen von hier mit dem Bus weiter nach Jakarta zu fahren. Diese Fahrt hätte mindestens 30 Stunden gedauert. Nach der gerade gemachten Erfahrung hatten wir dazu keine Lust mehr und buchten einen Flug mit Mandala Airline.

Von Bukittinggi fuhren Annette und Ursel weiter nach Padang, und von dort flogen sie nach Jakarta. Zwischen Ursel und Annette schien es mit der Harmonie nicht zu stimmen, wie ihr Brief aus Jakarta an ihre Eltern zeigt:
Hier erinnert mich so viel an meine Reise mit Euch und ich wünschte, Ihr wäret hier bei mir. Ich kann Euch jetzt schon sagen, so wie mit Euch ist es natürlich nicht – kann es auch nicht sein. Ich weiß, dass es immer schwer ist, wenn man mit jemandem reist, den man kaum kennt. Ich habe einen großen inneren Abstand zu Ursel, der hier täglich größer wird. Ursel leidet sehr gerne und ist unglaublich ich-bezogen. Sie spricht nur von sich, immer nur ich, ich, ich! Sie gibt Informationen, die sie von mir hat – in meinem Beisein (!) – wie folgt wieder: ,Ich habe von Bekannten erfahren …'. Das ärgert mich natürlich etwas. Oft bin ich so perplex, dass ich gar nichts sagen kann. So könnte ich noch stundenlang weiter erzählen.
Soweit ein kurzer Ausschnitte aus dem Brief an ihre Eltern.

Unser Flug mit einer alten Propellermaschine der Mandala-Airline nach Jakarta klappte hervorragend, allerdings mit den üblichen eineinhalb Stunden Verspätung. Es gab keine Sicherheitshinweise, keine Schwimmwesten und das Essen – Reis mit ein paar Zutaten – wurde in einem Pappkarton serviert. Alles war schön heiß, auch die Banane, die es zum Nachtisch gab. Aber es schmeckte wirklich sehr gut und der Service war ausgesprochen freundlich.

In Jakarta sind wir im Haus von einer Freundin von Ursel untergekommen, die gerade in Deutschland weilte. Da das Haus im Stadtteil Menteng – also mitten in der Stadt – liegt, haben wir schon viel erlebt. Da hier gerade ein Theater-Festival stattfindet, ließen wir uns die von dem bekannten Schriftsteller und Regisseur Rendra arrangierte indonesische Oedipus-Bearbeitung nicht entgehen. Zum Glück hatten wir den Text in der Schule gelesen, sodass ich einigermaßen mitkam. Die Vorstellung mit Tanzdarbietungen aus dem Ramayana dauerte fast vier Stunden. Es war faszinierend und hochinteressant!

Wir hatten hier ein ziemlich volles Programm: Wir besuchten den Botanischen Garten in Bogor, den Zoo in Jakarta, das große Museum am Medan Merdeka und das Schifffahrtsmuseum im Hafen.

Vor unserer Abreise aus Jakarta hatte ich mit Ursel noch ein bizarres Erlebnis, das für ihre eigennützige Art spricht: Sie schlug vor, dass wir in einem netten Lokal ein Abschiedsessen feiern sollten. Sie würde noch drei Personen, die sie von früheren Reisen kannte, dazu einladen. Wir hatten dann auch eine fröhliche Runde zu Fünft. Als die Rechnung kam, bat sie mich zu bezahlen, sie hätte kein Geld dabei. Zunächst war ich perplex, aber der Gipfel der Unverschämtheit war, dass sie dann auch noch mein Wechselgeld in ihre eigene Tasche steckte! Eine Unverschämtheit, die ich nicht kommentieren wollte. Das Geld für ihre Einladung sah ich nie wieder!

Mit dem ‚Bima Express‘ fuhren wir nach Yogyakarta. Bis auf eine Kakerlaken-Invasion war es ein ganz vernünftiger Zug. Es war schön, wieder hier zu sein. Wir besuchten das Wasserschloss, das ich noch nicht kannte und eine Wayang-Golek-Vorstellung.

Von Yogyakarta flogen wir nach Bali. Hier wollten wir uns zunächst etwas von der bisher anstrengenden Reise erholen. Wir sind in Legian untergekommen, aber das ist auch nicht besser als Kuta. Auf der Hauptstraße kommt man sich vor wie auf Mallorca. Unser kleines Hotel liegt jedoch zwischen der Hauptstraße und dem Strand und ist ganz ruhig. Der Strand ist ganz leer, nur die Händler sind etwas aufdringlich.

Gestern waren wir noch am Strand von Legian und heute sind wir in Ubud, in den Bergen. Hier kam das richtige Bali-Gefühl wieder zurück. Tagsüber ist zwar auch ein ziemlicher Touristenrummel, aber als wir gegen Abend die Monkey-Forest Road entlang wanderten, übte am Anfang der Straße ein Gamelan-Orchester. Es war es ein wunderschönes Gefühl. Natürlich besuchte ich wieder die Galerie des Malers I Gusti Nyoman Lempad. Ich habe ein tolles Bild gesehen, aber die Preise sind nun wahnsinnig hoch gestiegen.

Aber dann gab es doch noch eine ganz interessante Geschichte. In Ubud hat mir Ursel gestanden, dass sie mit ihrem ‚Schatten‘ aus Sulawesi in einen Gefühlskonflikt geraten sei. Es begann folgendermaßen: Mich zog es vor einigen Tagen, als wir noch in Legian waren, unwiderstehlich in Richtung ‚Warung Kopi‘, zu Kaffee und Kuchen. Ich kannte das Lokal ja schon von früheren Besuchen. Es war gegen Mittag, dann ereilt uns nämlich meistens der nicht mehr bezähmbare Drang, uns diesen Köstlichkeiten hinzugeben, obwohl wir ihm nicht immer unmittelbar nachgeben, sondern manchmal auch eine Verzögerung bis zum Nachmittag in Kauf nehmen. Wir betraten also – vermutlich mit von Gier gezeichneten Gesichtern – das Café, und da saß in einer Ecke eine schmuddelige und schmierige Person. Erst versuchte der Mann über zwei Tische hinweg ein Gespräch mit uns zu beginnen, dann kam er sogar zu uns an den Tisch. Als er erzählte, dass er aus Makassar kam, war er für mich nur noch der ‚Sulawesi-Mann‘. Er – einiges älter als wir – lebt schon seit 14 Jahren auf Bali und behauptete, er sei Künstler. Er erzählte viel über Bali, allerdings hatte ich den Eindruck, dass vieles nicht stimmte. Ursel dagegen war ganz fasziniert von ihm und meinte, sie könne noch so viel von ihm lernen. Als er vorschlug, uns einen ganz schönen Strand zu zeigen, war Ursel sofort Feuer und Flamme. Wir fuhren mit dem Bus dorthin und ich muss sagen, es war wirklich ein wunderschöner einsamer weißer Strand mit vielen Fischerbooten. Die Fischer flickten gerade ihre Netze, es war richtig idyllisch, so wie man sich Bali vorstellt. Ursel hatte kaum Zeit, sich die schöne Umgebung mit den Palmenhainen hinter dem Strand anzusehen. Ununterbrochen löcherte sie den Sulawesi-Mann mit Fragen.

Am Abend war sie dann alleine mit ihm unterwegs, da ich keinen Hunger hatte. Am nächsten Tag zog sie mit ihm schon Hand in Hand und Küsschen tauschend herum. Nun muss er sie gefragt haben, ob sie nicht bei ihm auf Bali bleiben wolle!! Ein Kerl wie nasse Hühner, der hier mit seiner brotlosen Kunst ganz einfach bei einer balinesischen Familie zur Untermiete wohnt. Und sie kennt ihn gerade mal drei Tage! Sie sagte, sie könne ihn sofort heiraten, aber sie sei nun total verwirrt, denn in einigen Tagen käme ihr Freund aus Deutschland! Nun nimmt sie auch noch indonesische Heilkräuter ein, die ihr der neue Liebhaber empfohlen hat – zur Busenerweiterung! Mein Fassungsvermögen übersteigt das alles gewaltig! Und nun soll ich für sie eine Entscheidungshilfe sein. Ich kann nur sagen, mir bleibt auch nichts erspart! Vielleicht habe ich nicht die richtige Einstellung. Ich kann mir durchaus vorstellen, dass man auf Bali leben kann. Aber den Traum auf diese Weise in die Wirklichkeit umsetzen zu wollen, das ist mir völlig fremd. Na, ich halte mich da raus und will auch damit nichts zu tun haben. Und wenn es wirklich zu Konflikten kommen sollte, gehe ich meine eigenen Wege. Trotzdem, ich finde die ganze Sache kindisch und es erinnert mich an einen Negerkral, vor dem eine weiße Frau ihr Süppchen kocht!

Zurück in Legian haben wir einen Wandertag eingelegt. Kaum waren wir 20 Minuten gelaufen und in einen Seitenweg eingebogen, da waren wir wieder im echten Bali. Reisfelder kleine Gehöfte, Bauern und keinerlei Spuren von Touristen. Es scheint unglaublich, so nah am Touristenrummel, und hier eine völlig unveränderte Welt. Wir wanderten über klitzekleine Wege und wussten gar nicht, wo wir wieder herauskommen würden. Nach einigen Stunden suchten wir uns einen Weg zurück zum Strand und tauchten wieder in die Welt des Tourismus ein, der sich am Strand allerdings seltsamerweise ziemlich verläuft.

Plötzlich, als wir ein Stück am Strand gelaufen waren und die Sonne schon recht tief stand, sahen wir, dass Vorbereitungen für eine Zeremonie getroffen wurden. Es war Vollmond. Wir setzten uns etwas seitlich in den Sand und warteten ab. Aus Bambus war ein Göttersitz aufgebaut, davor waren Bastmatten ausgebreitet. Plötzlich hörten wir Gamelanmusik und da konnten wir auch schon die Prozession sehen. Es war unheimlich faszinierend, diese Feierlichkeit bei Sonnenuntergang zu beobachten. Ein Huhn und eine Ente wurden geopfert und ins Meer geworfen. Die ganze Zeit spielte das Gamelan-Orchester, die Frauen sangen eine ziemlich eintönige schrille Melodie und zwei Mädchen tanzten. Von der Straße her hörte man den Lärm der Mopeds und Autos, und der Gestank der Abgase mischte sich mit dem Geruch der Räucherstäbchen. Ein seltsamer Eindruck. Hier schienen zwei Welten aufeinander zu prallen – dann aber doch nicht. Die beiden Welten schienen recht gut miteinander zu harmonisieren, und sie wurden von den Einheimischen recht gut in Einklang gebracht. Nach knapp zwei Stunden brach die Prozession wieder auf und zog in Richtung des Dorftempels. Wir gingen nicht mehr mit, da wir für einen Tempelbesuch nicht korrekt bekleidet waren.

Die letzten Tage waren sehr anstrengend. Wir waren fast einen ganzen Tag mit Fahrrädern unterwegs, und vorgestern besuchten wir den Tempel Besakih am Gunung Agung, Klungkung und Goa Lawa. In Klungkung habe ich ein Bild mit der traditionellen Wayang-Malerei erstanden und das, ohne es vorher zu sehen. Hinterher war mir ganz schlecht! Und das kam folgendermaßen: Vor dem alten Gerichtsgebäude und dem Bale Kembang sind Händler, die Bilder mit Wayang-Malerei anbieten. Wir sahen nur einfache, meist sogar primitiv gemalte Bilder, die uns nicht gefielen. Plötzlich sprach uns ein älterer Mann an, der sehr schöne Bilder hatte – aber die waren viel teurer, 75.000 Rupiahs (DM 80,-) pro Stück. Ursel fing an mit ihm zu handeln, aber unser Bus wollte abfahren. Der Fahrer wurde schon ganz ungeduldig. Daher habe ich mich eingeschaltet und gefragt, was er denn haben wolle, wenn wir beide Bilder nehmen würden. Dabei hatten wir das zweite Bild noch gar nicht gesehen. Jetzt ging alles ganz schnell. Für 65.000 Rupiahs bekamen wir beide.

Erst zurück im Hotel rollten wir unsere Bilder auf und ich hatte doch tatsächlich das schönere erwischt. Jedenfalls nach meinem Geschmack. Ursel sah das genauso, denn sie war etwas enttäuscht und beleidigt. Aber ich hatte die ‚Katze im Sack' gekauft und nicht sie!

Gestern waren wir bei einer Verbrennungszeremonie. Schon am Morgen um 7:00 Uhr fuhren wir mit einem Minibus quer durch die Reisfelder zu einem kleinen Dorf. Es war eine wunderschöne Fahrt. Unterwegs sahen wir eine kleine Moschee und etwas weiter eine Kirche. Auf Bali wirken diese Götterhäuser für mich ganz fremd. Im Ort, in dem die Verbrennung stattfand, sahen wir gar keine Touristen – wir freuten uns schon, aber zu früh!

Der Neffe der alten Frau, die verbrannt werden sollte, bat uns ins Haus. Er wollte uns die Leiche zeigen. Ich wollte aber lieber an der frischen Luft bleiben. Der Verbrennungsturm stand vor dem Haus. Der Eindruck, dass gar keine Touristen da seien, wurde schnell aufgehoben, denn wir waren nur die ersten! Bus um Bus kam an: Japaner, Deutsche, Schweizer, Franzosen, Amerikaner und Italiener strömten in Scharen herbei! Plötzlich waren mehr Touristen als Einheimische da. Wir setzten uns an eine Bude neben der Straße und frühstückten erst einmal: vier Brötchen und fünf Tassen Kaffee! Verbrennungszeremonien habe ich ja schon mehrere gesehen, daher konnte ich mich auf das Geschubse und Gedränge der Touristen konzentrieren. Ihr Verhalten gegenüber einer anderen Kultur hat mich schon immer aufgeregt. Sie drängelten sich um die Leiche, die schon im Feuer lag, um möglichst ein paar gute Fotos zu schießen. Es war mir außerordentlich peinlich. Sie drängten sich wie beim Sommerschlussverkauf um die Wühltische. Den Einheimischen machte das komischerweise nichts aus. Auf meine Frage hin, ob sie das nicht störe meinten sie, nein, die Touristen sollten doch auch etwas von ihrer Kultur sehen.

Auch wenn ich nicht Recht haben mag mit meinem Widerwillen gegen so ein Verhalten, habe ich das Gefühl, dass das Interesse zum größten Teil von Sensationslust und nicht von kulturellem Interesse bestimmt ist. Als die Dame nach gut einer Stunde schon ziemlich verbrannt war, stürmten sie zu anderen ‚Objekten'. Beim Gamelan-Orchester und den zusammen sitzenden balinesischen Frauen und Männern stolperten sie übereinander und stießen sich gegenseitig weg, um in eine bessere ‚Schussposition' zu kommen. Einer trat mir kräftig auf den Fuß, entschuldigte sich nicht, sondern schaute mich ganz empört an, so als wollte er sagen: ‚Kannst Du mir nicht aus dem Weg gehen, du dusselige Kuh!'

Als die Zeremonie zu Ende ging, war die Verbrennungsstelle plötzlich von Touristen leergefegt. Als wir zu unserem Hotel zurückkamen, erfuhren wir, dass hier im Ort auch eine Verbrennung stattgefunden hatte. Nun, das hätten wir einfacher haben können, aber die wunderschöne Fahrt am Morgen durch die Reisfelder wollte ich auch nicht missen.

In der Zwischenzeit ist auch Klaus eingetroffen, der Freund von Ursel. Ursel hat zum Glück ihren Traum vom einfachen Leben auf Bali aufgegeben und ist wieder vernünftiger geworden. In den Tagen, in denen sie noch total verknallt in den Sulawesi-Mann war, hat sie sich an manchen Abenden nochmals alleine abgesetzt, um ihn zu treffen. Bevor Klaus kam hatte sie ihrem Sulawesi-Mann gesagt, dass es nicht so weitergehen könne, da ja ihr Freund käme. Dieser habe schließlich auch ihren Flug bezahlt. Daraufhin ließ er sich nicht mehr blicken. Aber Ursel wollte ihre Verbindung mit ihm aufrechterhalten, sie ging zu ihm nach Hause, aber er war nicht da. Dann stolzierte sie am Abend in einem neuen eleganten Kleid alleine die Hauptstraße entlang, in der Hoffnung, ihm zu begegnen. Ich kam mir vor wie im Kindergarten!

Ich dachte, nun hat sich alles beruhigt, aber gestern Abend ging das Theater von neuem los. Wir drei waren hungrig und schritten hintereinander mit ausgreifenden Schritten über die Hauptstraße, um die ‚Fleischtöpfe‘ zu erreichen. Vorneweg Klaus, ich in der Mitte und hinterher Ursel, die immer noch sehr kühl zu Klaus war. Plötzlich fehlte Ursel. Unter Aufwendung aller Kräfte hielt ich Klaus auf, der voraus stürmte. Wir eilten zurück in der Annahme, dass Ursel in irgendeinem Geschäft wieder ein Kleidungsstück entdeckt habe, auf dessen Besitz sie unmöglich verzichten konnte. Wir kamen gerade zurecht, um zu beobachten, wie dieser vermaledeite ‚Sulawesi-Mann‘ zärtlich mit Ursel knutschte. Ach du liebe Zeit! Klaus stürzte vor, ich hinterher, um zu retten, was noch zu retten sei. Aber Klaus hatte sich sehr in der Hand. Alle Achtung, aber man sah ihm an, wie geladen er war! Ursel sorgte dafür, dass ihr Liebhaber uns den ganzen Abend nicht mehr verließ. Wie taktlos! Ich fand den Kerl nur noch blöd und ich langweilte mich. Als wir endlich wieder in unserem Hotel waren, fiel ich sofort ins Bett und träumte entsetzlichen Quatsch.

Obwohl heute im Verhältnis zu Klaus alles wieder in Ordnung scheint, bin ich sicher, dass sie sich näher mit ihrem neuen Liebhaber eingelassen hat. (Meine Vermutung war richtig, denn Ursel brachte – wie ich später erfuhr – ein ‚Souvenir‘ (!) von ihrem ‚Sulawesi-Mann‘ zurück nach Deutschland.)

Zusammen mit Klaus haben wir ein Auto in Denpasar gemietet, um einige Tage das östliche und nördliche Bali zu erkunden. Unsere Hotelzimmer in Legian haben wir vorsichtshalber behalten. Schon um 8:00 Uhr fuhren wir los. Das erste Problem hatten wir bereits in Denpasar. Wir fanden in dem Straßengewirr den Weg nicht wieder heraus. Ursel schrie: ‚Hier rechts‘, ich wollte nach links – wobei man bei mir ja nie wissen kann, welche Richtung ich tatsächlich meine – und Klaus meinte, vermutlich würden wir doch besser geradeaus fahren! Nachdem wir schon dreimal am Museum und zweimal an unserer Autovermietung vorbeigekommen waren, fing ich schon an zu argwöhnen, dass wir die nächsten drei Tage ständig in Denpasar kreisen würden. Plötzlich sahen wir einen Wegweiser, der den Weg heraus aus Denpasar zeigte.

Bis Klungkung war die Strecke noch ziemlich befahren, aber danach war nur noch wenig Verkehr. Bauernhöfe, Bananen- und Palmenhaine, ich hatte das Gefühl, in das Bali von Walter Spies versetzt zu sein. In Padang Bai, einem Fischerdorf, machten wir Pause und stärkten uns in einem Warung am Hafen mit Kaffee und einem Sandwich. Von hier fuhren die Fähren – meist alte verrostete Seelenverkäufer – zur Insel Lombok ab. Es war inzwischen schon früher Nachmittag geworden. Bis Singaraja im Norden der Insel konnten wir – wie ursprünglich geplant – es kaum noch schaffen. Hinter Candi Dasa ist die Gegend so ‚untouristisch‘, dass man kaum noch eine passable Unterkunft finden kann. Also wurde Candi Dasa weiter östlich unser heutiges Ziel.

Zwei Deutsche im Warung von Padang Bai hatten uns zwar prophezeit, dass es nachmittags kaum mehr möglich wäre, eine Unterkunft zu bekommen, aber wir hatten Glück. Wir fragten gleich am Anfang des Ortes und man vermittelte uns das etwas außerhalb gelegene ‚Puri Pudak‘. Ohne den voraus fahrenden Jungen auf dem Motorrad hätten wir es kaum gefunden. Man musste ein ganzes Stück über holprige Feldwege querfeldein fahren, vorbei an einzelnen Bauernhäusern und Kühen und plötzlich standen wir vor acht Bungalows, direkt am Meer. Hier war es wunderschön und ganz ruhig. Ich stellte nur schnell meine Tasche in meinen Bungalow und wir begaben uns auf einen Strandspaziergang. Eine wunderschöne Bucht mit Palmenstrand und vorgelagertem Korallenriff. Auf dem Rückweg durch das Dorf entdeckte ich ein Restaurant, in dem es auch Kuchen gab, und hier gab es die beste Schokolade-Mint-Torte von ganz Indonesien. Damit stopften wir uns direkt voll. Herrlich!

Nach dem Kuchen ging es am Strand zurück ins Hotel. Es war nun schon gegen Abend und die Fischer fuhren aufs Meer hinaus. Manche wateten auch zu Fuß durch die Lagune zum Korallenriff, um Krabben und Langusten zu fangen. Ein Haufen von sieben- bis zehnjährigen Jungs tobte splitterfasernackt vor meinem Bungalow im Wasser und wälzte sich im Sand herum. Sie jauchzten laut vor Vergnügen. Ich konnte mich an ihrer Freude gar nicht sattsehen.

Nachts hatte ich dann noch ein weniger tolles Erlebnis. Ich wachte auf, weil es mich am ganzen Körper juckte. Ich wollte Licht in meinem Bungalow anmachen, aber der kleine Stromgenerator war schon abgeschaltet. Also suchte ich mein Bett in Ermanglung einer Taschenlampe mit dem Feuerzeug ab und da sah ich die Bescherung. Eine Ameisenstraße lief quer über mein Bett. Die, die ich bereits im Schlaf totgequetscht hatte, bildeten schon einen Ameisenfriedhof, den die Überlebenden versuchten wieder aus dem Bett zu transportieren. Starr vor Staunen verbrannte ich mir die Finger am Feuerzeug. Ich schüttelte das Leintuch so gut es ging aus, aber auf die Idee, mich ins saubere Bett (ich hatte ein Doppelzimmer zur Einzelbelegung) zu legen, bin ich in der Nacht nicht gekommen. Den Rest der Nacht verbrachte ich ziemlich ruhig, war aber am nächsten Morgen völlig zerbissen. Nun brauchte ich also auch vor Rheuma keine Angst mehr zu haben.

Am nächsten Morgen fuhren wir schon um 8:00 Uhr weiter, nach Tenganan, einem Bali-Aga Dorf, nur drei bis vier Kilometer von Candi Dasa entfernt. Es ist eines der wenigen Dörfer auf Bali, in dem die prä-hinduistische Kultur erhalten geblieben ist. Über Jahrhunderte hinweg haben sich die Einwohner des Dorfes – die nur innerhalb des Dorfes heiraten dürfen – durch strikte Abschottung ihre kulturelle und religiöse Kultur bewahrt. Im Gegensatz zu Truyan am Batursee, wo die Einwohner ja den Ruf haben, sehr unfreundlich und hin und wieder sogar aggressiv zu sein, waren die Menschen hier sehr zurückhaltend und bestimmt nicht unfreundlich. Das Dorf war ziemlich langgestreckt und terrassenförmig ansteigend, rechts und links die Häuser und in der Mitte die verschiedenen Bales (offene Ruhestätten). Mir ist aufgefallen, dass die Menschen hier ziemlich langgezogene Ohrläppchen haben, ein Zeichen von Inzucht.

Danach machten wir uns auf den Weg nach Singaraja. Eine tolle Strecke, es wurde immer trockener. Ausgetrocknete Flussbetten und Reisfelder. Hier, entlang der Ost- und Nordküste, war überhaupt kein Verkehr und außer uns gab es keine Touristen. In der Regenzeit muss die Straße unpassierbar sein, denn die vielen ausgetrockneten Flussbetten sowie Lavafelder verlaufen quer über die Straße. Um die Mittagszeit waren die Dörfer wie ausgestorben, aber wenn man uns bemerkte, gab es ein großes Hallo. Die Straßen waren schrecklich und wir beteten für unser Auto – es war ein Jeep –, dass es nicht auf der Strecke liegenblieb. Als wir wieder ‚zivilisierte' Ortschaften erreicht hatten, ließen wir uns in einem Restaurant zum Essen nieder. Als wir wieder weiterfahren wollten, gab der Wagen keinen Mucks von sich. Zum Glück startete er wieder, als wir ihn anschoben.

Wie zuvor schon in jedem größeren Ort, verfuhren wir uns in Singaraja total, weil es so gut wie keine Beschilderung gibt. Wir fuhren weiter nach

Lovina Beach, wo Ursel von einem früheren Besuch ein anscheinend schönes Losmen kannte. Wir bekamen auch schöne kleine Bungalows mit Klo und Dusche unter freiem Himmel. Weil wir nach einem Tag Autofahrt ziemlich verschwitzt waren, gingen wir erst mal Schwimmen. Aber das Wasser war fast so warm wie mein Körper, das war keine Erfrischung. Für das Abendessen empfahl Ursel unseren Losmen, das Essen sei hier immer ausgezeichnet gewesen. Aber das war eine absolute Katastrophe! Der Fisch und die Krabben schmeckten, als seien sie in einem Abwasserkanal gefangen worden. Bei den vielen Reisen, die ich bereits durch Indonesien gemacht habe, war dies das erste Mal, dass der Fisch nicht gut war. Aber dieser Fisch – ekelhaft und auch noch teuer! Der Fisch lag uns wie ein Stein im Magen. Ich ging ziemlich früh schlafen. Allerdings stand mein Bett so ideal, dass mir sämtliche Düfte von meinem Freiluftklo und der Küche in die Nase drangen, wobei sich die beiden nur unwesentlich unterschieden. Dafür hatte ich in dieser Nacht keine Ameisen, aber ein paar Australier machten bis 3:00 Uhr eine entsetzliche Musik und zwei dicke Weiber im Zimmer nebenan unterhielten sich laut lachend über ganz belangloses Zeug. Mir machte das dank Oropax nichts aus, aber Ursel hat die ganze Nacht kein Auge zugemacht.

Am nächsten Morgen machten wir uns auf nach Bedugul am Batursee. Die Auffahrt ins Gebirge war wunderschön, aber dann kam der große Nebel. Am Batursee konnte man kaum 30 Meter weit sehen, zudem regnete es und es war sehr kalt. Wir hatten Mühe überhaupt den See zu sehen. Trotzdem setzten wir uns in das Restaurant, in dem ich vor Jahren mit meinen Eltern teuer und schlecht gegessen hatte. Ich wollte sehen ob es jetzt besser wäre. Die ganze Anlage war verändert, total veredelt, ganz vornehm und der Kaffee kostete nun das Dreifache. Da das Wetter immer schlechter wurde, fuhren wir direkt weiter nach Mengwi und Sangeh. Nachdem es auch hier wie aus Eimern schüttete, wollten wir an einem anderen Tag wiederkommen und fuhren direkt nach Ubud. Hier schien zum Glück die Sonne.

Die restlichen zwei Wochen vor ihrer Rückfahrt verbrachte Annette zum größten Teil in Legian. Fast täglich machte sie Ausflüge, teils mit Ursel und Klaus, teils alleine. Sie war nochmals ein langes Wochenende alleine in Ubud, verbrachte einen ganzen Tag im Museum in Denpasar, ging zum Souvenirmarkt Pasar Seni und genoss die Zeit auf ihrer geliebten Insel Bali.

Vorbemerkung: Es war nicht Annettes erste Reise nach Indonesien. Ab 1983 war sie mit ihren Eltern regelmäßig in dem Inselreich. Nun wollte sie mit ihrer Freundin Sabine (von Annette und den Freunden Bine genannt) nach Indonesien reisen. Praktisch in letzter Minute wollten sich noch zwei weitere Gefährtinnen dieser Reise anschließen. Es waren Brigitte, eine Bekanntschaft von gemeinsamen Hundespaziergängen, und deren Freundin Paula. Ungern sagten Annette und Bine zu. Wie wir noch sehen werden, gab es dann auch von Anfang an Spannungen zwischen den beiden Paaren. Obwohl sich Annette und Bine immer wieder über die beiden mitreisenden Damen ärgerten, war es doch meistens erheiternd.

Diesen Bericht hat Annette als Überraschung zu einem runden Geburtstag von Sabine zusammengestellt. Die Namen der mitreisenden beiden Gefährtinnen habe ich geändert. Annettes Bericht wurde nur geringfügig gekürzt.

Bali, Sulawesi und Java, Februar-April 1989

von Annette Bräker
(bearbeitet von Horst H. Geerken)

Seit 14. Februar 1989 sind wir unterwegs und es ist schon so viel passiert, dass ich gar nicht mehr weiß, wo ich anfangen soll. Am besten von vorne. Morgens um 10:00 Uhr holte mich Bine ab. Ich hatte mit Mutter Ilse bereits einen Sherry verkonsumiert. Als Bine kam, musste natürlich der zweite gemeinsam mit ihr auch noch auf einen guten Verlauf der Reise getrunken werden. So wurde nicht nur der Abschiedsschmerz erleichtert, sondern es wurde auch ein Gefühl der Beschwingtheit bei mir ausgelöst. Am Flughafen Frankfurt standen wir dann ratlos vor dem Problem ‚wo zum Teufel ist hier eigentlich der Eingang‘! Nachdem wir eine Weile total hilflos im Kreis herumgeirrt waren – in meinem Kopf machte sich schon der Gedanke breit ‚Du meine Güte, schon am Flughafen zu scheitern ist aber doch zu peinlich‘! –, haben wir es dann aber doch geschafft, den richtigen Weg zu finden. Am Garuda-Schalter – dem Schalter der indonesischen Fluggesellschaft – erwarteten uns bereits unsere beiden Reisebegleiterinnen, die sich uns im letzten Moment anschließen wollten. Ganz nach Globetrotter-Art mit einem großen Rucksack als Reisegepäck und einem kleinen als Handgepäck. Auch die Kleidung entsprechend! Wir kamen uns direkt ‚out‘ vor mit unseren Koffern, geschminkt, etc. – direkt spießig! Aber was half es, dann waren wir eben spießig.

Der Flug hatte über zwei Stunden Verspätung, das fing ja gut an! Dass er schon durch seine Länge sehr ermüdend war, kann man sich ja vorstellen, aber dazu trug noch weiterhin bei, dass ich unseren alternativen Globetrotterinnen als ‚Indonesien-Expertin' ständig irgendwelche Fragen beantworten sollte, die zum großen Teil wirklich sehr naiv waren (z.B. ob es denn in Indonesien Schafe gäbe und was denn die Indonesier mit der Wolle täten, ob man in Indonesien schöne gestrickte Wollpullover bekäme?), und wobei die Richtigkeit meiner Antworten auch noch in Zweifel gezogen wurde, was sich bis zum Ende der Reise nicht geändert hat.

Irgendwann kamen wir aber endlich und mit drei Stunden Verspätung in Bali an, und trotz der Verspätung klappte es, dass wir vom Hotel abgeholt wurden. Schwüle Hitze schlug uns entgegen: richtiges Indonesien-Wetter, und ich fühlte mich gleich wieder ganz vertraut! Das Hotel, Baleka Beach Inn, gefiel zum Glück auch meinen Mitreisenden. Es ist ja immer so eine Sache, wenn man für andere mitentscheidet.

Es hatte zuvor eine kurze Diskussion darüber gegeben, dass Brigitte (eine Krankenschwester) meinte, sie habe ein Anrecht darauf, mit mir das Zimmer zu teilen, weil sie der Ansicht war, sie habe zuerst mit mir die Reise verabredet. Aber als ich sie daran erinnerte, dass sie mich gefragt habe, ob sie sich uns anschließen dürfe, und dass Paula (die andere: Ex-Krankenschwester und heutige Sozialarbeiterin) schließlich ihre Freundin sei, waren die Fronten schnell geklärt!

Wir waren todmüde, aber kaum lagen Bine und ich im Bett, waren wir wieder hellwach. So redeten wir noch eine Weile – Klatsch und Tratsch über unsere beiden Mitreisenden, die uns bereits ausreichend Stoff geliefert hatten: Unser Parfüm, das wir uns im Duty-Free gekauft hatten, ließ sie erschauern, denn dass man den eigenen Geruch übertüncht ist völlig unnatürlich; auch Schminke, hohe Absätze, alles das was Bine und mir so chic vorkommt, wurde mit einer abwertenden Geringschätzung kommentiert: ‚Ich mag mich und meinen Körper so wie er ist, auch seinen Geruch' (Brigitte!). Das war eine eindeutige Aussage. Dass wir gegen den Körper an sich nichts haben, dass uns aber der Geruch, der uns von den beiden Alternativen immer wieder um die Nase strich, durch die gewisse Strenge nicht so erstrebenswert vorkam, das haben wir dann doch lieber für uns behalten! Wir wollten unseren Nasen nicht vorwerfen lassen, dass auch sie ihrer Natürlichkeit beraubt seien. Der Diskussion der beiden Krankenschwestern über die eleganten, bzw. weniger eleganten Schuhmodelle folgten wir dann aber höchst amüsiert. Der ganze nächtliche Tratsch lief aber darauf hinaus, dass wir beide feststellten, dass das nicht so ganz unsere Welt sei, und dass wir vermutlich verzweifeln würden, wenn wir mit ihnen die ganze Zeit zusammen sein müssten.

Aber schon am nächsten Morgen, als wir unsere Reisepläne diskutierten, kristallisierte sich heraus, dass sie, wie sie sagten, eigentlich an Menschen und Kultur wenig interessiert seien, sie wollen doch hier in Naturschutzgebieten wandern und ungewöhnliche Tiere sehen! Irgendwie konnten sich Bine und ich des Eindrucks nicht erwehren, dass sie uns und die Kultur in Kauf nehmen wollten, so quasi als Zugeständnis an uns, wir aber dann mit ihnen ausgiebig durch die Reisfelder bei 35°C im Schatten zu wandern hätten. Bine protestiert gleich, sie könne nicht wandern, weil ihre Beine falsch aufgehängt seien, und ich versuchte ihnen klarzumachen, dass sie doch alleine wandern sollten, während wir mehr in Kultur machten.

Überaus ermüdend sind die Diskussionen, die sie mit uns über Kultur (an der sie ja bekanntermaßen nicht interessiert sind) und die hiesige Politik führen, auf der Grundlage ihres indiskutablen Globetrotter-Reiseführers! Inzwischen habe ich aufgehört, dem Reiseführer zu widersprechen, es ist zwecklos. ‚Indonesien ist nun mal eine reine Militär-Diktatur, selbst wenn kein einziger Indonesier dem zustimmen würde' (Zitat Brigitte!). Ein vergleichbar sinnloses Unterfangen wäre es, einen Zeugen Jehovas bekehren zu wollen. Die eine, Brigitte, war ja schließlich schon in Nicaragua, da sei es viel weniger touristisch, demokratischer und so weiter. Die hat ja auch einen ‚Doc', der viel reist und der weiß viel mehr als jedes Tropeninstitut! Das haben wir schon vor der Reise hinreichend doziert bekommen! Die beiden wussten einfach alles besser!

Ich bin ganz erstaunt, wie viele Leute mich hier wiedererkannt haben. Hier im Hotel ist das sehr komisch. Wir haben das gleiche Zimmer wie ich vor 1 ½ Jahren. Ich sitze wieder auf dem gleichen Stuhl auf der Terrasse und schreibe. Einer der Boys marschiert vorbei, grüßt, stutzt, als glaubt er zu träumen und dann ein Aufschrei: ‚Anita, you are again here! How are you? Where is Uta and Klos (Klaus)?' Hier im Hotel nannten mich damals alle Anita. Sehr komisch, sogar die Strandfrauen haben mich noch erkannt, was für sie allerdings zum Geschäft gehören sollte.

In drei Tagen fliegen wir für eine Woche nach Sulawesi. Ich bin schon sehr gespannt. Es wird wieder ganz anders sein. Bine und ich haben uns überlegt, dass wir lieber Sulawesi und Java/Yogyakarta richtig sehen wollen als noch eine weitere Insel (zum Beispiel Sumba), um nicht unter zu großen Zeitdruck zu geraten.

Vor zwei Tagen wollten Bine und ich in Denpasar ins National Museum gehen, aber es war Freitag (islamischer Feiertag) und da war nur von 8:00-11:00 Uhr geöffnet. Bine hatte heute ein bisschen Probleme, als wir mit dem

‚Public Bus' von Denpasar zurückfuhren. Ich weiß, dass ich anfangs auch solche Schwierigkeiten hatte, so eng zusammen gequetscht zu sitzen, dass man nicht mehr weiß, wessen Schweiß eigentlich an einem herunterläuft und man noch dazu von der Zigarette des Nebenmannes eingenebelt wird. Zum Trost haben wir abends dann hervorragend thailändisch gegessen. Das war zwar nicht so geplant, denn eigentlich wollten wir ganz nobel indonesisch essen gehen, aber der Versuch scheiterte, weil das Lokal, das ich im Auge hatte, nicht mehr vorhanden war.

Gerade, am 22. Februar, geht hier im tiefsten Toraja-Land ein heftiger Monsunregen nieder und ich habe endlich Zeit ausgiebig zu schreiben. Ich weiß – wie immer – gar nicht, wo ich anfangen soll. Am Tag nach unserem vergeblichen Versuch, in Denpasar das Museum anzusehen, mieteten wir uns ein Bemo (ein kleines dreirädriges motorisiertes Fahrzeug für zwei Passagiere) und fuhren nach Tanah Lot. Es war eine wunderschöne Fahrt durch die Reisfelder. Den anderen gefiel es – glaube ich – genauso gut wie mir. Um das richtige Bali-Gefühl zu bekommen, muss man aus Legian raus. Nur ist Legian natürlich sehr bequem und das Hotel sehr sauber. Daher werden wir dort auch unser Hauptquartier aufschlagen und von dort aus unsere Reisen machen. Inzwischen haben wir auch festgestellt, dass unser alternatives Duo viel empfindlicher und anspruchsvoller ist bezüglich Unterkunft und Essen als wir!
    Tanah Lot ist von dem Hindu-Heiligen Naratha schon ‚in alten Zeiten' gegründet worden und liegt auf einem Felsen der Küste vorgelagert. Es sollte der Insel Schutz gewähren und ist der großen Göttin des Meeres, Dewi Danu, geweiht. Erreichen kann man den Tempel nur bei Ebbe. Zum Sonnenuntergang versammeln sich hier Unmengen von Menschen, aber wir waren ja am späten Vormittag dort und Ebbe hatten wir auch. Auf den Felsen selbst zum Tempel hinauf darf man nicht, aber man konnte auch so genug sehen. Ich glaube, der Ausflug hat allen gut gefallen und vermittelte schon einen kleinen Eindruck von Bali, das wir ja erst richtig besichtigen wollten, wenn wir von Sulawesi zurückgekommen sind.

Am darauffolgenden Tag fuhren Bine und ich nach Kuta zur Post und zum Telefonamt. Wir gaben Post auf und ich wollte Ulla von Mengden anrufen. Ulla war eine alte Bekannte von meinen Eltern und mir, die im Zoo von Jakarta lebte und junge Orang Utans aufzog. Da kam eine große Enttäuschung auf mich zu! Sie und meine Freundin, Ursula Müller (Diplomatin an der Deutschen Botschaft Jakarta), waren gerade im Begriff zu verreisen: Sumba, Timor, Bali und ich weiß nicht wohin noch. Sie sind vor meiner Abreise nicht zurück. Das wirft natürlich meine Reisepläne völlig über den Haufen.

Am nächsten Morgen um 07:00 Uhr ging es dann mit dem Flugzeug nach Ujung Pandang auf Sulawesi. Unsere beiden alternativen Mädels hatten in Legian einen kennengelernt, dessen Bruder in Ujung Pandang am Flughafen arbeitet und der sollte uns weiterhelfen (alles würde besser und billiger! Er könne billige Flüge nach Toraja besorgen und ähnliches). Ich hatte direkt das Gefühl, dass dabei nichts herauskommen würde, aber ich wollte ja auch nicht immer widersprechen, sonst denken sie auch noch, sie hätten alles viel schöner und billiger haben können als mit uns. Also ließen wir sie ihre Erfahrungen alleine machen. Nachdem wir eine Stunde auf dem Flughafen gewartet hatten, war der Bruder endlich gefunden. Eine weitere Stunde dauerte es, bis er uns in kaum verständlichem Englisch die Information gegeben hatte, die man auch im Tourist-Office bekommen konnte. Also nix billiger Flug!

Wir buchten noch unsere Rückflüge nach Bali, bevor wir uns um einen Transport ins Toraja-Land kümmerten. Bine und ich wollten zwei Tage im Toraja-Land bleiben und noch zwei Tage in Ujung Pandang. Aber die anderen beiden wollten lieber mindesten vier bis fünf Tage im Toraja-Land bleiben, weil es dort so viel zu sehen gäbe, und zwei oder drei Tage, das sei doch viel zu wenig. Wir fühlten uns direkt als Kultur-Muffel und jubelten innerlich, als sie ihren Rückflug nach Bali zwei Tage später buchten als wir. Mindestens zwei Tage alleine! Und da wir uns auf Bali erst in Ubud wiedertreffen wollen, könnten sogar noch ein bis zwei Tage mehr daraus werden!

Dann mieteten wir uns einen Wagen, da der öffentliche Bus nun, nach der „Bruder-Suchaktion" natürlich weg war und der nächste erst abends fuhr (es war also nicht billiger, sondern viel teurer geworden!) und machten uns auf den Weg ins Toraja-Land nach Rantepao. Eine traumhaft schöne Fahrt. Erst an der Küste entlang, durch kleine Dörfer, vorbei an Häfen mit buginesischen Segelschiffen, Bauern, die auf ihren nassen Reisfeldern angelten (wir vermuteten eine Art Aale!). In Pare-Pare legten wir eine Mittagspause ein, um uns zu stärken. Dort musste ich erst mal Krankenschwester Brigitte bitten, sich züchtig zu bedecken – sie ließ ihr T-Shirt fast bis über den Busen herunterrutschen –, da wir in einem muslimischen Land seien, was sie gar nicht begreifen wollte. Nach Pare-Pare ging es dann ins Hochland. Eine unglaublich schöne, wilde Berglandschaft ähnlich der in Sumatra. Dadurch, dass wir einen Mini-Bus gemietet hatten, war es natürlich viel bequemer als im öffentlichen Bus. Unsere beiden naturverbundenen Grazien verschliefen große Teile der Fahrt, was wir überhaupt nicht begreifen konnten. Müde waren wir natürlich auch, zumal wir in der vorangegangenen Nacht viel weniger geschlafen hatten als die beiden, aber wir wollten nicht den kleinsten Moment verpassen. Bine und ich verdrehten die Augen und tuschelten hämisch, aber unsere abfällige Haltung sollte schnell bestraft werden. Kurz vor Rantepao fuhr unser Fahrer mit solch einer Geschwindigkeit über eine Bodenwelle, dass Bine und ich so heftig gegen die Decke flogen, dass wir nicht mehr wussten, wo vorne und hinten, oben und unten, rechts oder links ist. Wir sahen Sternchen und ich hatte mir so die Nackenwirbel gestaucht, dass ich den Kopf gar nicht mehr bewegen konnte und mir schlecht und schwindelig wurde. Bine ging es ähnlich: Strafe für Lästermäuler!

In Rantepao brachte uns unser Fahrer in ein sehr anständiges Losmen (eine einfache Herberge), Wisma Maria I, in dem sie uns ein Zimmer für DM 9,- und eins für DM 6,- anboten. Bine und ich haben das für DM 6,- genommen, weil es unseren Alternativen dort zu muffig roch. Vielleicht sind unsere Nasen zu abgestumpft, aber wir rochen nichts. Wieso Paula der muffige Geruch im Zimmer auffiel, der Geruch ihrer Freundin Brigitte aber nicht, wird mir ewig schleierhaft bleiben! Aber wir sind ja schon darüber aufgeklärt worden, dass wir nicht den richtigen Sinn für Gerüche haben. Wenn ich nicht bald aufhöre zu lästern, wird mir vermutlich zur Strafe bald das Nächste auf den Kopf fallen, dabei habe ich mit dem letzten Unfall noch genug zu tun! Vielleicht gibt es aber doch einen Qualitätsunterschied bei den Zimmern, da ich als erstes im Bad ein Fenster zerbrach und als Nächstes einen Stuhl in seine Einzelteile zerlegte, was den anderen nicht passierte. Aber auch ohne Fenster und Stuhl leben wir hier sehr gut.

Im Moment sind hier fast keine Touristen. Neben uns das Zimmer ist noch bewohnt von zwei auch sehr alternativen Touristen, einer Deutschen und einem Engländer, die sich hier kennen und lieben gelernt haben. Die sind so alternativ, dass sie überall hereingelegt werden und zu viel bezahlen. Indonesier können nämlich eines überhaupt nicht leiden: alternative Touristen!

Heute, am 22. Februar, sind wir mit dem Public-Bus zu den Toraja-Häusern in Palawa gefahren. Da – wie gesagt – im Moment sehr wenige Touristen hier sind, waren wir die einzigen dort. Das macht natürlich sehr viel aus, ich habe das Gefühl, dass man einen viel intensiveren Eindruck mitnimmt. Die Konstruktion der Häuser, auf einem Pfahlbaugerüst errichtet, soll, wie auch die der Batak-Häuser auf Sumatra, aus dem Schiffsbau entwickelt worden sein. Zumeist stehen die Häuser in Reihen, denen gegenüber die Getreidespeicher stehen. Die Häuser sind rundherum vielfältig geschnitzt und bemalt, was religiöse Gründe hat, aber auch zum Teil die Stellung des Eigentümers dokumentiert. Auch die Farben, in denen sie bemalt sind, haben kultische Bedeutung. An dem Balken, der an der Vorderfront das weitausladende Dach des Hauses stützt, sind zumeist mehr oder weniger viele

Büffelgehörne angebracht, die die Opfer, die den Verstorbenen der Familie dargebracht worden sind, bezeugen. Die Häuser der Toraja sind nach Norden ausgerichtet und bestehen nur aus Holz und Bambus, die Balken dürfen nicht durch eiserne Nägel verbunden werden, sondern nur durch Holzkeile. An den Häusern kann man bis heute sehen, dass die Toraja ursprünglich Seefahrer und Schiffsbauer waren. Sie gehören zusammen mit den Batak auf Sumatra und den Dayak auf Kalimantan zu den Altvölkern des indonesischen Archipels. Man schätzt, dass sie vor etwa 4.000 Jahren aus Südchina einwanderten. Der Rasse nach gehören sie zu den Mongolen-Völkern, der Sprache nach aber zu den Austronesiern. Sie wurden bei einer neuen Einwanderungswelle von Malaien ins Landesinnere verdrängt. Diese Malaien fürchteten sie; sie waren kriegerische Kopfjäger. Die Toraja pflegten ihre alten Sitten und Gebräuche und nahmen erst im 15. Jahrhundert Kontakt zu ihren Nachbarstaaten auf. Schon in frühesten Berichten werden sie als selbstbewusst, gastfreundlich und fröhlich bezeichnet. Heute betätigen sich die Toraja als Bauern und Viehzüchter. Sie haben eine Kasteneinteilung in vier Gruppen: Hochadel, gewöhnlicher Adel, freie Bauern und Tagelöhner. Männer und Frauen haben gleiche Rechte.

Bis heute bekennen sich 50% der Toraja zu ihrer alten Stammesreligion, aber auch die Christen (45%) und die Moslems (5%) sind noch tief im alten Glauben verwurzelt. Besonders bei den Bestattungen und Totenritualen kann man das erkennen. Die alte Stammesreligion kennt einen allmächtigen, allgegenwärtigen Gott, der Erde und Menschen erschaffen hat. Ihm stehen Büffelopfer zu, die in großen Mengen dargebracht werden. Daneben ist die Welt erfüllt von Geistern, hilfreichen wie bösen, die mit dem Sanskritnamen Dewata bezeichnet werden. Auch ihnen muss geopfert werden (Schweine und Hühner), um sie gewogen zu machen. Nach dem Tod verlässt die Seele des Menschen den Körper, um nach Süden zu wandern, weil dort hinter dem Horizont das Land der Seligen (Puja) liegt. Dort ist alles, wie es im Leben war und was der Mensch besessen hat, besitzt er auch dort. Die Büffel, die bei seiner Beerdigung geopfert worden sind, stehen ihm dort als Diener zur Verfügung. Werden die Totenriten und Totenfeiern aber nicht richtig oder vollständig ausgeführt, kann der Tote nicht in das Land der Seligen hinein und muss ruhelos herumwandern und die Lebenden ein bisschen ärgern. Manchmal ziehen sich die Totenfeiern über Jahre hin und werden je nach Besitzstand unter Umständen mit einem ungeheuren Aufwand betrieben.

Nach der Besichtigung von Palawa fuhren Bine und ich zurück nach Rantepao, weil wir noch absolut kopfgeschädigt waren durch unseren Unfall. Unsere Wandervögel wollten noch ihrem Hobby frönen und wandern!

Aber nach einer Stunde waren auch sie wieder zurück. Die Hitze ist wohl doch nicht das Ideale zum Wandern. Brigitte meinte dann zu uns, ihr Buch sei wohl doch nicht ganz korrekt, denn es habe diese Gegend als die Schweiz Indonesiens bezeichnet! Aber das sei hier doch ganz anders: die Vegetation, die Häuser, die Menschen und auch die Tiere!!! Bine und ich durften uns nicht ansehen, sonst hätten wir mit ziemlicher Sicherheit einen Schreikrampf bekommen. Aber nach dem heutigen Tag beschlossen sie, mit uns zurückzufliegen. Das sei ja doch alles ganz anders als auf Bali, da seien auch die Menschen viel zugänglicher! Schade, wir hatten uns zu früh auf einige Tage ohne sie gefreut. Freiheit ade!

Morgen wollen wir nicht mehr mit öffentlichen Verkehrsmitteln fahren. Das war sowieso nur ein Zugeständnis an unsere alternativ Reisenden und Nicaragua-erprobten Reisegefährtinnen. Wir wollten ja unterwegs noch viel sehen, und anhalten, wenn wir wünschten.

Heute, am 23. Februar, haben wir also unsere Tour in die Umgebung gemacht. Wir haben unglaublich viel gesehen und sind ganz begeistert! Wir haben die Dörfer Nangala und Kete Kesu und die Grabstätten von Lemo, Londa und Marante besucht. Über die Dörfer bzw. den Hausbau habe ich ja schon ein wenig geschrieben. Die Grabstätten der oberen Kasten, die Felsengräber, die von den geschnitzten Tau-Tau-Puppen beschützt werden, die zwar grob geschnitzt sind, aber doch die Gesichtszüge des Verstorbenen haben sollen, sind für uns sehr beeindruckend. Weniger gesellschaftlich Hochgestellte erhalten eine Erdbestattung oder werden in eine Totenschlucht gestürzt. Auch ein Baby wird nicht im Familiengrab bestattet. Jedenfalls nicht, wenn es noch keine Zähne hat. Dann wird der Leichnam in einem dicken Bambusrohr in einem Baum aufgehängt. Denn bevor ein Kind Zähne hat, gehört es in die Sphäre des Göttlichen, und von dem Baum, in dem die gestorbenen Babys aufgehängt werden, steigt die Seele wieder in diese Sphäre auf. Die Tau-Tau-Puppen, die Grabwächter, werden dem Verstorbenen ähnlich geschnitzt, sie sollen die Grenze zwischen dem Diesseits und dem Jenseits bewachen. Die Höhlen, die in die Felswände geschlagen werden, dienen zum Teil ganzen Familien als Begräbnisstätte. Sie werden auch als Schutz vor Grabräubern angelegt, da oft wertvolle Grabbeigaben dem Toten mitgegeben werden. Die Tau-Tau-Puppen mit den starren, in die Ferne blickenden Augen, hoch oben in der Felswand, wirken schon irgendwie gespenstisch.

In eine Höhle, die für die Bestattung von vermutlich nicht ganz so hochstehenden Personen gedacht war, sind wir dann noch hineingeführt worden. Dort waren viele verschiedene Sarkophage, auch christliche. Man erzählte uns, dass die Knochen der Verstorbenen, wenn eine dieser Höhlen zu voll würde, zermahlen und als Dünger auf die Felder gestreut würden. In dieser Höhle fiel mir auf, dass viele Totenschädel auf Felsengesimsen ungefähr in Augenhöhe waren. Ich fragte unseren indonesischen Begleiter, was das zu bedeuten habe, und war mir dabei sicher, einer wichtigen, völkerkundlich relevanten Frage auf der Spur zu sein. Die Antwort ernüchterte mich sofort: ‚It's for tourists, for photo!' Na, da ich Tourist bin, habe ich den Bemühungen zur Befriedigung des touristischen Fotowahns Rechnung getragen und natürlich auch Fotos gemacht!

Später gerieten wir noch in einen Leichenzug, der einen Verstorbenen in seine Grabstätte brachte. Da hatte ich leider keinen Film mehr. Ich habe doch viel mehr fotografiert, als ich selbst erwartet hatte. Die Bestattung selber war zwar nicht besonders fotogen, aber die Kinder, die die Totenschädel in die Hand nahmen, sich darüber totlachten und dann damit Ball spielten, hätte ich gerne fotografiert.

An unserm letzten Abend in Toraja haben wir, also Bine und ich, uns noch etwas gegönnt. In dem Lokal, in dem wir auch am Abend zuvor gegessen hatten, hatte man uns gefragt, ob wir auch mal typisches Toraja-Essen probieren wollten, d.h. im Bambusrohr gegartes Hähnchen. Bine und ich waren begeistert, aber unsere alternativen Damen, die ja sowieso alles Fremde etwas misstrauisch beäugten, lehnten ab. Wir vermuteten, dass es ihnen auch zu teuer war. So saßen wir dann an getrennten Tischen – aber die beiden hatten sich so gesetzt, dass sie uns auf die Teller schauen konnten –, wir fein gedeckt (für indonesische Verhältnisse) für unser vorbestelltes Festtagsmenu, sie à la carte. Der erste abwertende Kommentar, als unser Essen kam: Da sei ja entsetzlich viel Knoblauch drin! Wir haben sofort einstimmig behauptet, da sei gar kein Knoblauch drin, obgleich wir schon beim ersten Bissen nicht nur schmeckten, sondern auch sahen, dass ganze Zehen verarbeitet worden waren! Sie hätten für ihr Leben gern probiert, aber soweit reichte unsere Menschenfreundlichkeit bei Weitem nicht. Im Gegenteil, wir hätten alles alleine aufgefuttert, selbst wenn uns totschlecht geworden wäre. Das wurde es aber nicht, im Gegenteil – es war einfach köstlich! Wir genossen es sehr, auch die neidischen Blicke auf unsere Teller. Es war ein wunderschöner Abschlussabend für Bine und mich.

Da ich meinen Brief bis heute, 25. Februar, immer noch nicht losgeworden bin, schreibe ich noch ein bisschen. Inzwischen haben wir ja einiges erlebt. Gestern Morgen hatten wir vor, mit dem öffentlichen Bus nach Ujung Pandang zu fahren, d.h. wir haben es natürlich auch gemacht. Aber wie!

Der Bus sollte uns am Hotel abholen. ‚Super Service', dachten wir, und überlegten uns, dass das wohl für Touristen gemacht würde, damit die anständige Plätze bekämen. Es kam auch ein Bus, ein sehr nobles Gefährt, wie uns schien, der uns mitnahm. Aber als wir unsere Tickets zeigen sollten, riefen diese wahre Heiterkeitsausbrüche hervor und wir wurden ohne Federlesen an der Hauptstraße von Rantepao wieder rausgesetzt. Was nun? Wir liefen voller Verzweiflung zu dem Agenten, bei dem wir die Bustickets gekauft hatten. Auf dem Weg dorthin stieß ich mit dem Fuß an eine riesengroße Ratte, was Bine besonders beeindruckte, mich aber weniger, da ich sie gar nicht bemerkt hatte und sie für einen Stein gehalten hatte. Der Agent stopfte uns in einen Kleinbus, der nur unwesentlich größer als der Minibus war. Eine ganze Weile dachten wir, der brächte uns jetzt zu dem richtigen Bus, mit dem wir nach Ujung Pandang fahren würden, aber mitnichten, das war unser Gefährt nach Ujung Pandang!! Es war berechnet für 16 Fahrgäste plus Fahrer plus ‚Stopfer' (so von Bine getauft, weil er sich nicht scheute, immer mehr Fahrgäste in das kleine Gefährt hineinzustopfen). Selbst für meine kurzen Beine war der Platz zu eng, um gerade zu sitzen. Es wurde eine Fahrt, wie ich sie noch nie gemacht habe. Eng eingequetscht, unsere Reisetaschen auf dem Schoß balancierend, bei glühender Hitze buchstäblich im eigenen Saft schmorend! Mit meinem Hintermann, der ständig Gudang Garam (eine mit Gewürznelken angereicherte indonesische Zigarette) rauchte und mich damit völlig einnebelte, focht ich zudem einen heftigen, aber lautlosen Kampf um ein offenes oder geschlossenes Fenster aus. Er machte zu, ich wieder auf, und das die ganzen 9 ½ Stunden lang! Wegen meiner absoluten Unfähigkeit mich zu bewegen, konnte ein Floh ungehindert den Zugang zu meinem Hosenbein passieren, und tastete sich in einem wahren Blutrausch bis zu meinem Po vor! Bine ging es nicht besser; ich saß am Fenster, aber sie hatte auf der anderen Seite immer noch mit Nachbarn das Vergnügen, bei denen man nie wusste, schwitze ich jetzt an dem oder der an mir! Aber wir haben die Tortur überstanden!

Unglaublich verdreckt und kaputt kamen wir in Ujung Pandang an. Das Bemo, das uns zu unserem Hotel bringen sollte, war mit Sicherheit das Gefährt, das am meisten verrostet von ganz Ujung Padang war! Wir hatten uns ein Hotel namens Pasangrahan Beach Hotel ausgesucht, in dem die Zimmer zwar als eng, die Betten als schmal und wackelig, aber jedes Zimmer mit Balkon zum Meer im Reiseführer geschildert worden war. Und im Preis inbegriffen sollte noch ein Riesen-Frühstück sein. Aber plötzlich fuhr unser Wrack von einem Bemo laut knatternd die kiesbestreute Auffahrt zu einer weißgetünchten Nobelherberge hinauf. Da standen wir nun. Das Hotel nannte sich noch genauso, war aber offensichtlich neu erbaut worden. Riesige, durch Klimaanlage gekühlte Zimmer, extrabreite Betten, kein Balkon, nicht mal ein Fenster, das sich öffnen ließ. Da hatten wir uns aus Sparsamkeitsgründen so mit dem Public Bus gequält und saßen nun für teures Geld in diesem kalten Palast, und Frühstück war im Preis nicht mal inbegriffen. Wir waren aber zu kaputt, um noch weiter zu suchen. Also sanken wir erst einmal in die edlen Rattan-Sessel und lachten schallend. Dann verzehrten wir stilecht einen Teil unseres Reiseproviants: Kekse, Schokolade und Trinkwasser. Das hatten wir ja mal wieder gut hingekriegt!

Nach einer ausgiebigen Duschorgie fühlten wir uns wieder gestärkt genug uns auf den Weg zu machen, um uns nach einer adäquateren Herberge umzuschauen. Wir gerieten in eine ziemlich dunkle Gegend und waren froh, als wir wieder raus kamen und zudem irgendwo einen indonesischen Schnell-Imbiss fanden, in dem wir sehr billig und gut aßen. Von dort fuhren wir mit einer Becak (Fahrradrikscha) wieder in Richtung Pasangrahan Hotel und schauten unterwegs noch ein Hotel an. Das war viel besser als das Pasangrahan, auch etwas billiger und sogar mit Frühstück, aber irgendwie kamen uns die anderen Gäste so ein bisschen komisch vor. Vielleicht lag es an dem Abend daran, dass wir vorher in diese komische Gegend geraten waren, oder auch am ganzen Tag – auf jeden Fall wollten wir dort nicht wohnen. Wir beschlossen am nächsten Morgen noch einmal zu gucken, ob wir nicht etwas Genehmes fänden.

Am Morgen ließen wir uns von einer Becak zum Benteng-Hotel fahren. Ein richtiges indonesisches Hotel. DM 15,- das Zimmer, etwas heruntergekommen, aber ziemlich sauber und irgendwie fanden wir es passend. Wir nahmen es! Außer uns wohnen nur Indonesier hier, bei denen wir neben einem Riesenaufsehen helle Freude hervorgerufen haben. Alle drückten sich die Nasen an unseren Fenstern platt und versuchten, uns, wie bei der Fütterung im Zoo, mit Obst, das sie uns durch die schräggestellten Scheiben anboten, in die Nähe der Fenster zu locken. Eben haben wir erfolgreich eine Riesen-Kakerlake eingefangen. Bine wollte sie am liebsten erschossen sehen, aber hätten wir diese Vernichtungsart ernsthaft in Betracht gezogen, hätte sie wohl ein ewiges Leben gehabt. Also habe ich sie nach heftiger Gegenwehr mittels eines Glases gefangengenommen und in den Abfluss befördert. Ob das nun die richtige Art der Entsorgung gewesen ist, da sie vermutlich von dorther in unser Zimmer eingedrungen ist, wage ich ernsthaft zu bezweifeln.

Nachdem wir unsere Sachen ins Benteng-Hotel gebracht hatten, sind wir zum nächsten Warung gegangen, um zu frühstücken. Da die Indonesier selten oder nie Brot zum Frühstück verlangen, versetzten wir sie mit unserer Brotforderung in fürchterliche Verlegenheit. Aber als wir uns daher nur mit Kaffee begnügen wollten, schimpfte die Mama aus der Küche ganz furchtbar mit dem Sohn, der uns bediente, woraufhin er uns ‚Kue' (Kuchen) brachte. Auch hier wurden wir wie seltene Tiere im Zoo bestaunt. Die Leute kamen sogar von der Straße hereingelaufen, um die seltsamen Weißen zu bestaunen. Dabei sind wir hier keineswegs in einer abgelegenen Gegend, wo keine Touristen hinkommen. Aber während unserer Reise hier auf Sulawesi haben wir kaum Touristen gesehen. Auch oben im Toraja-Land nicht. Selbst in der Luxus-Absteige sind wir die einzigen Weißen gewesen. Mit Englisch kommt man nicht so sehr gut zurecht. Es beschränkte sich bei den Einheimischen, mit denen wir es zu tun hatten, auf ganz wenige Worte, die man wegen der Aussprache aber kaum verstehen konnte. Ohne mein bruchstückhaftes Indonesisch wären wir hier öfters aufgeschmissen gewesen.

Ich möchte nur wissen, was die beiden anderen machen, die heute hier in Ujung Pandang angekommen sein müssen. Deren Englisch ist fast noch bruchstückhafter als mein Indonesisch! Sie rissen uns mit Sätzen wie: „Do you have a bätterie for my täschenlämp?" bereits zu wahren Gefühlsstürmen der Heiterkeit hin, die wir aber höflicherweise mit starren Blicken auf den Boden oder fluchtartigem Verlassen des Geschäftes oder wo immer sie sich auf Englisch äußerten, unterdrückten, und erst abends unter uns rausließen! Die Tatsache, dass ihre Sprachkenntnisse äußerst bescheiden sind, hat uns fast ein schlechtes Gewissen gemacht, als wir sie alleine ließen – aber nur fast. Denn da sie alles sowieso besser wissen, sollen sie auch damit alleine fertig werden.

Nach unserem Frühstück wollten wir ins Muschel- und Orchideen-Museum. Das wurde ein großer Reinfall. Wir hatten uns einen Becak-Fahrer genommen, der steif und fest behauptete, er wisse genau wo das ist. Mitnichten! Er fuhr uns kreuz und quer durch die Gegend, aber völlig ziellos. Ich radebrechte auf Indonesisch, ob er überhaupt wisse, wo das Museum sei? Eine Weile behauptete er, dass er es wisse, dann aber gab er auf, wollte jetzt aber mehr als das ausgemachte Geld, weil er doch schon so weit gefahren sei. Wir waren zutiefst empört, verließen ihn unter Protestgeschrei (von mir natürlich) und selbstverständlich nur unter Zahlung der vereinbarten Summe! Nun liefen wir zu Fuß zurück und beschlossen, das Museum erst einmal zurückzustellen und stattdessen ins Fort Rotterdam zu gehen. (Das Museum war übrigens nur 300 m von unserem Hotel entfernt, wie wir später feststellten.)

Das Fort wurde ursprünglich als eine von 11 Befestigungsanlagen des mittelalterlichen Reichs von König Gowa IX 1545 errichtet. 1667 wurde es von den Holländern erobert, wieder aufgebaut und in Fort Rotterdam umbenannt, und vermittelt nun ein Bild der holländischen Festungsarchitektur des 17. Jh. Es gibt eine Kirche, Quartiere, Handelsbüros, Ställe und vor allem einen Kerker, in dem der indonesische Nationalheld und Freiheitskämpfer Prinz Diponegoro 27 Jahre lang von den Holländern gefangen gehalten wurde.

Auf dem Rückweg wurden wir von einem heftigen Monsunregen überrascht und flüchteten mit einer Becak hierher zurück. Schon die Becak-Fahrer vor der Toreinfahrt unseres Hotels riefen dem Fahrer unsere Zimmernummer zu, so dass er durch den ganzen Hof bis zu unserer Zimmertür fuhr! Hätte er gekonnt, er hätte uns direkt vor unserem Bett abgeladen! Ein toller Service!

Im Moment spielt sich vor unserem Zimmer das indonesische Leben pur ab. In einer Ecke steht ein Fernseher, der noch mehr Interesse hervorruft als wir, und soeben ist noch eine mobile ‚Suppenküche‘ gekommen, die eifrig frequentiert wird. Die Teller werden nicht gespült, sondern mit heißer Suppe übergossen, bevor neue Suppe daraus verkauft wird. Offensichtlich schmeckt es, denn alle machen ein zufriedenes Gesicht.

Heute nehmen wir aber auch alles mit, was wir mitnehmen können! Eben wollten wir Abendessen und fanden erst nichts, was uns zusagte. Da kamen wir an einem kleinen ‚Warung Soto‘ (einem einfachen Lokal, das nur Suppen anzubieten hat) vorbei, was bei Bine eine vage Erinnerung an die Ausführungen unseres Reiseführers hervorrief, dass irgendeine Suppe die Spezialität von Ujung Pandang sei. Sie hatte aber vergessen, welche. Wir beschlossen also, uns diese Spezialität nicht entgehen zu lassen. Soto Ujung Pandang ist eine Suppe aus Büffel-Innereien, und die bekamen wir auch. Bine saß zum Glück mit dem Rücken zum Wirt, sonst wäre ihr dieses indonesische Abenteuer schon eher Leid geworden. So konnte nur ich sehen, wie der Wirt die Büffel-Innereien mit den Fingern in die Suppenteller warf, bevor er die Suppe darüber goss. Mit dem Reis, der auf einem Extrateller serviert wurde, verfuhr er genauso. Die Suppe schmeckte hervorragend, und die gerösteten Innereien waren auch kein Problem für mich, als mir aber dann ein Stückchen Pansen entgegenschwamm, hatte auch meine Unempfindlichkeit ihre Grenzen. Bine hatte schon früher als ich eine Begegnung mit der unheimlichen Art, aß aber tapfer auch eine ganze Menge davon, natürlich unter Schmähung selbst des kleinsten Stückchen Pansens, denn bis zur Selbstverleugnung reicht unsere Liebe zu fremden Ländern, Sitten und Essgewohnheiten noch nicht.

Inzwischen sind wir wieder in unserer Herberge und es geht draußen zu wie unter den Hottentotten. Ein Geschrei und Gejohle wie auf einem Schulhof. Eben indonesische Verhältnisse. Ich werde wohl gleich versuchen zu schlafen, aber es ist nicht nur laut, sondern auch heiß und stickig.

Nun, bereits am 2. März, muss ich ja schon weit ausholen, denn Sulawesi liegt schon wieder sehr weit zurück. Inzwischen sind wir hier in Ubud und haben heute unsere erste Erkundungsfahrt unternommen. Aber erst noch einmal zurück nach Sulawesi.

Die Nacht in unserem Einheimischen-Hotel haben wir trotz Lärm und Hitze gut überstanden. Abends mussten wir noch eine Riesen-Kakerlake jagen und ich, die ich mich doch so vor Kakerlaken ekele, habe dabei hervorragend ausgesehen. Mir war dann auch Jagdglück beschieden. Danach hatten wir nur noch mit dem Krach draußen zu tun, aber Ungeziefer plagte uns nicht mehr.

Am nächsten Morgen ging es dann zuerst noch einmal los, und wir versuchten wieder, das Muschel- und Orchideen-Museum zu sehen. Wie am Tag zuvor glücklos. Es war geschlossen. Also marschierten wir zum zweiten Mal ins Fort Rotterdam, um wenigstens noch ein paar Fotos zu machen. Dort trafen wir einen indonesischen Jura-Studenten, der hervorragend Deutsch sprach, das er nun an uns ausprobieren wollte. Auf unsere Frage, wo er so gut Deutsch gelernt habe, antwortete er: ‚Nur aus Büchern'. Er hatte es nur so aus Freude an Sprachen gelernt, und nach Deutschland wollte er auf keinen Fall reisen! Schon allein die sozialen Verhältnisse, besonders die deutschen Familienverhältnisse, schienen ihn schaudern zu lassen.

Vom Fort Rotterdam ließen wir uns von zwei Becaks zum alten Hafen Paotere fahren. Es ging durch eine ziemlich heruntergekommene Gegend – wie das so auf der ganzen Welt wohl in der Nähe von Häfen ist. Der Hafen war wirklich sehenswert. Wie auch in Jakarta der Hafen Sunda Kelapa, wird auch dieser Hafen vor allem von den buginesischen und auch anderen indonesischen großen Segelschiffen angelaufen. Es war richtig malerisch, man fühlte sich fast wie in eine andere Zeit zurückversetzt. Das hat uns sehr gefallen.

Danach mussten wir uns schon so langsam auf den Weg zum Flughafen machen, wo uns ja unsere beiden Naturfreunde wieder treffen wollten. Aber am Flughafen war nichts von ihnen zu sehen. Wir überlegten schon, was wir denn machen sollten, wenn sie in den nächsten Tagen nicht auftauchten, aber erst einmal waren wir mit dem Rückflug beschäftigt, der Bine ein gewisses Kopfzerbrechen machte. Bine ist ja nicht allzu begeistert vom Fliegen. Aber sie trägt es mit viel Fassung, da es ja auch nichts nützt – denn wenn man weite Strecken überwinden will, bleibt einem schon aus Zeitgründen kaum etwas anderes übrig, als eben zu fliegen. Nun, der Rückflug nach Bali machte ihr nun doch einiges Kopfzerbrechen, und ich muss sagen, sie stellte Merkwürdigkeiten fest, die ich normalerweise gar nicht bemerkt hätte. Wir hatten von unseren Sitzen einen guten Blick in die Kanzel, zu der die Türe aufstand. Plötzlich sagte sie zu mir: ‚Was macht der Pilot denn da, ist das denn normal? Er putzt ja die Scheiben von außen'. Und ich denke, ich sehe nicht recht – er hing aus dem geöffneten Seitenfenster und putzte die Scheiben tatsächlich von außen! Obwohl unsere Maschine noch auf der Startbahn stand, fand ich das auch nicht normal. Ich habe auch noch nie Werbung für Fluglinien gehört, in denen es hieß: ‚Bei uns sorgt der Pilot persönlich für gute Sicht', oder so ähnlich. Als diese Aktion beendet war, die Bine gar nicht beruhigend fand, empörte sie sich plötzlich erneut: ‚Du liebe Zeit, jetzt liest er erst einmal die Gebrauchsanweisung!' Aber hier konnte ich groß auftrumpfen, da ich ja schon mal was vom Check-Up vor dem Start gehört hatte, und ich versicherte uns beiden zu unserer eigenen Beruhigung, dass das so was sein müsse! Dann waren wir endlich in der Luft, als es plötzlich nass, kalt und stetig auf mich herabtropfte. ‚Schwitzwasser', sinnierte Bine fachkundig: ‚Das soll ja auch bei dem Flugzeug, das am Comer See abgestürzt ist, der Anfang vom Ende gewesen sein'. Na, herzlichen Glückwunsch! Dass die Stewardess aber ganz gelassen blieb, auch als nicht nur bei uns, sondern überall im Flugzeug das Schwitzwasser nur so von den Wänden lief, und nur Tücher verteilte, damit wir nicht ganz nass wurden, schien uns dann doch wieder ein ganz gutes Zeichen zu sein. Trotz aller dunklen Vorahnungen kamen wir doch heil wieder auf die Erde, und als wir endlich in unser vertrautes Baleka Beach Inn kamen, waren doch tatsächlich unsere beiden Grazien auch schon dort! Sie waren schon einen Tag früher zurückgekommen, Ujung Pandang hätten sie sich nun doch gespart, denn sie seien doch keine Stadtmenschen! Vorher hieß es immer, selbstverständlich wollten sie nach Ujung Pandan, denn dort gäbe es ja ‚total viel' zu sehen. Das wurde uns in einem so lehrmeisterhaften Ton mitgeteilt, als seien wir nur zum Schlafen und Essen schon einen Tag eher, als es in ihre Planung passte, dorthin gefahren. Als ich mich erkundigte, wie es denn mit der Verständigung geklappt hätte: ‚Oh wunderbar, wir haben festgestellt, dass man sich mit Deutsch und Spanisch hervorragend verständigen kann!' Bine und ich verfielen sofort in eine inzwischen viel trainierte Körperhaltung: die Augen starr auf die Erde gerichtet und um keinen Preis die andere – Bine mich oder ich Bine – ansehen, um ein schallendes Gelächter zu vermeiden. Um unsere Erheiterung zum vollkommenen Höhepunkt zu bringen, kam ein paar Minuten später ein Angestellter vom Hotel, der uns bat, unseren beiden Bekannten etwas auszurichten, da man sich mit ihnen irgendwie überhaupt nicht verständigen könne! Davon abgesehen, kann ich mir nicht vorstellen, dass ihr Spanisch weiter reicht als ihre dürftigen Englisch-Kenntnisse. Da macht man was mit!!

Auf jeden Fall bestärkten wir die beiden in ihrer neuen Selbständigkeit, die sie sofort dazu benutzten, um einen Tag vor uns nach Ubud zu fahren und für Java ganz andere Pläne zu machen als wir. Außerdem gaben sie das Zimmer hier auf, weil ihnen die zusätzlichen DM 5,- pro Tag zu teuer waren. Das bedeutet für uns, dass wir in Ubud nicht in der gleichen Unterkunft wohnen werden und, dass sie vor Yogyakarta nicht mehr hierher zurückkommen. Auch wenn Bine vor zu früher Freude warnte, schließlich seien die beiden auch schon einen Tag früher wieder hier auf Bali gewesen, obgleich sie mindestens zwei Tage länger bleiben wollten, machte sich doch in mir hoffnungsvolle Freude breit.

Sie haben übrigens ihre Reisetaschen bei uns untergestellt, die genauso riechen – jedenfalls die von Brigitte – wie sie: entsetzlich nach Schweiß! Zuerst haben wir es ja nicht so bemerkt, aber gestern wachte ich auf und sprang sofort aus dem Bett unter die Dusche, weil ich dachte: ‚Meine Güte, es muss ansteckend sein, jetzt fängst du auch schon an zu stinken'! Ich seifte mich zwei Mal ein, ohne den Geruch loszuwerden. Bine ging es genauso, auch sie ordnete den Geruch zuerst sich selber zu, kam aber dann auf die glänzende Idee, einmal in Richtung Taschen zu schnuppern – und da war er gefunden, der Stein des Anstoßes! Sie hatten sogar schon grün schimmernden Schimmel angesetzt. Wir haben dann aus Selbsterhaltungstrieb die Taschen vom Hotelpersonal entfernen und wegschließen lassen.

Gestern sind wir hier in Ubud mittags mit dem Public Bus angekommen. Zuerst haben wir in Puri Saraswati nach einer Unterkunft gefragt, aber 36.000 indonesische Rupien (ca. DM 38,-), die es jetzt kosten sollte, waren uns einfach zu viel. Dafür gibt es inzwischen einen Swimmingpool, was für uns besonders sinnvoll war, da unsere Badesachen unten in Legian geblieben sind. Wir lehnten also dankend ab und kamen in einer ganz kleinen Unterkunft, Hibiscus Bungalows (ein Bungalow mit zwei Zimmern), sehr nett unter. Himmelbetten mit Moskitonetzen, knochenhart (was ich wegen meines reduzierten Gewichts erheblich spüre), und aufgrund des Klimas immer etwas klamm. Bine hat es unser Feuchtbiotop getauft. Das Bad ist sehr ordentlich und eine schöne Terrasse, ganz von tropischer Vegetation umgeben, haben wir auch. Von gestern Abend bis heute Morgen gab es kein Wasser, aber das kennt man ja.

Gestern Abend haben wir uns direkt Karten für den Kecak-Tanz gekauft, aber vorher mussten wir noch eine Verabredung mit unseren beiden Reisebegleiterinnen einhalten. Neben unseren Aktivitäten für abends hatten wir aber auch schon unsere nächsten Tage verplant. Wir hatten unseren

Wirt gebeten, einen Fahrer für uns zu engagieren, der uns ein paar Tage herumfahren soll. Das sollte uns 30.000 Rp. am Tag kosten. Als wir unsere Reisegefährtinnen trafen, fanden sie unsere Planung wohl weit übertrieben. Planung und Entscheidungsfreude ist sowieso nicht so ganz ihre Sache: Die Orte wollten sie zwar auch sehen, aber sie wollten sie sich doch lieber erwandern!! Daher fuhren Bine und ich am ersten Tag alleine von Ubud nach Bedulu (Goa Gajah), von dort nach Yeh Pulu (Felsenrelief), dann nach Pejeng (Mond von Bali), nach Gunnung Kaw (Königsgräber), nach Tampak Siring und Kintamani.

Zuerst fuhren wir also nach Bedulu zur Elefantengrotte ‚Goa Gajah‘. Es ist eine natürliche Felsennische, die künstlich erweitert worden ist. Die Höhle soll früher Mönchen und Eremiten als Wohnstätte gedient haben. Über dem Eingang ist aus dem Fels ein riesiger Dämon herausgearbeitet. Dieser soll einst den Weltenberg Meru (Zentrum des Universums) auseinandergespalten haben und daraus die Vulkane Gunnung Batur und Gunnung Agung gemacht haben. Aber es gibt auch noch andere Deutungen dieser Gottheit.

Innen sind drei Nischen. Zwei sind mit hinduistischen Gottheiten, Shiva und Ganesha, bestückt. Die dritte Nische ist leer. Wahrscheinlich ist hier außer den hinduistischen Gottheiten auch Buddha verehrt worden. 1954 wurde vor der Höhle ein künstlicher Badeplatz freigelegt. Ein kurzes Stück entfernt wurden vor nicht allzu langer Zeit die Reste einer buddhistischen Tempelanlage gefunden. Die Buddha-Statuen, eine davon ist noch vollständig erhalten, sind ganz indisch. Weil sie mir so gut gefallen, habe ich wie immer ein paar Blümchen gepflückt und vor die Statuen gelegt. Der Höhlentempel Goa Gadjah wurde bereits in einem javanischen Gedicht von 1365 erwähnt. Schon bald soll er als UNESCO-Weltkulturerbe aufgenommen werden. *(Das ist dann 1995 geschehen.)*

Die Holländer begannen 1906 die Insel zu erobern, um sie in ihre Kolonialverwaltung einzugliedern. Alle balinesischen Fürsten versammelten sich daraufhin in der Höhle, um gemeinsam gegen die Kolonialherren vorzugehen. Die Unterdrückung der ganzen Insel durch die Holländer konnte durch diesen Akt freilich nicht verhindert werden.

Von hier fuhren wir nach Yeh Pulu, einem Felsenrelief, das 1925 völlig überwachsen in den Reisfeldern in der Umgebung von Bedulu gefunden wurde. Außer Ganesha, dem elefantenköpfigen Sohn Shivas, der für die Wissenschaften und das Wohlergehen (Reichtum) zuständig ist, sind die weiteren Szenen des Reliefs noch nicht gedeutet. Das Felsenrelief soll aus dem 11.-14 Jh. stammen. So genau weiß man das auch noch nicht. Große Geister streiten sich nach wie vor über die Datierung.

Von Yeh Pulu fuhren wir weiter nach Pejeng. Im 14. Jh. war dieser Ort Sitz der Pejeng-Dynastie. Es gibt in diesem Ort erstaunlich viele Tempel, etwa 40 an der Zahl. Der bedeutendste ist der Tempel Putra Panataran Sasih, denn er beherbergt den ‚Mond von Bali'. Das ist eine riesige Bronze-Kessel-Trommel von 1,86 m Höhe und 1,60 m Durchmesser. Verziert ist die Trommel mit Ornamenten in Form von acht Gesichtern, mit riesigen, starr blickenden Augen. Diese größte Kesseltrommel der Welt wird von den Archäologen ins 4. Jahrhundert vor Christus datiert, wobei nicht geklärt ist, ob sie in Indonesien oder auf dem südost-asiatischen Kontinent hergestellt wurde. Die Legende sagt über die Herkunft der Trommel, dass in Bali eines Nachts dreizehn statt zwölf Monde am Himmel erschienen. Der dreizehnte fiel vom Himmel und verfing sich in den Zweigen eines Baumes. Dort schien er so hell, dass die Diebe der Gegend sich in ihrer Berufsausübung gestört fühlten. Um sein helles Licht auszulöschen, stieg der Mutigste auf den Baum und wollte ihn anpinkeln. Dadurch fiel der Mond vom Baum, bekam einen Riss, erschlug den Dieb und verwandelte sich in die besagte Kesseltrommel.

Von Pejeng ging es weiter nach Gunung Kawi, einer Felsentempelanlage. Diese Tempel sollen die Grabmonumente der Warmewade-Dynastie, des vergötterten Königs Udayana (Anak Wungsu) und seiner Familie sein. In der Felswand gegenüber sollen vier seiner Nebenfrauen bestattet sein. In der Nähe sind auch die Reste eines Felsenklosters, das aus dem 9. Jh. stammt und damit eines der frühesten Zeugnisse hinduistisch/buddhistischen Einflusses auf Bali ist. Um zu den Felsengräbern zu kommen muss man eine sehr lange Treppe ins Tal hinabsteigen, die durch wunderschöne Reisterrassen führt. Und ist der Abstieg schon anstrengend genug, ist der Rückweg erst recht schwer. Aber entgehen lassen wollten wir uns diese Sehenswürdigkeit auch nicht. Also bewaffneten wir uns mit einer Flasche Wasser und machten uns auf den Weg. Aber wir haben es nicht bedauert. Die Grabanlage ist wirklich gewaltig, wenn man davor steht. Wir ließen uns einige Zeit bevor wir uns wieder auf den Rückweg machten. Viele Touristen kommen sowieso nicht dahin, da sie lieber nur einen Blick von oben auf die Gräber riskieren und den Weg hinunter, vor allem aber natürlich wieder rauf, scheuen. Als wir endlich wieder oben ankamen, war uns zwar ziemlich heiß, aber allzu schlimm hatten wir es nicht gefunden. Außerdem fühlt man sich immer gut, wenn man etwas hinter sich gebracht hat, was die anderen als zu beschwerlich abtun!

Unser nächstes Ziel war Tampak Siring mit dem Tempel Tirtaa Empul. Der Tempel ist an einer warmen Quelle errichtet, deren Wasser Heilkräfte zugeschrieben werden. Das Wasser fließt in zwei Becken, das eine für Frauen, das andere für Männer. Laut einer Inschrift soll das Gründungsjahr für dieses Heiligtum 962 sein. Einmal im Jahr wird hier mit einer großen Zeremonie das Fest des Wasserholens gefeiert.

Von hier aus fuhren wir hinauf nach Kintamani. Hier liegen der Batur-See und der Vulkan Batur. Am Fuße des Vulkans liegt einer der heiligsten Tempel Balis, der Pura Ulun Danu. Als 1917 der Gunung Batur ausbrach wurden 65.000 Häuser und 2.500 Tempel zerstört. Dabei kamen 1.371 Menschen ums Leben. Nur der Tempel Pura Ulun Danu blieb verschont. Daraufhin siedelten sich die Überlebenden wieder an der gleichen Stelle an. Aber 1926 brach der Vulkan wieder aus und zerstörte wieder alles, und diesmal auch die Tempelanlage. Allein der Schrein der Wassergöttin Dewi Danu blieb unversehrt. Daraufhin siedelte das Dorf um auf die andere Seite des Batur-Sees und nahm den Schrein der Göttin Dewi Danu mit als Zentralheiligtum der neuen Tempelanlage.

Wir tranken in Kintamani Kaffee, bevor wir die Tempel besichtigten, denn von Kintamani aus hat man einen guten Überblick über die ganze Landschaft, den Vulkan, den Batur-See und die ganze urweltliche Vulkanlandschaft, in der immer noch die Spuren der Vulkanausbrüche zu sehen sind. Zurück in Ubud waren wir ziemlich müde, aber sehr zufrieden mit dem ereignisvollen Tag.

Am nächsten Tag, dem 2. März, blieben uns unsere beiden anderen Damen nicht erspart, und auch nicht Brigittes penetranter Schweißgeruch, der ihr schon morgens voranschwebt. Sie muss natürlich auch immer im Wagen vorne sitzen, weil ihr sonst schlecht wird; die Folge ist, dass uns schlecht wird, weil ihr Geruch uns so verstärkt in die Nase weht! Unsere heutige Tour: Ubud – Gianyar – Bangli – Besakih – Bukit Sambul – Klungkung – Goa Lawa – Ubud. Nach Besakih fragten sie schon, ob denn etwa noch mehr Tempel kämen. Dabei war gerade Besakih besonders schön und belebt, da er gerade für das große Tempelfest geschmückt wurde.

Von Ubud fuhren wir also zuerst nach Gianyar, ein Ort in dem zwar – wie ich jetzt weiß – mitten im Wald ein Durga-Heiligtum liegen soll, aber wir fuhren wegen der Webarbeiten hin, die man dort in der Werkstatt in allen Arbeitsgängen sehen kann. Ich kaufte dort einen gewebten weißen Sarong, der als ‚Schlafsarong‘ erkoren wurde und mich seitdem auf allen Reisen begleitet.

Von dort fuhren wir nach Bangli zum Pura Kehen Tempel. Dieser Tempel ist einer meiner Lieblingstempel – vielleicht auch weil nur so wenige Touristen hierher kommen. Der Tempel ist in drei Terrassen am Hang eines Hügels angelegt. Im ersten Hof befindet sich ein riesiger heiliger Waringin-Baum. In seinen Ästen hängt ein Gehäuse mit hölzernen Kulkul-Glocken (Schlitztrommeln). Oben im dritten Hof ist der Tempelschrein ‚Meru‘ mit elf übereinander angeordneten Dächern. Er ist der Höhepunkt der Gesamtanlage. Daneben steht der Götterthron. Shiva und Vishnu werden hier beide verehrt. Die Anzahl der Dächer, die die Merus der balinesischen Tempel haben, weisen auf die verehrte Gottheit hin. Nur Shiva stehen elf Dächer zu, Vishnu neun Dächer und Brahma sieben Dächer über ihrem jeweiligen Schrein. Die Götterthrone fehlen in keinem balinesischen Tempel. Hier werden die Götter eingeladen Platz zu nehmen, wenn ihnen zu Ehren Zeremonien abgehalten werden.

Von Bangli aus fuhren wir zum ‚Muttertempel Besakih', dem größten Heiligtum auf Bali. Er liegt in 914 m Höhe am Südhang des Vulkans Gunung Agung, der der höchste Berg Balis ist. Hier werden Shiva im schwarzen Schrein im Norden, Vishnu im weißen Schrein in der Mitte und Brahma im roten Schrein im Süden verehrt. Vor dem Eindringen des Hinduismus wurde hier der gewaltige und gefährliche Gott des Berges verehrt, der, da er ähnliche Aspekte wie Shiva hatte, leicht durch diesen ersetzt werden konnte. Natürlich aber müssen es auch hier, wie in allen Tempeln Indonesiens, die hohen Ahnen gewesen sein, die verehrt wurden. In der heutigen Form besteht der Komplex wahrscheinlich seit dem 13. Jahrhundert. Allerdings sind die Gebäude neueren Datums, da aufgrund der Naturgegebenheiten die Tempel immer wieder zerstört wurden. Zuletzt durch den großen Ausbruch des Gunung Agung, verbunden mit einem gewaltigen Erdbeben am 17. März 1963, durch das nicht nur die Tempel zerstört wurden, auch die Teilnehmer eines Tempelfestes, das an diesem Tag gefeiert wurde, wurden getötet.

Hier schon maulten, wie bereits erwähnt, unsere beiden Naturfreundinnen ob zu vieler Tempel, mit denen wir sie strapazierten. Wir konnten sie aber trösten, dass mit Bukit Sambul nur die schöne Aussicht als nächster Punkt unserer Tour angesagt war. Aber nach Bukit Sambul mussten wir sie wieder quälen mit Klungkung, der Hauptstadt der Gegel-Dynastie, in der wir die Gerichtshalle mit den Deckenmalereien, die die Strafen für die verschiedensten Verbrechen im Wayang-Stil darstellen, besichtigten, und den Thronsaal mit Deckenmalereien im gleichen Stil. Danach folgte aber nur noch ein Besichtigungspunkt, von dem ich sicher war, dass er unseren Naturfreaks gefallen würde, nämlich Goa Lawa, der Fledermaustempel.

Aber ob es nun so ist, dass sie von unserem kulturellen Erkundungshunger schon völlig entnervt waren, oder ob ihr Interesse, wie wir schon hin und wieder bösartig feixend unterstellt haben, tatsächlich nicht über Hunde- oder Katzen-Babys hinausreicht, die Fledermäuse fanden bei ihnen nicht so das richtige Interesse, der Tempel schon gar nicht! Auch die Salzgewinnung mit einfachsten Mitteln, die direkt am davor liegenden Strand in allen Arbeitsgängen besichtigt werden kann, fand nicht das geringste Interesse bei ihnen. Sie waren wohl nur froh, als wir endlich wieder nach Ubud fuhren und sie uns endlich los waren. Ob sie morgen wieder mit uns kommen wollen, wissen sie noch nicht, weil da ja schon wieder Tempel (Sayan Terrasse, Sangeh, Mengui, Bedugul) auf dem Programm stehen. Na, uns wäre es sowieso lieber, wenn sie nicht mitkämen.

Inzwischen waren sie bei uns und teilten uns mit, dass sie einen Teil der Tour mitmachen wollten, aber nur bis zu einem Kratersee, dort solle es ja so wunderschön sein und man könne ganz toll baden. Nach einer Stunde kamen sie noch einmal, um uns mitzuteilen, dass dieser Plan nun nicht mehr aktuell sei, sie wollten doch lieber noch einen Tag ganz in Ruhe in Ubud bleiben und dann am Tag darauf nach Yogyakarta fahren. Dass unsere Naturfreunde nicht einmal den Affenwald sehen wollten, war uns zwar sehr recht, aber doch ziemlich unbegreiflich. Also fuhren Bine und ich gestern allein.

Aber die letzte Nacht verdient erst einmal beschrieben zu werden! Wir schliefen selig und nichts Böses ahnend in unserem Feuchtbiotop, als irgendwann zwischen 1:00 und 3:00 Uhr ein Unwetter losbrach, wie ich es noch nie erlebt habe. Es war ein solches Gewitter, dass man an den Weltuntergang denken konnte. Bine und ich saßen zitternd in unseren Betten und beteten verzweifelt zu allen Göttern, die uns für diese Region der Erde zuständig zu sein schienen und nahmen unabhängig voneinander an, dass mal wieder ein Vulkan ausgebrochen sei. Das gestanden wir uns aber erst am anderen Morgen ein, weil wir beide voneinander wussten, dass wir schreckliche Angst vor Gewittern haben. Das Gewitter muss direkt über uns gewesen sein, denn Donner folgte unmittelbar auf Blitz, und das ununterbrochen. Dazu kam ein ungeheurer Wolkenbruch. Bei jedem Donnerschlag erbebte unsere Hütte und wir vermuteten ständig, dass der nächste Blitz für uns bestimmt sei. Es war wirklich schrecklich und wir waren eigentlich blöd, dass jede für sich zitterte und sich im Stillen auf das scheinbar unvermeidliche Ende vorbereitete, anstatt uns mit unserer Angst zusammenzutun!

Am nächsten Morgen sahen wir, was das Unwetter angerichtet hatte. Die Umgrenzungsmauer vor unserem Hotelgarten war zum Teil vom Regen weggespült, die Straßen standen noch unter Wasser, weil die Erdwälle der Nassreisfelder weggerissen worden waren, überall Dreck und Schlamm. Wir befürchteten erst, dass wir wegen der überspülten Straßen unsere Tour nach Sangeh, Mengui und Bedugul gar nicht antreten könnten, aber wir kamen sogar pünktlich weg, nur musste unser Fahrer wegen der überschwemmten Straßen etwas langsamer fahren.

Zuerst fuhren wir zum Affentempel, nach Sangeh. Das Heiligtum ist aus dem 17. Jh. und Vishnu geweiht. Wie über jeden balinesischen Tempel gibt es auch hier eine Legende, die über die Entstehung von Sangeh sagt, dass der Dämon Ravanna aus dem Ramayana unsterblich war. Deshalb beschloss der Affenkönig Hanuman, um seinem großen Gegenspieler ein Ende zu bereiten, ihn zwischen zwei Hälften ‚des großen Meru' zu ersticken. Dabei brach ein Stück des Mahameru ab und fiel mit einem Teil des Affenvolkes in Sangeh zur Erde, wo sich seine Nachkommen bis heute tummeln.

Wir waren so früh unterwegs, dass wir das Glück hatten, die allerersten Touristen zu sein, die hier morgens ankamen, und wir blieben eigentlich auch fast alleine, bis wir wieder weiterfuhren. Ich war früher schon hier im Affenwald und wusste, dass man Stöcke zur Bewaffnung benötigte, um sich vor den Überfällen der frechen Affen zu schützen. Zu uns gesellte sich auch direkt ein Boy, der uns begleitete und der fand uns natürlich irrsinnig komisch mit unserer Angst, von den Affen besprungen zu werden. Er schaffte es natürlich auch, dass die Affen dann doch auf uns herumturnten, aber es hielt sich in Grenzen. Der Affentempel, der so verwunschen, grün überwachsen im Wald liegt und dessen Boden fast kein Sonnenstrahl trifft, gefiel uns beiden über alle Maßen gut. Dazu trug mit Sicherheit bei, dass wir den ganzen Affenwald für uns alleine hatten. Als wir in unseren Wagen einstiegen, um nach Mengui weiterzufahren, kamen die ersten Busse mit Touristen an, und die hätten uns sicherlich sehr gestört.

Von hier fuhren wir zum 15 km entfernten Mengui. Der Tempel Pura Taman Ajun war der Reichstempel für die Ahnen der Gegel-Dynastie und einer der größten und bedeutendsten Tempel Balis. Auch er besteht aus verschiedenen Höfen, die sehr weitläufig sind und durch die Anordnung der Schreine mit den verschiedenen Merus ist er unverwechselbar. Die Anlage ist von einem Wassergraben umgeben.

Von Mengui aus fuhren wir hoch zum Bratan-See nach Bedugul mit dem ins Wasser gebauten Tempel Oura Ulu Danu, der auch der Göttin Dewi Danu geweiht ist. Wir hatten gerade noch Zeit, ein wenig bei den Tempeln herumzuwandern, als ein fürchterlicher Regenguss niederging. Wir stürmten in ein Lokal bei den Tempeln und stürzten uns erst einmal auf Nasi Goreng und Ajam Goreng (gebratener Reis und gebratenes Hühnchen)! Das Wetter wollte sich nicht so schnell beruhigen und sehr frisch war es auch, also begnügten wir uns mit dem bisherigen Eindruck und liefen nicht noch einmal bei den Tempeln herum. Eigentlich hatten wir sie auch schon ausreichend bewundert. Auf dem Weg zu unserem Wagen kauften wir noch bei den Obsthändlerinnen, die zuhauf am Parkplatz saßen, einen Sack voll Markisa (Passionsfrüchte). So gerüstet fuhren wir, über alle Maßen befriedigt von unseren drei Tagen Bali-Erkundung, wieder in Richtung ‚Heimat'.

Am nächsten Morgen gingen wir zu einem kleinen Reisebüro in der Nähe, um unsere Weiterflüge nach Yogyakarta zu buchen. Es gab einiges Hin und Her, weil wir anfänglich nicht genug Geld getauscht hatten. Da ließ uns der Reisebürobesitzer von seinem eigenen Fahrer zu einer Wechselstube fahren, die uns wegen der guten Umtauschkurse genehm war. Sein Fahrer ließ uns nicht aus den Augen, so als hätte er Angst, wir, beziehungsweise die geschäftliche Transaktion Flugtickets gegen Bargeld, könnten seinem Chef doch noch weglaufen. Suspekt wurde es uns, als der Fahrer uns nach der Umtauschaktion nicht sofort zurückfuhr, sondern in die entgegengesetzte Richtung fuhr. Zwei andere Balinesen ließ er auch noch in den Bus zusteigen – warum weiß kein Mensch, aber der Asiate an sich und der Indonesier insbesondere ist ja ein ausgesprochenes Rudelwesen. Nur da einer, der in der Bank hinter uns saß, ununterbrochen so irre lachte, beschloss Bine, sie wüssten ja jetzt, dass wir Geld getauscht hätten und würden uns vermutlich irgendwo in den Reisfeldern aus dem Wagen kippen, uns den Hals durchschneiden und auch noch ausrauben. Aber wir wurden bitter enttäuscht, denn sie fuhren nur zum Tanken. Eine typisch indonesische Tankstelle ist sehenswert. Meist ist es eine Bretterbude mit der Aufschrift ‚Bensin‘, vor der zwei große Tonnen mit je 200 Litern stehen. Dort kann man Benzin abgefüllt in Kanistern zu 10 oder 20 Litern, aber auch in Flaschen zu je einem Liter bekommen. Nach der Tankaktion fuhr uns der Fahrer, mitsamt den beiden anderen, wieder zum Flugagenten zurück.

Als wir uns dort aus Kostengründen gegen Garuda und für die Merpati Fluggesellschaft entschieden hatten und auch unser Geld losgeworden waren, marschierten wir hochbeglückt zum ‚Warung Kopi‘ (Kaffeehaus), um unseren Erfolg mit ‚kopi Bali hitam‘ (schwarzem Bali Brühkaffee) und Schokoladenkuchen zu feiern. Dort stellte Bine jedoch fest, dass der Reisebüromensch sie um 16.500 Rupiahs (etwa DM 20,-) betrogen hatte. Also Kaffee und Kuchen auf später verschoben und wieder zurück ins Reisebüro, um ihm das mitzuteilen. Er, erst etwas verwirrt, holte zu einer großen Rede aus: Also gut, er würde uns glauben und vertrauen, aber wenn wir ihn betrügen würden, dann würde uns ein entsetzlicher Unfall zustoßen! Den entsetzlichen Unfall wiederholte er einige Male mit rollenden Augen! Aber Bine bekam ihr Geld wieder. Als wir dann endlich wieder in Richtung Kaffee und Kuchen wanderten, fühlte sie sich doch ganz erheblich vom Fluch des bösen Reiseagenten bedroht. Es half auch nichts, als ich ihr sagte, er habe sich ertappt gefühlt. Bine betonte immer wieder, dass sie ihn doch gar nicht betrogen habe! Im ‚Warung Kopi‘ angekommen war der Schokoladenkuchen ausverkauft. Es gab nur noch Zitronenkuchen und einige andere, aber alle ohne jegliche Schokolade. Bine war nun endgültig überzeugt, dass es mit dem Fluch was auf sich haben müsse und er sogar schon angefangen habe zu wirken. Der Flug mit Merpati nach Yogyakarta wurde ihr sofort noch suspekter!

Der Flug war dann auch anders als erwartet. Die Maschine Fokker 27, also relativ klein, flog nicht direkt nach Yogyakarta, sondern wir hatten eine Zwischenlandung in Surabaya. Und dort hatten wir in dem tiefgekühlten Flughafen drei Stunden Aufenthalt, so dass unser Flug nach Yogyakarta insgesamt fünf Stunden dauerte. Und auf diesem vermaledeiten Flughafen passierte dann das ‚große Unglück‘, das Bine vom bösen Flugagenten prophezeit worden war! Sie biss in eine Salak-Frucht und schon war der Unfall da: Ein Stück dieser ziemlich harten Frucht, oder ihres Kerns, bohrte sich in Bines Weisheitszahn bis auf den Nerv und sie hatte sofort fürchterliche Zahnschmerzen. Ich schleppte sie mehr tot als lebendig bis Yogyakarta ins Kirana Guest House, das natürlich – wie konnte es anders sein nach einem solchen Fluch – ausgebucht war. Aber wenigstens besorgte man uns dort eine Unterkunft in der Nachbarschaft, im Duta Guest House, in dem wir hervorragend untergebracht waren. Selbst der Swimmingpool fehlte nicht, allerdings war unsere Badekleidung wieder in Legian geblieben. Aber Bine hatte in ihrem Zustand ohnehin keinen Sinn fürs Schwimmen. Aber wir waren gut und sehr komfortabel untergebracht. Mit Aspirin und etwas Schlaf kam Bine wieder soweit auf die Beine – vielleicht war es auch das Praxisschild mit einem überdimensionalen Gebiss eines ‚Doktor Gigi‘, eines Zahnarztes von nebenan, das geholfen hat –, dass wir morgens in die Maliboro Straße fahren konnten. Wir wollten bei der Touristeninformation unseren Aufenthalt in Yogyakarta verplanen. Dort erfuhren wir, dass am gleichen Tag die Krönung des neuen Sultans stattfände, die wir doch unbedingt im Fernsehen verfolgen sollten, da sie nicht öffentlich sei. Und am nächsten Tag fände dann ein Umzug des neuen Sultans um den Kraton mit einer 8-spännigen Kutsche statt. Dass wir trotz dieses glanzvollen Ereignisses doch lieber zum Borobudur und zum Dieng-Plateau wollten, löste ein völliges Unverständnis, verbunden mit einer gewissen Ratlosigkeit aus. Dass wir dann noch zum Prambanan Tempel wollten anstatt fernzusehen, war dann der endgültige Beweis für unsere völlige Ignoranz gegenüber der Bedeutung des Sultans von Yogyakarta. Die Touristen wissen eben nicht, was gut für sie ist. Und so fuhren wir mitsamt unserer Ignoranz vergnügt im öffentlichen Bus zum Prambanan, wo wir uns stundenlang aufhielten.

Der Prambanan-Komplex, der 1549 bei einem Erdbeben völlig zerstört worden war, wurde bis ins 19. Jh. als billiger Steinbruch benützt, für den Straßenbau und den Bau von Zuckerfabriken. Erst 1937 wurde mit dem Wiederaufbau begonnen. Es grenzt an ein Wunder, dass diese Tempelanlage, die ohne eine Spur von Mörtel aus sorgfältig behauenen Andesit-Lava-Blöcken erbaut, schon 1953 wieder errichtet war. Die Legende sagt über das Entstehen der Anlage, dass die schöne Königstochter Loro Jonggrang als Voraussetzung für eine Ehe von ihrem königlichen Verehrer verlangte, dass er in einer Nacht sechs Tempel errichten müsse und sie mit 1.000 Statuen der Herrscher von Prambanan schmücke. Am nächsten Morgen hatte der Königssohn die Tempel tatsächlich errichtet. Doch als die Königstochter die Statuen zählte, waren es nur 999. Da verfluchte er sie so sehr, dass sie versteinerte und so zur 1.000sten Statue wurde.

Historisch wurde im 9. Jahrhundert mit dem Bau der ganzen Anlage begonnen. Der Bau des Shiva-Tempels Loro Joggrang wurde 915 nach Christus vollendet. Hier fand man genau im Schnittpunkt der Diagonalen der quadratischen Gesamtanlage unter dem Haupteingang wieder ein Zeugnis der in Indonesien so typischen Vermischung der Religionen von Hinduismus und Ahnenkultur. Man fand eine Asche-Urne mit Grabbeigaben. Der Platz für den Prambanan Komplex wurde also sicherlich nicht zufällig gewählt, sondern war offensichtlich schon vor dem Hinduismus ein heiliger Ort.

Nachmittags waren wir immer noch nicht bereit uns vor das Fernsehen zu hocken, um die Inthronisierung des neuen Sultans zu bewundern, sondern fuhren zu einer Dalang-Schule, um eine Wayang Kulit (Puppenspiele) Aufführung zu sehen. Es war natürlich nicht vergleichbar mit dem, was man bei einer richtigen Wayang-Aufführung zu sehen bekommt, aber einen Eindruck konnte man doch bekommen. Eine ‚richtige‘, also eine öffentliche, Wayang-Aufführung beginnt abends um 20:00 Uhr und dauert die ganze Nacht bis zum Sonnenaufgang. Hier war es nachmittags und dauerte so lange, bis plötzlich einer der Gamelan-Spieler einen großen Wecker hochhielt und allen zeigte, dass es eigentlich nun genug sei und man auf die paar Leutchen, die sich das ansahen, nicht mehr Rücksicht zu nehmen brauche! Bine und ich fanden das irrsinnig komisch, und noch abends beim Essen mussten wir schallend lachen, wenn wir daran dachten.

Unsere beiden alternativen Reisegefährtinnen haben wir bisher erfolgreich umgangen, aber wir sind auch allzeit auf der Hut, sofort in Deckung zu gehen, falls wir sie irgendwo entdecken, da sie ja vermutlich auch in der Prawirotaman Straße wohnen wie wir. Ihre letzte große Leistung, bevor wir uns in Bali getrennt haben, war, dass sie die Umweltfreundlichkeit meines Make-ups bezweifelten und Bine lobten, weil sie ihre Fußnägel nicht lackiert hatte! Bine enttäuschte sie dann bitter, indem sie versicherte, dass das eher Zufall als Überzeugung sei, und machte sich auch dadurch nicht beliebter, dass sie zu mir – gut hörbar für die beiden – sagte: ‚Wenn du umweltfreundliches

Make-up brauchst, kann ich Dir ja mal auf die Augen hauen, das ist dann umweltfreundlich!' Man sieht, wir vermissen die beiden wirklich nicht, im Gegenteil, wir befürchten jeden Tag, ihnen irgendwo zu begegnen.

Am nächsten Morgen ging es dann zum Borobudur und zum Dieng-Plateau. Wir hatten eine Tour gebucht, weil es uns mit einem Auto mit Fahrer viel zu teuer geworden wäre. So etwas ist ja immer so eine Sache für sich, aber wir hatten es nicht schlecht getroffen. Unser Busfahrer war zwar sehr bemüht bei jedem fotografisch attraktiven Landschaftsbild anzuhalten, den Candi Mendut und den Candi Bima ließ er leider aus, obgleich die doch sehr sehenswert sind.

Unsere Mitreisenden waren ein Kapitel für sich. Direkt vor uns saß ein deutsches Pärchen, die wir als Hochzeitsreisende einstuften, da sie unentwegt mit Küssen oder Anhimmeln beschäftigt waren. Davor saß ein indonesisches Ehepaar mit Schwiegermutter, die auch nicht viel besser waren. Die Schwiegermutter spielte dabei natürlich keine Rolle. Hinter uns saßen zwei Franzosen und ein verschwitzt riechender Amerikaner, die nur zu den Fotostopps aus ihrem Tiefschlaf erwachten, und ganz vorne saß ein einsamer Japaner, dem bei jeder Bewegung die Hose über den Hintern zu rutschen drohte, der aber nach einer Weile auch entschlummerte, seinem Schlaf aber immer wieder unsanft entrissen wurde, da er ständig aus der Bank kippte. Davon abgesehen war er bei allen Stopps aber der Eifrigste – neben uns natürlich – und genauso wetterfest wie wir, dank eines Regenschirms.

Am Borobudur waren wir ziemlich früh am Morgen. Das war natürlich fantastisch wegen der leicht dunstigen kühlen Morgenstimmung. Der Borobudur war wie die beiden Male, die ich schon zuvor dort war, ein Erlebnis für mich. In dem frühen Morgenlicht wirkte er wieder ganz anders. In dem riesigen Kratertal gelegen, scheint er zuerst immer viel kleiner, als er wirklich ist. Wenn man näher kommt, ändert sich das sofort. Der Borobudur ist das größte buddhistische Bauwerk der Welt und wirklich einmalig. Drei Gedanken sind in ihm verwirklicht: erstens der des buddhistische Stupa, zweitens die Idee des Heiligtums als Weltenberg, eine Vorstellung, die auch auf den indonesischen Inseln seit undenklichen Zeiten heimisch ist, und drittens die Realisierung des Mandalas als Bauwerk, bei dem man nicht nur durch Meditation von Bewusstseinsstufe zu Bewusstseinsstufe aufsteigt, sondern diesen Weg tatsächlich beschreiten kann.

Schon im indischen Gandhara hat sich im 1. Jahrhundert nach Christus ein terrassenförmiger Unterbau für den Stupa entwickelt, bei dem die Verbindung zwischen Quadrat und Kreis herausgebildet wurde. Die unteren,

Abb. 2
Annette vor Stupa des Borobudur Tempels

noch im irdischen verhafteten Stufen sind quadratisch, während die Kreis-
form erst im Absoluten auftritt. Der terrassenförmige Bau ist in Indonesi-
en schon in sehr frühen Zeiten nachgewiesen. So entspricht auch hier die
buddhistische Vorstellungswelt in vielen Punkten der einheimischen vor-
buddhistischen. Der Borobudur hat neun Stufen, die der Meditierende zu
durchschreiten hat, bis er zur höchsten Bewusstseinsstufe gelangt. Auf den
unteren fünf quadratischen Terrassen sind 1.460 Bilderreliefs mit Legenden
aus Buddhas Leben und Szenen aus dem gesamten Bereich des weltlichen
Lebens. Die unterste Stufe, deren Bildreliefs vermauert sind, ist mit Relief-
darstellungen aus der Unterwelt gestaltet. Wann und warum sie vermauert
wurden vermag man heute nicht mehr festzustellen. 1.212 Steintafeln haben ornamentale Abbildungen. Auf den runden Terrassen stehen in drei
Kreisen 72 glockenförmige, durchbrochene Stupas – der äußere Kreis hat
32, der mittlere 24 und der innere 16 Stupas –, in denen Buddha-Statuen
sitzen. Das Zentrum der drei Kreise, und zugleich die Krönung der ganzen
Anlage, bildet ein großer Mittel-Stupa. Über den Relief-Darstellungen der
unteren quadratischen Terrassen sitzen in Nischen jeweils 23 Buddhas, an
jeder Seite also 92. Die Buddhas einer Seite verkörpern also jeweils den
Buddha, der die entsprechende Weltrichtung regiert. Die fünfte Terrasse

ist die geistige Macht der Mitte, von der alle Kräfte ausgehen, daher ist das Bild in allen 61 Nischen dieser Terrasse gleich. Der große Mittel-Stupa war schon bei der Wiederentdeckung 1814 durch H.C. Cornelius, der im Auftrag von Thomas Stamford Raffles handelte, leer. Ob er auch ursprünglich kein Buddha-Bildnis enthalten hat, kann man heute nicht mehr feststellen. Man vermutet, dass in früheren Zeiten der Borobudur von einem riesigen See umgeben gewesen sein könnte, was der Vorstellung vom Weltenberg Meru – dem Zentrum des Universums – noch näher kommt.

Genau datieren kann man den Baubeginn des Borobudurs nicht, aber es war unter der Shailendra-Dynastie im 8. Jahrhundert. Die Fertigstellung dauerte bis ins 9. Jahrhundert hinein. Schon im Jahrhundert nach der Fertigstellung breitete sich der Shivaismus auf Java aus, und das gewaltigste Bauwerk, das der Buddhismus je hervorgebracht hat, geriet in Vergessenheit und wurde vom Urwald überwuchert. Sir Thomas Stamford Raffles veranlasste Anfang des 19. Jahrhunderts, dass er wieder freigelegt wurde. Durch die Freilegung war er schutzlos der Erosion und Unterspülung ausgesetzt und verfiel immer mehr, sodass man Ende des 19. Jh. den Plan in Erwägung gezogen hatte, den Borobudur ganz abzutragen und die Skulpturen und Reliefs in einem Museum auszustellen. Die restlichen Skulpturen und Reliefs muss man wohl sagen, denn unter der holländischen Kolonial-Herrschaft waren schon ganze Eisenbahn-Ladungen von Kunstgegenständen vom Borobudur an ausländische Staatsgäste verschenkt worden. 1907 wurde endlich Theodor van Erp mit Restaurationsarbeiten beauftragt. Ab 1964 wurde der Borobudur mit Hilfe der UNESCO und deutscher Experten bis 1984 vollständig restauriert, wobei man sagen muss, dass mehr als die Hälfte der notwendigen Finanzmittel von der indonesischen Regierung gestellt wurden. Heute kann man sich gar nicht mehr vorstellen in welch schlechtem Zustand der Borobudur gewesen ist und welch ungeheure Anstrengungen nötig gewesen sind, ihn so wiederherzustellen. Es ist schon ein unglaublich beeindruckendes Bauwerk und in dieser Morgenstimmung hat er mir so gut gefallen, wie vorher noch nie.

Bevor der große Besuchersturm kam, machten wir uns auf den Weg zum Dieng-Plateau, denn der Weg dahin war noch ganz schön weit. Von Yogyakarta sind es ca. 140 km bis zum Dieng-Plateau. Die Fahrt geht durch eine wunderschöne Landschaft, Reisfelder, kleine Dörfer und sobald man ins Gebirge kommt, Reis- und Gemüse-Terrassen. Nach Wonosobo ging es immer bergauf bis auf eine Höhe von 2.000 Metern. Die Vegetation verändert sich hier vollkommen und natürlich gibt es keine Reisfelder mehr, sondern nur noch Gemüseanbau. Oben auf dem Dieng-Plateau, das in einem riesigen Vulkankegel liegt, sieht man an vielen Stellen aus der Erde steigende Schwefeldämpfe, Schlammkrater und brodelnde Seen. Es ist meist wolkenverhangen, regnerisch und kühl. Hier befinden sich die ältesten hinduistischen Tempel-Anlagen auf Java. Die älteste Nachricht über dieses Bergheiligtum stammt aus dem Jahre 809 nach Christus. Aus einigen frühen Inschriften weiß man, dass es hier eine Stadt gegeben haben muss mit vielen Heiligtümern, Wohnhäusern und Palästen. Es war ein Wallfahrtsort, zu dem die Pilger die Mühsal des Aufstieges als religiöse Übung auf sich nahmen. Mehrere Treppenfluchten, eine davon mit 4.000 Stufen, führten hier herauf. Als dann der Islam sich immer weiter ausbreitete, verödeten diese Tempelstätten und waren Raub und Zerstörung ausgesetzt. Anfang des 19. Jahrhunderts soll es noch 40 Tempel-Gruppen gegeben haben.

Die acht wichtigsten Candis (Tempel), die Arjuna-Gruppe, die heute noch steht, sind klein und zeigen eine nahe Verwandtschaft zu indischen Tempeln. Die Wiesen rings um die Tempel-Gruppe sind sumpfig. Früher wurden sie durch eine Entwässerungsanlage trocken gehalten, deren Reste man heute noch sehen kann. Über den Tempeln, die ziemlich einsam in der Weite des Plateaus zerstreut sind, liegt eine seltsame, unwirkliche Stimmung, die durch das Wetter noch verstärkt wurde. Es war kalt, ein heftiger Wind wehte und hin und wieder regnete es. Der Wind trieb Wolkenfetzen über den Himmel, sodass manchmal das ganze Plateau verdunkelt wurde und dann wieder kurz die Sonne herauskam, um sogleich wieder in dunkle Wolken oder Nebel gehüllt zu sein.

Nicht weit von den Tempeln liegen die noch tätigen Vulkanlöcher. Eigentlich ist das ganze Dieng-Plateau ein einziges Pulverfass und immer wieder brechen die brodelnden Löcher aus. Es ist schon ein recht unheimliches Erlebnis. Gleich als wir aus dem Bus stiegen ‚bissen' uns die ätzenden Schwefeldämpfe in die Nasen. Rund um uns brodelten und kochten die Wasserlöcher, aus denen dicke weiß-gelbe Schwefeldämpfe stiegen. Um einige herum waren die Büsche und das Gras total verbrannt und die Erde ganz schwarz, was bedeutet, dass sie vor nicht allzu langer Zeit ausgebrochen sind. Oft hört man, dass dort bei Ausbrüchen Menschen ums Leben kommen. Die Erde um diese Löcher ist ganz warm und weich, auch dort, wo es felsig aussah, sank man ein Stück in die Erde ein. Wir konnten uns des Gefühls nicht ganz erwehren, dass wir gleich durch die dünne Erdschicht brechen und in der glühenden Lava versinken würden.

Auch hier auf dem Dieng-Plateau waren wir verhältnismäßig früh. Als es anfing zu regnen und, wie gesagt, ziemlich kalt wurde, waren wir durch unsere vorsorglich mitgenommenen Pullover (ich hatte unser Frieren im Jahr 1984 mit meinen Eltern keineswegs vergessen!) und den Regenschirm ja gegen alle Unbilden des Wetters bestens gerüstet, was wir unseren fröstelnden und durchweichten Mitreisenden voller Stolz vorführten. Aber auch hier ließ die Strafe nicht lange auf sich warten, ich vergaß meinen in Ujung Pandang erstandenen, außerordentlich hässlichen Schirm im Bus und nun habe ich wieder keinen mehr.

Wir empfanden diese Fahrt auf jeden Fall als vollen Erfolg. Als wir nach Yogyakarta zurückkamen, gerieten wir direkt in die ausklingenden Feierlichkeiten anlässlich der Krönung des Sultans und der Bus musste sich eine ganze Weile durch Volksmengen quälen, bis er uns absetzen konnte. Unser Abendessen nahmen wir bei ‚Hanomans' ein, schräg gegenüber unserem Duta-Guesthouse. Dort finden abends zum Essen auch immer Veranstaltungen statt, entweder Tänze, Wayang Kulit (Schattenspiele) oder Wayang Golek (Puppenspiele). Dort sahen wir noch einmal eine Wayang-Kulit-Vorstellung, so richtig für Touristen zwar, aber doch mit mehr Engagement vorgeführt als in der Dalang-Schule und auch ohne Wecker. Dazu kam, dass es dunkel war und das gibt doch direkt einen ganz anderen Eindruck und hat uns wirklich gut gefallen.

Am nächsten Tag stand dann Yogyakarta selbst auf dem Plan, aber hier gab es wesentliche Einschränkungen, weil der Kraton, der Palast des Sultans, nach diesen großen Festivitäten noch zwei weitere Tage geschlossen blieb. Gleiches galt für das Museum. Aber Taman Sari (der ehemalige Wasserpalast des Sultans, der 1761 von Sultan Hamengku Buwono I. erbaut wurde) mit der unterirdischen Moschee und diverse Werkstätten (Wayang Kulit, Silberschmiede, Batik) konnten wir uns ausführlich ansehen. Wir erledigten alles mit der Becak, ein Fortbewegungsmittel, das wir benutzten so oft es möglich war, weil man so viel mehr von der Umgebung mitbekommt. Dazu ist es noch billiger als ein Taxi. Den ganzen Tag kutschierte uns unser Fahrer für lächerliche 5.000 Rupien (ca. DM 7,-) herum und strampelte sich dabei auf der Fahrradriksscha so mächtig ab, dass sich bei uns ein ganz schlechtes Gewissen breitmachte, weil wir uns wie Sklavenhalter vorkamen. Da wir auch praktisch nichts in den Werkstätten kauften (nur Schildplatt-Haarnadeln und Haarspangen) konnte er noch nicht einmal Provision kassieren. Aber als wir ihm zum Schluss das Doppelte als Lohn zahlten, dachten wir schon, er würde vor lauter Glückseligkeit in Tränen ausbrechen.

An unserem letzten Abend fuhren wir ins Theater, das direkt am Prambanan liegt, um eine Aufführung einer Ramayana-Tanzvorstellung zu sehen. Es war ganz anders als ich es das erste Mal mit den Eltern gesehen hatte; nicht nur klassisch, sondern zum Teil stark durchsetzt von einer ganz modernen Choreographie. Es war für mich der Beweis, dass die Tanzkunst nicht wie ein Museumsstück gehandhabt wird, sondern durchaus lebendig ist und sich weiterentwickelt. Es hat uns beiden ausgesprochen gut gefallen. Unsere Befürchtungen, unsere zwei alternativen Damen, denen wir ja sehr erfolgreich die ganze Zeit in Yogyakarta entgangen sind, könnten mal eine Ausnahme von ‚Hunde- und Katzen-Babys‘ machen, um sich auch mal ein wenig mit der Kultur zu befassen und im Theater plötzlich auftauchen, bewahrheitete sich zum Glück nicht. Vor allem besuchten Einheimische die Vorstellung.

Am nächsten Tag mussten wir zurück nach Bali und, als ob der Fluch des bösen Reiseagenten immer noch hinter Bine her schlich, passierte natürlich wieder etwas Unerfreuliches. Am Flughafen rissen uns die Angestellten unsere Reisetaschen weg, sie seien zu ‚big‘, um mit in die Kabine genommen zu werden. Dabei hatten andere viel größeres Handgepäck. In dem Kuddelmuddel, das daraufhin entstand (denn selbstverständlich gaben wir so schnell auch nicht auf, was uns aber gar nichts nutzte), vergaßen wir dann, unsere Fotoapparate aus den Taschen zu nehmen, die man nicht verschließen konnte! Meiner war bei der Ankunft noch da (dafür explodierte – oder besser implodierte – er kurz nach Bines Abreise auf dem Markt von Denpasar mit einem lauten Knall!), aber Bines war verschwunden, und damit alle Bilder vom Borobudur und dem Dieng-Plateau!

Unsere letzten Tage auf Bali verbrachten wir dann noch mit unseren täglichen Frühstücksbesuchen im ‚Warung Kunning‘, bei Nyoman, bei der es morgens Obstsalat (der, wenn sie schon mit dem Mittagessen beschäftigt ist, auch mal leicht nach Knoblauch schmecken kann) und unsere Frühstücks-‚Jappels‘ (Jaffels, Indonesier können kein ‚f‘ aussprechen. Zwei Scheiben Weißbrot, die mit einer Füllung getoastet werden) gibt, und wo auch der ‚dickste Hund von Bali‘, Moyo, nach wie vor existiert. Wir verbrachten die letzten gemeinsamen Tage am Strand, oder doch eher mit Schwimmen, da wir beide keine großen Sonnenanbeter sind, und mit Bummeln und Einkaufen. Wir suchten den ‚Warung Kopi‘ auf, um dort unsere Sucht nach Bali-Kaffee und Kuchen zu befriedigen. Wir ließen es uns in den letzten gemeinsamen Tagen einfach gut gehen. Ein großer Schuss Wehmut war natürlich auch dabei, weil Bine nicht länger bleiben konnte.

Natürlich waren wir nicht nur auf unseren Frühstücks-Warung und den ‚Warung Kopi‘ fixiert! Mitnichten: Mal aßen wir abends auch im thailändischen Restaurant, oder im ‚Warung Murah‘ (billliger Warung) oben an der Hauptstraße und besonders gern auch beim indonesischen Chinesen um die Ecke, wo wir eigentlich nie dazu kamen, etwas anderes zu essen als ‚Loempia udang‘ (Frühlingsrollen gefüllt mit Krabben), die uns so gut schmeckten, dass wir uns zu keinerlei weiteren Experimenten in Sachen Nahrung entschließen konnten. Und dann gibt es noch den ‚Warung Cocos‘. Er liegt auf dem Weg zur Hauptstraße fast direkt neben der Grundschule. Er war eine beliebte Zwischenstation für uns, bevor wir wieder ins Hotel zurückkamen, oder um uns zu stärken, bevor wir uns auf den Weg machten. Dort gibt es neben ausgezeichneten Jaffels und Säften eine ganze Menge Vögel, darunter auch zwei Papageien. Den einen, einen Kakadu, kann man gut anfassen und er fällt fast von der Stange vor Seligkeit, wenn man ihn krault. Genau wie Fränki (mein Papagei) zerpflückt er sein Futter nur, solange er nicht hungrig ist, und schmeißt es dann auf die Erde. Da sich das Ganze unter freiem Himmel abspielt, freuen sich natürlich die Vögel der Umgebung, unter anderem auch die Hühner, die begeistert unter seiner Stange herum picken. Was uns aber völlig unklar war, ist, dass er offensichtlich seine ‚Mitesser‘ am Boden genau kennt und durchaus nicht jeden duldet. Er beäugt sie auch immer ganz genau. Eines Tages kam ein weißer Hahn herbei marschiert, und als Papageienkenner hört und sieht man ja, wenn ein Papagei ärgerlich wird: aufgeregtes Hin- und Herlaufen auf der Stange und heftige Unmutslaute. Aber der weiße Hahn ließ sich überhaupt nicht stören. Das wurde dem Kakadu aber nun doch zu viel, er riss einen an seine Stange geklemmten Maiskolben ab und schmiss ihn dem weißen Hahn mit einem gezielten Wurf direkt an den Kopf! Da konnte man aber einen Hahn rennen sehen! Etwas später kam der uns bereits bekannte ‚Hosen-Hahn‘ (von Bine so getauft, weil er aussieht, als trüge er schwarz-weiße Hosen) und wurde gnädig von dem Kakadu geduldet! Man sieht, an Lustbarkeiten hatten wir hier keinen Mangel! Selbst wenn wir die letzten Tage nur noch herumbummelten und das Leben genossen.

Wenn ich aber schon von unseren Tier-Erlebnissen berichte, muss ich auch von den Fröschen berichten. Es ist ja jetzt Regenzeit auf Bali und zumeist gibt es nachmittags überaus heftige Regengüsse, sodass der ganze Garten des Baleka knöcheltief unter Wasser steht. Ein Eldorado für Frösche, die dann die ganze Nacht so laut quaken, dass man kaum schlafen kann. Aber findig wie wir sind haben wir entdeckt, wie man diese quakenden Quälgeister ausknipsen kann: Man muss sie nur mit der Taschenlampe anleuchten, dann lassen sie Luft ab und das Quaken ist ihnen für die ganze Nacht vergangen. So pflegten wir nun mit schöner Regelmäßigkeit allabendlich das Ausknipsen der Frösche zu betreiben, sehr zur Freude des ganzen Hotels, die diesen Trick noch nicht kannten.

Bines Abreise gestaltete sich dann wieder mit Hindernissen. Wir saßen mit Bines Koffer in der neu und glänzend weiß gestalteten Rezeption und warteten auf unser Taxi, das angeblich vom Hotel bestellt worden war. Wir warteten und warteten und nichts passierte. Wir fragten nach dem Taxi, ‚ja, das komme gleich‘, aber was bedeutet schon ‚gleich‘ in Indonesien. Es kam überhaupt nichts. Endlich ließen wir ein neues Taxi anfordern und rasten mit ihm zum Flughafen. Wie es in so einem Fall kommen muss, setzte er uns auch noch am falschen Terminal, dem Domestic Airport, raus. Das bedeutete, dass wir mit dem schweren Koffer noch etwa 800 Meter zum International Airport rennen mussten. Wir nahmen in unserer Verzweiflung einen Träger zu einem Wucherpreis, aber die Zeit, einen vernünftigen Preis auszuhandeln hatten wir auch nicht mehr. Wir rannten was das Zeug hielt zum anderen Flughafen Terminal. Unser Träger war insofern nicht überbezahlt, als dass er mitsamt Koffer auf dem Kopf genauso schnell rannte wie wir. Im International Airport stand natürlich kein Mensch mehr am Schalter, wo man einchecken musste, alle saßen vermutlich schon im Flugzeug, aber trotzdem schickten sie uns noch einmal weg, weil natürlich zuerst die Airport-Tax zu entrichten war. Als Bine endlich eingecheckt war, drängten die Beamten an der Sperre schon zur Eile, sodass wir eigentlich außer einer schnellen Umarmung keinerlei Gelegenheit zur Verabschiedung hatten. Das war sicher auch ganz gut so, denn sonst hätten wir uns sicher etwas vorgeheult. So blieb keinerlei Zeit dazu. Dass Bine nicht noch das Flugzeug verpasste, war eigentlich mehr Zufall als alles andere. Mit Sicherheit war sie urlaubsreif nach diesen Ferien!

Auf einmal war ich alleine – ein ganz schön komisches Gefühl! Trotzdem freute ich mich, dass ich noch weitere vier Wochen auf Bali bleiben durfte.

Sumba
Februar 1996

von Annette Bräker und Horst H. Geerken

Gestern war ich sehr müde, denn wir waren von Frankfurt über Hongkong bis nach Bali 28 Stunden unterwegs. Ich war ja so froh, als ich endlich angekommen war! Und natürlich habe ich auch dann nicht direkt geschlafen, sondern wir haben geredet, Champagner getrunken, Obst und australischen Käse gegessen. Ich war ja auch viel zu aufgekratzt nach dem Flug, um direkt schlafen zu gehen. Horst hat es doch tatsächlich geschafft, mir einen Brief aus Australien direkt ins Flugzeug von Hongkong nach Denpasar zu schicken! Ich wusste erst gar nicht, wie mir geschah. Ich war ganz gerührt und habe auch ein paar Tränen verdrückt. Dann hat er mich natürlich nicht – wie sich das gehört hätte, besonders für einen ausländischen Touristen – hinter der Zollkontrolle zwischen den Hotelschleppern, Taxifahrern und sonstigen Abholern erwartet, sondern direkt hinter der Passkontrolle – wo sich kein anständiger Tourist aufhalten darf. Ich kam mir direkt ‚VIP-mäßig‘ vor. Horst hat ja, seit er den ersten Flughafen auf Bali ab 1963 mit geplant hat, seine Beziehungen!

Wir trinken gerade unseren abendlichen Gesundheitstrunk: Whisky! Trotz Kuta ist‘s hier wirklich ruhig, es sind zur Zeit auch sehr wenig Touristen hier. Es ist eben Monsunzeit. Bevor ich hier ankam, hat es so stark geregnet, dass halb Kuta unter Wasser steht. Auch jetzt regnet es und regnet und regnet weiter. Aber mich kann das ja nicht stören, ich freue mich einfach, wieder bei Horst und in Bali zu sein.

Nachdem ich gestern viel geschlafen habe, sind wir heute ein wenig entlang der Einkaufsstraße gebummelt und ich habe schon einige ausgesprochen schöne Sarongs gekauft. Schließlich muss ich nach der Rückkehr etwas vorweisen können, damit Mutter sich den schönsten aussuchen kann. Schließlich habe ich ihr den einen von der letzten Reise erst geschenkt und dann wieder aus ‚den Rippen geleiert‘. Aber die neuen Sarongs sind auch wunderschön. Horst war auch so begeistert, dass er noch mehr als ich gekauft hat.

Ich kann gar nicht beschreiben, wie schön es für mich ist, wieder hier mit Horst zusammen zu sein. Die Wärme, die Feuchtigkeit, der süßliche Geruch der Kretek-Zigaretten, alles ist hier so unglaublich vertraut. Übermorgen fliegen wir nach Sumba, es ist mein vierter (!) Anlauf. Aber jetzt bin ich sicher, dass es klappt, denn Horst ist ja diesmal der Organisator und kennt sich dort aus! Wir wollen gut zwei Wochen auf Sumba bleiben.

Heute scheint zum ersten Mal länger die Sonne. Morgen geht's nach Sumba, ich freue mich schon sehr darauf. Heute Abend hat Horst mich noch in ein ungeheuer feines indonesisches Lokal eingeladen, ein Wiedersehens-Essen. Es war wirklich ein Genuss und wir haben uns sehr wohl gefühlt und viel gelacht.

Heute vor einer Woche saß ich gerade im Zug nach Frankfurt, und nun hier auf der Terrasse des Pfarrhauses in Sumba. Es regnet hin und wieder, gerade habe ich meinen Mittagsschlaf hinter mir, Horst liest und ich habe beschlossen, endlich die letzten Tage aufzuschreiben. Eigentlich wollte ich heute Morgen schon mit dem Schreiben beginnen, weil wir heute einen Ruhetag eingelegt haben, aber dann habe ich nur gelesen. Dafür hat Horst geschrieben, und auch noch den beiden als Haushaltshilfen angestellten Mädchen, die kochen und saubermachen sollen – es aber vor allem mit dem letzteren nicht sehr genau nehmen – gezeigt, wie man Avocado-Suppe kocht. Gestern hat er ihnen Avocado-Salat gezeigt. Es gibt hier zwei riesige Avocado-Bäume, die voller Früchte hängen, aber außer sie roh zu essen, fällt hier keinem etwas anderes ein. Die Küche auf Sumba ist genauso steinzeitlich, wie das gesamte Leben es immer noch ist.

Um etwas von Sumba zu berichten, habe ich jegliche Literatur gewälzt und versucht, etwas Verwendbares über diese Insel zu finden. Alles, was ich finden konnte, war mehr als mager und auch Professor Klimkeit, der eine Magisterarbeit über Sumba geschrieben hat, konnte mir nicht weiterhelfen. Die Magisterarbeit scheint inzwischen auch verschwunden zu sein. Daher greife ich zurück auf Ausschnitte aus Horsts Reisebericht aus dem Jahr 1980, der das Beste ist, was ich bisher über Sumba gefunden habe:

Von den etwa 330.000 Menschen, die auf der Insel Sumba leben, leben etwa ein Drittel im ganz trockenen Ost-Sumba und etwa zwei Drittel in West-Sumba. Davon sind etwa 10-15 % Christen, 3 % Moslems und der Rest sind Animisten, die einer Naturreligion angehören, die zwischen dem Natürlichen und Übernatürlichen nicht unterscheidet. Diese leben quasi in einer Doppelwelt.

In Sumba gibt es fünf verschiedene Sprachen. Es ist nicht einmal 50 Jahre her, da fanden hier die letzten grausamen Stammeskriege statt, bei denen viele Dörfer niedergebrannt wurden. Von der Bevölkerung leben 95 % von Ackerbau und Viehzucht und 5 % von den in Handarbeit hergestellten Sumba-Kains, den Ikats. Auf ganz Sumba gibt es keine Industrie.

Sumba hat noch zwei schöne Beinamen: Der erste ist ,Sandelholz-Insel‘, weil Sumba früher reich an diesem wohlriechenden Holz war. Während der nieder-

Abb. 3
Kochkurs auf Sumba

Abb. 4
In der Küche der Mission. Es gibt immer etwas zum Lachen

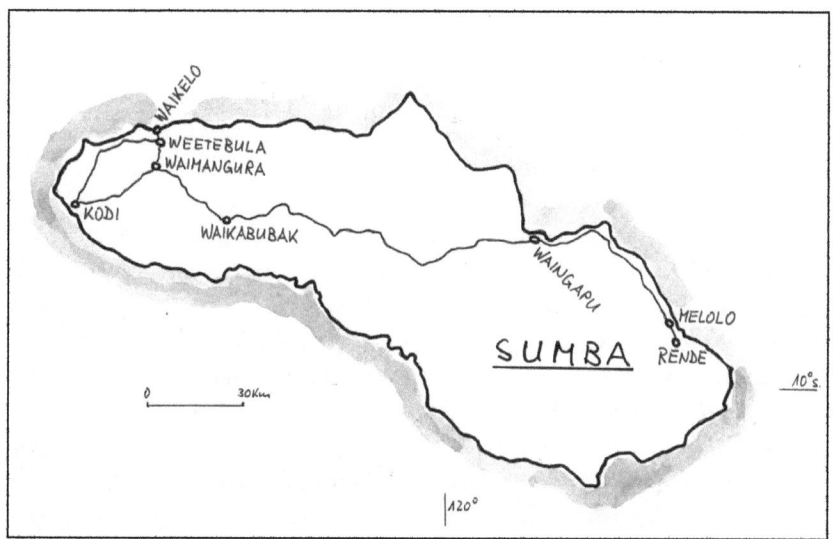

Abb. 5   Die Insel Sumba

ländischen Kolonialzeit wurde die Insel fast kahlgeschlagen und das wertvolle Holz in Europa verkauft. Heute sind nur noch Restbestände da, weil auch die japanische Besatzungsmacht während des Zweiten Weltkrieges ziemlich viel abgeholzt hat. Der zweite Beiname, ,Insel der heiligen Pferde', trifft auch heute noch zu. [1996 allerdings nicht mehr so. Die Motorisierung hat doch die Bedeutung des Pferdes zur Überwindung von größeren Entfernungen in den Hintergrund treten lassen. Pferde sieht man aber noch überall.] Es gibt fast so viele Pferde wie Menschen. Die Pferde spielen eine besondere Rolle bei Festen und auch bei Hochzeits-, Versöhnungs- und Beerdigungsritualen. Bei hohen Festen werden auch Pferde geopfert. Pferde dürfen grundsätzlich nicht als Arbeitstier, wie für den Ackerbau, oder als Zugtiere verwendet werden. Sie sind nur zum Reiten da. Männer dürfen nur Hengste reiten, Frauen und Kinder nur die Stuten. Muss ein Mann eine Stute zum Wasser bringen, dann führt er sie, er reitet sie nicht. Grundsätzlich wird ohne Sattel geritten, nur mit einer Decke auf dem Pferderücken. Hufeisen für Pferde sind unbekannt. Da es hier so viele Pferde gibt, ist der Preis auch entsprechend gering: für einen Wasserbüffel gibt es fünf gute Pferde, oder für einen guten Sumba-Ikat ein gutes Pferd. Da trotz der billigen Preise Pferdediebstahl – besonders zwischen den verschiedenen Stämmen – immer noch an der Tagesordnung ist, hat jedes Pferd seinen ,Pass', sozusagen wie ein Auto einen Kfz-Brief. Dieser wird bei Geburt mit Angaben über unveränderliche Kennzeichen (z.B. Markierung mit Brandeisen oder Einschnitte an den Ohren) vom Dorfältesten oder Bürgermeister ausgestellt. Ohne *diesen Pass kann kein Pferd verkauft werden. Einmal im Jahr, zwei Wochen im Februar, feiert die ganze Insel. Da gibt es Pferderennen, Reiterspiele und Kriegsspiele auf Pferden. Es ist das ,Pasola'-Fest, von dem wir später noch berichten. Es sind eigentlich keine Spiele, sondern eine notwendige Huldigung der Geister, bei der zur Besänftigung und für das künftige Wohlwollen der Geister auch das Blutopfer erbracht werden sollte.*

Auf der Fahrt nach Westen erinnerte mich die Landschaft immer wieder an Nord- oder Ostafrika. Karger, trockener Boden, vertrocknete Steppe. [Wir hatten bei dieser Reise eine ganz grüne Insel vor uns, da die Regenzeit, die in diesem Jahr besonders viel Regen gebracht hatte, noch nicht zu Ende war.] Viele Steine und Kalkfelsen, dazwischen immer wieder kleine grüne Flächen mit Gras und Bäumen wie Oasen. Hier sind dann Quellen, oder Flüsse, die zum großen Teil in dem porösen Kalk- bzw. Korallengestein unterirdisch verlaufen, treten für kurze Strecken, manchmal nur 30 bis 50 Meter, an die Oberfläche und verschwinden dann wieder ins Erdinnere. Bei der Fahrt durch Sumba fällt auf, dass viele Ortsnamen mit der Vorsilbe ,Wai'- oder 'Wee'- beginnen. Diese Vorsilbe bedeutet Wasser, d.h. an diesen Orten gibt es Wasser. Und damit sind wir bei dem größten Problem von Sumba, nämlich der Wasserversorgung. Hier, und ganz besonders im Osten der Insel, ist das Wasserproblem noch viel größer als auf Timor. Die Trockenzeit ohne einen Tropfen Regen kann bis zu 10 Monaten dauern. Alles verdorrt und viele Flüsse und Bäche trocknen aus. Die größten Gebiete der Insel sind reine Steppe, die das Regenwasser in der Regenzeit nicht halten kann. Nur im Westen der Insel gibt es Stücke mit durchgehender Bewaldung. Unter anderem kommt es in der Trockenzeit fast jährlich zu einer Hungersnot. Die Sumbanesen pflegen keinerlei langfristige Vorratshaltung, sie leben von Tag zu Tag.

Auch die Ackerbautechnik ist noch steinzeitlich. Es gibt immer noch keine Pflüge. Der Boden wird mit sogenannten Grabstöcken, in jeder Hand einem, aufgelockert. In Hockstellung wird dann die Erde mit den Händen weiter zerkleinert. Inzwischen setzt sich ein durch die Mission eingeführtes Handwerkszeug, eine Art kleine Handschaufel, durch. Selbst Hacken sind noch wenig in Gebrauch. Dazu kommt, dass auch der wenige wertvolle Wald noch gerodet wird. Die Hügel werden kahl, das Land unfruchtbar. Andererseits liegt noch viel fruchtbares Land brach und die Ernten entsprechen bei den primitiven Anbaumethoden nicht der aufgewandten Mühe der Bauern. Ein weiterer Grund für die jährliche Hungersnot ist die Verschwendungssucht während der Erntezeit. Hier wird Fest um Fest gefeiert. Ein einziges Fest verschlingt manchmal die ganze Jahresernte!

Wir besichtigten traditionelle Sumbadörfer mit den typischen Turmhäusern und vielen Ahnengräbern. Es war sehr interessant und beeindruckend, auf ei-

102

ner wirtschaftlich so primitiven und einsamen Insel so kunstvolle Häuser und Grabskulpturen zu finden. Selbst wir – und wir gelten hier doch schon als Indonesienexperten – hatten bisher noch nichts von der Megalithkultur, d.h. den großen Steingräbern, gehört. Die Gräber der Ahnen sind alle im oder beim Dorf. Für die Gräber werden riesige, tonnenschwere Steinplatten aus dem Fels geschlagen und auf Kufen kilometerweit mit Lianen anstelle von Seilen in die Dörfer geschleift. Bis zu 500 Mann werden benötigt, um eine große Steinplatte zu bewegen. Beim Bau eines Grabes muss das ganze Dorf mithelfen und natürlich auch mitfeiern. Es gibt Gräber mit einem festen Sockel aus vier senkrecht gestellten Steinplatten und einer Deckplatte, und Gräber mit vier Eckpfeilern und einer Deckplatte. Die Steinplatten werden mit primitiven Hebeln aus ganzen Baumstämmen hochgehievt, um die Grabstelle zusammenzubauen.

Die Häuser im Original-Sumba-Stil sind nicht weniger interessant. Sie sind schätzungsweise 15-20 m hoch und sind ein Abbild des sumbanesischen Kosmos, ein Mikrokosmos. Im oberen spitzen Teil des Daches wohnen die Merapus, die Götter und die Geister der Vorfahren. Auch das Erntegut wird dort eingelagert. Im sich verbreiternden Teil unter dem Dach wohnen die Menschen und darunter, in dem offenen Teil des Hauses, ist der Platz für die Haustiere, die Schweine, Ziegen, Wasserbüffel und Hunde. In jedem Dorf gibt es ein heiliges Zentralhaus, in dem der Geist des Familien- oder Sippen-Stammvaters wohnt, der die Sippe beschützt. Hier hat nur der Stammesälteste seine Wohnung. Dieses Haus ist der kultische Mittelpunkt, das Einheitssymbol einer Sippe und der Aufbewahrungsort für alle Familienkostbarkeiten, der religiösen Geräte, der traditionellen Waffen, Gongs usw. Die Sumbanesen glauben, dass in diesem Haus auch der Blitz eingeschlossen ist, der in ihrer Vorstellung die Verbindung vom Himmel zur Erde herstellt.

Ein traditionelles sumbanesisches Haus hat als tragendes Element für das hohe Dach vier massive dicke Holzsäulen, bei denen im oberen Drittel dicke, Mühlsteinen ähnliche Holzscheiben angebracht sind, vermutlich, damit die Ratten nicht die Vorräte erreichen und dezimieren können. Vor gar nicht allzu langer Zeit musste beim ‚Selamatan‘, dem Weihefest zum Hausbau, unter jedem der vier Eckpfeiler ein Kinderkopf vergraben werden. Dafür wurden Kinder geopfert, aber nicht die eigenen, sondern die von feindlichen Stämmen. Die Kinderjagd fand meist in den Monaten Juli und August statt, und während dieser Monate durften die Kinder das Dorf nicht verlassen.

Soweit Horsts Ausführungen aus dem Jahr 1980.

Aber jetzt unsere Reise von Anfang an: Vorgestern Morgen begann unsere Fahrt hierher erst einmal ganz gemütlich mit der Fahrt zum Flughafen von Denpasar. Wir waren schon zwei Stunden vor Abflug losgefahren, weil Pater Joseph[3] – der wie auch Horst Funkamateur ist, die beiden blieben laufend über Kurzwelle in Kontakt – gesagt hatte, dass zu den Reiterspielen heutzutage schon eine ganze Reihe Touristen kämen. Horst hatte die Erfahrung gemacht, dass Flüge oft überbucht sind, und dem Risiko, nicht mitgenommen zu werden, wollten wir uns ja nicht aussetzen. So waren wir lange vor dem Abflug am Flughafen, wo wir dann beim Einchecken davon in Kenntnis gesetzt wurden, dass das Flugzeug nur gering besetzt sei und wir jederzeit einen Platz unserer Wahl besetzen könnten, falls uns der zugewiesene nicht zusage. Na, umso besser! Beim Warten in der Abflughalle schaute ich mir alle Mitfliegenden ganz genau daraufhin an, welches wohl die Touristen für Sumba seien. Es stellte sich dann später heraus, dass wir die einzigen waren. Während ich Tourismusforschung betrieb, versuchte Horst – erstaunlicherweise erfolglos – Fresspakete zu ergattern, die an Fluggäste ausgegeben wurden, die schon seit Stunden auf andere Flüge warteten. Aber bevor wir uns einreden konnten, dass wir vor dem baldigen Hungertode stünden, wurde unser Flug aufgerufen.

Unser Flug dauerte 1 Stunde und 45 Minuten. Es gab auch ein warmes Mittagessen, was uns nach dem frustrierenden Misserfolg am Flughafen sehr zufriedenstellte, obgleich die Stewardess und der Steward alle Süßigkeiten (Schokolade und Bonbons) aus den Essenspaketen entfernt und für schlechte Zeiten in ihrem eigenen Gepäck verstaut hatten, was uns allerdings nicht verborgen bleiben konnte, weil wir als einzige Gäste der Nichtraucher-Abteilung ganz vorne saßen. Horst brachte die Stewardess in Verlegenheit, indem er sie nach Schokolade fragte, woraufhin sie ganz unsicher wurde und antwortete, nein, auf diesem Flug gäbe es keine Schokolade, aber sie habe noch welche in ihrer Tasche, die sie uns gerne geben würde! Das wollten wir selbstverständlich nicht, denn schließlich bestand ja die Möglichkeit, dass sich der gesamte Rest ihrer Familie aus dem Verkauf dieser Schokolade finanzierte!

Unser Flugzeug, eine Fokker-27, flog niedrig genug, dass wir Sumba beim Anflug gut sehen konnten. Sumba ist etwa dreimal so groß wie Bali und sehr spärlich besiedelt. Wir landeten in Waingapu, das in der östlichen Hälfte der Insel liegt. Der kleine, ziemlich neue, aber total verschlafene Flughafen ‚Mau Hau' erwartete uns. Dort stellte ich ganz erfreut fest, dass auch in der Abflughalle kein einziger Tourist weilte, was in mir sofort das ausgezeichnete Gefühl aufkommen ließ, doch zu den Entdeckern zu gehören. Horst wurde sofort von einem Sumbanesen wiedererkannt und überschwänglich begrüßt. Er wusste noch, dass Horst das Solarprojekt für die Wasserver-

3   Name geändert

sorgung mehrerer Dörfer in die Wege geleitet hatte.[4] Von ihm bekamen wir auch gleich weitere Informationen, wie wir nach Waikabubak kommen könnten und von dort weiter nach Weetebula, wo die Missionsstation ist. Horst hatte schon während des Fluges durch Fragen nach meinem Rücken, ob der denn eine vierstündige Busfahrt aushalten würde (dabei bereitet der hier bisher überhaupt keine Probleme), kundgetan, dass er aus Gründen der Bequemlichkeit nicht abgeneigt war, ein Taxi für die Fahrt zu besorgen. Aber dann wollten sie am Flughafen 150.000 Rp (etwa DM 100,00) haben, und das erschien uns dann doch unverschämt hoch. Also ließen wir uns erst mal zum Busbahnhof bringen.

Auf der Fahrt vom Flughafen nach Waingapu konnte ich nur immer wieder staunen, wie verschlafen und unberührt hier alles ist. Kaum Verkehr, kaum Autos oder Motorräder, kaum Mopeds, keine Fahrräder. Auf dem Busbahnhof war nur ein einziger Bus, den wir hätten nehmen müssen, aber der war schon ausgebucht. Der nächste sollte in zwei Stunden um 16:00 Uhr fahren. Aber dann hätten wir nicht mehr von Waikabubak nach Weetebula kommen können! Was nun? Bevor wir umdisponierten, weil wir keinerlei Transport nach Waikabubak finden konnten, reservierten wir erst einmal Plätze in dem 16:00 Uhr-Bus und Horst vereinbarte mit dem Busfahrer, dass er für die letzte Strecke von Waikabubak nach Weetebula den ganzen Bus chartern werde. Um das Maß der Unwägbarkeiten, die sich uns in den Weg stellten, voll zu machen, gab es am Busbahnhof keine Toilette! Es wurde mir aber mit hoffnungsvollem Blick bedeutet, dass ich mich ohne weiteres im Rinnstein erleichtern könne! Außerdem zeigte man sich sehr erstaunt, dass wir jetzt erst nach Sumba gekommen seien, weil doch heute der letzte Tag der Reiterspiele sei. Na, herrlich! Allerdings glaubten wir das nicht so recht, denn es gibt die Reiterspiele ja an den verschiedensten Orten. Weiterhin hatte ich die Hoffnung, irgendwo auch noch ein Klo oder ein stilles Örtchen zu finden, denn auf das freundliche Angebot mit dem Rinnstein wollte ich nur im äußersten Notfall zurückgreifen. Insofern verzweifelten wir nicht an all den unvorhergesehenen Erschwernissen, sondern fanden es eher komisch und amüsierten uns darüber.

Plötzlich stand ein Bemo (ein Kleinbus) vor uns und der Fahrer fragte uns, wo wir hin wollten. Nach kurzen Verhandlungen erklärte sich der Fahrer bereit, uns für 110.000 Rp zur Missionsstation nach Weetebula zu fahren. Eigentlich waren 100.000 Rp unsere oberste Grenze, aber da haben wir dann nicht mehr lange verhandelt. Nun ging's also los – aber noch nicht

---

4   Siehe hierzu Kapitel *Die Insel Sumba* aus Horst H. Geerken *Der Ruf des Geckos*, S. 384-389

sofort: Zuerst musste der Fahrer noch seinem Chef Bescheid sagen, dass er bis zum nächsten Tag weg sei, dann musste er noch ins Krankenhaus, wo seine Frau lag, die am Tag zuvor eine Tochter bekommen hatte. Und dort zeigte man mir auch ein Klo! Und was für eins! Eben ein asiatisches: Die Türe musste ich sperrangelweit auflassen, weil drinnen kein Licht und kein Wasser war, aber das war mir inzwischen alles egal. Nichts konnte das Glücksgefühl einer leeren Blase beeinträchtigen. Danach mussten wir noch tanken. Dann musste der Fahrer (wie sich später herausstellte, ein Mann aus Flores) noch einen Teil seiner männlichen Verwandtschaft einsammeln, weil die Leute aus dem Westen sehr aggressiv seien und auch so rücksichtslos Auto fahren würden und es daher oft zu Schlägereien käme. Aber wir bräuchten uns keine Sorgen zu machen, uns würde das nicht betreffen. Na, das klang ja vielversprechend! Wie wir dann auf der Fahrt feststellen konnten, hatte er eine ausgesprochene Seemannsmentalität: in jedem Hafen eine andere Braut. Vielleicht erklärt sich auch daher die Aggressivität der männlichen Konkurrenten!

Inzwischen sitzen Pater Joseph und Horst am Funkgerät und reden mit der ganzen Welt, und ich sitze am Esstisch und versuche mich nun alleine auf unseren Reisebericht zu konzentrieren:

Die Fahrt von Waingapu nach Waikabubak war einfach unglaublich schön. Man macht sich keinen Begriff von der Schönheit der Landschaft. Ich hatte sie ganz braun und verbrannt erwartet – was sie ja normalerweise auch ist –, aber da es zur Zeit sehr viel regnet, ist die ganze Landschaft grün. Die Straße, immerhin die einzige Straße zwischen Waingapu und Waikabubak, ist so schmal, dass Autos oft nur mit komplizierten Ausweichmanövern aneinander vorbeikommen. Aber es gab auch nur wenig Verkehr auf dieser sehr kurvigen Überlandstraße, hin und wieder ein Bus oder ein Lastwagen. Zwischen Waingapu und Waikabubak gibt es nur einen größeren Ort, ansonsten ist nur hin und wieder ein Haus zu sehen. Von den vielen Kurven wurde es mir dann auch prompt ziemlich übel, aber durch meinen (schon zu Kinderzeiten ausgeübten) Trick – ich muss nur die Augen zumachen und mir vorstellen, ich fahre rückwärts – ging's mir schnell wieder gut und ich konnte die Landschaft genießen. Nach gut drei Stunden kamen wir nach Waikabubak, auch alles andere als eine Provinzhauptstadt, wie wir sie uns vorstellen, eher ein Dorf am Ende der Welt, obgleich es dort ja sogar ein Hotel geben soll.

In Waikabubak waren wir noch nicht am Ziel unserer Reise, wir mussten weiter in Richtung Weetebula. Das Pfarrhaus von Pater Joseph liegt nicht genau in Weetebula, sondern in Waimangura, etwa auf der halben Strecke von Waikabubak nach Weetebula. Horst erinnerte sich zunächst ganz genau, dass es rechts der Straße lag – aber später dachte er, vielleicht doch eher links? Es war schon ziemlich dunkel, als wir uns auf die Suche machten. Ich nahm mir die linke Straßenseite vor und schrie bei jeder Kirche ‚Wir sind da!‘, aber das waren immer die falschen. Horst fand dafür überhaupt keine Kirche. Schließlich fragte unser Fahrer einen Mann am Straßenrand, der ganz enthusiastisch angab, zu wissen, wo das Pfarrhaus sei. Horst sagte sofort, dass der Mann nicht ganz normal sei, was sich dann auch als richtig herausstellte, als er uns eine Polizeistation als Missionsstation aufschwatzen wollte. Unser Fahrer schmiss ihn daraufhin ohne Kommentar aus dem Auto, obgleich er inzwischen fast 20 km von der Stelle entfernt war, an der er eingestiegen war. Er beklagte sich aber auch nicht darüber. Zum Glück fand sich noch ein anderer, der uns führen wollte, und der auch mehr Vertrauen bei uns erweckte. Wir mussten ein paar Kilometer zurückfahren und kamen tatsächlich an! Es war links der Straße, nur von der Straße aus war es nicht zu sehen. Es ging steil den Berg hinauf, so steil, dass es unser Kleinbus nicht schaffte. Zum Glück hatte Pater Joseph einen Wachposten an der Straße postiert, da er uns ja an diesem oder am nächsten Tag erwartete. Der konnte uns wenigstens die Koffer hinauftragen.

Horst und ich waren zwar sehr kaputt und sehr müde, aber nach einer herrlichen Fahrt waren wir gut und vergnügt angekommen. Pater Joseph, sehr rundlich und gerade von einem Malaria-Anfall genesen, begrüßte uns sehr freundlich und mit einem guten und kühlen *Bir Bintang* (einem indonesischen Bier) und einem warmen Abendessen. Zu unserer großen Freude erhielten wir von ihm die Information, dass am nächsten Tag der wichtigste Teil der Pasola-Reiterspiele in Kodi stattfände. In Kodi fänden die bedeutendsten und größten Reiterspiele Sumbas statt. Na, wenn das nicht ein Glück war! Als hätten wir's geahnt, haben wir nicht in Waingapu übernachtet, sondern sind direkt nach Waimangura gefahren. Pater Joseph hatte auch schon einen Jeep für uns bestellt, der uns am nächsten Morgen nach Kodi bringen sollte, das knapp zwei Stunden von seiner Station entfernt liegt. Wir waren glücklich, dass alles so gut geklappt hat.

Am nächsten Morgen um 8:00 Uhr – wir hatten nach dem gestrigen aufregenden Tag wie tot geschlafen – erwartete uns schon ‚Petrus‘, der indonesische Sekretär von Pater Joseph, mit Johannes, dem Fahrer. Die Fahrt über die enge Straße, die eigentlich eher als Pfad zu bezeichnen wäre, war wie am Tag zuvor wunderschön. Sumba ist ja recht bergig und wo nicht schon vor Jahrhunderten die Sandelholzwälder abgeschlagen worden sind, gibt es noch richtigen Urwald. Nicht viel zwar, aber noch gut als Primärurwald zu erkennen.

Abb. 6
Eine Erfrischung mit Kokosmilch am Straßenrand

Abb. 7
Ein Dorf auf Sumba

108

An der Straße nach Kodi konnten wir schon eine ganze Reihe der typischen traditionellen sumbanesischen Adat-Dörfer liegen sehen. Wir hatten ja befürchtet, dass schon viele der ursprünglich mit Palmenblättern und Reet gedeckten Adat-Häuser nun mit Wellblech gedeckt seien, aber zu unserer Erleichterung gab's das noch fast gar nicht. Ich nehme an, dass sich nur sehr reiche Leute eine solche Unsitte leisten können.

Als wir dann in die Nähe von Kodi kamen, konnten wir schon gut erkennen, dass in der Nähe ein besonderes Ereignis stattfand. Immer mehr Menschen, alles Einheimische in ihrer Festtagskleidung, Männer, Frauen und Kinder, ausschließlich zu Fuß, waren in unserer Fahrtrichtung unterwegs. In Kodi angekommen hatten wir das Gefühl, dass ganz Sumba dort versammelt sei. Ich schätze, dass dort mindestens 10.000 Zuschauer und etwa 300 Reiter, wie auch die Pferde schön geschmückt, zusammen gekommen waren. Von den Touristen, die Pater Joseph uns angedroht hatte und nach denen wir nun schon seit der Ankunft auf Sumba Ausschau hielten, war auch hier nichts zu sehen. Nachdem wir schon zwei Stunden den Reiterspielen zugeschaut hatten, entdeckten wir einen einzigen Weißen (Australier oder Amerikaner vermuteten wir), der sofort – als er uns entdeckte – wegsah, vermutlich, um hinterher sagen zu können, er sei der einzige Tourist dort gewesen!
Die Reiterspiele selbst haben uns sehr beeindruckt. Es ist ein Kampfspiel, bei dem es auch immer wieder Verletzte und Tote gibt – oder besser: geben sollte, als eine Art Blutopfer, um die Götter günstig zu stimmen. Solange wir zuschauten, floss allerdings kein Blut. Es fielen zwar einige Reiter vom Pferd, was kein Wunder ist, da die Decken, auf denen sie reiten, in keinster Weise festgegurtet sind, sondern nur lose aufliegen, was doch ziemlich rutschig sein muss. Dafür waren es noch ziemlich wenige, die unfreiwillig vom Pferd purzelten. Die Regeln des Spiels waren für uns kaum erkennbar. Dass es zwei Parteien gab, die jeweils an den gegenüberliegenden Seiten des Spielfeld sammelten, die sich gegenseitig reizten, so dass immer wieder mal mehr, mal weniger Reiter aufeinander losritten, die Bambusspeere gegeneinander schleuderten und sich dann wieder auf ihre Seite des Spielfeldes zurückzogen, war gut erkennbar, aber mehr auch nicht. Trotzdem war es spannend.
Auch die Zuschauer zu beobachten, die genauso engagiert waren wie bei einem bedeutenden Fußballspiel, die mit zitterten, schrien und sich ereiferten, war höchst interessant; vor allem waren sie so mit den Ereignissen auf dem Spielfeld beschäftigt, dass sie auf uns komische Touristen überhaupt nicht achteten.

Abb. 8
Es sind verwegene Burschen auf ihren Pferden

Abb. 9

Abb. 10
Zuschauer auf Grabsteinen …

Abb. 11
… und
auf den
Bäumen

111

Einmal, als ich gerade hinter der Reitermannschaft auf der einen Seite des Spielfeldes herumlief, rannten plötzlich alle, die nicht zu Pferde waren, los. Ich bin vorsichtshalber und zum Vergnügen der ‚Eingeborenen' mit gerannt. Zum Glück, denn was mir noch verborgen geblieben war, die anderen Zuschauer aber erkannt hatten, war die gegnerische Mannschaft, die über das Spielfeld hinaus galoppierte. Wäre ich nicht mit gerannt, hätte ich leicht von den Pferden niedergetrampelt werden können. Offenbar ist das aber auch nichts Besonderes, dass die Reiter immer wieder einmal über irgendeine Seite des Spielfeldes hinausschießen, denn das Blut, das vergossen werden sollte, darf auch Zuschauerblut sein, das tut seiner besänftigenden Wirkung keinen Abbruch.

Es war ja ein unglaubliches Zuschauergewimmel. Auf den Bäumen, auf den Grabsteinen des Dorfes Kodi, am Spielfeldrand, überall waren Zuschauer. Es war wirklich völlig unüberschaubar. Horst und unser Begleiter Petrus, der Sekretär von Pater Joseph, hatten immer ein wachsames Auge auf mich, damit ich nicht verloren ginge.

Nachdem wir einige Stunden den Reitern zugeschaut hatten und die Zuschauer beobachtet hatten – was fast genauso interessant war –, wurde uns langsam die Sonne zu viel und wir machten uns auf den Rückweg. Unser Wagen war inzwischen zugeparkt, denn es waren nach uns noch eine ganze Menge Autos angekommen. Es schien, als seien alle Autos von Sumba hier versammelt. Viele waren es nicht, aber genug, uns zuzuparken. Erstaunlicherweise fanden sich die Fahrer der Autos, die unsere Abfahrt verhinderten, schnell, sodass wir nicht allzu lange auf unsere Abfahrt warten mussten. Immerhin standen wir dort lange genug, um zu sehen, dass die einheimischen Zuschauer und auch die ersten Reiter begannen, sich so langsam auf den Heimweg zu machen. Das konnte ja nur bedeuten, dass wir nichts verpassen würden, da das Spektakel dem Ende zuging.

Bevor wir aber endgültig zurück fuhren, schauten wir uns noch das Dorf Kodi an. Kodi ist ein typisches sumbanesisches Adat-Dorf. Wie überall in Indonesien gehört zu einem Haus immer eine ganze Familie oder ein ganzer Clan. Zwar leben viele Familienmitglieder nicht ununterbrochen im Stammhaus, sondern in anderen Orten, wo sie eben Arbeit gefunden haben. Ständig im Stammhaus leben meist nur die Alten und die Kinder, immerhin zwischen 15 und 20 Personen, denn zu einer Großfamilie gehören oft bis zu 100 Personen. Aber zu jedem Familienereignis und größerem Fest kommt immer die ganze Familie zusammen.

Ich finde es auch immer wieder faszinierend, wie viel Zeit die Leute haben, was hier noch viel deutlicher als auf Java oder Bali zu sehen ist. Man sitzt vor den Häusern, jede Bewegung ist langsam, nie hat man den Eindruck von Eile. Eine Spruchweisheit der Sumbanesen aus Horsts Reisebericht ist: *‚Wenn man hetzt, muss man den Gong schlagen, damit die Seele nachkommt'!* Es ist wirklich noch eine unberührte steinzeitliche Gesellschaft. Die Menschen hier sind auch keineswegs so interessiert an uns wie z.B. auf Bali oder Java. Im Gegenteil, sie wirken desinteressiert und betont zurückhaltend, ja fast ein wenig misstrauisch.

So, jetzt sind die beiden Funker tatsächlich fertig geworden. Es sind inzwischen sicherlich zwei Stunden vergangen.

Heute, am 16. Februar, ist ein Ruhetag, der mich irgendwie ermüdet hat! Morgen wollen wir zuerst ins Kloster nach Weetebula fahren, dort gehen wir auch ins Museum und danach fahren wir ins abgelegene Strandhaus der Mönche, um dort ein wenig zu schwimmen und das Strandleben zu genießen. In einem nicht weit entfernten Dorf soll man auch die Salzherstellung aus Meerwasser sehen können.

Heute haben wir einen ganz wunderschönen Tag verbracht. Morgens waren wir mit den beiden Hausmädchen von Pater Joseph, Anastasia und Philomena, auf dem Markt, der eigentlich armselig war gegenüber den Märkten auf anderen Inseln. Es fehlte die Reichhaltigkeit und Vielfalt, die man eigentlich gewohnt ist, jeder Händler hatte nur ein paar Hände voll Pfefferschoten oder Kaffeebohnen, eine Stange Tabak oder ein paar Avocados oder anderes Gemüse vor sich liegen und damit hatte es sich schon. Die Auswahl war auf dem ganzen Markt die gleiche. Trotzdem herrschte Hochbetrieb und alle genossen es – wir natürlich auch.

Wir kauften eine ganze Menge Bananen, weil wir ja den Tag in Waikelo im Strandhaus der Patres verbringen wollten. Auf dem Weg zum Strandhaus haben wir am Kloster, dem ‚Konvent‘, Halt gemacht und es besichtigt. Das beschreibe ich wieder mit Horsts Worten aus seinem Reisebericht von 1980: *Vor ca. 25 [inzwischen also 40] Jahren hat hier die Mission das erste Haus errichtet. Heute ist schon eine kleine Stadt daraus geworden. Jetzt werden dort Lehrlinge ausgebildet als Maurer, Schreiner, Mechaniker usw. Nach vier Jahren Ausbildung bekommen sie von der Mission kostenlos einen Satz Werkzeuge ihres Faches und werden in die Dörfer zurückgeschickt. Das ist echte Entwicklungshilfe. Die Missionare haben es schwer, neue Schäfchen für das Christentum zu gewinnen, da besonders die Kinder zu Hause immer noch in der traditionellen Art und mit den Geistern der Ahnen leben müssen.*
[Anmerkung von Annette: Aha, ‚müssen‘ ist der O-Ton von Tuan Geerken vor 16 Jahren. Da merkt man doch gleich, dass er Gast der Missionare war, da schleicht sich so etwas schon mal ein!].

Abb. 12
Mit Anastasia und Philomena auf dem Markt

Abb. 13
Tabak von der Stange, von der Stücke in der gewünschten Länge abgeschnitten werden

Auch für die Mädchen gibt es inzwischen eine schulische und praktische Ausbildung. Fähigkeiten wie Schneidern, Haushaltsführung, Hygiene oder Krankenpflege werden gefördert. Die Teilnehmerinnen bekommen nach Abschluss ihrer Ausbildung meist eine Nähmaschine geschenkt, bevor sie in ihre Dörfer zurückkehren.

Dem Kloster angeschlossen ist inzwischen auch ein recht großes, sehr gepflegtes Krankenhaus, in dem überwiegend einheimische Schwestern tätig sind, überwiegend Nonnen. Dort habe ich für meine Allergie von einer Kette am Hals eine Salbe bekommen. Hier wurde Horst schon vor 16 Jahren von deutschen Krankenschwestern behandelt. Er hatte sich am rechten Knöchel eine Bänderzerrung zugezogen, als er vom Pferd fiel. Damals musste er in Ermanglung von Straßen und Autos kleinere Strecken mit dem Pferd zurücklegen.

Von dort ging es weiter nach Waikelo zum Strandhaus der Patres. Es ist ganz herrlich gelegen an einer einsamen Bucht, in der nur ein kleines Fischerdorf liegt.

Wir verbrachten den Tag mit Schwimmen, Lesen, Schlafen, einem Imbiss aus halbvertrocknetem Käsebrot, Keksen, natürlich Avocados, unseren Bananen, Bonbons, Erdnüssen und Aqua aus Plastikflaschen. Man sieht, wir lagen kulinarisch voll im Trend. Die Patres essen zwar immer nur Reis mit Schweinefleisch ohne Gemüse und nur gewürzt mit Salz und viel Pfeffer – dagegen war unser Mahl ja noch raffiniert –, aber die Zusammenstellung war auch etwas ungewöhnlich. Egal, es hat uns geschmeckt. Das Strandhaus selbst bestand nur aus einem Raum mit umlaufender Terrasse. In dem Raum standen zwei Betten, mit stinkenden, mottenzerfressenen und vermutlich verwanzten Matratzen und eine ganze Reihe von Stühlen und ein paar Tischen. Alles war ziemlich heruntergekommen und sehr dreckig. Wir hatten bei Pater Joseph ja mal angedeutet, dass wir unter Umständen ganz gerne mal ein paar Tage in dem Strandhaus verbringen würden, aber den Gedanken ließen wir sofort fallen, als wir den Zustand dieses Hauses sahen. Pater Joseph hatte auch eher erschreckt als erfreut auf unser Ansinnen reagiert und es uns mit der Begründung, dass es dort doch kein Wasser gäbe, auszureden versucht. Für einen Tag war es dort aber ausgesprochen schön.

Abends gegen 17:00 Uhr wurden wir wieder abgeholt. Auf dem Rückweg machten wir noch einmal Halt am Kloster, um den Schlüssel des Strandhauses dort wieder abzugeben. Wir wurden noch von zwei Patres zum Tee eingeladen. Sie zeigten uns die Kathedrale, mit Platz für 500 Personen – Sitzplätzen wohlgemerkt!! Wir verstanden nicht, was nun wieder diese Prachtentfaltung bewirken soll? Aber sie luden uns noch für den nächsten Abend zum Essen ein. Sie waren eigentlich ganz rührend, aber von den Klosterbrü-

Abb. 14
Das Strandhaus der Patres ...

Abb. 15
... direkt am Meer

dern könnte man noch stundenlang erzählen, besonders über deren Selbstverständnis und wie sie sich hier fühlen und geben. Aber davon später.

Irgendwie habe ich immer das Gefühl, dass ich eine ganz Menge zu schreiben vergesse, und das, obwohl wir hier alles ganz ruhig angehen lassen. Ach ja, gestern haben wir auf dem Rückweg noch einen Einkauf getätigt, zum einen Proviant für unseren Strandhausausflug und Bonbons zum Verteilen und selber Essen, und dann noch einen Kasten Bier, damit wir bei unserem Gastgeber, der uns bereits von den hohen Kosten für Bier in Kenntnis gesetzt hatte, ungehemmt mittrinken können. Er kassierte das Bier, genau wie unsere kulinarischen Mitbringsel zuvor, ohne Dank oder Kommentar. Wir haben schon festgestellt, dass er, wenn er nur ein wenig seinen Bierkonsum reduzieren würde – abgesehen davon, dass dann sein Wanst etwas ansehnlicher würde –, in Kürze für die Verschönerung seiner Behausung ausreichend Mittel hätte. Zumindest ein neuer Anstrich könnte schon viel verbessern.

Im Moment ist es so feucht hier, dass alles ständig klamm und muffig ist, selbst wenn man die Kleidung tagsüber nach draußen in die Sonne hängt. Auch die Betten sind das reinste Feuchtbiotop. Selbst das Schreibpapier ist ganz klamm. Waimangura liegt ungefähr 550 m hoch in den Bergen und daher ist es wenigstens nicht so sehr heiß. Schätzungsweise zwischen 26 und 30° C. Aber es hat ja sehr viel geregnet, bevor wir kamen, und auch jetzt regnet es noch hin und wieder. Das ist ganz ungewöhnlich für Sumba.

So, jetzt muss ich endlich mal über die Mission und die Missionare schreiben. Da weiß man gar nicht, wo man eigentlich anfangen soll! Am besten bei unserem glaubenstreuen, aber auch hilfsbereiten Gastgeber. Er möchte natürlich gerne ein fortschrittlicher Missionar sein, der Horsts Scheidung in Australien respektiert hat (so hat er sich jedenfalls einmal geäußert), aber jetzt – in meiner Gegenwart – kommt das Ur-Misstrauen. *Weib, Schlange, Sünde, oh je*, wieder ganz deutlich durch. So sehr er versucht, es zu unterdrücken, er kann's nicht verstecken: Er ist entsetzlich gehemmt und kann mich nicht ansehen. Man kennt das, wenn man bei den Theologen arbeitet! Daher lasse ich Horst und Pater Joseph öfter mal alleine, damit er wenigstens hin und wieder mal aufatmen und sich entspannen kann!

Wann und wie hier von Pater Joseph missioniert wird, habe ich noch nicht erforschen können. Eigentlich führt er ein Leben wie Gott in Sumba, verschönt mit allem technischen Spielzeug, das ein moderner Missionar zum Glücklichsein braucht: Funkanlage, Radios, Kassetten und CD-Anlage modernster Art, Satellitenfernsehen, einem der modernsten Computer (da können wir im Büro nur davon träumen) mitsamt entsprechender ‚Software‘, Internetanschluss und so weiter und natürlich auch, und – ganz wichtig – Computerspielen aller Art. Man – also wir – unkt schon, dass er, sollte er aus dem Orden austreten, problemlos eine Spielhölle eröffnen könnte. Eine Art Fax, das über Funk betrieben wird, fehlt natürlich auch nicht. Der Pater ist kugelrund, was außer von der einseitigen Ernährung durch Reis mit Schweinefleisch vom heftigen Bierkonsum herrührt. Er hat eine absolut ungesunde rosa Gesichtsfarbe. Er herrscht, von den territorialen Ausmaßen und von den Gebäuden her, die sich darauf befinden, über ein ganz schön großes Reich: eine Kirche, Pfarrhaus, Wirtschaftsgebäude, Gärtnerhaus, Gästehaus und – was ich für völlig unsinnig halte – eine ‚Aula‘, die bis zu 1.000 Leute fasst.

Die Aula erregte unsere Gemüter besonders heftig, weil sie nur ein, maximal zwei Mal im Jahr benutzt wird. Wir hielten sie für eine restlos unsinnige Investition, eben ein Attribut, das Pater Josephs Herrschaftsanspruch unterstreichen sollte. In Weetebula konnte man eine solch‘ schöne Aula natürlich nicht ohne Missgunst sehen, und wie wir feststellen konnten, als wir dort herumgeführt wurden, beeilte man sich, den Vorsprung von Pater Joseph wieder einzuholen: Der Bau der dortigen noch größeren Aula schritt gut voran, natürlich mit Spendengeldern aus Deutschland.

Heute sind wir wieder auf Bali gelandet. Da ich einige Tage nicht schreiben konnte, weil zu viel los war, will ich von hier weiter aus dem Leben der heiligen Patres von der Redemptoristen-Mission auf Sumba berichten: Also von ‚Arbeit, Entbehrung und Verzicht‘ ist bei denen wenig zu spüren. Pater Joseph hat zwar immer versucht, uns zu zeigen, wie überaus beschäftigt er ist ...

Aber jetzt muss ich erst mal eine Pause machen, weil Horst aus unseren aus Sumba mitgebrachten Avocados einen Shrimpssalat mit Vinaigrette und viel Knoblauch fabriziert hat, woraus jetzt in Verbindung mit australischem Champagner ein Festmahl zur Feier unserer Rückkehr nach Bali wird!

So, nach diesem Festmahl, das abgeschlossen wurde von salzigen Keksen und australischem Käse, bin ich zwar leicht trunken, aber noch des Schreibens kundig und so setze ich die Lebensbeschreibung der erstaunlichen Redemptoristen-Patres am Beispiel des Pater Joseph fort! Er versuchte uns immer zu vermitteln, wie beschäftigt er ist, aber so recht geklappt hat das nicht, obwohl er – wie seine Hausmädchen uns verraten haben – seinen Mittagsschlaf auf zwei Stunden reduziert hatte. Sonst soll er viel länger schlafen, wie ich annehme vom Mittagessen bis zum Abendessen. Dass Pater Joseph kugelrund ist und warum, habe ich ja bereits erwähnt, und nun haben wir ihn auch noch beim heimlichen Essen erwischt!

Wir hatten ihm doch Käse und Rotwein, Salami, vier Dosen Leberwurst und ebenso viele mit Rotwurst mitgebracht. Irgendwie waren wir aber erstaunt, dass davon nun gar nichts mehr zu sehen war, weder zum Frühstück noch zum Abendessen. Der doch sehr einseitige Speiseplan - morgens Toast belegt mit Käse und darauf ein Spiegelei, mittags und abends Reis mit Fleisch oder Würstchen aus der Dose - wurde durch unsere Mitbringsel nicht aufgebessert! Als nun so gar nichts von den mitgebrachten Sachen uns wieder unter die Augen kam, dachten wir erst: ‚In seiner christlichen Nächstenliebe wird er wohl mit seinen Mitbrüdern im Kloster teilen wollen‘, aber ach, unser Vertrauen in den christlichen Teilungsgedanken war wohl doch zu groß! Wir entdeckten, dass er abends nach dem gemeinsamen Abendessen, sobald wir uns zurückgezogen hatten, heimlich über Leberwurst, Käse und Salami herfiel und dazu Karl Mays ‚Durchs wilde Kurdistan‘ verschlang! Diese Enttäuschung, vor unseren Augen las er immer nur ‚Im Glauben leben‘, herausgegeben von der Deutschen Bischofskonferenz! Aber dann gewannen wir doch unser Vertrauen in die christliche Mission wieder, nämlich als ein Pater aus dem Konvent uns für Sonntagabend zum Bier ins Kloster einlud! Wir überlegten, was wir mitnehmen könnten, und da drückte uns Pater Joseph eine Dose Rotwurst mit den Worten in die Hand: „Die mag ich nicht so sehr!" Horst und ich durften uns nicht anschauen, sonst hätten wir schallend losgelacht! Ach ja, ‚selbst futtern macht fett‘. Pater Joseph ist doch das beste Beispiel dafür. Er ist ja schon ganz schön scheinheilig, das sieht man schon beim Bekreuzigen vor dem Essen, da ist er wie eine Karikatur seiner selbst.

Der abendliche Umtrunk bei den Patres wurde recht gemütlich. Außer Pater Joseph und dem Pater, der uns eingeladen hatte, waren noch einige weitere Personen dabei. Horst ist immer sehr geschickt darin, den uns anhaftenden Makel des ‚Lebens in Sünde‘ aus dem Kopf der Patres zu verdrängen, indem er sie mit der Tatsache erfreut, dass ich in der Katholisch-Theologischen Fakultät in der Universität in Bonn arbeite. Das brach das Eis und lockerte die Stimmung erheblich auf. Dass das ‚Leben in Sünde‘ den Patres doch erhebliche Probleme bereitet, erfuhren wir schon einige Tage zuvor, als ein Pater zu Besuch kam und davon erzählte, dass doch so einige Paare ‚in Sünde‘ lebten, selbst wenn sie schon halberwachsene Kinder hätten, weil es Probleme mit dem Elternhaus (dem ‚heidnischen‘!) gäbe, oder noch nicht genug Geld für die Hochzeit da sei. Pater Joseph wurde immer ganz unruhig bei solchen Gesprächen, weil er – wie ich vermute – immer Angst hatte, dass herauskommen könne, dass auch er solche Sünder beherbergte. Also muss man doch mal anerkennen, dass er es überhaupt tat. Wir taten aber auch einiges für unsere Imagepflege, wir gingen sogar am Sonntag mit in die Kirche! Aber je näher der Tag unserer Abreise rückte, desto entspannter und gelöster konnte er mit uns umgehen.

Ach, apropos Kirchgang: Es war Sonntag morgens, ich war noch nicht so recht erwacht unter meinem Moskitonetz und ‚knöterte' so vor mich hin, als Horst mich mit einem Satz, beziehungsweise einer Frage, von einer Sekunde zur anderen kerzengrade im Bett sitzen ließ! Er fragte mich: „Weißt Du schon, was Du nachher in der Kirche singen wirst?" Ich: „Wieso singen?" Horst: „Ja, das ist immer so, wenn weiße Freunde von Pater Joseph mit in die Kirche gehen, dann müssen die ein deutsches Kirchenlied vorsingen. Ich werde ‚Vom Himmel hoch' singen, und Du?" Ach Du mein Schreck – ‚Großer Gott wir loben dich' ... ‚O Haupt voll Blut und Wunden' ... oder ... oder ... – und von jedem Lied habe ich nur die erste Zeile parat, wie peinlich, und dass ‚lalala' nur eine Verlegenheitslösung ist, erkennt selbst der unzivilisierteste Eingeborene. Natürlich war es Blödsinn, keiner musste vorsingen. Zum Glück befreite mich Horst schon vor dem Kirchgang von meinen Singängsten!

Die deutschen Missionare in Indonesien tun auch viel Gutes. Der Schwerpunkt liegt nicht mehr auf der christlichen Missionierung, sondern auf der handwerklichen Ausbildung. In Schreinereien, Schneiderwerkstätten und in der Landwirtschaft werden viele junge Sumbanesen in einer mehrjährigen Lehre zu Facharbeitern ausgebildet. Gott sei Dank gehören fanatische Redewendungen wie: ‚Werf' Götzen in den Brand!', wie in dem Missionslied vom Anfang der 19. Jahrhunderts der Vergangenheit an. *[Dieses Missionslied habe ich in alten Unterlagen meiner Großmutter gefunden (s. Abb. 16)]*

Am Montag, dem letzten Tag bei unserem Gastgeber in Waimangura, fuhren wir zurück nach Waikabubak. Auf Sumba beginnen übrigens sehr viele Ortsnamen mit ‚Wai' oder ‚Wee', was ‚Wasser' bedeutet. Die Ortsnamen Waingapu, Waikabubak, Waimangura, Weetebula usw. zeigen, wie wichtig Wasser auf dieser normalerweise sehr trockenen Insel ist. In Waikabubak wollten wir ein Adat-Dorf besuchen, Taro, und uns ein wenig die Stadt ansehen und in einem Restaurant zu Mittag essen, um Pater Josephs Einerlei von Reis und Schweinefleisch mal zu entgehen. Auch wenn wir dank eines von Horst entdeckten Avocado-Baumes im Garten den Speiseplan schon erheblich durch alle möglichen Avocadogerichte, wie Avocadopürree, Avocadosalat, Avocadosuppe oder Guacamole aufgebessert hatten, blieb uns das Reis- und Schweinefleisch-Einerlei als ständiger Grundbestandteil der Nahrung doch erhalten.

Als erstes besuchten wir das auf einem Hügel gelegene Taro, das wie die meisten traditionellen Adat-Dörfer auf einem Hügel liegt und von unten

Missionslied.

Mel. Der Du voll Blut und Wunden ꝛc.

1. Der Du in Todesnächten Erkämpft das Heil der Welt, Und Dich als den Gerechten Zum Bürgen darge-stellt, Der Du den Feind bezwungen, Den Himmel auf-gethan; — Dir stimmen unsre Zungen Ein Hallelujah an.

2. Im Himmel und auf Erden Ist alle Macht nun Dein, Bis alle Völker werden Zu Deinen Füßen seyn. Bis die von Süd und Norden, Bis die von Ost und West Sind Deine Gäste worden, Bei Deinem Hochzeitfest.

3. Noch werden sie geladen, Noch gehn die Boten aus, Um mit dem Ruf der Gnaden Zu füllen Dir dein Haus. Es ist kein Preis zu theuer, Es ist kein Weg zu schwer, Hinauszustreu'n dein Feuer Ins vielbewegte Meer.

4. Da wird's dem Parsen helle, Wenn ihm dieß Feuer flammt, Das einer lichtern Quelle, Als seine Sonn, ent-stammt, Auch Abrahams Söhne tauchen Auf aus der Blind-heit Nacht, Weil hier nicht Berge rauchen Weil hier kein Donner kracht.

5. „Und dieses Feu'r verzehre Des Hindu stolz Gewand! Das Volk im stillen Meere Werf' Götzen in den Brand! Die finstre Macht der Mohren Sie weiche diesem Licht'!" So hat dein Mund geschworen, Und siehe! es geschicht!

6. Fern an der Knechtschaft Strande Erwacht ein Durst nach Licht, Und aus dem engen Bande Manch tiefer Seuf-zer bricht. Da fahren tausend Funken In schwarzer Skla-ven Herz: Wer von dem Licht getrunken, Ist frey vom Todesschmerz.

7. Und hoch am starren Norden, Wo ewger Schnee noch ruht, Da ist es warm geworden Durch dieses Feuers Gluth. Die Herzen sind zerflossen; Das Eis ist aufgethaut; In knospenreichen Sprossen Sich mild der Sommer baut.

8. So ziehen Deine Flammen Wie Sonnen um die Welt. Getrenntes fließt zusammen; Das Dunkle wird er-hellt. Und wo Dein Name schallet, Du König Jesus Christ! Ein selig Häuflein wallet Dahin, wo Friede ist.

9. So sammle deine Heerden Dir, aus der Völker Zahl, Daß Viele selig werden, Und zieh'n zum Abendmahl. Schleuß auf die hohen Pforten, Es strömt dein Volk heran! Wo noch nicht Tag geworden, Da zünd' dein Feuer an!

(Dr. Bardt.)

Abb. 16
Missionslied

kaum auszumachen war. Dort hat es uns besonders gut gefallen. Wir hatten das Glück, dass die Bewohner uns gegenüber sehr freundlich und aufgeschlossen waren. Sie luden uns ein mit ihnen zusammen zu sitzen, sie unterhielten sich ganz aufgeschlossen mit uns und boten uns sogar an, das Innere ihrer Häuser anzusehen. Und nicht nur in einem Haus waren sie so freundlich, sondern überall. Ein junges, sehr hübsches Mädchen, das noch ganz zum Schluss mit uns redete, hat uns dann aber doch mit ihrem Selbstbewusstsein und ihren Ansichten überrascht. Sie erzählte uns, dass sie zwar schon 21 Jahre alt sei, aber erst dann heiraten wolle, wenn sie einen Mann träfe, der nicht nur von ihrer Arbeit und ihrem Geld leben wolle, sondern er müsse genauso viel Geld mitbringen wie sie und mindestens genauso viel arbeiten wie sie. Sie erzählte uns weiter, dass sie auf der katholischen Mädchenschule der Mission gewesen sei und auch getauft sei, aber das müsse man ja, wenn man etwas lernen wolle. Wenn man dann aber nach Hause zurückkehre, dann sei alles wieder wie immer und dann spielten die Merapu-Geister wieder die größte Rolle. Das war die Bestätigung dessen, was wir uns schon gedacht hatten. Mit den Reiterspielen, der Pasola, hatten es die Patres ja auch nicht so; der eine sagte uns, dass er sie in den 34 Jahren, die er nun auf Sumba sei, noch niemals gesehen habe, der andere, dass eine halbe Stunde Zuschauen genügen würde. Dass dabei Blut fließen müsse, eben als Blutopfer für die Ahnengeister, wollten sie gar nicht wissen. Irgendetwas ist an der Pasola, das sie nicht wahrhaben wollen. Pater Joseph gab uns zwei Bücher über Sumba, das eine handelte von der ursprünglichen Religion, dem Merapu-Kult, das andere von der Arbeit der christlichen Missionare. Beide Bücher waren von den Ordensbrüdern und -schwestern geschrieben. Und in keinem wurde auch nur mit einem Wort die Pasola, immerhin doch das höchste allgemeine Fest der Sumbanesen, erwähnt. Das finde ich mehr als verdächtig. Vermutlich zeigt sich bei solchen Anlässen, wie brüchig ihre Christianisierungsbestrebungen sind.

Nachdem wir uns in Taro ausgiebig aufgehalten haben, uns vermutlich noch länger aufgehalten hätten, hätte mich nicht plötzlich ein unsäglicher Durst befallen, der mich glauben ließ, ich könne in den nächsten 10 Minuten oder früher elend verenden, bekäme ich nicht unverzüglich etwas zu trinken! Hinterher tat es mir leid, weil Horst noch gerne länger dort geblieben wäre, um sich mit den Leuten zu unterhalten. Aber da war's dann zu spät. Unten in Waikabubak kauften wir eine Flasche Wasser, und so wurde ich vor dem Tod durch Verdursten errettet. Nun war ich wieder obenauf und wir schlenderten ein wenig durch das Städtchen, in dem es zu unserem Erstaunen kein Restaurant gab. Nur im Hotel Manandang konnten wir essen! Das taten wir auch, es schmeckte uns zwar hervorragend, aber kurz

Abb. 17
Dorf mit Grabstätten

Abb. 18
Annette wird überall von Kindern umringt

123

Abb. 19
Kinder stampfen Reis
zu Mehl

Abb. 20
Die typischen Sumba-
Kains, die nur auf
dieser Insel von Hand
hergestellt werden

danach bekamen wir beide Durchfall! Andere Touristen waren uns auch hier nicht begegnet. Von dort aus suchten wir am Busbahnhof den Public Bus, der uns nach Waimangura zur Missionsstation zurückbrachte.

Abends musste Horst wieder mit allen Funkfreunden von Pater Joseph funken, das gehört nun mal zum täglichen Abendprogramm: 18:30 Uhr Abendessen, 19:00 bis 21:00 Uhr funken. In der Zeit sah ich dann Filme an, die die Patres über das kirchliche Leben auf Sumba gedreht hatten! Meine Bereitschaft dazu und meine Ausdauer dabei stimmten Pater Joseph ganz fröhlich. Oder war es die Tatsache, dass unser Bus am nächsten Morgen schon um 7:00 Uhr abfuhr? Er offerierte uns zur Feier unseres Abschiedsabends sogar Messwein, allerdings jedem nur ein kleines Glas, da er nur noch wenig habe. Ob das wohl stimmte, oder ob das seine Art der Vorratshaltung war, werden wir sicherlich niemals erfahren. Je näher der Moment des Abschieds kam, desto fröhlicher schien er zu werden. Armer Pater Joseph, er ist mit seiner Gastfreundschaft wirklich über seinen katholischen Schatten gesprungen. Zum Abschied bekam er von Horst noch eine Spende, die er sofort einsteckte mit den Worten: „Ihr braucht doch euren Aufenthalt hier nicht zu bezahlen!"

Unser Bus, der uns um 7:00 Uhr am nächsten Morgen abholen sollte, kam erst um 8:00 Uhr. Aber das hatte man uns schon vorher gesagt, denn es war der 20. Februar, Idul Fitri! Also ein islamischer Feiertag und da dauerte es länger, bis der Busfahrer genug Fahrgäste fand. Das bekamen wir dann auch noch weiter zu spüren, denn er suchte noch zwei Stunden lang, bevor er sich auf den Weg zum Ostteil der Insel machte. Gegen 12:00 Uhr sollten wir in Waingapu ankommen, aber es wurde 15:30 Uhr, als der Bus uns endlich mit platt gesessenen Hintern und Bergen von Avocados am Sandlewood-Hotel absetzte! Die Zimmer waren preisgünstig und recht ordentlich, nur das Bad habe ich sicherheitshalber desinfiziert, da es vermutlich noch niemals geputzt worden war. Wenigstens stank es nicht. So waren wir sehr zufrieden, und nachdem wir das frisch desinfizierte Klo getestet hatten, gingen wir erst einmal los.

Wir machten uns auf die Suche nach der Fluggesellschaft Merpati, weil wir unsere Rückflüge für den übernächsten Tag buchen wollten, aber das Büro hatte wegen Idul Fitri geschlossen. Zurück im Hotel stürzten wir gleich ins dazugehörige Restaurant zum Essen und spülten unsere Kehle zuerst mit einem kühlen Bier. Das war ziemlich kompliziert, weil nur die chinesische Chefin die Schlüsselgewalt zum Kühlschrank mit alkoholischen Getränken hatte, und für jede neue Getränkebestellung irgendwo im Haus oder im Garten gesucht werden musste!

Für den nächsten Tag haben wir dann noch ein Auto mit Fahrer gemietet, um auch noch etwas von Ost-Sumba zu sehen. Auf der Strecke kamen wir immer wieder an Grabstätten vorbei. Abends schwelgten wir dann noch ein wenig in Avocados. Davon können wir ja überhaupt nicht genug bekommen.

Am nächsten Morgen ließen wir uns von unserem Fahrer erst einmal zu Merpati bringen und hatte dort auch keine Schwierigkeiten, für den nächsten Tag einen Flug zu bekommen. Vor dort brachte uns der Fahrer in den 60 km entfernten Ort Rinde. Die Fahrt vermittelte einen guten Eindruck von Ost-Sumba, das viel karger, flacher und ärmer wirkt als West-Sumba.

Ost-Sumba ist aber technisch auch gut erschlossen: Satellitenschüsseln sieht man viel öfter als in West-Sumba! Was uns von den Patres erzählt worden war, bewahrheitete sich voll und ganz: Es war dort in Rinde, dem Königsdorf, bei weitem nicht so schön wie in den west-sumbanesischen Adatdörfern, aber viel touristischer! Man musste überall Eintritt bezahlen, die Kinder bettelten einen an, die Dorfbewohner wollten sofort ihre Ikats verkaufen und waren zum Teil recht unfreundlich. Wir besuchten noch ein weiteres Adatdorf und auch dort das Gleiche, es gab sogar im Zuge der neuen Zeit auch schon Adathäuser, die mit rostigem Wellblech gedeckt waren. Scheußlich!

Das schönste Erlebnis des Tages war der Strand, zu dem unser Fahrer uns brachte. Nur ein paar Einheimische fischten dort und wir schwammen lange und ausgiebig auf der Stelle – weil dort eine solch starke Strömung war, dass man nicht vorankam – im herrlich warmen Wasser. Wir redeten nur von Leberwurstbrot mit Gewürzgurken, Salamibrötchen, gebratener Blutwurst mit Zwiebeln, wobei uns immer mehr das Wasser im Munde zusammenlief. Man sieht, die Wurst, die Pater Joseph uns vorenthalten hat, hat ein Trauma bei uns ausgelöst! An diesem Abend, unserem letzten Abend auf Sumba, genossen wir auch unseren letzten Schluck aus der mitgebrachten Whiskyflasche! Besonders als wir bei Pater Joseph wohnten, haben wir uns jeden Abend, wenn wir uns zurückgezogen hatten, dem Whisky-Trunke ergeben und bei unterdrücktem Gelächter flüsternd alle Ereignisse des Tages durchgehechelt.

Auch an diesem letzten Abend auf Sumba hatten wir wieder etwas durchzuhecheln. Im Sandlewood Hotel waren an diesem Tag noch zwei seltsame Gestalten abgestiegen: ein deutsches Pärchen, das uns ansprach. Sie waren von Indonesien total begeistert, hatten in Bonn Indonesisch gelernt. Sie kannten Herrn Ranadipoera, meinen sundanesischen Lehrer für Indonesisch und hatten auch bei ‚Stöversan‘, Michael Stöver, studiert, den ich noch aus der Religionswissenschaft kannte. Sie hatten bei Michael Stöver einen

Abb. 21
Monumentale Grabstätten neben der Straße …

Abb. 22
… und am einsamen Strand

Kurs über indonesische Pop-Musik belegt. Landeskunde oder ein Kurs über indonesische Politik wäre vielleicht sinnvoller gewesen. Sie reisten in möglichst unwegsame Gegenden wie Irian Jaya auf Neuguinea oder auch nach Sumba, wo sie sich von einem Einwohner aus dem Dorf Faro adoptiert fühlten und über ihn auch immer als von ihrem ‚Vater' sprachen. Hoffentlich haben sie auch genug Geld dagelassen, denn Kinder sind ja schließlich verpflichtet, für die Eltern zu sorgen! Ich habe allerdings nicht danach gefragt, obwohl es mir auf der Zunge lag. Dumm sind die Asiaten ja nicht. Wenn die Eltern plötzlich überall ‚Kinder' hatten, erwarteten sie von diesen versorgt zu werden. Ja, manchmal gelangt man an ‚Eltern', die sehr hohe Ansprüche stellen! Es war ein ganz außerordentlich komisches Paar, nicht nur äußerlich dünn und ausgemergelt und vertrocknet, auch von ihrer Persönlichkeit her. Sie konnten nicht lachen, es gab keinerlei vertrauliche Gesten zwischen ihnen, sie wirkten wie zwei Stöcke, die zufällig und unpassend nebeneinander in die Erde gesteckt worden waren. Und mein negativer Eindruck von ihnen stammt bestimmt nicht daher, dass sie unsere Berge von Avocados, die wir aus dem Pfarrhausgarten von Pater Joseph vor dem Verrotten gerettet haben, mit tiefer Abscheu betrachteten, auch wenn unsere Solidarität unseren Avocados gegenüber hier auf keinen Fall in Frage gestellt werden soll! Wir haben nicht viel mit den beiden geredet. Aber trotzdem wurde für uns aus einigen wenigen Dingen, über die wir sprachen, sehr deutlich, dass sie zum Teil erschreckend wenig Ahnung zu haben schienen – daher unsere Bemerkungen über Landeskunde und Tagespolitik. Bali mochten sie natürlich auch nicht – da kann ja auch jeder hinfahren! –, dazu waren sie zu alternativ. Uns mochten sie nach kurzem Kennenlernen genauso wenig wie unsere Avocados: Wir waren albern, lachten ständig, gingen immer Hand in Händchen und schmusten herum wie Teenager. Das konnte ihnen gar nicht gefallen!

Am nächsten Morgen, dem 24. Februar, wurden wir nach dem Frühstück noch zur Eile gedrängt, weil unser Flug mit der Merpati angeblich um eine Stunde vorverlegt worden sei. Am Flughafen wurde uns dann allerdings mitgeteilt, dass unser Flug ganz gestrichen sei und wir auf einen anderen Flug warten müssten. Wir bezweifelten, dass das nun alles so klappen würde und befürchteten, einen ungemütlichen Tag am ‚Mau Hau-Flughafen' mit der Erkenntnis zu verbringen, dass auch Flugzeuge der Gesellschaft Sempati an diesem Tag nicht fliegen würden und wir abends wieder ins Hotel zurück müssten. Eine falsche Information jagte die andere. Horst hatte sich mit dem Chef von Sempati in ein Gespräch über Gott und die Welt vertieft. Der Chef versicherte uns, eine Maschine würde bestimmt noch fliegen, denn er

Abb. 23
Unser Flugzeug der Merpati

Abb. 24
Tambolaka mit dem Strandhaus der Patres von oben

wolle selbst auch mit. Damit wollte er uns nur beruhigen, dachten wir, aber zu unserem Erstaunen fand dann wirklich ein Flug statt – allerdings ohne ihn – mit einer winzigen Maschine der Fluggesellschaft Merpati, die wie ein großer Koffer aussah. Was für ein Durcheinander! Durfte der Chef der Sempati nicht mitfliegen, weil er für die Konkurrenz von Merpati arbeitete?

Wir flogen erst nach Tambolaka auf Westsumba – da waren wir fast wieder bei dem Strandhaus der Patres –, dann nach Bima auf Sumbawa, wo wir in eine Fokker-27 umsteigen mussten, mit der wir weiter nach Mataram auf Lombok und von dort endlich nach Bali flogen. Das Ganze dauerte über sieben Stunden! Unser alternatives Pärchen war auch mit von der Partie, und ihr ungünstiger Eindruck von uns hat sich sicherlich voll und ganz bestätigt. Wir lachten, alberten und blödelten herum, hatten recht engen Körperkontakt, während sie sich in unterschiedliche Reihen setzten und Indonesier über ihre Familienverhältnisse – wie wir annahmen – ausfragten. Suchten sie weitere Eltern? Hin und wieder hörte ich, wie sie ein paar Worte miteinander redeten: ‚Ich habe erfahren ....‘, ‚Ja, und ich habe erfahren ...‘, ‚Nein, wie interessant ...!‘ Jeder sprach mit dem anderen in äußerst oberlehrerhaftem Ton, wie Fremde und nicht wie zwei Menschen, die seit Jahren zusammenleben! Es war wie auf einer Bühne, auf der Laiendarsteller versuchen, kluge und wissenschaftliche fundiert forschende Reisende darzustellen. Selbst ihr mit Sicherheit vorhandenes Interesse wirkte gespielt. Horst und ich amüsierten uns über alle Maßen!

Als wir am Abend wieder auf Bali landeten, fühlten wir uns wie Heimkehrende!

Bali, Februar/März 1996

von Annette Bräker
(bearbeitet von Horst H. Geerken)

Vorgestern Abend, am 24. Februar, kamen Horst und ich von Yogyakarta nach Bali zurück und fühlten uns wie Heimkehrende. Abends gingen wir wieder direkt rüber zum Restaurant Budis Warung, obwohl wir eigentlich an der Hauptstraße gegrillten Red Snapper essen wollten. Aber dann hatten wir plötzlich doch mehr Lust auf Budi. Auch das war wie nach Hause kommen, mit Bahmi Goreng Udang und hinterher Bananenpfannkuchen.

Am nächsten Abend war Horst – und damit auch ich – von Herrn K., einem Direktor der Firma Guna Elektro, und seiner Familie zum Abendessen eingeladen. Horst arbeitete viele Jahre mit Herrn K. vertrauensvoll zusammen. Da wir motorisiert waren, sind wir tagsüber schon einmal nach Nusa Dua gefahren, um in Erfahrung zu bringen, wo wir uns überhaupt am Abend einzufinden hatten.

Abends waren wir pünktlich zur Stelle, feingemacht wie sich das gehört. Im Auto hatten wir auch die Klimaanlage auf Hochtouren laufen lassen, damit wir nicht ganz so verschwitzt dort ankämen und wenigstens zu Anfang noch wirkten wie kühle Europäer. Es gelang uns auch – es war sogar so kalt, dass wir am nächsten Tag grässliche Halsschmerzen hatten! –, aber Familie K. hat das nicht mehr miterlebt, sie war nämlich gar nicht da, als wir mit frischgewaschenen Haaren und fein herausgeputzt und vor allem trocken das Hotel erreichten. Nachdem wir ein wenig herumgelaufen waren, teilte uns die Rezeption mit, dass Herr K. gerade angerufen habe, er und seine Familie würden so schnell wie möglich kommen, sie seien auf der Rückfahrt von einem Gottesdienst aufgehalten worden. Na so etwas, dabei war noch nicht einmal Sonntag! Bis Familie K. endlich eintraf, war ich schon wieder von einem feuchten Film überzogen, dabei hatte ich mich unter einen Fan gesetzt und mich fast gar nicht bewegt! Sie führten uns dann in ein besonders für seinen frischen Fisch bekanntes Lokal. Horst und ich bestellten verschiedene Gerichte, bekamen aber genau das gleiche und das war erstaunlich schlecht. Für den Preis sowieso. Familie K. war aber wirklich sehr nett. Sie stellten fest, dass Horst jetzt jünger aussehe als 1981, als er seinen Job aufgab! Das glaube ich gern und ich glaube nicht, dass es nur als Kompliment gesagt wurde. Zum Schluss wurde noch ein Familienfoto für das Familienalbum gemacht. Dann verabschiedeten wir uns alle mit der Versicherung, dass wir uns sobald wie möglich wiedersehen müssten und wir freuten uns auf unseren Bungalow im Palm Garden Hotel, einer Oase der Ruhe im quirligen Kuta. Wir sind nicht so sehr für In-Lokale mit In-Atmosphäre, dafür lieben wir das einfache, aber gute Essen bei Budi!

Abb. 25 Im Hotel Palm Garden in Kuta. Hier werden Reiseerlebnisse festgehalten

Abb. 26 Auf unser Terrasse im Bungalow bei Nicks's mit Blick in den dichten Dschungel um uns herum

Heute, am Montag, den 26. Februar, begaben wir uns auf den Weg nach Ubud, um dort ein paar Tage zu verbringen. Die Straße bei Sanur war nach ausgiebigem Regen in der vergangenen Nacht noch regelrecht überschwemmt, was uns aber mit unserem Jeep-Verschnitt im Gegensatz zu einigen anderen nicht hindern konnte. In Ubud angekommen schauten wir uns verschiedene Unterkünfte an, die eigentlich alle ganz vernünftig waren. Aber dann landeten wir doch bei Nick's, das uns bei früheren Reisen – ich mit den Eltern und Horst alleine – schon gut gefallen hatte. Wir bekamen einen sehr schönen freistehenden Bungalow in der Schlucht, mit großer Terrasse, auf der man sich wie im Urwald fühlte. Horst handelte dank seines Welthungerhilfeblicks einen humanen Preis aus. Nick's ist sehr vornehm geworden und hat jetzt auch einen Swimmingpool, den wir sogar einmal benutzten!

Nur beim Einchecken kamen wir etwas in Bedrängnis, als wir die Nummern unserer Pässe in unsere Meldeformulare eintragen sollten – unsere Pässe lagen nämlich wohlverwahrt in Kuta im Safe! Aber Horst war da erfinderisch, er schrieb seine Führerscheinnummer auf, und da mir diese Nummer verwehrt blieb, weil mein Führerschein in Deutschland geblieben war, behalf ich mir mit der Nummer – oder doch wenigstens einem Teil davon – meiner American Express-Karte. Und schon waren wir wieder vollwertige Mitglieder der Gesellschaft! Nachmittags gingen wir auch in Nick's Restaurant in den Reisfeldern um zu essen, und aßen dort so gut wie bisher noch nirgendwo. Es war ein hervorragendes vegetarisches Essen. Wir versuchten in unserer Zeit in Ubud noch einige andere Restaurants, aber kehrten immer wieder zu Nick's zurück – nicht etwa reumütig, wir aßen auch anderswo sehr gut – aber bei Nick's war's dann doch am besten. Über unsere Zeit in Ubud kann ich zusammenfassend sagen, wir fuhren vor allem in Sachen ,Angklung'-Windspiele und Mobiles umher, spazierten durch die Gegend, waren vergnügt und genossen das Leben – wie immer!

Bei Nick gefiel es uns wirklich sehr gut. Morgens auf der Terrasse zu sitzen, in einen Sarong (ein Hüfttuch) gewickelt und dem Monsunregen zuzuhören und zuzuschauen, das war wie im Paradies. Aber die ganze Zeit kämpfte ich gegen einen schleichenden Hexenschuss, den das Bett bei Nick durchaus zu fördern schien. Am Tag unserer Abreise fielen mir die Stufen zum Restaurant so schwer, dass ich Horst alleine mit unserem Gepäck fertig werden ließ.

Die Rückreise nach Kuta wollten wir über Iseh, wo das Haus ist, in dem Walter Spies einige Zeit gelebt hat, über Putung, Candi Dasa und Klungkung machen. An einer Kreuzung auf dem Weg nach Iseh sprach uns ein Mann in einem sehr guten Deutsch an, der sich anbot, uns auf dem Weg nach Iseh einen schönen Tempel zu zeigen. Aufgrund seiner guten deutschen Sprachkenntnisse, die man bei einem Indonesier in einem abgelegenen Dorf nicht erwartet, erregte er unser Interesse und wir nahmen ihn im Auto mit. Es stellte sich heraus, dass er der Dorfschullehrer war und sich Deutsch selbst beigebracht hatte. Er brachte uns zu dem Dorftempel, aber da man, um ihn zu erreichen, auf einen Hügel klettern musste, blieb er mir und meinem immer schlimmer werdenden Hexenschuss verwehrt. Ich wartete am Fuß des Berges und es dauerte nicht lange, bis sich die halbe männliche Dorfjugend um mich herum versammelte. Ich verstand ja nicht sehr viel von dem, was sie von mir wissen wollten, stellte aber höchst erfreut fest, dass viele sechs Finger oder Zehen hatten! Ich wusste, dass das in Asien nicht selten ist und vor allem in abgeschiedenen Gegenden vorkommt, wo viel Inzucht herrscht. Es begeisterte mich, in einer so abgeschiedenen Gegend zu sein. Neben mir wusch ein Mann seine Ziege und scheuchte die Jungen – die immer näher an mich heranrückten – in angemessene Entfernung. Horst und der Lehrer kamen aber auch schon bald wieder zurück. Da die Straße nach Iseh sehr holprig sein sollte und mein Rücken immer schlimmer wurde, entschlossen wir uns, diesen Besuch für später aufzuheben und fuhren den Lehrer in sein Dorf zurück. Er hätte uns so gerne zu sich nach Hause eingeladen, wir könnten doch bei ihm schlafen oder doch wenigsten essen, aber angesichts meines desolaten Zustands verschoben wir es auf ein anderes Mal. Horst wollte eigentlich den schnellsten Weg nach Kuta einschlagen, aber das wollte ich nun doch nicht. Wenigstens nach Putung, wo man doch so einen phantastischen Ausblick auf die Reisterrassen hat, wollte ich noch. Und ich setzte mich durch!

Der Ausblick in Putung war immer noch derselbe, aber das Restaurant war unerhört vornehm geworden, mit Lunchbuffet und edel aussehenden Kellnern. Zum Getränk – wir tranken sündhaft teuren Orangensaft – gab es frisch geröstete Erdnüsse. Die futterten wir in Windeseile restlos auf und dann flüchteten wir, um irgendwo anders zu essen. Das geschah dann in einem Hotel in Candi Dasa. Wir aßen dort, aber wir schwelgten in wehmütigen Erinnerungen an das grandiose Essen bei Nick und freuten uns auf unser nächstes Mahl bei Budi.

(Anmerkung von Horst: Die damalige erstklassige Köchin und der Manager von Nick's Restaurants wurden ein Paar. Sie haben inzwischen Kinder, und der Ehemann ist nun Oberkellner in einem bekannten, von Ausländern frequentierten Restaurant in Ubud. Die ehemalige Köchin, die nun natürlich Hausfrau ist, hat noch einige Male für uns gekocht, wenn wir zuhause in unserem Bungalow Gäste bewirteten.)

Abb. 27
Reisterrassen bei Putung

Danach gingen wir noch ein wenig in Candi Dasa spazieren und freuten uns darüber, dass wir dort nicht wohnen mussten. Selbst der schöne Strand, der dort früher – bevor die Korallenriffe abgebaut wurden – war, ist ja nicht mehr vorhanden. In einem anderen Restaurant tranken wir noch einen Kaffee und Horst fiel in einen Mittagsschlaf, was nicht gegen die Qualität des Kaffees spricht, er war nämlich besser, als es hier scheint. Dann fuhren wir über Klungkung zurück nach Kuta, und dort hatte uns für unsere letzten Tage unser Palm Garden-Domizil wieder. Auch Budi's Warung hatte uns wieder, dabei wollten wir doch eigentlich Red Snapper an der Hauptstraße essen. Diesen gab's aber erst einige Tage, später mit unverschämt frecher Bedienung und elenden Rückenschmerzen.

In der Nacht nach unserer Rückkehr geschah es dann. Ich wachte auf und wollte auf die Toilette, hievte mich aus dem Bett und plötzlich nach wenigen Schritten ging's keinen Schritt mehr weiter. Die Beine spielten nicht mehr mit! Ich hatte zwar keinen Ton gesagt – glaub' ich –, aber Horst wachte sofort auf und sprang aus dem Bett, um mich im letzten Moment aufzufangen, bevor ich stürzte. Was dann kam, war eine echte Tortur. Ich hatte irrsinnige Rückenschmerzen und konnte nicht mehr laufen, sitzen oder stehen. Ich verbrachte zwei Tage mehr oder weniger ausschließlich im

Bett mit meinem Koffer unter den Beinen. Horst versorgte mich mit allem und wusch auch unsere unvermeidliche Wäsche. Meine Tabletten hatte ich vorausschauender Weise Pater Paul auf Sumba geschenkt, weil ich ja in Indonesien niemals Rückenschmerzen bekomme!

Nach zwei Tagen konnte ich zum ersten Mal wieder mit Horsts Hilfe bis zu Budi kommen und dort mein Essen einnehmen. Aber es war immer noch äußerst mühsam. Horst musste in der Zeit alles alleine machen: zum Salon Babi gehen und sich die Haare schneiden lassen, zum Geldwechseln gehen und sich mit einem manipulierten Rechner übers Ohr hauen lassen, ein Paket für die von uns gekauften Mitbringsel packen (die wir unmöglich alle mitschleppen konnten) und zur Post bringen, Decken für mein Sofa besorgen etc. – eben einfach alles. Als ich mich endlich wieder ein wenig bewegen konnte, fuhren wir zu unserem lange geplanten Fischessen auf die Hauptstraße. Wir fuhren zum einen, weil wir nun mal das Auto gemietet hatten und es nicht weiterhin nutzlos herumstehen sollte, und dann, weil ich noch gar nicht gut laufen konnte. Das Essen, zu dem ich mit meinem Kopfkissen antrat, weil ich auch noch nicht wieder gut sitzen konnte und das Kissen in meinem Rücken brauchte, hielt nicht, was wir uns versprochen hatten. Wir wurden so unfreundlich bedient und zum Teil auch noch falsch: Eine ungeheuer unverschämte Bedienung empfand unseren Wunsch nach viel Knoblauch in der Sauce als Zumutung, brachte uns dann gesüßten Tee anstatt ungesüßten, und als wir reklamierten, wurde sie patzig und frech. Auf Horsts Wunsch, den Chef zu sprechen, sagte sie, der sei in Jakarta und der Manager, den er dann sprechen wollte, sei nicht da. Wir konnten unseren gegrillten Red Snapper gar nicht richtig genießen, und davon abgesehen hatten wir schon viel besseren Fisch gegessen. Horst beschwerte sich hinterher über sie und gab keinerlei Trinkgeld. Aber eigentlich konnte uns das die Laune nicht sehr lange verderben.

Unsere letzten Tage in Bali verbrachten wir noch mit Einkäufen, unsere Bestände an Sarongs, wie auch die der Bambuswindspiele und Mobiles haben sich noch erheblich vermehrt. Die letzten Tage genossen wir einfach das Leben. Und dann war es soweit, der Tag unseres Abflugs nach Hongkong war gekommen. Ich war schon traurig, Bali verlassen zu müssen, denn es ist doch wie eine zweite Heimat für Horst und mich, aber dann freute ich mich auch wieder auf das Neue.

Abb. 28
Ein letzter Blick auf den heiligen Berg Balis, den Gunung Agung, beim Abflug ...

Abb. 29
... und ein letzter Blick auf den Kraterrand des Vuklans Bromo auf Java

Mit der KM DOBONSOLO nach Neuguinea, Dezember 1996 und Bali/Java, Januar/Februar 1997

von

Annette Bräker und Horst H. Geerken

Vorbemerkung: Der riesige indonesische Archipel mit seinen 17.000 Inseln breitet sich über eine Fläche von fast 2 Millionen Quadratkilometern aus. Die von uns gefahrene (einfache) Strecke von Bali nach Jayapura an der Ostküste Neuguineas entspricht in etwa der Strecke von Frankfurt nach Dubai in den Arabischen Emiraten. Diese Zahlen zeigen, mit welch großen logistischen Problemen Indonesien konfrontiert ist. Unter niederländischer Kolonialherrschaft hieß die Stadt Jayapura ,Hollandia'. Nachdem die westliche Inselhälfte Neuguineas 1963 endlich Indonesien zugesprochen wurde, wurde die Stadt in ,Sukarnapura' umbenannt, später unter Präsident Suharto in ,Jayapura'.

Die staatliche Schifffahrtsgesellschaft PELNI bietet mit ihren rund 45 Passagierschiffen und über 80 angelaufenen Häfen für die rund 260 Millionen Einwohner einen regelmäßigen Linienverkehr über den ganzen Archipel an. Die Schiffe, die zum größten Teil in Deutschland auf der Meyer-Werft in Papenburg gebaut wurden, fassen pro Schiff bis zu 3.000 Passagiere. Für viele Regionen der Außeninseln sind die Schiffe der PELNI die einzige Verbindung zur Außenwelt.

Wir haben auf der Strecke von Bali nach Jayapura bei der Hin- und Rückfahrt an jeweils sieben Häfen angelegt. Dabei haben wir rund 9.000 Kilometer zurückgelegt.

Man könnte beginnen: ,Es begab sich aber zu der Zeit...', denn die Ereignisse spielten sich zur Weihnachtszeit ab, zur Weihnachtszeit 1996/1997. Endlich, mit mehr als vier Stunden Verspätung, flogen wir in Zürich ab. In Bangkok hatten wir dann wieder einige Stunden Aufenthalt, in Singapur auch – es zog sich ganz schön lange dahin. Einer der Mitreisenden, Herr Vögele, bewegte sofort unsere Gemüter, weil er schon auf dem Flughafen Zürich und auf dem Flug seine ganzen Duty-Free-Einkäufe austrank. Er war ein kleiner, ganz faltiger Mann mit einer leichten Sprachbehinderung. Wir spekulierten sofort, er würde nur wegen der Damenwelt nach Bali fliegen. Als er dann noch erzählte, er sei auch schon einmal in Kenia gewesen, da waren wir uns ganz sicher!

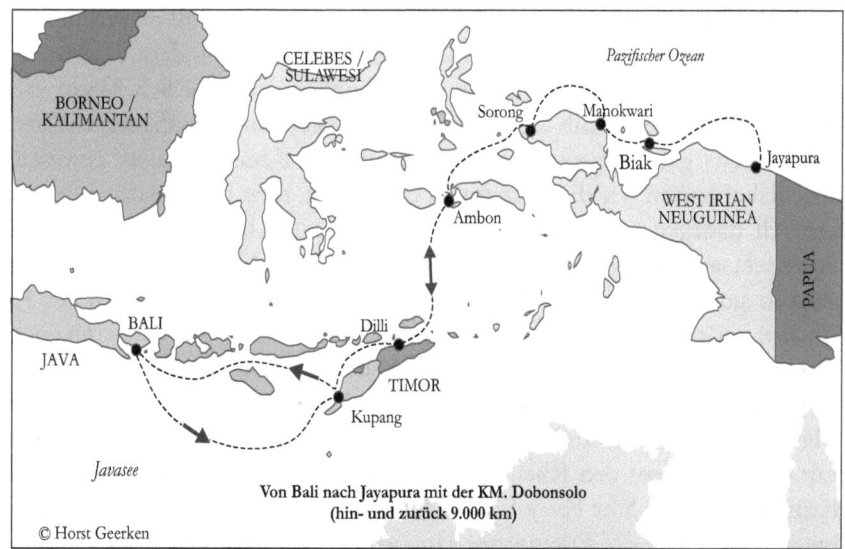

Abb. 30
Von Bali nach Jayapura

So kann man sich irren! Herr Vögele war ein einfacher, ganz netter und bescheidener Schweizer, der sich niemals aufdrängte (wie wir zuerst befürchteten) und ganz zurückhaltend, ja sogar scheu und unbeholfen war. Wenn er mal eine Frage stellte, war ihm das schon ganz peinlich! So fragte er Horst ganz zu Anfang, warum wir uns denn so gut über Indonesien auskennen würden. Und als Horst ihm sagte, er habe fast zwei Jahrzehnte dort gelebt, da sagte Herr Vögele: „Ach ja, dann weiß ich jetzt auch, warum Sie so gut arabisch sprechen". Wir haben aber nicht gelacht, sondern ihn über Bahasa Indonesia aufgeklärt! Herr Vögele hatte mitgehört, wie Horst sich zuvor mit einigen Indonesiern unterhielt, die auch auf unserem Flug gebucht waren.

Da Horst nun so gut ‚arabisch' konnte, musste er Herrn Vögele immer wieder Tipps geben und behilflich sein, denn der sprach kein Wort Englisch. Als wir dann noch erfuhren, dass er im selben Hotel wie wir gebucht hatte, nahmen wir ihn unter unsere Fittiche. Dafür war er uns, vermutlich für alle Zeit, unendlich dankbar. Im Flughafen von Bali halfen wir ihm durch die Immigration und den Zoll, nahmen ihn im Taxi mit zum Hotel und halfen ihm beim Einchecken. Er war nämlich von den zwischenzeitlich vertilgten Spirituosen – vermutlich wegen seiner Flug- und anderen Ängste hatte er diese im Übermaß genossen – noch etwas benebelt. Zum Abschied nahm Herr Vögele unsere Hand in seine beiden Hände, machte eine tiefe Verbeugung und sagte: „Danke! Danke! Wie Sie mir geholfen haben, das ist echte Kameradschaft!"

Mit dem festen Entschluss, mit dem Linienschiff von Bali nach Sulawesi zu reisen, fuhren Horst und ich von Ubud nach Benoa – dem Hafen von Bali –, um diese Reise zu buchen. Ursprünglich war eine Schiffsreise bei diesem Indonesienurlaub in keiner Weise eingeplant. Schiffsreisen waren zwar bereits ganz allgemein Thema in unseren Reiseplanungen gewesen, aber dabei hatten wir die Erkenntnis gewonnen, dass Horst dafür und ich generell dagegen war. Horst hatte allerdings auch bereits Erfahrung mit Seereisen, aus den goldenen Jahren der Passagierschifffahrt – naja, nicht ganz so ‚golden‘, aber immerhin überquerte er die Ozeane bereits mit der *TS Bremen* in den 1950er Jahren nach Westen (USA), mit Lloyd Triestino nach Osten (Indonesien) und später auch die Südsee und den atlantischen Ozean von Indonesien nach Europa. Kurz: Er ist ein begeisterter Schiffsreisender. Meine Erfahrung beschränkte sich bis dahin im Wesentlichen auf Fahrten mit der Fähre über den Rhein, Fährfahrten zu den Nordseeinseln und die Krönung war die Star Ferry in Hongkong! Diese vielfältigen Erfahrungen brachten mich zu der Erkenntnis: Hochseekreuzfahrten müssen langweilig sein – man sieht nur Wasser –, und sie sind generell spießig, da vor allem alte Leute mitfahren!

Wie kam es also zu meinem Sinneswandel? Irgendwie waren wir auf Bali in eine Gruppe Schweizer mit unserem Herrn Vögele geraten, die beim Schweizer Honorarkonsul zu einem Abendessen eingeladen waren und wir wurden einfach mitgenommen. Der Konsul hatte eine füllige balinesische Gattin, die er immer nur seine Managerin nannte, und eine Kneipe, in der er uns mit einem indonesischen Buffet bewirtete. Nach unseren weiteren Plänen befragt, machte er uns darauf aufmerksam, dass es doch eine viel angenehmere Möglichkeit gäbe, Indonesien zu bereisen, als mit dem Flugzeug und zwar mit der indonesischen Schifffahrtslinie PELNI. Das schien uns im ersten Moment nicht so eine grandiose Vorstellung zu sein, denn immerhin hatten wir bereits gemeinsam eine Fahrt (also doch noch eine längere Schiffsreise meinerseits) von Padang Bay auf Bali nach Lombok gemacht, bei der wir nur dankbar über die ruhige See waren, weil dieses Fährschiff wirklich zur Kategorie der Seelenverkäufer gehört hatte. Für die Rückreise nahmen wir daher auch lieber das Flugzeug, denn wir wollten das Schicksal nicht allzu sehr herausfordern. Unser Zögern aber entkräftete der honorige Kneipenkonsul unverzüglich, indem er uns versicherte, dass die PELNI über ausgezeichnete neue Schiffe verfüge, die alle von der Meyer-Werft in Papenburg geliefert würden. Wenn man genug Zeit habe und in der ersten Klasse reise, sei das wirklich eine ganz wunderbare und erholsame Art zu reisen. Das überzeugte auch mich, trotz meiner Vorbehalte gegen die christliche Seefahrt.

Also hatten wir uns nach Benoa aufgemacht, um die Möglichkeiten für eine Reise nach Sulawesi zu erkunden. Die Buchung dieser Reise war für sich schon ein Abenteuer und das Ergebnis war, dass wir nicht nach Sulawesi reisten, sondern durch den ostindonesischen Archipel nach Jayapura auf Irian Jaya (Neuguinea) und zurück!

Horst schildert nun die ersten Eindrücke und wie wir zu dieser Reise kamen: *19. Dezember 1996, morgens 07:00 Uhr: Tausende Menschen, Träger, Kulis, Passagiere drängeln auf dem Pier des Hafens Benoa. Annette und ich sind die größten und schauen von oben auf ein Gewimmel von schwarzen glänzenden Haaren herab. Wir müssen aufpassen, uns nicht zu verlieren. Unser Schiff, die KM DOBOBSOLO legt gerade an. Wir hatten einen schmutzigen Seelenverkäufer erwartet, nun liegt ein schmucker und sauberer Passagierdampfer der Meyer Werft aus Papenburg vor uns. Das war die erste große und angenehme Überraschung.*

Koffer, Körbe und Kartons werden hin und her geschleppt. Auf den Gangways geht es ununterbrochen rauf und runter. Es geht zu wie in einem Ameisenhaufen. Wir warten ab bis es ruhiger wird, machen es uns auf unserem Koffer gemütlich und genießen den Anblick des geschäftigen Treibens. Wie immer reisen wir nur mit kleinem Gepäck, mit nur einem Koffer. Wir lassen uns Zeit, bis die erste Hektik abgeflaut ist, denn wir müssen ja nicht um ein Bett kämpfen wie die Passagiere der Holzklasse. Wir haben eine 1. Klasse-Kabine nach Neuguinea fest gebucht. Eigentlich wollten wir ja nach Sulawesi. Wie kam nun dieser Sinneswandel?

Vor drei Tagen erkundigten wir uns im Büro der PELNI-Schifffahrtsgesellschaft nach einer Fährverbindung nach Sulawesi, weil uns der Schweizer Konsul auf Bali diese neuen Schiffe wärmstens empfohlen hatte. Vor dem Büro mit drei schmutzigen Schaltern – die Glasscheiben waren so dunkel, dass ich die Schalterbeamtin oder den Beamten dahinter nicht erkennen, geschweige mit ihm reden konnte – hing eine Tafel mit einer fast unleserlichen Schrift. Wir konnten jedoch erkennen, dass in drei Tagen ein Schiff nach Jayapura in West Irian (Neuguinea) auslief, das auf dieser Strecke noch mehrere Häfen anlief. Schnell entschlossen wie wir sind, änderten wir spontan unsere Pläne, um dieses Neuland, das Neuguinea für uns beide war, zu erkunden. Mir ging es weniger um eine Erkundung, ich wollte Annettes Abneigung gegen Schiffsreisen entkräften, und sie für weitere geplante Reisen auf See begeistern.

Ich füllte ein Formular mit unseren Reisewünschen aus und schob es durch ein kleines Loch am Schalter zurück. Schon nach kurzer Zeit kam eine braune Hand durch dieses Loch – männlich oder weiblich war bei unserer Reiseaufregung so schnell nicht zu erkennen – und streckte uns einen Zettel hin: Kabine 1. Klasse ok, Benoa-Jayapura-Benoa, Rupiah 2.880.000,-. Wir waren hell be-

geistert, aber die Bezahlung konnte nur in bar erfolgen. Um das Schiffsticket zu bezahlen, gab uns der Schalterbeamte nur zwei Stunden Zeit, danach wäre die Kabine wieder frei. Also rein in unseren Miet-Suzuki-Jimny und ab nach Sanur. Wir wussten, dass dort im Bali Beach Hotel ein Büro von American Express war. Hier konnte ich US-Dollars bekommen. Nachdem wir Dollars hatten, ging es im Eiltempo weiter nach Kuta, wo der Geldwechsler immer einen günstigen Umrechnungskurs hatte. Rechtzeitig erreichten wir wieder den Hafen und das PELNI-Büro. Nun zählte ich 2,88 Millionen Indonesische Rupiahs ab, Annette zählte nochmals nach und der große Stoß Geld wurde durch das Loch im Tresen geschoben. Es vergingen kaum fünf Minuten, da hatten wir unsere Tickets in der Hand: Kabine 6028. Wir konnten es kaum glauben! Ganz glücklich zogen wir ab nach Ubud, um dort eine günstige Bleibe für die restlichen Wochen nach unserer Rückkehr zu suchen.

In der Zwischenzeit ist es auf den Gangways etwas ruhiger geworden. Annette bewacht unser Gepäck, solange ich nach einem Träger suche. Dies ist ganz ungewöhnlich, da man sich in Indonesien vor hilfsbereiten Trägern üblicherweise kaum retten kann. Ich finde dann endlich einen Träger, der uns auch prompt die falsche Gangway aufs Schiff hinaufführt. Vermutlich hat er noch nie so vornehme Gäste bedient, die die 1. Klasse bewohnten! Er führt uns durch riesige Schlafsäle mit Hunderten von Betten und über rutschige Planken zum Purser. Gegen eine Kaution von 20.000,- Rupiahs bekommen wir zwei Schlüsselbunde ausgehändigt und ein Steward geleitet uns ganz vornehm zu unserer Kabine. Wir sind bass erstaunt, so schön und so sauber hatten wir uns unsere Kabine nicht vorgestellt. Wir beziehen eine Außenkabine mit großem Fenster, zwei Betten, einem Tischchen, einem Schreibtisch mit Fernsehgerät, zwei Stühlen und einem Kleiderschrank. Auch das Bad ist ganz ordentlich mit Dusche und WC. Und die Kabine ist natürlich voll klimatisiert. Wir fühlen uns sofort wohl in unserem Heim für die nächsten zehn Tage, wie wenn wir hier schon seit langem Gäste gewesen wären.

Die DOBONSOLO ist 160 Meter lang, hat Platz für 2.000 Passagiere und fährt mit einer Reisegeschwindigkeit von beachtlichen 22,5 Knoten (fast 42 km/h). Da das Schiff erst 1993 in Papenburg fertiggestellt wurde, sieht alles noch sehr ordentlich aus. In der 1. Klasse gibt es nur 18 Doppelkabinen. Wir fühlen uns berechtigterweise ziemlich privilegiert, zumal nur vier dieser Kabinen belegt waren.

Alkohol gibt es keinen an Bord, aber wir habe wohlweislich vorgesorgt: In unserer Kabine sieht es aus wie in einer Kneipe! Ein drei Liter Container mit 1993er französischem Chardonnay steht auf dem Bücherbord, immer zum Zapfen bereit. Eine Flasche Johnnie Walker Whisky und Champagner stehen auf dem Schreibtisch und im Koffer unter dem Bett steckt noch mehr Wein, sogar aus Deutschland. Wir haben gut vorgesorgt – alles wegen der Gesundheit, zur Desinfektion.

Dass wir uns nun auf der DOBONSOLO befinden, haben wir dem Tipp des Schweizer Konsuls zu verdanken. Uns wird er nicht so gut in Erinnerung haben. Bei dem balinesischen Abendessen in seinem Restaurant erzählte er uns über Indonesien im Allgemeinen und besonders über Bali, die Kultur und den balinesischen Hinduismus. Er lebt schon seit 21 Jahren mit seiner fülligen Balinesin hier. Ob er verheiratet ist blieb uns verborgen, denn er sprach von seiner Frau immer nur als von seiner Managerin. Sie musste ja ihren Namen hergeben für seine Ländereien und seine Geschäfte. Auf jeden Fall kam von ihm zu später Stunde die Frage: ‚Wie heißt nun schnell die balinesische Reisgöttin?‘ Von Annette kam wie aus der Pistole geschossen die Antwort: ‚Sri Dewi!‘. ‚Nein, nein‘, antwortete der Konsul, ‚sie heißt ‚Dewi Sri‘. Nun kam Annette in Fahrt! Eine aufgeregte Diskussion begann, die erst beendet wurde als Annette mit einer hektischen Röte im Gesicht und einer nicht zu widersprechenden Bestimmtheit sagte: ‚Die Reisgöttin ist Sri Dewi! Ich habe schließlich Vergleichende Religionswissenschaften studiert und muss es wissen!‘. Der Konsul war bedient! Seinem Gesichtsausdruck und seinem Benehmen nach konnte man entnehmen, dass er dachte: ‚Dieser arme Horst Geerken tut mir echt leid. Wie kann er es nur bei dieser Emanze aushalten!‘ Hätte er mich nach dem Essen gesehen, wie ich in Kuta auf den schmalen unebenen Gehsteigen hinter Annette her tigerte, wäre sein Eindruck sicher noch verstärkt worden. Na, wenn er wüsste, was für eine liebe Person Annette ist!

Ich kenne die balinesische Reisgöttin auch nur unter dem Namen ‚Sri Dewi‘, wobei nicht auszuschließen ist, dass sie in einzelnen Dörfern auch ‚Dewi Sri‘ genannt wird. Auf Bali und im balinesischen Hinduismus ist alles möglich!

Unser Reiseverlauf war nun folgendermaßen: Benoa (Bali) - Kupang (Westtimor) - Dilli (Osttimor) - Ambon - Sorong - Manokwari - Biak - Jayapura und zurück! Das ganze dauerte vom 19.12.1996 bis 29.12.1996 - also ganze 10 Tage. Kaum war diese Reise gebucht, waren alle meine bis dahin kultivierten Vorbehalte gegen eine Schiffsreise vergessen und ich fühlte mich schon vorab wie Joseph Conrad, der sich auf eine Reise in die Java- und Banda-See vorbereitete.

Morgens um 7:00 Uhr mussten wir im Hafen sein. Die Anlegestelle war noch leer, aber wir konnten unser Schiff, die DOBONSOLO, schon in der Ferne herannahen sehen. Für damalige – vielleicht auch nur für meine – Begriffe war es bereits ein gewaltiges Gefährt, 160 m lang, mit 8 oder 9 Decks, ein reines Passagierschiff. Es fasste ca. 2.000 Passagiere, davon ca. 280 in der 1., der 2. und 3. Klasse und der Rest in der sogenannten Economy-Class. Außer in der 1. Klasse, die nur 18 Kabinen umfasst – d.h. maximal 36 Passagiere – dürfen nur 20 kg Gepäck pro Person mitgenommen werden.

Da sind wir Leichtgewichte gut dabei! In der 2. Klasse sind die Kabinen für 4 Personen mit jeweils einer Nasszelle und in der 3. Klasse befinden sich 6 Betten in jeder Kabine und es gibt Gemeinschaftsduschen.

Abb. 31   Die KM Dobonsolo, ein schmuckes Schiff (im Hafen von Kupang)

Abb. 32   Jeder will der Erste sein

Am Pier war bereits ein Riesengedränge. Es warteten bestimmt 1.000 Passagiere, die mit der DOBONSOLO mitreisen wollten. Als das Schiff endlich angelegt hatte und bereit zum Besteigen war, stürzten wir uns nicht gleich in das Gedränge, sondern warteten mit unserm Träger, den wir ergattert hatten (was auf Bali ein Glücksfall war, in allen anderen Häfen hatte man das Gefühl, dass es mehr Träger als ein- und aussteigende Passagiere gab), bis das Gros der Passagiere eingestiegen war. Zielsicher nahmen wir dann mit unserem Träger den falschen Eingang und mussten erst einmal die gesamte Economy-Class durchqueren, um in die 1. Klasse zu kommen. Es war ein Erlebnis, das mich gleich wieder mental in die Situation vor Buchung der Reise zurückbrachte, d.h. ‚Seereisen sind nichts für mich'. Ein unbeschreibliches Chaos herrschte hier: ein riesiger Raum, eine Schlafpritsche neben der anderen und über der anderen, bis zu 3 Pritschen übereinander, Frauen, Säuglinge, Kinder, alte Männer und Jugendliche – alles durcheinander, Essenreste auf dem Boden. Ich wäre fast darin ausgerutscht und dabei hatte ich mich doch für diese erste Schiffsreise nett und elegant gekleidet! Auch als wir uns aus den Tiefen des 2. Decks, auf dem wir eingestiegen waren, langsam in die Höhen der nächsten Decks hochgearbeitet hatten, erschien uns noch alles ziemlich chaotisch. Aber dann kamen wir zu dem Eingang, bei dem wir eigentlich hinein gemusst hätten und ab hier wurde alles ganz anders. Die Menschenmassen hatten sich gelichtet, ein Steward führte uns nach dem Einchecken zu unserer Kabine auf Deck Nr. 6 und wir waren bass erstaunt, wie komfortabel, geräumig und blitzsauber unsere Kabine war. Es war natürlich keine Kabine eines Kreuzfahrtschiffes, aber die Betten waren ausgesprochen bequem und das Duschbad so groß, dass wir bequem gemeinsam darin stehen konnten, und ein Bild und ein großer Spiegel gehörten auch zur Ausstattung! Wir fühlten uns sofort wohl.

Nachdem wir unsere Schränke eingeräumt hatten, nahmen wir einen großen Willkommensschluck Wein, den wir aus Deutschland mitgebracht hatten. Es war inzwischen schon nach 9:00 Uhr, da fanden wir das – ausnahmsweise – dem Anlass angemessen, denn an Bord gab es keinen Alkohol: Schließlich waren wir in einem islamischen Land. Wir waren natürlich sofort angeheitert und machten uns beschwingt und unverzüglich auf die Erkundungsreise unseres Domizils für die nächsten Tage. Das war auf so einem riesigen Schiff gar nicht so einfach und wir verirrten uns sogleich. Horst als Seefahrer und Kolonialherr (schließlich hat er von 1963 bis 1981 in Indonesien gelebt - zwar nach der Kolonialzeit, aber immerhin!) suchte sofort das offene Deck für die 1. Klasse-Passagiere. Ein Offizier eröffnete ihm, dass es so etwas nicht gäbe, aber Horst ließ sich davon nicht überzeugen und so stapften wir weiter durch herumliegende Menschen, Fahrräder,

Kisten, Hühner und sonstiges Gepäck, um den für das 1. Klasse-Deck zuständigen höheren Offizier zu finden. Gesucht und gefunden! Und tatsächlich gab es ein Extra-Deck, das für uns aufgeschlossen wurde. Und dieses Deck sollte eigentlich ausschließlich für die maximal 36 Passagiere der 1. Klasse sein – es sei denn, es schleicht sich ein abgehalfterter, anmaßender deutscher Entwicklungshelfer aus der Holzklasse auf dem 1. Klasse-Deck ein, der jeden für schwachsinnig hält, der Steuern zahlt. Er berieselte uns mit einem nicht zu unterbrechenden Redeschwall über seine Entwicklungshelfertätigkeit in Afrika, was er alles konnte und gemacht hatte, von Aufforstung über Telekommunikation bis zu Solarenergie, und er erzählte von sich selbst, dass er ein unverzichtbares Universalgenie im Bereich der Entwicklungshilfe gewesen sei, aber plötzlich doch nicht mehr gebraucht wurde! Als von Horst keine Reaktion kam, lud er alle durch die Absperrgitter von ‚unserem‘ Deck getrennten Economy-Class-Passagiere ein, doch auf dieses Deck zu kommen! Da sorgte Horst aber sofort für Ordnung! Er ließ sich vom vorlautesten Eindringling das Ticket zeigen und schickte ihn sofort zurück auf das andere Deck – es sei denn, er würde nachzahlen. Dem für den Erfolg jeglicher Entwicklungshilfe unverzichtbaren, aber arbeitslosen Entwicklungshelfer teilte er mit, dass er unser Deck verlassen müsse, da wir vom Purser angehalten seien, das Deck immer abzuschließen, wenn wir es verließen – was insofern stimmte, dass wir die Türe wegen dem Wind immer zumachen sollten. Wir hatten zwar keinen Schlüssel, aber wir taten so und hatten nun alle wieder aus unserer Privatsphäre verscheucht – wie wir hofften, dauerhaft.

Schon am nächsten Tag legten wir nachmittags an unserem ersten Stopp auf dieser Reise an, in Kupang auf Timor. Dort hatten wir einige Stunden Aufenthalt, die wir nutzten, um uns ein wenig umzusehen und unter anderem den Markt zu besuchen. Da Kupang eine typische indonesische Provinzstadt ist, wie wir schon viele gesehen hatten, nahmen wir kein Taxi, um weitere Erkundungen zu unternehmen, sondern machten unseren Erkundungsgang zu Fuß.

Nachdem wir bis Kupang noch 8 Passagiere in der 1. Klasse waren, war die 1. Klasse nun auf 4 Passagiere reduziert. Außer dem schon von uns eroberten 1. Klasse-Deck gab es für die Passagiere der 1. Klasse – wie auch für die 2. und 3. Klasse – natürlich auch einen eigenen Essbereich. In der 1. Klasse besteht das Essen immer aus einer Suppe, dann Reis mit einem Fleischgericht, einem Fischgericht, einem Gemüsegericht, einem Eier- oder Tofugericht, also für jeden Geschmack etwas. Hinterher gibt es dann noch Kuchen und Obst, Tee oder Kaffee. Und das jeweils mittags und abends. Nachmittags wurden wir aus unserem Mittagsschlaf mit Kaffee, Plätzchen und Kuchen geweckt. Morgens gab es indonesisches Porridge (Reisbrei mit Gemüse), Toast, Omelette, Butter und Marmelade. Pro Person stand adäquat zur Bezeichnung 1. Klasse ein Bediensteter bereit, um für unser Wohlbefinden zu sorgen.

Weitere unser Essen betreffende Einzelheiten lasse ich nun Horst beschreiben: *Auf der DOBONSOLO herrschte wirklich Ordnung. Pünktlich um 6:30 Uhr, um 11:30 Uhr und um 17:30 Uhr kamen die Durchsagen für Frühstück, Mittag- und Abendessen. Es wurde immer darauf aufmerksam gemacht, dass wir pünktlich sein sollen und unsere Bekleidung müsste ,rapi, sopandan dan dengan sepatu' sein, also ordentlich angezogen und mit geschlossenen Schuhen. Waren wir nur eine einzige Minute verspätet, klopfte es an unserer Kabinentüre und der Steward holte uns persönlich ab und begleitete uns an unseren Tisch im Speisesaal. Ich rückte den Stuhl für Annette zurecht, denn der dicke Oberkellner Mustafa stand nur an meinem Platz, um mir meinen Stuhl zurecht zu schieben. In der islamischen Welt genießen die Männer eine Vorzugsbehandlung. Wir hatten mehrere Kellner in der 1. Klasse. Alle waren sehr aufmerksam und erinnerten mich stark an die ,Boys' der alten Kolonialhotels Savoy Homann und Preanger in Bandung. Zum Frühstück und Mittagessen waren die Stewards weiß gekleidet, zum Abendessen rot. Wenn wir zu einer Essenszeit in einem Hafen lagen, trugen sie blaue Kleidung. Alles hat seine Ordnung!*

Wir waren meist alleine in der 1. Klasse des Schiffes. Wenn ein Indonesier das Geld hat um ein 1. Klasse Ticket zu kaufen, dann fliegt er lieber. Das führte dazu, dass die gesamte Bedienung um unseren Tisch herumstand und jeden Bissen, den wir in den Mund schoben, beobachtete. Zum Glück stand unser Tisch genau mittschiffs, denn die Economy-Passagiere standen außen an Deck an den Fenstern und interessierten sich, wie es in der gehobenen Klasse zuging.

In der 1. Klasse hatten wir jeden Mittag und Abend zunächst eine Suppe, dann folgte ein Vier-Gänge-Menü mit Reis, mit einem Fleisch- und einem Fischgericht, dann folgte ein Gericht mit Tofu oder Tempe und dazu gab es Gemüse. Zum Nachtisch gab es meist Pudding, dann Obst und Tee oder Kaffee. Außer der Suppe und dem Reis wurde – wie in Indonesien üblich – alles ziemlich kalt bis lauwarm serviert.

In der 2. Klasse gab es schon keine Suppe mehr und nur noch zwei Gänge mit Reis und Nachtisch. In der 3. Klasse gab es dann nur noch einen Gang ohne Auswahl. In der Economy-Klasse waren es dann Selbstversorger. Für alle Klassen gab es außerdem noch ein weiteres Bordrestaurant, eine Cafeteria und Kioske.

Das Essen war insgesamt sehr gut. Die Suppe hatte es mir – als großem Suppenliebhaber – besonders angetan. Meist ließ ich mir einen Nachschlag servie-

ren. *Die Namen der Suppen waren exotisch und jeden Tag neu, entsprechend der Beilage: zwei Blättchen Sellerie, vier Nudeln oder einem Zwiebelring. Die Namen der Suppen der letzten Tage an Bord habe ich notiert, die ich hier in Originalschreibweise wiedergebe: Potage du Bory, Potage Celyn, Soup Onion, Celery Soup, Potage Imperial, Potage Julienne, Cosome Celestine, Potage London Darry, Potage Macron und Cosomme Ala Rhain. Cosomme Ala Rhain war der einzige Suppenname, der zweimal vergeben wurde, ob zu Ehren einer Königin oder zu Ehren von Annette – da sie vom Rhein kommt – konnte ich mit dem Koch nicht klären.*

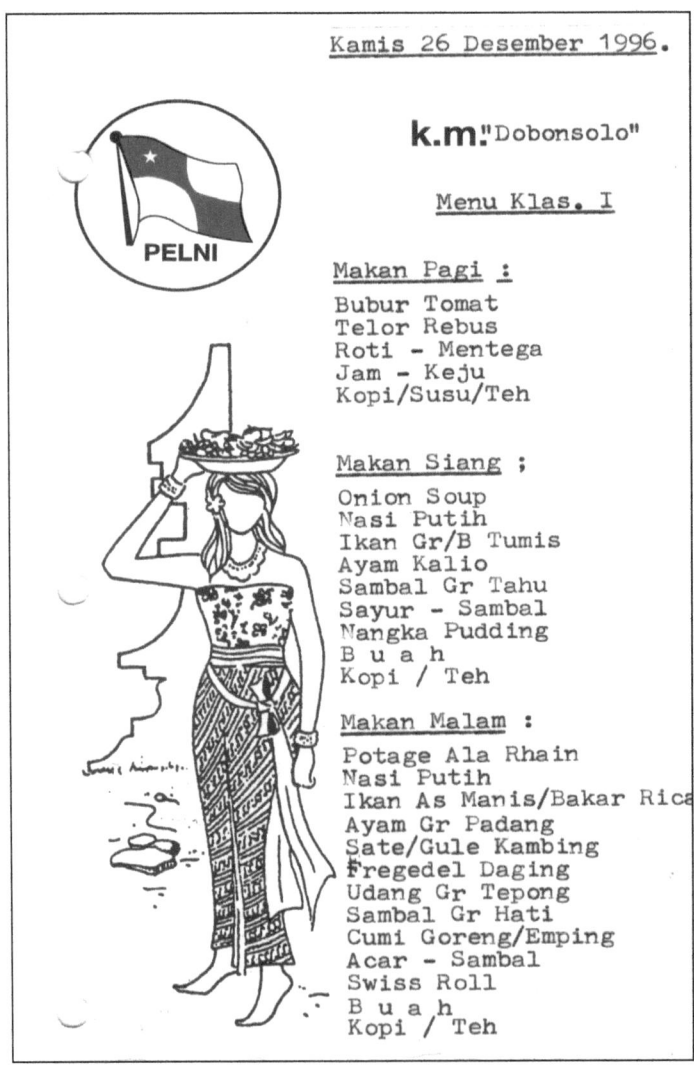

Kamis 26 Desember 1996.

k.m."Dobonsolo"

Menu Klas. I

Makan Pagi :
Bubur Tomat
Telor Rebus
Roti - Mentega
Jam - Keju
Kopi/Susu/Teh

Makan Siang ;
Onion Soup
Nasi Putih
Ikan Gr/B Tumis
Ayam Kalio
Sambal Gr Tahu
Sayur - Sambal
Nangka Pudding
B u a h
Kopi / Teh

Makan Malam :
Potage Ala Rhain
Nasi Putih
Ikan As Manis/Bakar Rica
Ayam Gr Padang
Sate/Gule Kambing
Fregedel Daging
Udang Gr Tepong
Sambal Gr Hati
Cumi Goreng/Emping
Acar - Sambal
Swiss Roll
B u a h
Kopi / Teh

Abb. 33
Speisekarte

Mit der Schreibweise der Gerichte auf der täglichen Speisekarte hatte der Koch immer wieder Probleme. Wir mussten rätseln und rückfragen und brachen immer wieder in schallendes Gelächter aus, wenn wir etwas entziffert hatten, zum Beispiel bei ‚Sgrumbleggs‘, was natürlich ‚scrambled eggs‘ bedeuten sollte.

Obwohl vor jeder Mahlzeit über Lautsprecher die Aufforderung kam, nur ordentlich gekleidet und mit geschlossenen Schuhen bei Tisch zu erscheinen und jeder der Klasse-Passagiere dies befolgte, war Annette bei jedem Essen die Attraktion. Sie legte immer schon großen Wert auf passende Kleidung, und hatte sich noch in Kuta in einem schönen Geschäft mit schicken Blusen, langen Hosen und neuen Schuhen eingedeckt. Ihr Vorrat reichte aus, um zu jeder Mahlzeit mit einer anderen Zusammenstellung zu erscheinen. ‚Sopan, rapid an dengan sepatu‘ – das ließen wir uns nicht zweimal sagen! Es war die tägliche Modeschau an Bord! Und da wir zu jeder Mahlzeit – selbst bei stark schwankendem Schiff – in unserem ‚Girneschritt‘ (ein Gleichschritt, untergehakt und Händchen-haltend, der von uns in Girne/Nordzypern kreiert wurde) erschienen, waren wir schon am zweiten Tag bei der ganzen Mannschaft bekannt. Wo wir standen oder gingen wurden wir je nach Tageszeit mit einem freundlich ‚Selamat Pagi‘, ‚Selamat Siang‘ oder ‚Selamat Sore‘ begrüßt.

Im Vergleich zu einem Kreuzfahrtschiff war die Besatzung sehr klein. Für die 2.000 Passagiere gab es nur 130 Mann. Ich kenne nur den Arbeitstag der 1. Klasse-Stewards. Die waren schon um 5:30 Uhr auf den Beinen: Frühstück vorbereiten, servieren, danach Speisesaal putzen, Kabinen putzen und täglich die Betten frisch überziehen, dann die Tische für das Mittagessen vorbereiten und servieren, der Nachmittagskaffee oder Tee mit Kuchen wird um 15:00 Uhr immer in der Kabine serviert, und wenn die Bordkapelle spielt, kommen die Stewards erst nach Mitternacht in die Koje. Wenn aber in der Nacht ein Hafen angelaufen wird, müssen sie auch wieder auf dem Posten sein: Gangway bewachen, Tickets prüfen, den neuen Passagieren ihre Kabinen zuweisen und so weiter. Und das sieben Tage in der Woche, drei Monate lang, dann haben sie endlich 14 Tage frei. Obwohl die Jobs an Bord nicht besonders gut bezahlt werden, sind Arbeitsstellen an Bord sehr beliebt und begehrt. Wir haben auf unserer zehntägigen Seereise keinen Passagier entdecken können, der einen Steward mit einem Trinkgeld entlohnt hätte. Das war aber kein Grund für uns! Alle mit uns beschäftigten Stewards bekamen während und gegen Ende der Reise ein schönes Trinkgeld. Ich glaube nicht, dass das der Grund war, dass wir immer nur freundliche Gesichter sahen, täglich frische Handtücher und Toilettenpapier bekamen und dass unser Bad immer blitzsauber war.

Die Bordkapelle hatte dagegen einen vergleichsweise einfachen Job. Vier Mann machten Musik und dazu sang eine Dame. Zum Mittagessen wurde *eine Stunde aufgespielt, oft für uns alleine, aber so laut, dass ich Annette mir gegenüber kaum mehr verstehen konnte. Und wenn dann noch die phlegmatische Sängerin das Mikrofon zur Hand nahm, konnten wir uns nur noch mit Zeichensprache verständigen. Mit einem Trinkgeld für die Band haben wir uns zurückgehalten. Wir hatten Bedenken, dass sie als Dank noch lauter spielen würden oder die Sängerin uns an unserem Tisch beglücken würde.*

Schon am 2. Tag dieser Reise konnte ich nicht mehr genau verstehen, was mich bisher von Seereisen abgehalten hatte. Wir genossen die Inseln vom Wasser aus, und ich fand diese Art zu reisen jeden Moment interessanter. Wenn es nicht die Inseln waren, an denen wir vorbeifuhren, waren es Delphine, aber besonders die fliegenden Fische, die unsere Aufmerksamkeit fesselten. Ich hatte immer gedacht, dass fliegende Fische nur aus dem Wasser hüpfen würden, aber ich habe mich eines Besseren belehren lassen und konnte auch selbst sehen, dass sie wirklich flügelschlagend bis zu 200 Meter über das Wasser fliegen. Auch das Anlegemanöver fand ich sehr spannend zu beobachten, und auch wie die Aktivitäten auf dem Schiff im Hafen sich gestalteten, z.B. das Ein- und Ausladen der verschiedensten Waren und der Post, die neben den Passagieren von einer Insel zur nächsten transportiert wurden. Die riesigen Ausmaße des indonesischen Archipels werden einem erst bei einer Schiffsreise richtig deutlich, dabei ist die *DOBONSOLO* ein sehr schnelles Schiff. Uns wurde erzählt, dass Indonesien bis 1998 noch 5 weitere Passagierschiffe aus Deutschland, also der Meyer-Werft in Papenburg, erhalten werde. Und man glaubt es kaum: Selbst unsere Bettdecken stammen aus Deutschland! Dann wird man ungeheure Möglichkeiten haben, von Insel zu Insel zu reisen. Horst saß ständig über einer Landkarte und Schiffsroutenplänen, die es zwar im Hafen von Benoa nicht gab, aber die wir auf dem Schiff erhalten haben, und wir waren hellauf begeistert von den Möglichkeiten, die es bis dahin schon gab. Auf dieser Reise hat Horst schon mindestens 15 Jahre in die Zukunft unserer weiteren Reisen mit PELNI geplant!

Auf dem Schiff wurde natürlich auch für Unterhaltung gesorgt: Jeden Abend gab es ein ,Ringelpiez mit Anfassen' – das heißt ein Abend mit Musikprogramm, das im Speisesaal der Klassengesellschaft stattfand. Die 1., die 2. und 3. Klasse sitzen streng getrennt voneinander, die 1. Klasse direkt bei der Band, damit sie für ihr Geld auch den meisten Krach mitbekommt – der Asiate an sich und der Indonesier ganz besonders liebt ja Krach! Daran durften auch einige Mitreisende aus der Economy-Class teilnehmen, allerdings nur unter strengen Auswahlkriterien. Gefordert waren: anständige Kleidung, richtige Schuhe und Damen nur mit Herrenbegleitung! Dieses Unterhaltungsprogramm dauerte exakt von 21:00-23:00 Uhr, und um 24:00 Uhr wurden alle in die Kabinen bzw. auf ihr Deck zurück gescheucht. Auch für die 1. Klasse-Gesellschaft gab es da keine Ausnahmen: Schlafenszeit war Schlafenszeit und da waren alle gleich.

Für die Unterhaltung der Passagiere sorgt auch ein Bordkino, in dem zweimal täglich ein Film vorgeführt wird! An Bord herrscht ein strenges Regiment, und über den allgegenwärtigen Lautsprecher wird man über alle Ordnungsmaßnahmen Tag und Nacht auf dem Laufenden gehalten! Beim Ablegen in Kupang zum Beispiel mussten alle in ihren Kabinen bleiben, bis die Stewards die Tickets kontrolliert hatten – auch die unsrigen, obgleich wir doch schon seit Bali an Bord waren. Das wiederholte sich später nach jedem Ablegen, bis wir aufmuckten und dem Kontrolleur-Steward – es war immer derselbe – sagten, dass wir wirklich nicht jedes Mal kontrolliert werden müssten, er kenne doch unsere Tickets schon. Danach wurden wir zwar nicht mehr kontrolliert, sollten aber trotzdem unsere Kabine aufsuchen, bis alle anderen Passagiere kontrolliert waren.

Der unvermeidliche Entwicklungshelfer hatte sich inzwischen mit zwei heruntergekommenen Australierinnen angefreundet. Trotzdem blieb er uns auch weiterhin nicht erspart. Wir hatten sehr gehofft, dass er das Schiff in Kupang verpassen würde, aber diese Hoffnung wurde enttäuscht. Immer wieder kam er auf ‚unser' Deck und verwickelte uns in Gespräche. Dabei nahm er keine Rücksicht darauf, ob wir uns gerade mit anderen Passagieren unterhielten – denn auch andere 1. Klasse-Passagiere nutzten zwar selten, aber doch hin und wieder dieses Deck, normalerweise blieben die wenigen indonesischen Mitreisenden allerdings lieber in ihren Kabinen –, oder gerade die Nachrichten der Deutschen Welle hörten. Auch grobe Unfreundlichkeit oder Arroganz konnten den Entwicklungshelfer nicht schrecken! Es wäre ihm auch sicherlich in seiner Selbsteinschätzung niemals in den Sinn genommen, dass ein genialer Mensch wie er bei uns nicht willkommen sein könne. Nicht einmal, als er Horst die Frage nach einem Reiseführer stellte und Horst ihm recht rüde die blödsinnige Antwort gab: ‚Wir brauchen keinen Reiseführer, wir wissen schon alles!' brachte ihn das zu der Erkenntnis, dass wir eine völlig unpassende Gesellschaft für seine Großartigkeit seien. Wir hatten jedenfalls ein schönes Feindbild aufgebaut, das wir auch hinreichend pflegten!

Nach wie vor agierte Horst auch weiterhin als Ordnungsmacht auf dem 1. Klasse-Deck! Die Krönung war ein Indonesier der Economy-Class, der mit offener Hose rauchend auf ‚unserem' Deck herumstolzierte und der hier offensichtlich auch noch in eine Ecke uriniert hatte. Das gab aber ein Donnerwetter! Horst ließ gar nicht erst zu, dass er über die Gänge wieder zurück auf das Economy-Deck kam, er musste unverzüglich wieder über den Absperrungszaun zurückklettern!

Wir waren jetzt schon 2 Tage unterwegs, es war der 21. Dezember und wir genossen unsere Reise immer mehr. Die *DOBONSOLO* glitt dahin wie auf Schienen und wir legten abends im Hafen von Osttimor in Dilli an. Die Hafenaktivitäten faszinierten uns immer wieder: das Anlegemanöver, das Ent- und Beladen des Schiffes, und wir wunderten uns immer wieder, dass keine Unfälle passierten, denn uns schien es oft ein heilloses Durcheinander zu sein. Hier hatte die Polizei wenigstens die Anlegestelle für die Allgemeinheit gesperrt, bis das Anlegemanöver vollzogen war. Bis zu diesem Zeitpunkt durften sich nur die Träger, die an ihrer ‚Berufsbekleidung‘, gleichfarbigen T-Shirts mit der Rückenaufschrift ‚Portir‘ – in Dilli waren sie gelb –zu erkennen waren, an der Anlegestelle aufhalten. Sie mussten hier auch Handlangerdienste beim Anlegen verrichten, zum Beispiel die Taue an Land ziehen und das Schiff vertäuen und die Gangways an die Ausgänge anlegen. Dafür durften sie dann als Erste an Bord gehen, um sich als Träger bei den Aussteigenden verdingen zu können. Schon beim Anlegen der Gangways befürchteten wir, dass ein Unfall passieren und mindestens einer dabei erschlagen würde, aber mehr noch, als die Träger dann die Gangway eroberten. Das war ein Schauspiel, dass sich danach in jedem weiteren Hafen wiederholen sollte: Jeder der Träger wollte der Erste an Bord sein, sie drängelten und schubsten sich gegenseitig, nur um ja noch einen Kunden mitzubekommen. Einer purzelte auch bei dem Gedränge von der Gangway, verletzte sich aber offensichtlich nicht, sondern versuchte den so verlorenen Boden wieder wettzumachen, indem er außen an der Gangway hochkletterte. Man konnte manchmal gar nicht hinsehen, weil man immer erwartete, dass mindestens einer, wahrscheinlich aber mehrere, ins Hafenbecken zwischen Bordwand und Kaimauer hinunterfallen müssten und dort zerquetscht würden. Aber zum Glück schafften es immer alle, heil an Bord zu kommen. Sobald die Träger an Bord waren, durften auch die neuen Passagiere an Bord kommen. Das Gedränge wurde unvorstellbar, wenn die Aus- und Einsteigenden sich in unterschiedlichen Richtungen über die schmalen Gangways des Schiffes drängten.

So auch hier in Dilli, und daher warteten wir erst einmal eine Weile ab, bevor wir uns zu einem abendlichen Landgang durch die osttimoresische Stadt aufmachten. Trotzdem war das Gedränge noch gewaltig, und die Treppe krachte so gefährlich unter uns, dass wir befürchteten, sie würde jeden Augenblick unter uns zusammenbrechen. Sie hielt stand und unserem Abendspaziergang stand nichts mehr im Wege. Horst hatte sich vorgenommen, in Dilli in einem Straßencafé zu sitzen und Matthäus Rosé – einen portugiesischen Wein – zu trinken, schließlich sei Osttimor eine portugiesische Kolonie gewesen und habe nach wie vor einen Sonderstatus in Indonesien inne, d.h. sie dürften hier auch direkt importieren, unter anderem auch alkoholische Getränke, und was läge da näher als Matthäus Rosé! Ich hielt diese Idee nicht nur für verrückt, sondern auch für undurchführbar, was ich auch zum Ausdruck brachte. Und trotz der von Ferne sehr mediterran anmutenden Wirkung - portugiesische Häuser, Kirchen, Strandpromenade - erwies sich bei näherem Hinsehen doch alles als sehr indonesisch: der Geruch, die lebensgefährlichen Gehsteige, der Night Market und ‚Kaki lima‘ – fahrbare Garküchen und Essenswagen. Ein Straßencafé war tatsächlich nirgendwo in Sicht! Es war ja auch schon dunkel. Leiser Triumph machte sich in mir breit. Aber Horst war nicht zu entmutigen. Er stürmte in ein Hotel, weckte die gesamte Hotelmannschaft – die sich ob der fehlenden Gäste und der fortgeschrittenen Abendstunde, es war inzwischen schon 21:30 Uhr – bereits zur Nachtruhe begeben hatte und verlangte Matthäus Rosé zu trinken! Ich nahm zwar nicht an, dass man uns hinauswerfen würde – dazu ist der Indonesier zu höflich –, aber dass wir mit einem ‚Tidak ada‘ (Gibt es nicht) abgespeist würden! Mitnichten: Man öffnete uns das Restaurant und vor allem die Bar mit voller Beleuchtung! Es blitzte und blinkte nach einem nicht erkennbaren Rhythmus aus ungezählten bunten Lichterketten gelb, grün und rot um uns herum, als wir unsere Flasche Matthäus Rosé serviert bekamen. In dieser Festbeleuchtung spiegelte sich der Triumph in Horsts Gesicht noch viel deutlicher! Aber auch ich als Zweifler genoss die merkwürdige Bar-Atmosphäre mit uns beiden als einzigen Gästen an der Bar und einem Barmann und weiteren Dienstboten in Schlafbekleidung. Da in dem Hotel alles so schön für uns gerichtet worden war – man servierte uns sogar noch kleine Häppchen –, tranken wir mehr als ein Glas an der Bar, bevor wir uns mit einer neuen und vollen Flasche in der Hand wieder auf den Weg zum Schiff zurück machten.

Zurück an Bord beobachteten wir mit einem Glas Wein in der Hand von unserm Deck aus die Ladeaktivitäten. In keinem Hafen vorher und auch nicht hinterher wurde so rüde mit der Ladung umgegangen: Alles purzelte über- und untereinander, Säcke rissen auf, schwere Pakete und andere Gegenstände fielen um – ich möchte nicht wissen, was dabei alles zu Bruch gegangen ist. Als wir so von unserem sicheren Deck aus das Ameisengewimmel der Hafenarbeiter unter uns beobachteten, prosteten wir uns zu und gaben uns einen Kuss. Das hatten wohl einige Arbeiter bemerkt und forderten uns nun im Chor begeistert auf: ‚Cium, cium lagi!‘ (Küsst euch, küsst euch nochmal!). Erst zierten wir uns ein wenig, diesem Volksbegehren

Rechnung zu tragen, aber als sie sich gar nicht mehr beruhigten, wollten wir ihnen doch die Freude machen. Dabei hatten wir allerdings übersehen, dass das Schiff schon ablegte und die Taue losgemacht wurden. Tosender Beifall aus den Kehlen von nun mehr als einhundert Hafenarbeitern umwogte uns ob unserer innigen Kuss-Wiederholung. Dabei hatte unser Hafen-Publikum in seiner Begeisterung allerdings vergessen, das letzte Tau loszumachen. Das Schiff ruckte plötzlich und musste kurz rückwärtsfahren, damit das Versäumte nachgeholt werden konnte. Aber das erlebten wir nur noch von unserer Kabine aus, in die wir uns zu unserem Rest Matthäus Rosé geflüchtet hatten, um wegen unserer Unziemlichkeit und Behinderung der Hochseeschifffahrt nicht über Bord geworfen zu werden. Aber es hätte durch unsere Aktion beim Ablegen, wenn das Stahlseil gerissen wäre, leicht einen schlimmen Unfall geben können.

Die Aktivitäten an Bord gruppierten sich natürlich um die Essenszeiten herum. Außer regelmäßigen täglich fünfmaligen Gebetsaufforderungen des Muezzin aus der Bordmoschee gab es auch regelmäßige Aufforderungen für ‚Christen und Katholiken‘(!) zum Gottesdienstbesuch in der Bordkirche. Wie die Unterscheidung zwischen Christen und Katholiken zustande kam, konnte uns niemand erklären. Die Unterdrückung des Christentums, von der uns auf Java lebende Europäer berichtet hatten, konnten wir auf diesem staatlichen Passagierschiff nicht feststellen. Auch die Information, dass Tannenbäume verboten worden seien, war offensichtlich ein unhaltbares Gerücht, denn es gab auf jedem Deck einen Tannenbaum mit bunten, flackernden Lichtern und künstlichem Schnee! Die Krönung der Tannenbäume aber war der 1. Klasse-Tannenbaum, der nicht nur in allen erdenklichen Farben blinkte, sondern auch noch ununterbrochen dazu ‚Jingle Bells‘ und ‚We wish you a Merry Christmas‘ plärrte! Wir überlegten immer wieder, wie es uns gelingen könne, ihn ungesehen abzuholzen - was sich aber auf der gesamten Reise nicht bewerkstelligen ließ.

Auch dass keine neuen Kirchen gebaut werden dürften, konnte so nicht stimmen. Denn später sahen wir in Sorong (Irian Jaya) nicht nur verschiedene Kirchen, die weitaus größer waren als jede Moschee, die wir dort gesehen hatten (ebenso wie der dortige Hindutempel), sondern auch eine riesige Kathedrale, die noch im Bau war. In Dilli sahen wir auch ein Christusdenkmal (für ‚Christus Raja‘, König Christus), das kurz zuvor vom indonesischen Präsidenten Suharto eingeweiht worden war. Das war aber wohl eher als ein politischer Schachzug denn als Unterstützung des Christentums anzusehen.

Die DOBONSOLO galt als sogenanntes ‚christliches Schiff‘, da es auf dem Weg zu den östlichen Außeninseln nur Häfen von Inseln anlief, auf denen vor-

zugsweise Christen leben und die in der Bevölkerung die Majorität haben. Im
Gegensatz dazu gab es auch ,muslimische Schiffe' wie die KM BUKIT SIGUN-
TANG, die hauptsächlich die Strecke nach Kalimantan und Sulawesi befuhr.
Bis heute haben Christen große Vorbehalte, dieses Schiff zu betreten, seit vor
einigen Jahren bei religiösen Unruhen auf diesem Schiff einige Christen gelyncht
und über Bord geworfen wurden.

Die Zeitumstellung spielte natürlich auch eine Rolle auf dieser Reise. Der
indonesische Archipel ist so groß, dass hier nicht auf allen Inseln die gleiche
Zeit gilt. Auch wir durchquerten auf dieser Reise verschiedene Zeitzonen.
Aber wie vieles auf dieser Reise verlief unsere Überquerung der Zeitzonen
nicht so, wie wir es erwartet hatten, sondern uns wurde von unserem täglichen Informanten, dem Bordlautsprecher, nicht etwa mitgeteilt, dass wir
die Zeit um eine Stunde vorstellen müssten, um im Tagesplan rechtzeitig
alle unsere Verpflichtungen wie die Mahlzeiten oder An- und Ablegen
pünktlich wahrnehmen zu können, sondern die Zeitumstellung wurde uns
in angemessen kleinen Schritten verordnet. Hierzu schreibt Horst:
Zwischen Ambon und Dilli haben wir bei der Hin- und Rückfahrt die Zeit-
zone der zentralindonesischen zur ostindonesischen Zeit überschritten. Dabei
mussten wir bei der Hinfahrt die Uhr um eine Stunde vorstellen und bei der
Rückfahrt wieder um eine Stunde zurückstellen. Bei der Hinfahrt wurde die
Zeit jedoch nicht auf einmal um eine Stunde verändert, sondern über die Bord-
lautsprecher kam die Ansage, die Uhr vor und nach dem Frühstück jeweils um
eine halbe Stunde vorzustellen. Das war schon sehr verwirrend und kam uns
komisch vor. Aber bei der Rückfahrt wurde es am Freitag, dem 27. Dezember,
noch bunter. Über die Bordlautsprecher wurden wir mehrmals darauf hinge-
wiesen, dass die Uhren um 19:20, um 22:00 und um 00:00 Uhr jeweils um 20
Minuten zurückgestellt werden müssten. Ob dies schiffstechnisch bedingt war,
zum Beispiel wegen Schichtwechsel, konnten wir nicht in Erfahrung bringen.
Störend waren nur die Lautsprecherdurchsagen in der Nacht. Die Durchsagen
der Zeitumstellung waren keineswegs die einzigen. Jede Nacht um Mitternacht
dröhnte es aus unserem Lautsprecher in der Kabine: ,Sekarang jam duapuluh-
empatkosong atau setengah malam', es ist jetzt 24 Uhr Null Null oder die Mitte
der Nacht! Dann wünschte uns noch der Muezzin an Bord eine gute Nacht.
Gegen 4 Uhr am Morgen meldete sich der Muezzin wieder und kündigte sein
Gebet an, das er eine halbe Stunde später in der Moschee am Heck des Schiffes
ausrufen wolle. Sein singendes Gebet wurde natürlich – für uns mitten in der
Nacht – in die Kabine übertragen. Daran haben wir uns aber nicht gestört,
denn er hatte eine sehr schöne Stimme.

Oft hat sich der Muezzin in der Zeit vertan: ‚Jetzt ist es 04:20 Uhr‘, aber es war erst 03:50. Auch tagsüber war der Muezzin sehr aktiv. Mehrmals am Tag rief er zum Gebet, und alle Gebete wurden in die Kabine übertragen. Auch der Christen wurde gedacht. Fast jeden Tag fand im Speisesaal des Schiffes ein Gottes-dienst für ‚agama Kristen dan Katholik‘ statt, also für die christlichen Religionen und die Katholiken. Warum eine Differenzierung? Wir konnten es nicht erfahren.

Dazu kamen noch die Durchsagen für Anlandungen, Ankündigungen für die Mahlzeiten oder für Filme, die im Kinosaal auf Deck 2 gezeigt wurden, die Ankündigungen für die Abfahrt, Warnungen an Besucher und Träger, das Schiff zu verlassen, Verbote, an Bord keine Wäsche zu waschen oder Handtücher zum Trocknen über die Reling zu hängen, Warnungen an die Economy-Passagiere, sich nicht in den Bereich der 1., 2. oder 3. Klasse zu begeben, Ankündigungen für Feuerübungen und so weiter. Unser Kabinenlautsprecher war immer in Be-trieb, bei Tag und bei Nacht. Anfangs haben uns die andauernden Durchsagen gestört, und ich versuchte ohne Erfolg, den Lautsprecher auszuschalten. Der Ste-ward konnte – oder durfte – auch nicht helfen. Selbst ein in den Lautsprecher hinein gestopftes Handtuch brachte keinen Erfolg. Allerdings hätte ich den Laut-sprecher mit einer Nadel zerstören können, wie ich es vor Jahren in chinesischen Zügen tat, wo man vom Morgen bis spät in die Nacht hinein mit Parteiparolen und Liedern beschallt wurde. Das wollte ich dann doch nicht. Es war ja schließ-lich ein deutsches Schiff! Zum Glück sind wir beide nicht sehr lärmempfindlich. Nach zwei Tagen hatten wir uns an die Durchsagen schon so gewöhnt, dass wir sie gar nicht mehr wahrnahmen. Annette hatte ohnehin von der ersten Nacht an die Mitternachtsdurchsagen und das Nachtgebet des Muezzins verschlafen.

Auf dieser Reise kamen wir, vor allem bei den Mahlzeiten, natürlich mit Menschen der verschiedensten Inseln zusammen. Auch Christen aus Osttimor und Ambon waren dabei, die damals über die Vergabe des Friedensnobelpreises an Bischof Belo sehr einhelliger Meinung waren: Belo sei ein in Portugal aufgewachsener und erzogener Fanatiker, der keine andere Sprache als Portugiesisch spreche bzw. predige, und der Friedensnobelpreis für ihn sei einfach widersinnig. Portugal habe in den 400 Jahren seiner Kolonial-herrschaft nicht eine Hand für die Verbesserung der Infrastruktur gerührt, und erst seitdem Osttimor zu Indonesien gehöre, habe sich das Leben für die Allgemeinheit verbessert: Es gebe jetzt Straßen, Schulen und allgemeine Schulpflicht und den Menschen sei erlaubt, ihre Muttersprache zu sprechen. Heute ist Osttimor unabhängig – auch wenn bis heute mehr als 100.000 osttimoresische Flüchtlinge in Westtimor leben und nicht mehr in ihre alte Heimat zurückwollen –, und da fragt niemand mehr nach den damaligen Zuständen, aber 1996 war für uns diese Meinung doch überraschend.

Horst, der auch schon vor dieser Reise die Insel Timor besucht hatte und die Situation besser kennt, wird auch noch etwas dazu sagen:

Es ist Freitag, der 20. Dezember, 20:45 Uhr. Eben kommt die Lautsprecherdurchsage, dass wir in einer Stunde im Hafen von Dilli, der Hauptstadt des ehemaligen Portugiesisch-Timor anlegen werden. Wie jeden Abend hören wir die Nachrichten der Deutschen Welle auf der Kurzwelle, um zu erfahren, was auf der Welt geschieht. Ich verstehe die Welt nicht mehr! Wieder wurde der Aktivist Monsignore Belo positiv erwähnt. Kurz vor unserem Abflug aus Europa erhielt er den Friedensnobelpreis für seine Unabhängigkeitsbestrebungen in Osttimor. Um diese Unsachlichkeit zu verstehen, muss man in der Geschichte des Landes weiter zurückgreifen:

Vor rund 500 Jahren entdeckten die Portugiesen die Insel Timor und machten sie zu ihrer Kolonie. Die Niederländer kämpften 200 Jahre lang um den Westteil der Insel. Vor rund 140 Jahren wurden die kriegerischen Auseinandersetzungen beendet und die Insel wurde geteilt, in den niederländischen Westen und den portugiesischen Osten. Portugal hat Osttimor abgeholzt und ausgebeutet. Wie ich bei einer früheren Reise durch West- und Osttimor feststellen konnte, gab es in Osttimor außerhalb von Dilli keinen Kilometer befestigte Straße. Osttimor war bettelarm. Die portugiesischen Kolonialherren in Lissabon kümmerten sich nicht um ihre Inselhälfte. Und nun will die Bewegung der Fretlin – meist zurückgebliebene Portugiesen und portugalfreundliche Mischlinge – mit Monsignore Belo an der Spitze und Unterstützung durch Portugal einen eigenen unabhängigen Staat auf einem Teil einer indonesischen Insel gründen. Absurd!

Der niederländische westliche Teil der Insel fiel nach der Unabhängigkeit Indonesiens natürlich an Indonesien. Die Portugiesen klammerten sich jedoch an ihren Inselteil, so wie die Niederländer es mit ihrem Inselteil von Neuguinea versuchten. 1975 erklärte Osttimor einseitig die Unabhängigkeit von Portugal. Als das Land in Chaos verfiel, marschierten indonesische Streitkräfte ein. Der portugiesische östliche Inselteil wurde annektiert. Nun war die Insel wieder vereint. Natürlich hat Indonesien nicht alle Probleme diplomatisch gelöst. Zum Beispiel wurden die Behörden mit zu vielen Javanern besetzt. Besonders ein Massaker der indonesischen Streitkräfte vor fünf Jahren anlässlich der Beisetzung eines Freiheitskämpfers erregte große internationale Aufmerksamkeit. Aber wer macht schon alles richtig? Jedenfalls wollten alle Osttimoresen, mit denen ich bisher über dieses Problem sprechen konnte, bei Indonesien bleiben. Der Hauptgrund war, dass Indonesien in den vergangenen 30 Jahren mehr für die Verbesserung der Infrastruktur, für den Aufbau des Landes und für die Verbesserung des Lebensstandards der einheimischen Bevölkerung getan hat, als Portugal in den vergangenen Hunderten von Jahren zuvor.

In der Nacht sind einige Herren aus Osttimor in die 1. Klasse zugestiegen. Ein osttimoresischer Geschäftsmann saß mit uns am Frühstückstisch. Aus geschäftlichen Gründen pendelt er oft zwischen Dilli und Ambon. Natürlich haben wir auch das Osttimor-Problem angesprochen. Seiner Meinung nach schaltet sich die katholische Kirche mit Monsignore Belo zu aktiv in die Politik und das Tagesgeschehen ein. Osttimor ist katholisch geprägt, und da möchte die katholische Kirche natürlich an ihrem Einflussbereich festhalten und nicht in einen mehrheitlich islamischen Staat integriert werden. Und wer wäre für diese Aufgabe besser geeignet als der in Portugal aufgewachsene Belo, der auch in Portugal seine ganze Ausbildung durchlief. Er sprach nur Portugiesisch. Während der Kolonialzeit bestand keine Schulpflicht, und wenn ein Kind freiwillig in eine Schule geschickt wurde, wurde es in Portugiesisch unterrichtet. Dies war ein zweckmäßiges Mittel zur Abgrenzung gegen den ehemals holländischen, nun indonesischen Teil der Insel. Bahasa Indonesia war sogar in der Öffentlichkeit verboten. ,Während der portugiesischen Herrschaft durften wir auch indonesischen Boden nicht betreten. Indonesien war tabu!', sagte unser einheimischer Tischnachbar.

Laut unseren Tischnachbarn – einem Katholiken und seinem mitreisenden Freund, einem Moslem – predigt Monsignore Belo nur auf Portugiesisch zu seinen Landsleuten, und er würde versuchen, den Hass gegenüber Indonesien und den nicht-katholischen Mitbürgern – nach seinen Angaben 2% Protestanten und 5% Moslems – zu schüren.

Unserer Meinung nach verkennt man im Westen die wahre Situation von Osttimor – oder will sie nicht erkennen –, da hier ein islamischer Staat den katholischen Teil seiner Insel nach Ende der Kolonialherrschaft zurückfordert. Ich kann mich nicht erinnern, dass es weltweit so eine Aufregung gab, als seinerzeit das hinduistische Indien sich das portugiesische und auch katholische Goa einverleibte. Ist es die durch den Westen geschürte Islam-Phobie? [5]

So ergaben sich auf dieser Reise viele interessante Gespräche, in denen wir viel über das Leben und die Gedanken der Menschen erfuhren. Mehrfach saßen wir mit einem Arzt mittleren Alters aus Padang am Tisch, der uns erzählte, dass man als Arzt in Indonesien die ersten fünf Jahre nach Abschluss des Studiums auf irgendeine Außeninsel geschickt werde, um dort zu arbeiten. Erst danach erhielte man die Erlaubnis, sich dort niederzulassen, wo man wolle. Er arbeitete seit 16 Jahren in Irian Jaya. Ursprünglich von der Regierung dorthin geschickt, war er aber dauerhaft dort hängengeblieben.

---

5   Siehe auch Horst H. Geerken, *Hitlers Griff nach Asien, Band 2*, Kapitel 48: *Die Verwicklung von Portugiesisch-Timor in den Zweiten Weltkrieg und daraus resultierende weitreichende Folgen*, Seite 276ff, aus der Sicht von 2014/2015

Außer den Javanern und Balinesen schienen uns die Indonesier von anderen Inseln recht schnell dazu bereit zu sein, auch auf anderen Inseln Arbeit aufzunehmen. Jedenfalls erhielten wir auf der Reise diesen Eindruck.

Unser nächster Hafen nach Dilli war Ambon. Bei der Einfahrt in den Hafen offenbarte Horst einen Kalauer, der uns – aber besonders ihn selbst – noch den ganzen Tag belustigte:
Vor zehn Minuten haben wir noch tief geschlafen,
nun sind wir schon da, **Am-bon**ner Hafen!

Hier verließ uns endlich unser Feindbild, der unsägliche Entwicklungshelfer. Da sich der Himmel zusehends verdunkelte, keimte in mir die bösartige Hoffnung auf, dass er bei strömendem Monsunregen das Schiff verlassen müsse. Und unsere Schadenfreude kannte keine Grenzen, als es tatsächlich so kam! Aber die Strafe lässt ja bekanntlich nie allzu lange auf sich warten, und als wir begeistert über die Erfüllung unserer rachsüchtigen Träume das Deck verlassen wollten, waren wir ausgeschlossen! Und obgleich das Deck überdacht war, wurden wir genauso klitschnass wie unser Feindbild, bis der Purser uns bemerkte und wieder ins trockene Schiffsinnere ließ.

Ambon zeigte sich uns ziemlich verregnet, aber in einer Regenpause verließen auch wir das Schiff, um uns ein wenig umzusehen. Wir fanden, dass Ambon ziemlich stinkt – jedenfalls in der Hafengegend. Wir erstanden Unmengen Bananen, obwohl wir an Bord täglich zweimal Obst bekommen. Nachdem wir in Ambon die Bananen erstanden hatten, waren es natürlich ausschließlich Bananen, die wir nach dem Essen bekamen! Auch Süßigkeiten erstanden wir, da uns nach dem Mittagsschlaf immer ein großes Bedürfnis nach Süßem befiel und wir keine Geduld hatten, auf den Nachmittagskaffee mit Kuchen zu warten.

Nach Ambon wurde die See unruhiger, wir bewegten uns auf den pazifischen Ozean und Sorong zu, unseren ersten Hafen auf Irian Jaya. Die Dünung war sehr hoch und wir nahmen vorsorglich die Seekrankheitstabletten, die wir uns noch auf Bali besorgt hatten. Ihr Name ‚Anti Mabuk‘ heißt übersetzt zwar eher ‚Anti Betrunken‘-Tabletten, aber gegen Seekrankheit wirkten sie offensichtlich gut.

Die Küste Irian Jayas kam in Sicht. Sie wirkte zum großen Teil völlig unerschlossen, der Urwald wucherte bis zur Küste und schien völlig undurchdringlich – war es zumeist wohl auch. Hin und wieder sah man ein paar Hütten am Ufer, geduckt zwischen den Urwaldriesen, aber keinerlei Straßen, die dorthin oder von dort wegführten. Zumeist gestalteten sich die Verkehrsverbindungen offensichtlich per Boot. Auch von Sorong nach Jayapura kann man ja nur per Schiff gelangen. Der Hafen von Sorong war der

Abb. 34
Das Begrüßungs-
komitee im
Hafen von
Sorong

Abb. 35
Ankunft
in Biak

160

geordnetste überhaupt auf dieser Reise. Das erstaunte uns nun doch, denn da hatten wir gedacht, auf Irian Jaya zu den Wilden zu gelangen und dann bot sich uns der Anblick eines solch wohl organisierten Hafens!

In Sorong mieteten wir uns ein Taxi und ließen uns durch die Gegend fahren. Der Taxifahrer wollte uns nicht etwa als größte Attraktion einen Hindutempel oder eine Moschee oder gar eine der überdimensionalen christlichen Kirchen zeigen, sondern ein Motorradrennen, zu dem wir – nicht nur von unserem Taxifahrer – immer wieder geschleppt werden sollten.

Zurück an Bord wurde uns beim Abendessen sozusagen à la carte ein neues Feindbild serviert: ein etwa 13jähriger Chinesenjunge von für sein Alter gewaltigen fülligen körperlichen Ausmaßen. Er wurde an unseren Tisch gesetzt, ignorierte unseren freundlichen Gruß völlig, bediente sich sofort mit allen 10 Fingern von allen Platten und fraß wie ein Schwein, so dass uns der Appetit völlig verging. Das ging bei Horst gar nicht! Ich wollte ihn noch hindern, erzieherisch einzugreifen. Er erklärte mir, dass der Junge vermutlich nichts dafür könne, da die chinesischen Kinder oft in dem Bewusstsein erzogen würden, dass sie sich benehmen könnten wie sie wollten, da sie etwas Besseres seien als alle anderen. Dass sie zudem ihre malaiischen Angestellten fast immer wie den letzten Dreck behandelten und dass davon abgesehen die Chinesen ihre Kinder oft ziemlich fett füttern, um zu zeigen, dass sie es sich auch leisten können, hatte ich ja schon selbst erlebt. Einmal auf einer Flugreise, verzichtete eine ganze erwachsene chinesische Familie auf ihr Essen, nur um es ihren bereits völlig überfetteten beiden Kindern reinzustopfen!

Horst erklärte dem Jungen erst einmal, dass die Vorlegebestecke dazu da seien, dass man sie benutze und nicht die Finger, dass er nicht wie ein Mensch äße und dass er am besten nur weißen Reis essen solle, da er sowieso schon viel zu fett sei. Ich hoffte, dass der junge Mann keine psychischen Schäden davontragen würde, aber das Vergnügen der Bedienungen, die zuvor auch schon völlig entsetzt von den Tischmanieren des Jungen schienen, war offensichtlich. Den kleinen chinesischen Fettkloß beeindruckte das allerdings in keiner Weise, er schlug sich in bereits geschilderter Manier den Wanst voll und verschwand wiederum völlig grußlos.

Zur nächsten Mahlzeit kam auch die Mutter des Jungen mit, aber die Stewards setzten die beiden nicht mehr an unseren Tisch, da Horst sich das schon nach der Erfahrung mit dem Jungen ausgebeten hatte. Die Mutter maß uns mit sehr bösen Blicken, was uns freute, weil das bedeutete, dass der fette Sohn sich bei ihr beschwert hatte. Sie aß nicht ganz so schlimm wie der Sohn – jedenfalls hatte man nicht den Eindruck, dass sie den Teller mitfuttern wollte.

Noch während des Essens wurde die Mutter seekrank. Der fette Sohn aß seelenruhig weiter. Zum Glück saßen sie nicht an unserem Tisch, denn bei jeder größeren Schiffsbewegung musste die Mutter laut rülpsen – aber niemals ohne sich vorher zu bekreuzigen! Ihr Essverhalten ließ in uns – trotz des frommen Bekreuzigens – nicht den Wunsch aufkommen, mit ihr an einem Tisch sitzen zu wollen!

Am 23.12. legten wir auf der Insel Biak an. Die Küste war in ein malerisches Licht getaucht, die Palmen bogen sich stark im heftigen Sturm, mal bedeckten in schnellem Wechsel fast schwarze Wolken den Himmel, mal schien plötzlich wieder die Sonne mit einem ungewöhnlich kalten Licht. Hier schien das Anlegemanöver ungeheuer schwierig zu sein. Einmal, weil vor der Anlegestelle offensichtlich ein Riff verläuft, das der Kapitän erst vorsichtig umfahren musste, und dann weil inzwischen das Wetter ständig stürmischer wurde und der Wind uns mit aller Heftigkeit in Richtung Küste drückte. Die Anker mussten ausgeworfen werden, um das Schiff zu bremsen und zu stabilisieren. Trotz dieser Anker-Stabilisierung brach eine Gangway ab, weil es an der Anlegestelle sehr unruhig blieb. Wieder war der Hafen wie zuvor schon in Sorong nicht nur sehr wohl organisiert, sondern auch technisiert, im Gegensatz zu Benoa auf Bali, Kupang, Dilli oder Ambon. Der Menschentyp hatte sich hier – auch bei den Mitreisenden – aber völlig geändert. Überwiegend sehr dunkle, kraushaarige Menschentypen mit sehr markanten Zügen. Ein bisschen wie die Aborigines in Australien. Manchmal wirkten sie auf uns nicht nur ziemlich malerisch, sondern auch ziemlich finster.

Da ich durch die starke Schwankung des Schiffes etwas angeschlagen und lustlos bin, soll Horst etwas über unsere Weiterreise erzählen:
Heute ist schon Montag, der 23. Dezember. Gestern war ich zu faul zum Schreiben. Nach dem Frühstück folgte ein Schläfchen, vor dem Mittagessen noch eins und nach dem Mittagessen ein langes. Annette geht es genauso. Selbst die Lautsprecherdurchsage mit der Aufforderung ,anständig angezogen und mit geschlossenen Schuhen' zum Mittagessen zu kommen, hatten wir verschlafen. Der Steward musste uns durch lautes Klopfen an die Kabinentüre wecken. Unsere einzigen Termine sind die Mahlzeiten, und selbst dafür kommen wir kaum hoch. Ich lese zehn Seiten in dem Buch über das Leben von Avicenna und schlafe darüber ein – was aber nichts über die Qualität des Buches aussagen soll. Es ist die frische Seeluft und das leichte Rollen und Wiegen des Schiffes, das uns so unendlich müde und träge macht.

Ich sagte ,leichtes Rollen', aber gestern Abend war es schon ganz anständig. Eine langgezogene hohe Dünung kam schräg von hinten und brachte die DO-

BONSOLO ganz gewaltig ins Schaukeln. Sie legte sich so gewaltig zur Seite, dass unser Whisky, die Gläser, unsere Bücher und die Kosmetika durch die Kabine flogen. Wir nahmen vorsichtshalber eine Anti-Mabok-Tablette, eine Tablette gegen die Seekrankheit. Trotz des starken Schwankens schliefen wir schnell ein. Mitten in der Nacht, bei der Umrundung des nördlichen Zipfels von Neuguinea, zwischen Sorong und Manokwari, tangierten wir den Äquator. Nun wurde das Schwanken des Schiffes noch stärker. Wir hatten die hohe Dünung des weiten offenen Pazifiks erreicht, die von keiner vorgelagerten Insel gebremst wurde. Gegen 3:00 Uhr in der Nacht wurden wir durch einen lauten Knall aus dem Schlaf gerissen. Das Schiff hatte eine solche Schieflage erreicht, dass alles, was nicht niet- und nagelfest mit dem Schiff verbunden war, durch die Kabine wirbelte. Die Bananen, die auf dem Kabinenschrank verstaut waren, landeten in Annettes Bett und unser Sonnenschutzöl fanden wir später in der Toilette. Annette schreckte hoch und ihr erster Kommentar war: ,Sind wir nun auf den Äquator aufgelaufen?' Wir räumten alles wieder auf und lachten, weil wir uns in der schwankenden Kabine kaum auf den Beinen halten konnten. Immer wieder wurden wir aufs Bett geworfen. Die DOBONSOLO stöhnte jedes Mal, wenn sie in ein Wellental krachte. Was waren wir froh, auf einem relativ neuen Schiff deutscher Wertarbeit zu sein!

Der Purser machte eine Durchsage, dass sich Passagiere mit Seekrankheit in die aufgestellten blauen Tüten übergeben sollten und nicht in die Waschbecken. Unsere Tabletten schienen gut zu wirken. Uns wurde nicht übel. Wir schliefen auch wieder fest ein, mussten uns aber immer wieder am Bettrand festhalten, wenn wir das Gefühl hatten, aus dem Bett zu fliegen. Nur bei besonders heftigen Bewegungen des Schiffes gab Annette im Halbschlaf immer wieder den Kommentar ,Junge, Junge, Junge' ab. Erst am Morgen, als wir schon im Hafen von Manokwari anlegten, wurden wir wieder wach. Ich muss in der Nacht heftig gekämpft haben, denn am Morgen war mein Betttuch rausgerissen und dem Kissen, das ich bei Nacht immer auf dem Bauch liegen habe, war der Bezug abgezogen. Wie mir Annette erzählte, wollte ich sie – noch im Halbschlaf – überzeugen, dass das japanische Kaiserpaar mit der ganzen Familie an Bord wäre und allen sei schlecht!

Apropos japanisches Kaiserpaar und Japan: Auf dieser Reise in den Osten Indonesiens waren überall Zeugen des Zweiten Weltkriegs zu entdecken. In Ambon sahen wir zwei australische Soldatenfriedhöfe mit Tausenden von Gräbern. Weiter im Landesinnern gab es noch Reste von Bunkern der Japaner und Höhlengänge. Entlang der Küste sah man immer wieder Wracks von japanischen und alliierten Kriegsschiffen.

Hier in Manokwari mieteten wir uns ein Taxi und erkundeten die nähere Umgebung. Auch hier, wie später auch an der Küste der Insel Biak, unserem

nächsten Ziel, ragten immer wieder Wracks von Schiffen aus dem Zweiten Welt-
krieg aus dem Meer. Hier, rund um Neuguinea, fand ein schrecklicher Seekrieg
zwischen Japan und den ÙSA mit Zehntausenden von Opfern statt.[6]

Nun fahren wir mit der DOBONSOLO seit gestern Abend schon wieder
seit Stunden der Ostküste Neuguineas entlang. Schon seit 6:00 Uhr sind wir an
Deck und genießen das wundervolle Panorama der noch so gut wie unberührten
und unerschlossenen Landschaft von Neuguinea in der aufgehenden Sonne. Wir
stehen in der tropisch warmen Briese eng umschlungen an der Reling und sind
dankbar, dass wir dies alles miteinander erleben dürfen – und das am Morgen
des Heiligen Abend. Es ist das schönste Geschenk, das man uns an diesem Festtag
machen konnte!

Schroffe Zacken, bis über tausend Meter hoch und bis oben von dichtem
Dschungel bewaldet, ragen von der Küste hoch. Kein Haus, keine Siedlung ist
zu sehen. In der Ferne sehen wir die ersten Inseln des Bismarck-Archipels. Auf
unserem Kurs sind sicher schon viele deutsche Schiffe gefahren, da dieses Gebiet
bis zum Ende des Ersten Weltkriegs deutscher Besitz war. Neuguinea war bis
zu diesem Zeitpunkt zwischen Holland, dem Deutschen Kaiserreich und Groß-
britannien aufgeteilt. Holland besaß die westliche Hälfte (Niederländisch-Neu-
guinea), Deutschland das nordöstliche Viertel mit dem Bismarck-Archipel und
Großbritannien das südöstliche Viertel.[7]

Nach dem zweiten Weltkrieg, nach einem fast fünfjährigen blutigen Kolo-
nialkrieg, mussten sich die Niederlande aus Indonesien zurückziehen. Sie klam-
merten sich aber noch mit aller Macht an ihre Besitzung in Neuguinea, und es
dauerte noch bis 1962, bis sie auch diesen Teil ihres Kolonialreiches an Indo-
nesien zurückgeben mussten. Die Provinz Irian Jaya oder West Papua besitzt
etwa 21% des indonesischen Territoriums, beherbergt aber weniger als 1% der
Bevölkerung.

Am 24.12., also Heiligabend, erreichten wir den am weitesten entfernten
Hafen unserer Reise: Jayapura. Schon bei der Einfahrt in den Hafen wirkte
auch Jayapura, als sei es fest in christlicher Hand. Auf einer dem Hafen
vorgelagerten Insel stand ein riesiges, bei Nacht durch Glühbirnen sichtbar
gemachtes Kreuz. Auch auf einer Felswand über dem Hafen war ein großes
weißes Kreuz aufgemalt. Die Kirchen sehen viel herausragender aus als die
Moscheen. Das Ganze wirkt auf mich relativ aggressiv.

Hier sollten wir nun einen längeren Aufenthalt haben und Horst plante
für unseren Landgang als erstes einen Friseurbesuch und einen Besuch in ei-

---

6   Siehe Horst H. Geerken, *Hitlers Griff nach Asien, Band 1 und 2*
7   Zu Neuguinea siehe auch Geerken, *Der Ruf des Geckos*, Seite 132ff und Geerken,
     Hitlers Griff nach Asien, Band 1 und 2

nem Gartencafé mit Kaffee und Kuchen ein. Warum man eigentlich bei so einem Landgang schon vor dem Verlassen des Schiffes, auf dem man doch von morgens bis abends gefüttert wird, schon wieder an Essen und Trinken denkt, konnten wir uns nicht erklären, aber wir begründeten das mit der Tatsache, dass es ‚Heilig Mittag‘ sei und man sich da etwas gönnen solle. Nach der Erfahrung mit Matthäus Rosè in Osttimor erklärte ich Horst nicht sofort für vollkommen überdreht mit seinen Gartencafé-Plänen und wartete erst einmal ab.

Als erstes entsetzte Horst sich aber auf unserem Erkundungsgang darüber, dass er ständig von den Einheimischen als ‚Pater‘ angeredet wurde. Das ließ darauf schließen, dass alle männlichen Weißen dort Vertreter irgendwelcher Missionsgesellschaften waren. Das traf auch offensichtlich zu. Wie wir erfuhren, hatten die vielen einzelnen Missionsgesellschaften sogar ihre eigenen Flugzeuge, mit denen man als Passagier mitfliegen konnte, wenn man bereit war, einen höheren Preis zu zahlen als bei den staatlichen Fluglinien.

Wir argwöhnten allerdings, dass es eine irrtümliche Überzeugung sein könnte, der Verbreitung des Christentums dadurch zu dienen, dass alle Missionsgesellschaften mit eigenen Flügeln bei den Heidenkindern einschweben. Und ob die Gläubigen, die am anderen Ende der Welt für den guten Zweck spenden, sehr begeistert von solcher Verschwendung und Prachtentfaltung sein würden – wenn sie es wüssten –, schien uns auch fraglich.

Horsts Verärgerung, überall als Pater betitelt zu werden, löste sich in Luft auf, als er tatsächlich einen vertrauenswürdig wirkenden Friseursalon entdeckte. Dort stürzten sich unverzüglich drei nette Damen auf ihn, eine aus Sumatra, eine aus Java und eine aus Sulawesi! Horsts Freude konnte dort auch nicht mehr dadurch getrübt werden, dass er nach kurzer Zeit die Aufmerksamkeit der Damen mit der damenbärtigen Frau eines Baptistenpredigers teilen musste, die mit ihrer Tochter ebenfalls auf der *DOBONSOLO* gereist war und sich hier für Weihnachten und das Wiedersehen mit ihrem Mann stylen ließ. Auf Grund von Horsts etwas reduzierter Haarpracht verließen wir den Friseursalon vor den Damen, und fanden zu Horsts Begeisterung direkt neben dem Salon zwar nicht das erträumte Gartencafé, aber das Café ‚Prima Garden‘. Diesen Wink des Schicksals konnten wir natürlich nicht ausweichen und schwelgten dort in Kaffee und Kuchen mit Sahne – schließlich war wie gesagt ‚Heilig Mittag‘ –, als die frisch gestylte Predigergattin mit Tochter und nach wie vor mit Damenbart auch dort einkehrte. Es war Weihnachten und da gönnten sie uns in baptistischer Nächstenliebe ein Gespräch, bis der Predigergatte sie abholte, und zu unserer Freude alle unsere Klischees von Predigern zumindest optisch voll erfüllte.

Dadurch fühlten wir uns so gestärkt, dass wir nun unser geplantes Kulturprogramm in Angriff nehmen konnten: Wir wollten ein Eingeborenendorf besuchen. Zu einem Flug ins Baliem-Tal reichte die Zeit nicht, aber man sollte mit dem Taxi in ein Eingeborenendorf in der Nähe von Jayapura gelangen können. Wir mussten auf steilen Wegen die Berge überqueren, um in das Tal zu gelangen, in dem das Dorf liegen sollte. Es lag nicht weit genug von Jayapura entfernt, um noch völlig unberührt zu sein, aber auch im Baliem-Tal sollte es inzwischen sehr touristisch geworden sein. Nachdem wir zu Fuß noch einen Bach durchwatet hatten, waren wir dort auf jeden Fall die einzigen Touristen; aber ob dieses Dorf nun für Touristen gemacht war oder noch echt, vermochten wir nicht zu entscheiden. Wenigstens bekam man einen Eindruck vom Leben in den Eingeborenendörfern. Die Einwohner des Dorfes hatten fast nichts an, Souvenirs – besonders die Kotekas, die männlichen Penishülsen – gab es überall zu kaufen, und für Fotos mussten wir zahlen.

Trotzdem haben wir den Besuch nicht bedauert. Bewaffnet mit den beiden schönsten Kotekas, die wir finden konnten, kamen wir nach einigen Stunden in diesem Dorf wieder an Bord. Schon als wir über die Berge kamen und von dort die *DOBONSOLO* im Hafen liegen sahen, überkam uns ein ganz heimatliches Gefühl.

Abb. 36
Annette sucht mir beim ‚Herrenausstatter‘ mit spitzen Fingern die passende ‚Koteka‘ aus

Abb. 37
Einheimische
mit der Koteka
bekleidet

Abb. 38
Auch die Frauen
sind entsprechend
leicht bekleidet

Zurück an Bord dauerte es nicht mehr lange, bis das Ablegemanöver erfolgen sollte, das wir uns natürlich wie immer von unserem Deck aus ansehen wollten. Und dabei erlebten wir etwas, mit dem wir in diesem wohlgeordneten Hafen niemals gerechnet hatten. Die Indonesier haben wenig Zeitgefühl, und immer wieder konnten wir in den Häfen beobachten, dass Passagiere noch in aller Gemütsruhe mit Sack und Pack ankamen und völlig perplex waren, wenn sie sahen, dass das Ablegemanöver bereits begonnen und das Schiff nicht auf sie gewartet hatte. In Jayapura wurde das Schiff jedoch von Hafenarbeitern aufgehalten. Das Ablegemanöver hatte auch hier bereits begonnen, aber ein Stahltau erwischten die Hafenarbeiter gerade noch und schlugen es wieder um einen Poller. Der Kapitän konnte es trotz mehrerer Versuche nicht kappen oder durch Vollgas losreißen. Das Stahltau war stabiler! Wir konnten nicht abfahren. Der Kapitän musste nachgeben und die Nachzügler an Bord nehmen. Zwei allerdings, die an dem letzten Stahltau hochklettern wollten, schafften es doch nicht mehr und fielen ins Wasser. Das verzögerte die Abreise um fast eine Stunde und gab uns doch noch das Gefühl, unter Wilden gewesen zu sein. Wir hatten den Eindruck, dass der Mob die Polizei ruck zuck ins Wasser geworfen hätte, hätte sie versucht einzugreifen. So freundlich wie die Menschen sonst auf Irian Jaya gewesen waren, sie winkten uns sogar über die Straße zu, am Schiff war mit ihnen nicht zu spaßen.

Nach dem Ablegen fiel unser persönlicher Heiligabend meiner Seekrankheit zum Opfer, der Kuchen vom Café ‚Prima Garden‘ liebte das Geschaukel des Schiffes gar nicht. Ich hatte mich ja inzwischen derartig seefest gefühlt, dass ich glaubte, auf die obligatorische ‚Anti Mabuk‘-Seekrankheits-Tablette verzichten zu können und das rächte sich sofort. Horst wollte mich trösten und legte sich unverzüglich mit einer solidarischen Seekrankheit auch in seine Koje, aber als ich ihn beim heimlichen Naschen von Weihnachtsplätzchen erwischte, wusste ich, dass nur eine sofortige Einnahme der besagten Tabletten die Gleichheit im Essverhalten wieder herstellen konnte. Schon auf der Reise nach Jayapura war das Meer besonders unruhig, als wir den Pazifik erreicht hatten, und schon da flog alles, was nicht irgendwie befestigt war, in hohem Bogen durch die Kabine. Unser ständiger Spruch war und blieb: ‚Immer wenn das Schiff an den Äquator stößt, gibt es einen ordentlichen Knall‘. Und es knallte jedes Mal, wenn das Schiff in ein Wellental fiel so sehr und das Schiff zitterte und vibrierte und ächzte so stark, dass ich dachte, es würde gleich zerbrechen. Aber ich tröstete mich mit dem Gedanken an die vielbesungene deutsche Wertarbeit. Und ich tröstete mich außerdem damit, dass wir am Morgen des 26.12. wieder Sorong erreichen und dann den Pazifik verlassen würden, und in die Molukken-See zurückkämen, die erwartungsgemäß ruhiger sein sollte.

Da Horst seefester war, soll er berichten, wie für ihn der Heilige Abend verlaufen ist:

Den Heiligen Abend, den 24. Dezember, hatten wir uns ganz anders vorgestellt. Unsere mitgebrachte Flasche Champagner stellten wir schon am frühen Morgen kalt. Unser Steward organisierte das mit dem Küchenpersonal. Von unserem Landgang wollten wir uns noch ein paar grüne Zweige mitbringen, um sie mit unserer Lichterkette und roten Kugeln zu schmücken. So hatten wir uns die Weihnachtsdekoration für unsere Kabine vorgestellt. Da wir uns bei dem Besuch eines Eingeborenendorfes in der Nähe von Jayapura ziemlich verspätet hatten, mussten wir in unserem Mietauto zurückeilen, um die Abfahrt des Schiffes nicht zu verpassen. Dabei hatten wir die grünen Zweige ganz vergessen.

Wir trösteten uns damit, dass wir ja im Eingeborenendorf beim ‚Herrenausstatter‘ einige – allerdings noch ungebrauchte – Kotekas (Penishülsen) erstanden hatten, dem einzigen ‚Kleidungsstück‘ der männlichen Ureinwohner. Diese Phallussymbole wollten wir nun mit unserer Lichterkatte und den roten Kugeln schmücken. Jeder machte sich schon seine Gedanken, wie man die Kotekas drapieren könnte. Es sollte ein ganz besonderer Heiliger Abend werden. Aber soweit kam es nicht!

Zur Feier des Tages und dem heutigen Tage angemessen, besuchten wir noch den bunt geschmückten Tannenbaum auf unserem Deck. Die flackernden Lichter blinkten heute noch wilder, und uns schien, dass ‚Jingle Bells‘ und ‚We wish you a Merry Christmas‘ noch lauter über das 1. Klasse-Deck schallten. Wir hatten noch einige nette Gespräche mit unseren Stewards und Offizieren und bedankten uns für ein großes Paket Biskuits und Schokolade, die wir vom Schiff als Weihnachtsgeschenk in unserer Kabine nach unserer Rückkehr von dem Ausflug vorfanden. Das fanden wir ausgesprochen nett und aufmerksam. Schon bald danach gingen wir zurück in unsere Kabine, um unsere private Weihnachtsfeier vorzubereiten. Annette hatte eine große Dose selbst gebackene Plätzchen aus Deutschland mitgebracht, und mit den Biskuits und der Schokolade vom Schiff und unserer großen Auswahl an Alkoholika waren wir bestens versorgt. Wir schauten einem feucht-fröhlichen Fest entgegen.

Aber kaum waren wir wieder in offenen Gewässern des Pazifiks, fing die DOBONSOLO zu rollen an. Immer stärker und immer stärker. Es ist ja bekannt, dass der Pazifik fast immer eine hohe Dünung hat, aber so hoch? Wir gingen an Deck an die frische Luft und hörten noch mit unserem kleinen Radio auf der Deutschen Welle die neuesten Nachrichten. Besonders berührte uns, dass an diesem Festtag noch die Glocken des Kölner Doms übertragen wurden. Es war ein Gruß aus der Heimat bis ans andere Ende der Welt. Der Zeitunterschied zu Deutschland betrug nämlich an diesem Punkt 11 Stunden.

Abb. 39 Weihnachten 1996 an Bord und ...

Abb 40   ... Silvester mit Champagner in Ubud

Uns wurde immer mulmiger zumute. Unsere DOBONSOLO krachte immer mehr gegen die hohen Wellen, zitterte, stöhnte und röchelte wie ein verletzter Drache. Immer wieder bäumte sich das Schiff auf, wie wenn es von einem Fels getroffen worden wäre. Unsere Gedanken an Champagner, Plätzchen und eine Feier waren vergessen. Als die hochspritzende Gischt uns immer mehr einhüllte, schwankten wir schon schwach seekrank zurück in unsere Kabine. Zunächst nahmen wir unsere Tabletten gegen Seekrankheit und legten uns flach auf unsere Kojen. Nun lag jeder in seinem Bett, rutschte von oben nach unten, von vorne nach hinten, von links nach rechts und war voll und ganz mit sich selbst beschäftigt.

Bei mir schien die Tablette besser und schneller gewirkt zu haben, denn während Annette jegliche Nahrungsaufnahme ablehnte, ließ ich mir im Speisesaal ein Süppchen, Reis mit Fisch, Tofu und Gemüse schmecken. Selbst den Nachtisch und das Obst ließ ich nicht stehen. Es machte mir sogar Spaß, zu sehen, wie die Suppe aus dem Teller schwappte, die Wassergläser umfielen und auf den Fußboden fielen und die Kellner gegen die heftigen Schwankungen ankämpften. Dabei versuchten sie immer noch Haltung zu bewahren. Ich wurde verwöhnt und wegen meiner Standfestigkeit bewundert, denn ich war an diesem Tag der einzige Passagier der 1., 2. und 3. Klasse, der zum Abendessen erschienen war. Die Anzahl der bedienenden Stewards war an diesem Tag auffallend gering. Weil ich der einzige Gast war? Nein, wie mir der Oberkeller erzählte litten auch einige Mitglieder des Personals an Seekrankheit. Es muss also ein außergewöhnlich hoher Seegang gewesen sein.

Ich hörte nochmals die Nachrichten der Deutschen Welle und einen Teil des anschließenden Orgelkonzerts aus der Kreuzkirche in Bonn. Ganz heimatliche Klänge im fernen Lande. Nach einer Stunde im Bett fühlte ich mich pudelwohl und sprang nach 20:00 Uhr schwungvoll aus dem Bett. Annettes erste Reaktion: ‚Musst Du Dich übergeben?' Nein! Ich hatte Lust auf Weihnachtsplätzchen, hängte noch die Lichterkette auf und feierte unter den erstaunten Blicken von der seekranken Annette meinen Heiligen Abend. Aber richtig weihnachtlich war mir nicht zumute.

Als ich noch meine Seekrankheit pflegte, erhielten wir die beruhigende Nachricht, dass wir an Bord sogar versichert seien! 2 Mio. Rupien konnten wir im Falle eines Unfalls erwarten (damals ca. DM 1.300,00) und im Falle unseres Untergangs sogar 10 Mio. Rupien (immerhin ca. DM 6.500,00!). Und das pro Person! Der Lebensstandard unserer Lieben nach unserem Ertrinken schien uns also gesichert – allerdings konnte man diese Reichtümer nur ergattern, wenn man das Ticket vorlegte, das allerdings musste der Reisende ständig bei sich tragen! Dieser Umstand machte nun die Sache mit dem Lebensstandard nach unserem Ertrinken schon wieder unsicherer. Aber mich hob diese erfreuliche Möglichkeit der finanziellen Sicherheit meiner nicht existierenden Nachkommenschaft in Verbindung mit einer verstärkten Einnahme der Seekrankheitstabletten aus meiner Seekrankheit und damit aus meinem Bett, in dem ich bis dahin still vor mich hin gelitten hatte.

Am 26.12. abends gab es an Bord eine große Weihnachtsfeier für ‚Christen und Katholiken‘ mit Kapitän und Mannschaft! Ein Riesenbuffet wurde aufgebaut, der Kapitän hielt eine lange Rede über die Menschheit und Jesus und irgendwas von Jesaja (mehr blieb mir verschlossen), während alle nach dem Buffet schielten. Dann wurde ein Gebet gesprochen und danach wurde das Buffet eröffnet. Der Kapitän und seine beiden höchsten Offiziere saßen und aßen würdevoll aufgereiht an exponierter Stelle, aber alle anderen durften sich setzen, wohin sie wollten. Anlässlich des Weihnachtsfestes durften sich alle Klassen vermischen. Wir nahmen an, dass die Feier so gelegt worden war, dass möglichst wenig Passagiere an Bord waren (wir waren in der 1. Klasse an diesem Abend nur drei Passagiere), sonst wäre der Speisesaal aus allen Nähten geplatzt. Das Essen war hervorragend und überreichlich, sehr viel blieb übrig. Offiziell wurde es durch ein paar freundliche Worte des Kapitäns beendet, und danach mussten wir uns alle in Reih und Glied aufstellen, am Kapitän und seinen Offizieren vorbeidefilieren und ihnen allen mit den besten Wünschen für das Weihnachtsfest die Hand drücken. Dabei wurde uns dann auch die Ehre zuteil, vom Kapitän auf seine Brücke eingeladen zu werden. Horst hatte ja zuvor schon mit dem Funkoffizier der *DOBONSOLO* Freundschaft geschlossen und mit ihm in seiner ‚Funkbude‘ über das gemeinsame Hobby Amateurfunk fachgesimpelt

Da die Brücke noch über unserem Deck lag, und die See nach wie vor sehr bewegt war, hatte der Kapitän vielleicht nicht erwartet, dass wir die Einladung tatsächlich in die Tat umsetzen würden, denn je weiter oben, desto mehr schaukelt es ja auch, aber wenn dem so war, dann hatte er uns unterschätzt und auch die glänzende Wirkung unserer Seekrankheitstabletten! Denn einen Tag später schon machten wir uns auf in ungeahnt schwankende Höhen, um ihn auf seiner Brücke heimzusuchen. Es wurde allerdings ein kurzer Besuch, denn dort oben schwankte es tatsächlich so stark, dass wir uns kaum auf den Beinen halten konnten und eigentlich sehr froh waren, als wir wieder in tiefere Regionen absteigen konnten. Und der Blick auf die aufgewühlte See tief unter uns und den schwankenden Schiffsbug war auch nicht die reinste Freude. So blieb auch die eindrücklichste Erinnerung an diesen Brückenbesuch der Balanceakt, den wir vollführen mussten, um nicht auf allen Vieren herumkriechen zu müssen.

In Ambon stiegen eine ganze Reihe Weißer zu. Eine Mutter mit ihren beiden Töchtern, alle drei wurden schier von ihren Rucksäcken erdrückt, eine ‚übriggebliebene' alte Holländerin mit ihrem winzig kleinen indonesischen Ehemann, ein Vater mit seiner Tochter, der diese das ganze Gepäck tragen ließ und demonstrativ so lange hinkte, bis die Tochter das Gepäck in der Kabine verstaut hatte (wie wir später feststellten, gehörte er zu der Mutter mit den beiden Töchtern und sie reisten alle gemeinsam in der 3. Klasse), und außerdem ein Paar so Ende 30, die von diesen Zugestiegenen als Einzige mit uns in der 1. Klasse reisten. Dieses Paar habe ich wegen ihrer khakifarbenen Shorts als Engländer und Horst als Kanadier eingeordnet.

Die Familie mit den drei Töchtern und dem bei Bedarf hinkenden Vater beschäftigte sofort unsere Phantasie. Der Vater sah ständig so missmutig aus, dass ich ihm auch das Gepäck getragen hätte, nur um ihn nicht noch missmutiger zu machen. Er wirkte auf uns wie ein Entwicklungshelfer (man erinnere sich an unser Feindbild Nummer 1, den Entwicklungshelfer von der Hinreise), der ständig seine Ideologien strapaziert, um andere zu überzeugen und keiner hört ihm überhaupt zu. Die Frau wirkte auch nicht sehr lebensfroh, aber vermutlich musste sie ausbaden, dass die Welt so ignorant war, seine weltverbessernden Ideen zu überhören, und spielte – vor Verzweiflung vermutlich, einen anderen Grund konnten wir uns nicht vorstellen – ununterbrochen Scrabble mit ihren Töchtern. Selbst beim größten Sturm. Bei Amerikanern hätte uns das nicht gewundert, die spielen ja auch Bingo mit ungezügelter Leidenschaft, aber wie wir später von den Stewards erfuhren, waren es Deutsche.

Die von uns beim Einsteigen als übriggebliebene Holländerin eingeschätzte Dame war tatsächlich eine, die fast kein Wort Indonesisch sprach und auch mit ihrem indonesischen Ehemann sich nur auf Holländisch verständigte. Und bei dem jungen Paar handelte es sich tatsächlich um Engländer. Horst konnte einiges über sie erfahren, als ich ein Abendessen wegen schweren Seegangs verweigerte. Nicht weil ich seekrank war, sondern weil ich befürchtete, es zu werden. Die beiden waren für fünf Jahre nach Indonesien gekommen, um hier Jachten zu verkaufen. Seit drei Monaten waren sie nun im Land und hatten in dieser Zeit bereits zwei Mal drei Wochen Tauchurlaub gemacht. Also machten sie die Hälfte der Zeit, in der sie Indonesien erkunden wollten, Urlaub, und spätestens vier Wochen später war ein weiterer Tauchurlaub geplant! Vielleicht hätten sie sich lieber auf Tauchzubehör verlegen sollen, denn auf diese Weise fanden wir es relativ unwahrscheinlich, dass sie auch nur eine Jacht in den nächsten fünf Jahren verkaufen könnten. Allerdings schien auch ihr Interesse an Jachten ziemlich begrenzt zu sein, denn als Horst ihnen erzählte, dass er während seiner Zeit in Indonesien selbst eine Segel- und später eine Motorjacht gehabt habe, heuchelten sie nicht einmal höfliches Interesse.

Unsere Weiterreise von Ambon nach Timor wurde wieder wild bewegt. Inzwischen hatten wir durch die Deutsche Welle allerdings auch erfahren, dass wir von Orkanen umgeben waren. Auf Borneo hatte ein gewaltiger Orkan gewütet, der über 200 Todesopfer gefordert hatte, zudem tobten ein Orkan über den Philippinen und ein weiterer bei Darwin. Nun wussten wir auch, woher die in diesen Gewässern völlig unübliche extrem stürmische See kam. Trotz der tanzenden Kabine, in der man kaum stehen konnte, weil alles so wackelte, schliefen wir mit kurzen Unterbrechungen immer tief und fest. Um uns herum purzelte alles durcheinander und wir merkten es nicht einmal. Jeden neuen Tag dachten wir, nun könne es eigentlich nur noch besser werden, aber dann kam es noch schlimmer. Inzwischen waren die Teilnehmer an den Mahlzeiten der gesamten Klassengesellschaft an einer Hand abzuzählen. Einmal, als auch ich der Essensverweigerung frönte, war Horst völlig alleine im Speisesaal. Und zum Erstaunen der Stewards ließ er keinen Gang aus, von der aus dem Teller schwappenden Suppe angefangen bis zu Kaffee (den es natürlich auch nicht in der Tasse hielt) und Kuchen. Die Gläser hielt es nur kurzfristig auf dem Tisch, die Teller rutschten weg, aber Horst frönte unverdrossen der Völlerei! Damit hatte er sich die tiefste Bewunderung und auch Verehrung der Speisesaalmannschaft gesichert. Ob auch die unvermeidliche Band zu seinem Vergnügen angetreten war oder ob sie auch nicht mehr in der Lage war, anzutreten, weiß ich nicht mehr. Diese Band hatte uns schon viele Nerven getötet. Sie nahm ihren Job sehr ernst und beschallte uns zweimal täglich – zum Mittag- und Abendessen – derartig lautstark, dass wir, sobald die Aufforderung zu den Mahlzeiten durch das Mikrophon erfolgte, unverzüglich in den Speisesaal stürmten, um wenigstens einen Teil der Mahlzeit in Ruhe bei einem gesitteten Gespräch verbringen zu können. Sobald die Kapelle anfing zu spielen, legte sie sich so ins Zeug, dass man sich anbrüllen konnte wie man wollte, man konnte sich nicht mehr miteinander verständigen.

Da die Seekrankheit sich inzwischen allgemein breit gemacht hatte und die meisten sich auf unabsehbare Zeit ins Bett gelegt hatten, war der Kontakt zu unseren neuen Mitreisenden gleich Null. Zwischendurch hatten wir überlegt, in Kupang auszusteigen und den Rest des Weges zu fliegen, aber da wir als Optimisten täglich eine Wetterbesserung erwarteten und gerade auch nicht seekrank waren, hatten wir diese Idee wieder verworfen. Außerdem fanden wir die aufgewühlte See mit ihren riesigen haushohen Brechern einfach faszinierend und fühlten uns auf unserem deutschen Schiff absolut sicher. Wir hielten uns viel an Deck auf, um dieses Schauspiel zu beobachten. Unser Privatdeck vorne brauchten wir allerdings nicht mehr zu verteidigen, denn das war nicht mehr zu benutzen wegen der ständig darüber sprühenden See.

Als wir uns Timor wieder näherten, konnten wir sehen, dass auch hier das Unwetter gewütet hatte und noch wütete. Es goss in weiten Landstrichen offensichtlich wie aus Eimern, und bis weit ins Meer hinaus war das gesamte Küstengewässer vom mitgeführten Schlamm der Flüsse braun gefärbt. In Kupang angekommen durften wir dann gar nicht von Bord, weil wir zum einen schon über eine Stunde Verspätung hatten, und der Kapitän zudem wegen des Sturms noch vor der regulären Abfahrtszeit wieder ablegen wollte.

Bis hierher ging der Bericht von Annette. Der Rest ist leider bisher unauffindbar verschwunden. Ich habe die restlichen Tage auf der DOBONSOLO und in Ubud auf Bali aus Annettes Briefen an ihre Eltern rekonstruiert. Ich bitte dabei nachzusehen, dass ich nicht so interessant und pfiffig erzählen kann wie Annette.
Die See war nachts schon ruhiger geworden und am Morgen war sie immer noch ganz ruhig. Wir wurden bei der Morgentoilette nicht mehr durch die Dusche geschleudert, mussten uns beim Zähneputzen nicht mehr festhalten und fielen auch beim Anziehen nicht mehr um. Ein schon fast vergessenes Schiffsgefühl. Horst meinte: ‚Zum Schluss nochmals ruhiges Wetter! Ende gut, alles gut!‘ Ich hatte darauf gesagt: ‘Na, beschrei‘ es nicht zu früh, der Vogel, der in der Frühe singt …!‘

Im Speisesaal beim Frühstück erfuhren wir allerdings – und sahen es dann auch –, dass unser Kapitän den Kurs wegen der extrem stürmischen See geändert hatte. Er fuhr nicht südlich um Sumba herum wie es der übliche schnellste Weg ist, sondern zwischen Sumba und Sumbawa hindurch. Vom Speisesaal aus sahen wir auch, dass auf beiden Seiten des Schiffes Land lag. Nach dem Frühstück hielten wir uns dann wieder auf unserem ‚Privatdeck‘ auf, um die Küsten von beiden Inseln anzusehen.

Sumba kam uns von früheren Reisen ganz vertraut vor, und wir waren uns ganz sicher, auch den Ort des Strandhauses der Patres erkannt zu haben. Da aber das Strandhaus an der westlichen Spitze von Sumba liegt, kamen wir nun aus dem Windschatten Sumbas heraus und die See wurde wieder wild. Schon eine halbe Stunde zuvor hatten wir in der Ferne ein kleines Schiff ausgemacht, dem wir langsam näher kamen. Da der Kapitän wegen des nun wieder hohen Seegangs seine Fahrtgeschwindigkeit reduzieren musste, fiel uns zunächst nichts Besonderes auf. Aber als wir dem kleinen Schiff – es war eine Makassar Prahu – näher kamen, sagte Horst plötzlich:

‚Der treibt ja nur. Der fährt ja gar nicht'. Wir waren sicher, dass die Makassar Prahu vorher gefahren war, denn wir sahen ja eine Bugwelle. Und dann sagte Horst noch: ‚Da steht doch einer und winkt mit einem weißen Tuch'. Als wir näher kamen, sah ich das auch. Das Boot drehte sich inzwischen um sich selbst. Plötzlich sagt Horst ganz außer sich: ‚Du, die läuft hinten voll Wasser'. ‚Nein', meinte ich, ‚die ist nur in einem Wellental', aber dann sah ich selbst, dass das Boot sank. Das Heck tauchte immer tiefer in das Wasser. Vier Menschen in großer Seenot standen am Bug des Schiffes, in der aufgewühlten See mit haushohen Wellen. Wir fuhren in nur etwa 200 Metern Entfernung an dem Boot mit den Schiffbrüchigen vorbei, ohne dass unser Schiff den Kurs änderte oder eine Rettungsaktion einleiten wollte. Ich musste mich hinlegen. Mir wurde schlecht, denn es waren ja noch Menschen an Bord des sinkenden Schiffes. Der Kapitän musste doch dies gesehen haben!

Wie mir Horst später am Abend erzählte, ging er sofort – nachdem ich in die Kabine gegangen war – auf die Brücke. Hier traf er den Funkoffizier, mit dem er sich schon vor Tagen angefreundet hatte. Der Funkoffizier erklärte ihm, dass alle auf der Brücke die Katastrophe beobachtet hätten, sie hätten auch beraten, was zu machen sei, aber der hohe Seegang hätte es unmöglich gemacht, beizudrehen. Der Kapitän hätte dadurch die *DOBONSOLO* mit ihren 2.000 Passagieren selbst in große Gefahr gebracht. Die Dobonsolo wäre bei dieser extremen Wetterlage bereits an ihre Grenzen gestoßen. Die Küstenstation wäre per Funk informiert worden, aber bei diesem Seegang hätte kein Rettungsboot auslaufen können. Arme Seeleute!

Jetzt wurde es so stürmisch, dass sogar unser ‚Privatdeck' hoch auf dem sechsten Deck von den Wellen überflutet wurde. Unser Kabinenfenster wurde immer wieder von Wassermassen verdunkelt. Alle Außendecks bis zu unserem sechsten waren ohnehin schon gesperrt. Wir gingen einige Decks höher und konnten von der Brücke aus die tosende Natur beobachten. Es war gewaltig anzusehen, wie das riesige Schiff zum Spielball der Wellen wurde. Es tauchte vorne mit dem Bug so tief in die Wellen ein, bis das ganze Vorderschiff unter Wasser war und wurde dann wieder bis zu 20 Meter angehoben, bevor es mit einem gewaltigen Krachen ins nächste Wellental stürzte. Das ganze Schiff zitterte und bebte, besonders wenn die Schrauben aus dem Wasser kamen und durchdrehten. Es knirschte und knackte in allen Nähten. Wir waren fasziniert!

Nachdem wir den Schock mit dem sinkenden Schiff einigermaßen überwunden hatten, durften wir uns oben auf einem kleinen vorderen Deck, das den Offizieren zur Verfügung stand, aufhalten und das Meer und die gigantischen Wellen beobachteten. Ein Offizier sagte uns, dass die höchsten

Wellen bis zu 20 Meter hoch waren. Kein Wunder, dass wir uns so fest an die Reling klammern mussten, um nicht umgeworfen und weggespült zu werden. Nun hatten wir doch noch Zweifel, ob das Schiff diese Belastung – trotz deutscher Qualitätsarbeit – noch lange durchhalten konnte.

Um 17 Uhr sollten wir wieder in Benoa auf Bali eintreffen. Kurz vor 16 Uhr entdeckte ich steuerbord einen großen Vulkan. Ich war ganz begeistert, den Rinjani, den höchsten und noch aktiven Vulkan der Insel Lombok erkannt zu haben. Aber Horst meinte, es wäre bereits der Vulkan Gunung Agung auf der Insel Bali. Wir waren höchst erfreut, dass wir offensichtlich so wenig – höchstens eine Stunde – Verspätung hatten. Wir rasten in unsere Kabine, um unsere letzten Sachen zu packen. Wir waren von der Gischt so nass und salzig, dass wir uns erst mal duschen und umziehen mussten. Landfein, wie wir nun waren, wollten wir nicht mehr nach draußen und legten uns auf die Betten und dösten ein. Plötzlich klopfte es an der Kabinentür. Wir sprangen auf, weil wir dachten, nun würde uns die Landung angekündigt. Nein, es war der Steward, der uns zum Abendessen abholen wollte. Wir waren erstaunt, denn wir dachten wir würden gleich ankommen. ‚Nein‘, antwortete der Steward, ‚vor 23:00 Uhr sind wir keinesfalls in Bali‘. Es war also doch der Rinjani, den ich gesehen hatte und wir waren nicht an der Südküste von Lombok sondern von Sumbawa, als ich ihn entdeckte. Wir nahmen unser letztes Abendessen im Kreise von sehr wenigen Aufrechten ein.

Als wir endlich um 01:00 Uhr am Morgen in den Hafen von Bali einlaufen wollten, drückte ein Sturm unser Schiff auf eine vorgelagerte Sandbank. Aus eigener Kraft kam das Schiff trotz mehrerer Versuche nicht mehr frei. Kräftige Stahltaue wurden von Land an das Schiff gelegt und von dort mit starken Winden, die zusätzlich zu den Schiffsmotoren wirkten, an das Pier gezogen. Nach 02:00 Uhr am Morgen konnten wir endlich an Land gehen.

Wir hatten unseren Rucksack so glänzend gepackt, dass sich unsere – vermutlich nicht fest genug verschlossene – Trinkflasche mit Wasser in Horsts Kamera und Radio ergoss. Unser Film aus Irian Jaya und andere waren dahin, da wir das Malheur zu spät entdeckt hatten. Zu allem Übel wurde Horst in dem Gedränge noch das Portemonnaie mit einer ganzen Menge Geld und den Kreditkarten geklaut. Zum Glück war sein Reisepass noch da. Er wollte als Erster aussteigen, um gleich einen Träger und ein Taxi zu besorgen, denn er vermutete richtig, dass die um diese unchristliche Zeit rar waren. Ich wartete so lange mit dem Gepäck in der Kabine. Horst kam tatsächlich mit einem Träger an, und ein Bemo – ein kleines offenes dreirädriges Sammeltaxi – wartete unten am Schiff auf uns. Ein richtiges Taxi war um diese Zeit nicht mehr aufzutreiben. Aber das Geld war futsch!

Nach 03:00 Uhr waren wir dann endlich in Ubud. Nur durch Horsts Aufmerksamkeit wurde uns vom Bemofahrer nicht auch noch eine Reisetasche geklaut. Da war nämlich auch noch Geld drin! Ausgepackt wurde nicht mehr. Wir ergaben uns noch lange dem Whisky-Trunke, redeten und freuten uns, hier zu sein. Im hellen Schein eines fast vollen Mondes glitzerten die Fächer der Kokospalmen und das Wasser im Reisfeld direkt vor uns wie aus Silber. Erst als die Morgenröte den Himmel färbte, legten wir uns zufrieden ins Bett. Es war eine wundervolle stille Tropennacht, eine herrliche romantische Stimmung und ein erhabener Abschluss einer wunderschönen Reise.

Silvester 1996/97 war ja schon gleich nach unserer Ankunft in Ubud. Als Ausgleich, dass ich den Heiligen Abend auf der *DOBONSOLO* seekrank war, habe ich Silvester verschlafen! Horst auch! Dafür bekamen wir am 1. Januar Besuch von unseren Freunden Hella und Karl, die zufällig zur selben Zeit auf Bali einen Urlaub verbrachten. Mit einer Flasche Champagner und einem guten Essen bei Nick's wurde nun das neue Jahr 1997 gebührend eingeläutet.

Jetzt sitze ich auf unserer Terrasse mit Blick auf die wunderschönen Reisfelder. Wir haben einen ganz einfachen, aber wunderbar gelegenen Bungalow, umgeben von Kokospalmen direkt hinter Nick's Restaurant gebucht. Ich höre nichts außer den Vögeln, dem Plätschern des Wassers, das von Reisterrasse zu Reisterrasse fließt und dem Wind, der leise in den Palmen rauscht. Und trotzdem sind wir so nah am Geschehen, denn zu Fuß sind wir in nur zehn Minuten im Zentrum von Ubud.

Wir haben uns für zwei Wochen ein Auto gemietet. Vorgestern waren wir in Kintamani und am Batur See, gestern haben wir die Gegend um Ubud näher erkundet. Abends fuhren wir dann noch nach Petulu, um die heiligen weißen Reiher, die sich dort jeden Abend zum Übernachten sammeln, zu sehen. In Petulu lud uns noch einer der Dorfbewohner zu sich ins Haus zum Tee ein. Er erzählte, er sei Bauer, aber manchmal male er auch ein wenig zum eigenen Vergnügen und nicht zum Verkaufen. Er zeigte uns zwei kleine Bilder, die eigentlich sehr gelungen waren. Als Horst bei unserem Gespräch erwähnte, dass er ‚Daun Singkong' esse, ein Blattgemüse, wollte unser Gastgeber das Gemüse sofort vom Feld holen und seine Frau sollte es für uns kochen. Und wenn wir heute keine Zeit hätten, dann doch wenigstens am nächsten Tag, oder übernächsten! So etwas von gastfreundlich und lieb wie einem die Menschen hier bis heute entgegentreten, ist unglaublich. Der Bauer hatte uns übrigens auf Deutsch angesprochen. Er zeigte uns ein kleines Indonesisch-Deutsches Wörterbuch, aus dem er alles gelernt hätte.

Manchmal höre er die Sendung der Deutschen Welle, um den Klang der deutschen Sprache zu hören.

Heute waren wir dann in Batukaro, dem einsamen Tempel oben an den Hängen der Batukaro-Vulkans, bei dem wir im vergangenen Jahr schon einmal waren. Wir sind schon vor 8:00 Uhr losgefahren, es war herrliches Wetter und wir sahen alle Vulkane, vor allem aber den heiligen Gunung Agung ganz ohne Wolken im Morgenlicht. Wir hatten diesmal nur kleine und schmale Nebenstrecken und Holperwege gewählt. Die Straßen waren nicht nur in sich sehr holprig, sie wurden auch auf weiten Strecken repariert, sodass man auch noch balancieren musste, um an Straßenarbeitern und Lastkraftwagen mit Kies und Teer überhaupt vorbeizukommen. Ein paar Mal dachte ich, im nächsten Moment den Abhang hinunter zu stürzen, in den Graben abzurutschen oder in einem Schlammloch stecken zu bleiben, aber Horst schaffte selbst die haarsträubendsten Wegstrecken mit Bravur, und die Balinesen unterstützten ihn mit aufmunternden Rufen und fröhlichem Gelächter. Es war ganz schön anstrengend, aber Horst meinte, eher für mich als Beifahrerin.

Oben am Tempel fand diesmal eine Zeremonie statt, die aber bei unserer Ankunft leider schon fast vorüber war. Danach waren wir wieder fast alleine. Ein einfach aussehender Einheimischer sprach uns hier auf Deutsch an. Wir waren total überrascht, wie gut und flüssig er sprach, obwohl er Deutsch nur aus Büchern gelernt hatte. Es ist wirklich erstaunlich, wie sprachbegabt die meisten Indonesier sind und wie interessiert sie an anderen Sprachen und natürlich auch an fremden Kulturen sind.

Für den Rückweg von Batukaro nach Ubud wählten wir zwar immer noch kleine Straßen, aber doch nicht ganz so kleine. Ganz zum Schluss versuchten wir es wieder mit einem Schleichweg durch kleine Dörfer, der aber so kompliziert und nicht ausgeschildert war, sodass wir uns total verfahren hätten, hätten nicht die Einheimischen uns an jeder Ecke und Kreuzung, an der wir zögerten, schon ungefragt die Richtung gezeigt und ‚Ubud‘ gerufen. Sie kannten offensichtlich schon das Theater mit den Touristen, die immer neue Wege ausprobieren müssen und dann nicht wissen, wie es weitergeht.

Da wir viel mit unserem Mietwagen unterwegs waren, mussten wir natürlich auch immer wieder tanken. Wie das vor sich ging, beschreibt Horst:
Wir wollten eigentlich gar nicht weg von unserem wunderschönen Bungalow mit dem paradiesischen Blick über die Reisfelder, aber ‚unser‘ Suzuki Jimny steht vor der Türe und will auch ab und zu gefahren werden. Einige schöne Ausflüge haben wir schon gemacht. An das Klappern und Rumpeln des alten Wagens haben wir uns schon so gewöhnt, dass wir es kaum noch hören, zumal

ich – zurückversetzt in alte Zeiten – die Hupe oft und mit Freude bediene, um Hühner und Schweine von der Fahrbahn zu vertreiben. Mir macht es wieder richtig Spaß, in dem Durcheinander von Autos, Motorrädern, Fußgängern, Fahrrädern und Gegenverkehr auf der ‚falschen‘, der linken Straßenseite zu fahren.

Auch das Tanken machte uns Spaß, weil wir da immer höllisch aufpassen müssen, um nicht betrogen zu werden. Mit allen Tricks versuchen nämlich die Tankwarte an den Zapfsäulen ausländische Touristen reinzulegen. Bei nicht so erfahrenen Indonesien-Kennern, wie wir es sind, können sie sicherlich auch manchen Erfolg verzeichnen. Und bei den ohnehin sehr billigen Benzinpreisen von weniger als 40 Pfennig pro Liter, fällt das den meisten nicht auf, am wenigsten den amerikanischen Touristen, die man immer wieder sagen hört: ‚Oh! How cheap!‘

Nun haben wir schon mehrmals getankt, aber dreimal hat man versucht, uns übers Ohr zu hauen: Ein Tankwart hält normalerweise den Zapfhahn in den Tank und ein zweiter steht an der Zapfsäule mit der Kasse. Ein dritter Mann versuchte uns mit dem Verkauf von Landkarten abzulenken, während in diesem Moment der Mann an der Zapfsäule blitzschnell die Anzeige von Hand um 10.000 Rupien höher stellte. Ich bat ihn ganz freundlich doch die 10.000 Rupien wieder von der Rechnung abzuziehen, was er auch ohne Widerrede mit einem verlegenen Lächeln tat.

Beim nächsten Mal lief die Anzeige der dem Auto zugekehrten Zapfsäule immer weiter, 20 Liter, 30 Liter, 40 Liter. Das konnte nicht sein, denn wir benötigten höchstens 30 Liter, um den Tank aufzufüllen. Ich konnte nichts Auffälliges entdecken, aber hörte, wie das Benzin weiter in den Tank lief. Ich rannte auf die andere Seite der Zapfsäule und sah, dass die dortige Anzeige nur auf 26 Litern stand. Das konnte stimmen, denn bei rund 30 Litern war der Tank voll. Da die zwei gegenüber liegenden Anzeigen manipuliert wurden, haben wir dann natürlich auch nur diese 30 Liter bezahlt. Wie man aber eine Zapfsäule manipulieren kann, dass eine Anzeige schneller läuft als die andere, blieb mir ein Rätsel.

Da die Zapfsäulen(zu dieser Zeit) nur eine Liter- und keine Rupiah-Anzeige hatten, suchte der Tankwart auf einer Tabelle den Preis entsprechend der getankten Liter heraus. Auch da musste man aufpassen, denn der Finger des Tankwarts rutschte in der Rupiah-Spalte leicht in die nächst höhere Spalte.

Ein weiteres Mal stellten wir unseren Suzuki-Jeep an der Tankstelle ab und sagten: ‚Isi poll‘, also volltanken. Gleich beim ersten Liter stellten wir fest, dass die Tankanzeige nicht auf Null zurückgestellt worden war und noch 21 Liter anzeigte, die das Auto vor uns getankt hatte. Ich stoppte den Tankvorgang, ließ die Anzeige auf Null stellen und der Tankvorgang begann wieder von vorne.

Nachdem wir die Trickser entlarvt hatten, konnten wir an ihren Mienen die Enttäuschung ablesen, dass ihnen ein Extraeinkommen in die eigene Tasche entgangen war. Aber nun waren wir auch mit allen Wassern gewaschen. Beim Tanken stellt sich Annette mit einem Schreibblock ganz sachlich neben den Tankwart, der das Auto betankt, und ich beobachte die Anzeige an der Zapfsäule. Und wir ignorieren jeden Straßenhändler, der uns ablenken will. Unsere Professionalität wird nun von allen Tankwarten anerkannt, und ohne getäuscht zu werden werden wir nun jedes Mal – nachdem sie ein nettes Trinkgeld erhalten haben – mit einem freundlichen ‚Selamat jalan!', ‚Gute Fahrt' verabschiedet.

Im Moment kämpfe ich um das Leben von Esmeralda, unsere Hausratte. Horst hat irgendetwas gegen sie, besonders seit sie vor ein paar Tagen auf der Suche nach Keksen in der Nacht im Bett über seine Füße gekrabbelt ist. Ich habe sie nur bemerkt, weil mit lautem Gepolter unsere Keksdose durch das Zimmer rollte. In der folgenden Nacht war sie wieder da, weil wir eine Tüte mit Nüssen an einer Schnur im Zimmer aufgehängt hatten. Der Duft muss sie angelockt haben. Normalerweise hängen wir alles nach draußen, wo Esmeralda jede Nacht vergeblich unseren Papierkorb nach etwas Essbarem durchsucht. Da sie nichts nach ihrem Geschmack finden kann, verteilt sie Papierreste und unsere Zeitungen auf der ganzen Terrasse. Schon nach Esmeraldas erstem Erscheinen ging Horst in Ubud auf die Suche nach einer Rattenfalle. Mit Erfolg konnte ich mich bisher gegen ihren Einsatz wehren. Aber nun wurde es Horst zu viel. Am Abend stellte er die Rattenfalle mit einem schönen Stück Käse auf. Der Käse war am Morgen weg, aber Esmeralda hatte überlebt, weil die Falle nicht zugeschnappt war. Danach setzte ich mich für Esmeraldas Überleben ein mit dem Hinweis auf die Guillotine. Wer die überlebte, war frei! Esmeralda wurde nun immer frecher. Schon bei Tage kam sie aus dem Reisfeld angelaufen und machte es sich unter Horsts empörten Blicken auf unserer Terrasse bequem. Eigentlich konnte ich für nichts mehr garantieren, aber sie überlebte unseren Aufenthalt in Ubud.

Unser zweites Haustier ist Sir Archibald, unser Tokek, unser rund 50 Zentimeter langer Hausgecko. Er ist so zutraulich, dass er bis auf einen halben Meter an uns herankommt, selbst wenn wir uns bewegen. Seine Rufe am Abend und in der Nacht sind ein gutes Omen. Wenn sein ‚Tokeeee' durch die Nacht klingt, zählen wir selbst im Schlaf, wie oft sein Ruf erklingt. Eine ungerade Zahl ist glücksverheißend, sieben Rufe bedeuten schon viel Glück, aber der neunmalige Ruf des Tokeks bedeutet besonderen Erfolg und höchstes Glück. Horst und mir hat der Ruf des Geckos Glück gebracht!

Borneo, Februar 2001

von Annette Bräker
(bearbeitet von Horst H. Geerken)

Borneo oder Kalimantan – wie es heute heißt – wollte ich wiedersehen, seitdem ich vor etwa 10 Jahren zum ersten Mal dort gewesen bin. Damals habe
ich nicht die Reise machen können, die ich mir vorgestellt habe. Horst wollte
auch gerne Borneo wiedersehen und noch einmal eine Java-Rundreise machen, um dabei wieder auf den Pfaden seiner ‚indonesischen Jahre' zu wandern. Was lag näher, als diese beiden Wünsche miteinander zu vereinen und
eine Reise in den Dschungel von Borneo und eine Java-Rundreise zu planen.

An einem Samstag im Februar sollte es für mich losgehen. Horst war schon
drei Wochen vorher abgereist, da er noch seine Tochter Regina und deren
Familie in Australien besuchen wollte. So waren wir aus Richtung Australien und aus Richtung Deutschland kommend auf dem Flughafen Jakarta
verabredet.

Mein Flug ging erst gegen 16:00 Uhr ab Frankfurt, und so hatte ich morgens noch Zeit und konnte mir ein Bad genehmigen. In der Wanne kam mir
die Idee, mich noch nachhaltig verschönern zu wollen und mir die Beine
zu rasieren! Eine Schnapsidee, da ich blonde Haare habe, die man sowieso
nur beim näheren Hinsehen bemerkt, und außerdem trage ich selbst in den
Tropen fast ausschließlich Hosen! Trage ich Sarongs, dann sind meine Beine auch bedeckt. Aber meinem Verschönerungswahn hielt kein vernünftiges
Gegenargument stand, ich streckte also mein Bein aus dem Wasser (nicht
ohne sofort das Gleichgewicht zu verlieren und fast dem Ertrinkungstod zu
erliegen, ich konnte aber dann den Schwerpunkt doch noch an die richtige
Stelle verlagern, sodass ich trotz empor gestrecktem Bein sitzen blieb und
mein Werk beginnen konnte) und seifte es – es war das rechte – sorgfältig
ein. So bestens vorbereitet setzte ich den Rasierapparat mit der Doppelklinge
an, zog einmal kräftig gegen den Strich auf dem Bein entlang und hatte auch
schon ein Blutbad geschaffen! Ich hatte die Haare mitsamt Wurzeln und
Haut entfernt. Schöne Bescherung! Ich ließ mich aber durch solche Unbilden nicht beirren und rasierte unverdrossen weiter, bis beide Beine haarlos
waren. Weitere Selbstverstümmelung blieb mir allerdings erspart. Nur hörte
das Blut nicht auf zu fließen, auch nicht als ich endlich aus der Badewanne
kam. Ich behalf mir, indem ich Klopapier darauf pappte, das ich aber immer
wieder erneuern musste. Die Heparin-Spritze (gegen Thrombose bei Lang-

streckenflügen), die ich mir eigentlich gleich nach dem Bade spritzen wollte, konnte ich vorerst vergessen, wenn ich den Blutfluss zum Stillstand bringen wollte. Also beschloss ich, sie mir später am Flughafen Frankfurt auf der Toilette zu geben. Als das Blut endlich schwächer floss, stopfte ich meine Verwundung mitsamt Klopapier in eine Strumpfhose und fühlte mich nun gewappnet, die Reise – zwar nicht ganz so schön wie erwartet – anzutreten.

Alles verlief nach Wunsch, sogar der Zug nach Frankfurt fuhr fast pünktlich ab, und nach dem Einchecken in Frankfurt gab ich mir dann auch endlich meine Spritze und fühlte mich wie ein Fixer. Nun konnte die Reise losgehen und ich war gespannt, wie die Premium Economy Class von Garuda sich präsentieren würde. Natürlich hatte ich auch vor dieser Reise schreckliches Reisefieber, aber nach dem Einchecken geht's dann immer gleich besser: Ich freute mich schrecklich auf Horst und Indonesien.

Heute ist schon Montag, unser zweiter gemeinsamer Tag in den Tropen, und ich sitze auf einer Terrasse hoch über dem Barito-Fluss in Banjarmasin auf Borneo. Ein schwacher Wind kühlt uns ein wenig ab, während wir die Boote auf dem Fluss beobachten. Es ist ein ganz schöner Betrieb dort unten.

Gestern Abend sind wir hier in Banjarmasin angekommen. Der Flug von Frankfurt nach Jakarta war sehr angenehm. Der Aufpreis für die Premium Ecomomy Class von Garuda hat sich wirklich gelohnt. Ich habe keinen Unterschied zur Business Class festgestellt. In der oberen Etage waren nur 15 Gäste und drei Stewardessen, da wurde man richtig verwöhnt. Jede Mahlzeit hatte mehrere Gänge, die jeweils nacheinander serviert wurden. Mit Getränken jeglicher Art wurde man regelrecht zugeschüttet. Ich hatte zusätzlich noch den Sitz am Notausgang, und der Sitz neben mir war freigeblieben, sodass ich praktisch liegen konnte. Schlafen konnte ich trotzdem nicht, ich war wohl zu aufgeregt, wieder nach Indonesien zu kommen.

Horst holte mich in Jakarta kurz hinter der Passkontrolle ab, er hatte sich wieder irgendwie hinein gemogelt; er hat ja immer noch gute ‚Beziehungen‘, seit er in den 1960er Jahren am Bau des Flughafens beteiligt war. Dann ging's direkt zum ‚Gondia Guesthouse‘. Dort fühlte ich mich gleich wieder zuhause, auch wenn die nette alte Besitzerin vor zwei Jahren gestorben ist. Es ist jetzt nicht mehr ganz so europäisch dort, auch gibt es keine Speisekarte mehr, sodass man abends nur noch Bahmi oder Nasi goreng bestellen kann, aber es ist immer noch sehr nett und sauber.

Am nächsten Morgen fuhren wir wieder zum Flughafen. Horst hatte schon die Flugtickets besorgt. Am Abend zuvor hatten wir noch unsere Koffer umgepackt und das Notwendige für zwei Wochen in Reisetaschen untergebracht. So konnten wir die Koffer im ‚Gondia Guesthouse‘ lassen.

Der Flug mit Garuda nach Banjarmasin war voll besetzt und wir waren die einzigen Nicht-Indonesier an Bord. Am späten Nachmittag erreichten wir Banjarmasin. Zuerst haben wir einige ‚Guesthouses‘ angesehen, bevor wir dann im ‚Borneo Home Stay‘ gelandet sind. Das ist nun nicht unbedingt eine Bleibe, in die man sich verlieben kann, außer vielleicht in die Dachterrasse, von der man einen schönen Blick über den Barito-Fluss hat. Banjarmasin ist durchzogen von einem Labyrinth von Flussarmen und Kanälen. Es wird daher – ziemlich hochstaplerisch – ‚Venedig des Ostens‘ genannt.

Der Wirt, ein Einheimischer namens Johann (!), war in Horsts Reiseführer als jemand beschrieben, der bei der Organisation jeglicher Expeditionswünsche behilflich ist. Tatsächlich aber stellten wir fest, dass er Reisen ins Landesinnere zu US-Dollar-Preisen organisiert, für die man fast die ganze Insel kaufen könnte. Seine Räume, die man über sehr steile, enge Treppen erreicht, sind auch weit überteuert, werden nicht geputzt, das Klo stinkt, und das Waschwasser ist braunes Wasser direkt vom Fluss. Zudem muss man gefälligst die Schuhe ausziehen, bevor man das Haus betritt! Generell sind wir da ja flexibel, aber da es sowieso nicht besonders sauber ist, konnten wir den Grund nicht erkennen, es sei denn man zieht in Betracht, dass man so ja noch weniger putzen muss, und das war dann auch für uns wieder ein akzeptabler Grund. Der Standort direkt am Fluss ist allerdings so günstig gelegen, dass wir dort blieben, um unsere Reise selbst zu organisieren. Ob der Wirt Johann beim Organisieren unserer Reise überhaupt für uns Zeit gehabt hätte ist auch noch fraglich, denn er hatte – obwohl wir die einzigen Gäste waren – eigentlich für nichts Zeit als für sein Handy, mit dem er sehr wichtig und ununterbrochen telefonierte. Wir beschlossen also, uns selbst ein Boot zu organisieren, das uns ins Landesinnere bringen sollte. Wir gingen gleich am ersten Abend die paar Schritte zum Fluss, um mit den Bootsführern ins Gespräch zu kommen. Es sammelten sich auch gleich eine ganze Menge um uns, Bootsführer, Besitzer von Warungs (kleine Kioske) und weitere Neugierige. Wir schlossen erst einmal Bekanntschaften, besonders Horst, der sogleich in ein fröhliches Geplänkel mit allen geriet. So sondierten wir erst einmal die Lage und erfuhren die ungefähren Preise.

Abends gingen wir noch in der Nachbarschaft zu einem Chinesen gut, aber teuer, essen. Das Lokal hat keine Preise auf der Karte und der Schock kommt erst, wenn man schon satt ist und man nicht mehr zurück kann, dann wird einem nämlich tief in die Tasche gegriffen. Das Lokal war ganz in der Nachbarschaft vom ‚Maramin-Hotel‘, in dem ich 1993 bei einer Reise nach Kalimantan gewohnt habe, und das auch heute noch sehr nobel wirkt. Die Nacht in unserem ‚Borneo Home Stay‘ war moskitogeplagt und heiß, denn eine Klimaanlage gab es selbstverständlich nicht.

Am nächsten Morgen machten wir uns zunächst auf die Suche nach einer Möglichkeit zu frühstücken. Selbstverständlich war unsere ‚noble' Unterkunft ohne Frühstück! Wir fanden es aber auf dem nahegelegenen Markt, in einer Art Café mit einfachen wackligen Tischen, Metallstühlen und einer Theke, in der man sich so eine Art süßer oder herzhafter Brötchen und Kuchen aussuchen konnte, also ein richtiges Frühstücksparadies für kalimantanische Verhältnisse! Ein sehr netter alter Chinese ist der Eigentümer, der sich gleich mit uns auf ein Gespräch einließ. Von dort wanderten wir erst einmal über den Markt, an dem man sofort sehen konnte, dass in Banjarmasin der Tourismus noch in den Kinderschuhen steckt. Es gibt weder hier noch sonst irgendwo in Banjarmasin touristische Andenken-Artikel zu kaufen. Vom Markt wanderten wir über eine Brücke über den Barito-Fluss, schauten uns auf der anderen Seite des Flusses ein wenig um und spazierten dann wieder zurück zu unserem Ufer. Zurück auf unserer Seite des Flusses fanden wir direkt am Ufer neben der Brücke den Vogel-Markt, auf dem es unglaublich viele verschiedene Sorten sehr schöner und bunter Vögel gibt. Man würde sie am liebsten direkt alle kaufen und freilassen. Das würde den Händlern sicherlich sehr gut gefallen, denn sie würden die soeben verkauften Vögel an der nächsten Ecke wieder einfangen und erneut veräußern.

Von dort gingen wir zurück zum Ufer beim ‚Borneo Home Stay', wo wir unsere am Vorabend begonnenen Verhandlungen über einen Transport ins Landesinnere weiterführten. Bald wurden wir uns mit einem alten Dayak einig, der zwar keine Zähne mehr, aber dafür ein schnelles Boot hatte. Wir hatten ursprünglich überlegt, mit den landesüblichen Passagierbooten ins Landesinnere zu reisen, waren aber wieder davon abgekommen, als wir diese Boote näher betrachteten. Sie sind zweistöckig, auf beiden Etagen eine Holzpritsche neben der anderen, reichlich schmuddelig, und sie brauchen vier Tage für die gleiche Strecke, die wir jetzt in einem Tag bewältigen werden. Das wollten wir uns nun doch nicht antun, Abenteuer hin oder her.

Für den nächsten Tag verabredeten wir uns morgens um 8:00 Uhr mit unserem zahnlosen Dayak namens Ateng, der aus Palankaraya, dem ersten Ziel unserer Flussreise, stammt. Von hier aus wollten wir weiter ins Landesinnere vorstoßen.

Am Nachmittag kauften wir noch einige Vorräte ein wie Kekse, Saft, Kakao, Trinkwasser und vor allem etwas ganz Wichtiges: Pop-Mie! Ich weiß gar nicht, wie wir bisher unser Leben, besonders unsere Reisen, ohne Pop-Mie meistern konnten. Es gibt nur einen Grund dafür: Es gab bisher noch kein Pop-Mie! Pop-Mie ist jetzt aber überall in Indonesien in den verschiedensten Geschmacksrichtungen zu erhalten. Es handelt sich um einen Becher aus Styropor, der, sobald man den Deckel entfernt, den Blick auf eine zusammenklappbare Plastikgabel und ein Tütchen mit Gewürzen, und je nach Sorte auch getrocknetem Gemüse, freigibt. Wenn man die Gabel und das Tütchen herausnimmt, entdeckt man darunter die schon im Namen versprochenen ‚Mie' (Nudeln)! Jetzt braucht man sich nur noch vom Hotel oder von wem auch immer etwas kochendes Wasser zu besorgen, öffnet die Gewürzmischung, gibt sie über die Nudeln, schüttet das heiße Wasser drauf, klappt die Gabel auf, rührt um und das Überleben ist gesichert! Sehr umweltfreundlich ist das nicht, aber dafür sehr lecker und wir deckten uns natürlich hinreichend damit ein. Schließlich weiß man ja nie, wann man wieder etwas zu futtern bekommt.

Abends gingen wir dann noch in einem für Kalimantan typischen Lokal essen. Es ist wie in einem Padang-Restaurant. Die Speisen kann man vor dem Lokal in einem Schaukasten begutachten. Außerdem gibt es noch einen Grill vor dem Lokal, auf dem Fische und Hummerkrabben gegrillt werden. Horst betrachtete das – wie auch alle Padang-Restaurants – mit Misstrauen, weil man ja nie weiß, wie lange das Essen dort schon ohne Kühlung herumliegt. Schließlich ließ er sich aber mit mir auf den Nostalgietrip ein. Ich wollte unbedingt wieder einmal in diesem Lokal essen, weil ich vor einigen Jahren dort immer gegessen hatte und es mir immer sehr gut geschmeckt hatte. Im Lokal bekommt man dann von allem etwas auf den Tisch gestellt, und nur die Speisen, von denen man gegessen hat, werden bezahlt. Man weiß also auch nie, wie oft so ein Gericht schon auf anderen Tischen herumstand. Schildkröteneier bekam man allerdings nicht mehr angeboten. Denen hatte ich vor Jahren solange heftig zugesprochen, bis ich erfuhr, was ich da eigentlich aß. Dann allerdings trug ich natürlich dem Artenschutz Rechnung und verzichtete auf diese Spezialität, bei der mich sehr erstaunte, dass das Eiweiß auch im gekochten Zustand durchsichtig und flüssig blieb. Horst aß zwar anfangs mit langen Zähnen, aber es schmeckte ihm dann doch recht gut. Ich musste allerdings zugeben, dass auch für mich die Erinnerung an das Essen in diesem Lokal besser war als der jetzige Versuch. Aber wir wurden nicht krank, sondern verbrachten die Nacht vor unserer Reise ins Landesinnere ruhig. Dank des Moskitorepellents Autan hielten sich die Moskitos auch deutlich zurück.

Pünktlich kurz vor 8:00 Uhr am heutigen Dienstagmorgen erwartete uns Ateng mit Boot und einem Bootsjungen am Fluss. Die Fahrt ins Landesinnere war sehr schön. Zuerst fuhren wir ein Stück über den Barito-River, der wirklich gewaltig ist, der Rhein würde daneben wie ein Bächlein wirken, dann fuhren wir durch einen Kanal aus der holländischer Kolonialzeit zum Kapuas-Fluss, auch ein ungeheuer großer, breiter Fluss. So gewaltig habe

Abb. 41   Wir sind wieder unterwegs …

Abb. 42   … auf den Flüssen Barito, Kapuas und Kahayan

187

ich mir die Flüsse doch nicht vorgestellt. Von den Ausmaßen her hat man eher das Gefühl, auf dem Bodensee herumzufahren, als auf einem Fluss. Bei größeren Städten – also in Banjarmasin – und am Kapuas herrscht ein reger Verkehr auf dem Wasser. Man hat das Gefühl, das ganze Leben spielt sich auf dem Wasser ab. Transportboote aller Art fahren flussab- und flussaufwärts, Fährboote und Boote, beladen mit allen möglichen Waren, die direkt auf dem Wasser verkauft werden. Es sind Floating Markets, wie man sie ja vor allem aus Bangkok kennt.

Vom Kapuas-Fluss fuhren wir wieder über einen Kanal zu einem dritten Fluss, dem Kayan. Ab hier wurde es sehr ruhig auf dem Wasser. Der Kayan ist stellenweise im Sumpfgebiet sehr verästelt, und so fuhren wir stundenlang über schmale Flussarme an dichtem Urwald vorbei, ohne Ansiedlung, und nur ganz selten sahen wir ein anderes Boot. Plötzlich tat es einen riesigen Schlag untern unserem Boot und der Schiffsführer und sein Schiffsjunge, der gerade dabei war, unseren Kakao auszutrinken, guckten völlig verstört. Vermutlich dachte der Schiffsjunge, die Götter wollten seinen Kakaofrevel strafen! Wahrscheinlich ist einer der Baumstämme, die überall unter der Wasseroberfläche treiben, von unten gegen das Boot und die Schraube geschlagen. Der Bootskörper war offensichtlich unbeschädigt geblieben, nur die Schiffsschraube hatte etwas abbekommen. Das hätte uns noch gefehlt, wenn wir mitten im Urwald, auf halber Strecke zu unserem Ziel, zwischen Krokodilen und Blutegeln – ich bin mir nicht sicher, was mir unangenehmer wäre – abgesoffen wären. Aber trotz angeschlagener Schraube kamen wir noch voran, nur viel langsamer. Nach einer Weile vereinigten sich die Kayan-Flussarme wieder, und der Kayan wurde wieder breiter. Ein Wunder, wie sich unser Bootsführer in diesem Labyrinth von Flussarmen und Kanälen zurechtfand. Bei einer Ansiedlung mussten wir nachtanken, denn so ein schnelles Boot braucht sehr viel Benzin. Zu der Tankstelle gehörte auch ein Lokal und zum Glück auch Toiletten. Die Toiletten waren, wie auch das ganze Gebäude, auf Stelzen in den Fluss hinein gebaut und von der Terrasse des Lokals aus konnte man genau beobachten, welches Geschäft der Toilettenbenutzer gerade erledigt! Das nahm ich gerne in Kauf.

Die Tankstelle und das Lokal wurden von zwei sehr dicken Damen betrieben. Ein sehr dicker, ungefähr zwölfjähriger Junge gehörte auch dazu. Horst kam natürlich sofort ins Gespräch mit den Damen, und in seiner unnachahmlichen zurückhaltenden und diskreten Art fragte er sogleich, warum sie so dick seien und erklärte ihnen im gleichen Atemzug, dass das ungesund sei. Die eine der dicken Damen konterte, dass in dieser Gegend alle so dick seien, und für zehn- bis zwölfjährige Kinder sei ein Gewicht von 65 kg ganz normal. Außerdem sei ihre Großmutter inzwischen 115 Jahre alt und

Abb. 43
Wichtige Stationen:
Tankstellen ...

Abb. 44
... und Toiletten

auch so dick! Dass wir uns aber nicht, wie unser Bootsführer und sein ebenfalls dicker Schiffsjunge – auf dem der Blick der dicken Damen sehr wohlgefällig ruhte – im Restaurant die Bäuche vollschlagen wollten, betrübte die Damen nun doch sehr. Nicht etwa wegen des entgangenen Verdienstes, sondern trotz Horsts Versicherung, dass Beleibtheit ungesund sei, machte unser Umfang ihnen offensichtlich ernsthafte Sorgen. Daher schenkten sie uns vor unserer Abfahrt noch eine große Tasche voller Rambutan-Früchte, um uns ein wenig aufzupäppeln. Während wir mit den Damen Spaß hatten, reparierte unser Bootsführer die Schiffsschraube. So versorgt traten wir die Weiterreise an.

Einige Stunden Flussfahrt auf dem Kayan-Fluss lagen noch vor uns. Jetzt sahen wir hin und wieder auch größere Boote, die Baumstämme aus dem Landesinneren zur Küste transportierten, auch einige kleine Fischerkanus und ein Passagierschiff vollgestopft mit Männern, Frauen und Kindern. Das wäre doch wohl nicht ganz das Richtige für uns gewesen, für vier Tage so eng zusammengepfercht zu sein, von den hygienischen Verhältnissen ganz zu schweigen. Aber davon abgesehen gab es auch jetzt nur sehr wenig Verkehr und praktisch keine Ansiedlungen am Fluss. Kurz bevor wir Palankaraya erreichten, sahen wir, woher die Holz transportierenden Boote ihre Ladung hatten. Der bis dahin sehr dichte Dschungel war plötzlich stark ausgedünnt und sah sehr traurig aus. Nur noch wenige der gewaltigen Urwaldriesen waren zu sehen und die streckten zumeist kahle Äste in den Himmel. So ein Anblick ist wirklich erschreckend! Dann waren wir auch schon an unserm Ziel für den heutigen Tag, Palankaraya, der Distrikthauptstadt von Zentralkalimantan, angelangt. Von hier wollten wir über kleinere Flussarme das Hinterland erkunden und zu den Langhäusern der Dayaks vordringen.

Zuerst suchten wir eine Unterkunft für die Nacht. Unser Bootsführer Ateng hatte uns eine Unterkunft direkt bei der Anlegestelle empfohlen. Aber bei der Suche nach einem Bett für die Nacht stießen wir auf ungeahnte Schwierigkeiten. Das vom Bootsführer empfohlene Guest-House war voll, das nächste, das wir fanden, auch, und auch bei einem weiteren hatten wir kein Glück. In uns kam der Verdacht auf, dass man in diesem Ort vielleicht etwas gegen Ausländer habe. Wir scheinen sowieso die einzigen Ausländer in ganz Kalimantan zu sein – jedenfalls ist uns bisher noch kein Fremder begegnet, selbst in Banjarmasin nicht. Nur konnten wir uns absolut nicht vorstellen, wer die vielen Unterkünfte bewohnen sollte. Wie wir später erfuhren, lag es nicht an irgendeiner Ausländerfeindlichkeit, sondern daran, dass alle Unterkünfte im Ort von Flüchtlingen aus den umgebenden Städten belegt waren, besonders aus Sampit, in dem es große Unruhen mit einigen

Hundert Toten gegeben haben soll. Aber dann hatten wir doch noch Glück und ergatterten ein Zimmer in einem kleinen Hotel, dem ‚Hotel Payang‘. Links vor unserer Zimmertüre ist der Fernseher und rechts daneben die Rezeption. Hier unterhalten sich die einheimischen Gäste und Flüchtlinge entweder mit dem Wirt oder sehen ebenso laut fern und alles tönt durch unser Zimmer. Aber immer noch besser, als auf den Planken unseres Bootes zu nächtigen, was die Alternative gewesen wäre. Eigentlich hatten wir uns auf eine solche Möglichkeit eingerichtet und daher Moskitonetze, Sarongs und ausreichend Wasser und Lebensmittel eingepackt. Aber so ist es – trotz Lärm – immer noch angenehmer.

Wir hatten unseren Bootsführer bis zum nächsten Morgen entlassen, da er seine Familie besuchen wollte. Nachdem wir uns ein wenig in unserer Bleibe eingerichtet hatten, gingen wir ein Stück spazieren und trafen unterwegs einen Einheimischen, der sich als Polizist von Palankaraya vorstellte und uns anbot, uns ein wenig von der Stadt und besonders seine sechs Meter lange Python-Schlange zu zeigen. Das ließen wir uns nicht zweimal sagen, und machten uns mit ihm auf den Weg. Die Stadt ist schöner als man es am Flussufer erwartet. Sie hat sogar einen Gouverneurspalast. Dies ist eher ein großes Haus und beinhaltet auch ein Langhausmuseum!

Die Schlange war zwar sehr groß, aber ein ganz armseliges Vieh in einem Eisenkäfig. Ich hätte sie sehr gerne befreit, was natürlich nicht ging. Von dem Polizisten erfuhren wir dann, warum in ganz Palankaraya die Unterkünfte belegt sind. Außer Sampit sollen auch noch drei Dörfer in der näheren Umgebung von aufständischen Dayaks – den ehemaligen Kopfjägern – gestürmt und in Brand gesetzt worden sein. Auch für Palankaraya herrsche höchste Alarmstufe. Als er uns wieder zu unserem Hotel gebracht hatte, warnte er uns dringend, am Abend nicht zu früh schlafen zu gehen und auf alles zu achten, was passiere, damit wir uns rechtzeitig entfernen und in Sicherheit bringen könnten. Besonders sollten wir auf Brandgeruch achten! Trotz aller Warnungen haben wir dann am Abend hervorragend in einem kleinen chinesischen Restaurant in der Nähe des Hotels gegessen. Danach haben wir nur noch im Hotel gelesen und geschrieben und waren auf der Hut, ob etwas passiert. Wir fühlten uns aber abgesichert, weil wir ja jederzeit bei Gefahr ins Boot springen und flüchten könnten. Dass wir keine Ahnung hatten, wo wir denn unser Boot hätten finden sollen, zogen wir nicht in Betracht!

Die Nacht verlief ruhig, aber heute Morgen erfuhren wir, dass gestern in Sampit – auf dem Landweg etwa 150 Kilometer entfernt – wieder heftige Unruhen getobt haben sollen. Die indigenen Dayaks wehren sich gegen die massenhafte Zuwanderung von Umsiedlern aus Madura und Java und die ungebremste Rodung des Dschungels. Die Dayaks werden immer weiter in den Urwald zurückgedrängt und verlieren ihren natürlichen Lebensraum. Genaueres über die Anzahl der Toten oder das Ausmaß der Zerstörungen wusste man allerdings noch nicht. Es sollen Tausende von Dayaks aus den Wäldern gekommen sein, deren Gewalt soll sich aber ausschließlich gegen zugewanderte Indonesier anderer Inseln, besonders gegen die Maduresen gerichtet haben. Hier in Palankaraya soll es kleinere Demonstrationen gegeben haben.

Was ist nun der Grund für diese blutigen Unruhen? Da soll Horst wieder zu Wort kommen:

Seit seiner Unabhängigkeit hat Indonesien dank besserer medizinischer Versorgung und reduzierter Kindersterblichkeit eine Bevölkerungsexplosion erlebt. In Indonesien leben zur Zeit über 200 Millionen Menschen. Davon entfallen etwa 70% auf die Inseln Java, Madura und Bali, deren Größe nur 7% der Landfläche des riesigen Staatswesens ausmachen. Diesen mit etwa 600 Menschen/km² übervölkerten Gebieten des Inselreichs stehen zahlreiche in starkem Ausmaß unterbevölkerte Gebiete gegenüber, mit nur 5 Menschen/km², wie zum Beispiel Zentral-Kalimantan oder Sumatra. Um der Überbevölkerung der Inseln Java, Madura und Bali entgegenzuwirken, hat die Regierung ein Umsiedlungsprogramm riesigen Ausmaßes in die Wege geleitet, das Projekt ‚Transmigrasi'.

Zentral-Kalimantan ist schon seit Jahrzehnten ein bevorzugtes Umsiedlungsgebiet für Maduresen. Ganze Familien, sogar ganze Dörfer wurden dorthin ‚transmigriert'. Die Maduresen breiten sich immer weiter aus. Straßen werden gebaut, der Urwald wird gerodet, sodass der Lebensraum der hier lebenden Dayaks mit ihrem Wanderfeld-Anbau immer weiter eingeschränkt wird. Durch Kahlschlag ganzer Landstriche werden die Dayaks immer weiter ins Landesinnere gedrängt. Dagegen wehren sie sich nun mit Gewalt.

Unter den Opfern waren ausschließlich Maduresen, die durch ihr dominantes und hartes Auftreten den Unwillen der Ureinwohner, der Dayaks, besonders hervorgerufen haben. Chinesen und Javaner wurden diesmal verschont.

In allen Tageszeitungen, ob in Bahasa Indonesia oder Englisch, wurde täglich über die Ausschreitungen detailliert berichtet. Hier sind einige dieser Berichte:

TAKING SHELTER:

Madurese families, mostly children, women and the elderly, shelter in a police station near Sampit, Central Kalimantan, fleeing fighting between native Dayaks and migrants from Madura island. At least eight people were killed on Wednesday as ethnic clashes broke out again between the groups taking the death toll to 25 since it erupted on Sunday. Simmering resentment between the two groups has flared frequently over the past two years leaving hundreds dead. **Related photo on Page 2**

Abb. 45
Zeitungs-berichte

FRIDAY, FEBRUARY 23, 2001

Thousands fleeing riot-torn Sampit

JAKARTA (JP): A naval ship is steaming towards Central Kalimantan, to evacuate thousands of refugees fleeing ethnic violence in Sampit that by official estimates has claimed 57 lives.

The spokesman of the Navy's Eastern Fleet Command, Lt. Col. Ditya Soedarsono, confirmed in Surabaya, East Java, that a landing ship, ironically named *KRI Teluk Sampit-515*, had been sent to Central Kalimatan to transport thousands of refugees.

"I do not know where the refugees will be shipped to but it is clear they have to leave Sampit," Ditya said as quoted by *Antara*.

The Navy ship, which can carry some 2,000 people, was sent in after six vessels belonging to PT Pelni in Surabaya canceled their departures because their civilian crews were afraid of the danger it might involve.

Refugees currently sheltered in various locations in Sampit will be taken to the nearby port in Samuda, about 40 kilometers south of Sampit, where they will board the Navy vessel.

The evacuations are expected to commence on Friday morning.

Antara reported that some 25,000 people are seeking refuge in tightly guarded temporary shelters near military compounds, police stations and local administration offices.

One of the most crowded temporary shelters is in the district head's office in Sampit, where a woman gave birth in the yard of the office.

While a majority of the refugees are Madurese migrants, there are also refugees from many other ethnic groups, particularly Javanese.

The ethnic conflict, which initially involved migrant Madurese settlers and local Dayaks, first erupted in Sampit in the early hours of Sunday.

After a brief respite violence again exploded on Tuesday night and spread to other parts of the province, which has seen repeated recurrences of ethnic clashes in recent years.

Central Kalimantan Police deputy chief Sr. Comr. M. Djatmiko said 57 people had died in clashes since Sunday.

The spokesman for the office of the district head, Jauhar Fauzi, said the number of fatalities stood at 55, pointing to the number of dead at Dr. Murjani General Hospital.

However, a Sampit resident who helped in clean-up operations in the town said the number of dead was closer to 100, with many bodies still on the streets.

The situation in Sampit itself remains tense despite the increased presence of security forces, with sporadic outbreaks of violence occurring and houses still being torched.

Meanwhile in Jakarta, the National Police have set up a special team to evaluate the situation, with three middle-ranking officers due to travel to Sampit.

The National Police's chief of general information services, Sr. Comr. Timbul Sianturi, also revealed on Thursday that police seized 12 homemade bombs and a large firecracker from several houses on Jl. Pasar and Jl. Sukabumi in Sampit.

Timbul said the owners of the houses where the bombs were found were among the 41 people being detained.

He said as many as 79 people had been taken into police custody, with 38 being released because of a lack of evidence.

According to police records received in Jakarta, 57 houses in and around Sampit have been damaged and 23 have been burned down by mobs.

He said police have deployed at least 900 officers to Sampit and the surrounding areas, in addition to 300 soldiers from the Indonesian Military, to stem the violence.

A delegation of Dayak community leaders and Central Kalimantan leaders arrived in Jakarta on Thursday afternoon and met with National Police chief Gen. Surojo Bimantoro.

The delegation was led by M. Usop, who on Wednesday in Palangka Raya stated that while migrants were welcome in Central Kalimantan, those who could not adapt to the local customs should leave.

During the meeting in Jakarta, the delegation presented several demands aimed at helping to calm the situation. Among the demands was the release of Dayaks being detained in connection with the current violence. **(jun/hdn)**

Editorial — page 4

193

The Jakarta Post

FRIDAY, FEBRUARY 23, 2001

The Sampit violence

As the latest wave of violence and killings was spreading across parts of Kalimantan on Thursday, reports of scenes grizzlier than can be imagined by any civilized person have begun to come trickling into Jakarta through the news media.

On Thursday alone, rescue workers in Sampit, a township about 241 kilometers west of Central Kalimantan's provincial capital of Palangka Raya, were reported to have collected the headless bodies of at least 20 victims who had been killed the night before when bands of people roamed the streets, parading the severed heads of their victims, still dripping with blood.

Agency reports estimate the number of people killed in these latest clashes to be at least 100. The Indonesian news agency Antara, however, estimates the number of dead victims to run into the hundreds. Local residents reported that by daybreak bodies were still lying in the streets.

As thousands of terrified people, mostly older people, women and children, continue to flee to nearby towns and cities to seek refuge, aid workers report that the specter of hunger and disease is beginning to materialize.

This flare-up of communal violence that began on Sunday is but the latest to hit Kalimantan pitting groups of the local Dayak population against settlers from Madura island off the East Java coast.

In 1999, widespread riots hit Sambas regency in West Kalimantan, leaving hundreds of people dead, while dozens of others were gruesomely murdered in clashes between the two ethnic groups in 1997.

The big question is, what are the reasons behind these recurring clashes between the two ethnic groups, between locals and settlers, who for decades, at least on the surface, appeared to have been able to live together in peace?

One possible answer is given by M. Usop, presidium head of the Central Kalimantan Region and Dayak Community Consultation League, who said, "Generally speaking the Dayak community in Central Kalimantan is open to anyone, from whichever ethnic group. However, if the migrants (settlers) cannot adjust to local values, then it is better that they voluntarily leave."

Certainly, different cultural backgrounds do account for at least some of the friction that from time to time occurs between Indonesia's diverse population groups. Certainly, too, cultural differences seem to better explain the violence that erupted this week in Central Kalimantan than the reason given by the police.

Police officials in Jakarta said on Wednesday that they had captured one of two suspected "masterminds" behind Sunday's Sampit riots. The two were identified as "local officials" whose motives for inciting the riots were to be reappointed to jobs from which they had been dismissed.

It remains to be seen whether the police are able to back up their case with tangible proof this time. In Jakarta, meanwhile, it is difficult to avoid the speculation that these latest troubles in Kalimantan are somehow related to those of the Soeharto clan.

It must be said that there are some grounds for such speculation. After all, why is it that every time a member of the Soeharto family gets into difficulties with the authorities, trouble breaks out in some region in Indonesia.

Whether such reasoning is, in reality, well-grounded remains to be seen. Whatever the case, the important thing for the authorities to do under the circumstances is to seriously look into every possibility in order to prevent any recurrence.

In the final analysis, and as far as the public is concerned, it makes little difference what the actual reason is. It could well be a combination of several of the reasons suggested. The important thing is for the authorities to find out where the problem lies and to act on it, with wisdom and in a professional manner. For the people in the affected areas it is much more than a matter of making the right assumptions. It is a matter of life and death.

Nach dem Frühstück im Hotel – wir waren ganz erstaunt, dass wir überhaupt ein Frühstück bekamen – trafen wir unseren Bootsführer am Anlegesteg. Wir wollten heute nur die nähere Umgebung erkunden und einen ersten Blick auf die Dayak-Langhäuser der Umgebung werfen, um dann am nächsten Tag weiter ins Landesinnere vorzudringen. Es wurde eine sehr schöne Fahrt durch sehr enge Flussarme, auf denen wir uns vorkamen wie Alexander von Humboldt auf Entdeckungsreise. Irgendwie erwarteten wir, nach allem was wir in alten Reiseberichten über Kalimantan mit seinen kopfjagenden Dayaks gelesen hatten, dass einem plötzlich Pfeile um die Ohren fliegen, oder wenigstens schauerlich anzusehende Dayaks aus dem Urwald springen, die nichts anderes im Sinn haben, als unsere Köpfe unter ihren Langhausdächern aufzuhängen. Schließlich waren wir mit einem Dayak aus dieser Gegend unterwegs, was man zwar als eine Garantie für unsere Sicherheit verstehen könnte, aber es könnte ja auch das Gegenteil sein! Aber keine von unseren Phantasien trat ein. Wir kamen zu einem Langhaus, aber das war völlig ausgestorben, kein einziger Dayak ließ sich blicken, selbst Frauen und Kinder nicht und selbst unser Ateng war ratlos. Eigentlich müssten sie dort sein, versicherte er uns. Wir beschlossen, erst einmal nach Palankaraya zurückzufahren, um dann am nächsten Tag mit Sack und Pack weiter ins Landesinnere vorzudringen.

Zurückgekehrt nach Palankaraya sind wir zum Markt spaziert, auf dem wir einen ganzen Haufen Bananen erstanden haben. Zum Glück hatte ich meinen Regenschirm bei mir, denn hier in der Nähe des Äquators sticht die Sonne doch so sehr, dass man ohne ausreichenden Sonnenschutz gar nicht herumlaufen kann. Der Markt ist ziemlich groß und so bunt, wie man das von einem asiatischen Basar erwartet. Nachdem wir ein Weilchen den Markt erkundet hatten, wurde es uns zu heiß und wir gingen ins Hotel zurück, das nur fünf Minuten vom Markt entfernt liegt, um uns mit Pop-Mie zu stärken und einen Mittagsschlaf zu halten. Auch wollten wir ein wenig schreiben. Hierher zurückgekehrt erfuhren wir, dass am anderen Ende der Stadt kleinere Demonstrationen stattgefunden haben sollen. Wir haben allerdings nichts davon bemerkt.

Als ich gestern diesen Satz ,wir haben nichts bemerkt' geschrieben habe, musste ich aufhören zu schreiben, weil die Ereignisse sich überschlugen. Wir saßen vor unserem Zimmer in der immer stark frequentierten ,Hotelhalle', als plötzlich Einheimische hereingestürmt kamen. Eine Riesenaufregung entstand, Leute liefen hin und her, eine Frau mit Kind, die von der Straße hereingekommen war, zitterte am ganzen Körper. Aus den einzelnen Zimmern, die um die sogenannte Hotelhalle herumlagen, kamen die dort wohnenden Flüchtlinge, und alles redete aufgeregt durcheinander. Wir konnten aber nicht genau herausfinden, was eigentlich los war. Hier in Kalimantan sprechen die meisten Einwohner sehr schlecht Indonesisch und mit einem sehr starken Akzent. Irgendwie bekamen wir dann doch heraus, dass über 1.000 aufständische Dayaks den Flughafen gestürmt hätten, und kurz darauf hieß es, die Aufständischen seien nun auf dem Basar – auf dem wir kurz zuvor noch waren – und es habe dort ein Blutbad gegeben. Schon beim ersten Anzeichen von Aufregung hatten wir beschlossen, im Zweifelsfalle lieber den Rückzug anzutreten, und ich hatte sofort unsere Sachen gepackt, damit wir – falls nötig - sofort die Flucht ergreifen könnten, während Horst die Lage näher erkundete. Inzwischen waren draußen auf der Straße alle Geschäfte mit Eisentoren oder Gittern verrammelt worden, die Fahrer hatten ihre Becaks (Fahrradrikschas) einfach stehen lassen und waren weggelaufen, einige Becaks lagen umgeworfen mitten auf der Straße, die Autos waren alle verschwunden und die Straßen war wie leergefegt und totenstill. Wir entschlossen uns spontan, doch lieber das Weite zu suchen. Zum Glück lag unser Hotel nicht weit von der Anlegestelle entfernt, nur hatten wir unseren Bootsführer nach unserem morgendlichen Ausflug bis zum nächsten Morgen entlassen und mussten ihn nun wieder ausfindig machen. Wir hatten beschlossen, uns auf keinen Fall zu trennen, weil wir ja nicht wussten, ob die Aufständischen nicht schon im nächsten Moment bis zum Fluss hinunterkämen, denn der Basar, auf dem sie zur Zeit wüten sollten, war ja nur wenige Minuten entfernt. Also machten wir uns gemeinsam auf den Weg zur Anlegestelle, um unseren Bootsführer Ateng zu suchen. Im Nachhinein haben wir uns überlegt, dass es eigentlich ein Fehler gewesen ist, nicht gleich mit allen unseren Sachen zum Fluss zu laufen, aber in solchen Augenblicken muss man sich innerhalb weniger Minuten oder sogar Sekunden entscheiden und es ist ja auch alles gut gegangen. Die Straße zum Fluss war gespenstisch leer und es war völlig ruhig. Kein Mensch, kein Auto oder Fahrradfahrer war zu sehen. Nur aus den oberen Etagen der Häuser lugten Menschen verängstigt heraus. Die Spannung, die über der Straße lag, konnte man körperlich spüren. Auch wir waren extrem angespannt. Plötzlich sahen wir vor uns eine Ansammlung von Dayak-Kriegern, mit nackten Oberkörpern, Stirnbändern und überwiegend mit Lanzen bewaffnet. Sie betrachteten uns weder freundlich noch aggressiv, sondern völlig ungerührt und das war umso bedrohlicher. Später haben wir uns überlegt, dass sie vermutlich genauso überrascht waren, uns Ausländer dort zu sehen. Wir schauten nicht rechts, nicht links, sondern gingen in der gleichen Geschwindigkeit weiter. Ich hatte allerdings jetzt das Gefühl, dass mir alle Haare zu Berge standen und alle Sinne nur darauf ausgerichtet seien, woher der eventuelle Angriff kommen könnte.

Die Anlegestelle für die Boote war wie ausgestorben, also hasteten wir weiter zu den am und im Wasser gelegenen Stelzenhütten, in denen wir unseren Bootsführer hatten verschwinden sehen. Dort fragten wir nach Ateng bei den wenigen Einheimischen, die noch zu sehen waren. Schließlich erfuhren wir, dass er Flüchtlinge auf die andere Seite des Flusses befördere. Einer der Angesprochenen sprang sofort in ein Boot und erbot sich, ihn für uns zu suchen. Wir hinterließen, dass wir mit unserem Gepäck zu den Hütten kämen und nicht zum Anlegesteg, denn falls eine große panische Fluchtbewegung bei der Bevölkerung ausbrechen sollte, würden wir am Anlegesteg niemals in unser Boot kommen. Also hasteten wir wieder die menschenleere Straße hinauf zu unserem Hotel. Die halbnackten, mit Hüfttuch bekleideten und mit Lanzen bewaffneten Dayak-Krieger waren verschwunden, was aber nicht zu unserer Beruhigung beitrug. Es war eine ganz merkwürdige Verfassung, in der wir waren: Angst hatte ich im Hotel, als wir noch nicht wussten, was los war und nur klar war, dass etwas Bedrohliches in der Luft hing. Aber jetzt auf der Straße war ich weniger ängstlich, aber mit jeder Faser des Körpers angespannt. Ich hatte das Gefühl, meine Sinne wären zig-mal wacher als sonst, um möglichst früh feststellen zu können, aus welcher Richtung die Gefahr kommen würde. In unserem inzwischen total verbarrikadierten Hotel bezahlten wir schnell die Rechnung, der Wirt zählte das Geld nicht einmal nach, was die extreme Ausnahmesituation dokumentiert. Wir versuchten dann, einen der Boys zu überreden, uns beim Tragen unserer Sachen zu helfen. Nur einer war sehr widerstrebend bereit dazu. Als er jedoch beim Anlegesteg bemerkte, dass wir noch weiter bis zu den Hütten am Wasser wollten, hatte ich schon Angst, er würde unsere Taschen einfach hinwerfen und zurückrennen, so sehr war er in Panik. Aber dann brachte er uns doch bis zu den Hütten, bei denen wir auf Ateng warten wollten. Er hatte es so eilig zurück zum Hotel zu kommen, dass er erst gar nicht auf seinen Lohn warten wollte. Wir konnten ihn dann aber doch noch entlohnen.

Unser Bootsführer Ateng war noch nicht wieder da, aber die Bewohner der Hütten boten uns an, bei ihnen im Haus zu warten, sie seien selber Dayaks und daher nicht in Gefahr. Um zu den Hütten, die auf Stelzen im Fluss stehen, zu kommen, mussten wir mit unserem Gepäck über sehr wackelige, schmale Stege, die zum Teil nur von schwimmenden Autoreifen gestützt wurden und daher extrem schwankten, balancieren. In den Stelzenhäusern fühlte ich mich gleich viel sicherer. Es dauerte dann auch zum Glück nicht mehr sehr lange, bis unser Bootsführer kam, der tatsächlich von dem hilfsbereiten Kollegen aufgespürt worden war.

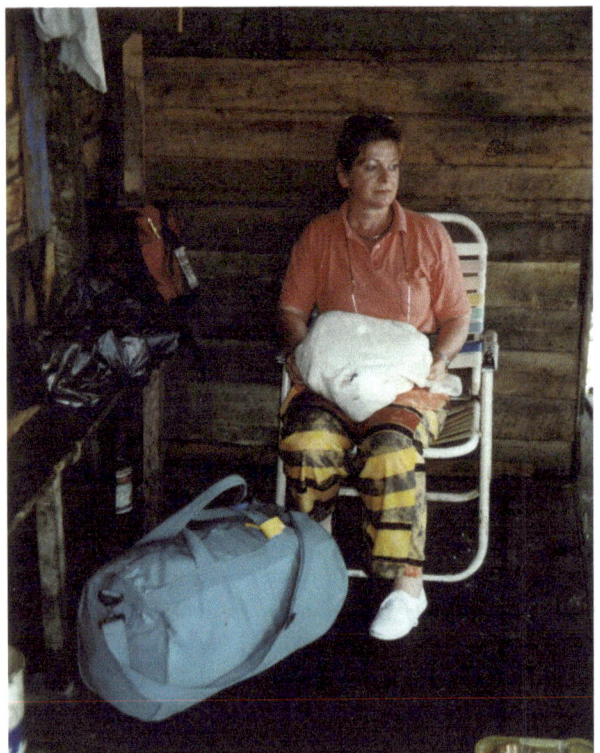

*Abb. 46
Schutzgeister
der Dayaks*

*Abb. 47
Asyl im Dayakhaus
am Fluss. Wie geht
es nun weiter?*

Ateng betankte sein Boot nach der üblichen Methode: Benzin wird aus einem großen Fass mit einem Schlauch, in dem das Benzin mit dem Mund hochgezogen wird, durch einen Filter in einen Kanister umgefüllt. Danach wird das gefilterte Benzin in den Tank des Bootes gegossen. Die Zigaretten werden bei diesem gefährlichen Verfahren nicht ausgemacht, man ist ja Fachmann! Danach beluden wir das Boot mit unserem Gepäck und dachten, nun könne es losgehen. Aber weit gefehlt. Jetzt tat es der Motor nicht! Das war ein Moment, in dem es mir – nachdem sich schon Erleichterung bei mir breitmachen wollte –doch wieder etwas mulmig wurde. Während unser Bootsführer und ein ‚Spezialist', der nur einen extrem großen Schraubenzieher besaß, sich mit der Reparatur des Motors beschäftigten, kam ein Mann, der uns bat, einige Flüchtlinge, darunter auch seine Frau und seinen kleinen Sohn mit nach Banjarmasin zu nehmen. Wir nahmen die Flüchtlinge natürlich gerne mit, so hatte die Verzögerung durch die Reparatur auch ihr Gutes. Sehr schnell kam der Mann mit den Flüchtlingen zurück und inzwischen war zu meinem Erstaunen auch der Motor wieder startklar. Wir legten ab. Als wir Palankaraya hinter uns verschwinden sahen, machte sich erst einmal Erleichterung bei uns breit, und allen Tropenregeln zum Trotz tranken wir in der größten Nachmittagshitze einen großen Schluck Whisky!

Heute ist schon Sonntag. Jetzt habe ich erst einmal ein paar Tage Schreibpause eingelegt und wir haben unsere Lieben in der Heimat mit Postkarten versorgt und mit E-Mails über unsere sichere Rückkehr beruhigt, denn alle Medien im In- und Ausland berichteten über die blutigen Unruhen auf Borneo, sicherlich auch in Deutschland.

Das sah dann im Rückblick alles viel lustiger aus, als es tatsächlich gewesen war und es klang in unserer E-Mail – auch um die Eltern nicht unnötig zu beunruhigen – etwa so:
Für unsere Expedition mieteten wir uns ein kleines Boot ins Inland und sind über drei Flüsse nach Zentralborneo gelangt. Leider befanden sich die Dayaks (ehemalige oder wohl doch nicht ganz so ehemalige Kopfjäger), die wir als folkloristisches Ereignis im Dschungel erleben wollten, auf dem Kriegspfad, und mit der unnachahmlichen Geschicklichkeit, mit der wir immer allen Schwierigkeiten aus dem Weg gehen, gerieten wir mitten in den blutigen Aufstand hinein. Als wir uns plötzlich ‚Aug' in Aug' einigen halbnackten, mit Lanzen bewaffneten Dayaks gegenübersahen, wurde uns klar, dass Flucht in so einem Moment nichts Unrühmliches ist und nutzten den Moment der Überraschung der Dayaks, plötzlich Weißen gegenüberzustehen. Wir schlugen uns auf abenteuerlichen Pfaden zu unserem Charterboot durch. Wie wir hinterher erfuhren, gab es an

diesem Tag mehrere Hundert Tote und vielen fehlte der Kopf. Wie gesagt, die Kopfjägerei ist wohl doch noch nicht so ganz aus der Mode gekommen.

Aber so lustig und einfach war es dann doch nicht gewesen. Auch die Rückfahrt war zwar wieder wunderschön. Dass unser Bootsführer ein zweites Mal Anstalten machte, uns zu versenken, passte aber zum Tag. Kurz bevor wir vom Kayan-Fluss in den Kanal zum Kapuas fuhren, tat es plötzlich wieder einen gewaltigen Schlag, das Boot schlug herum und hob sich auf meiner Seite so hoch aus dem Wasser, dass ich sicher war, es würde sich überschlagen. Das tat es zwar zum Glück nicht, aber ich flog von meinem Sitz in Richtung Wasser. Im Fliegen hatte ich nur im Sinn, die Brille von meiner Nase zu schlagen und konnte die Hände daher nicht zum Abfangen benutzen. Ins Wasser flog ich zwar nicht – wie ich es eigentlich erwartet hatte –, da sich das Boot wieder aufrichtete. Aber mein Gesicht schlug mit voller Wucht auf die Reling. Ich erwischte die einzige Stelle auf der gegenüberliegenden Seite des Bootes, wo keine Flüchtlinge saßen! Oberhalb der Lippe hatte sich ein Zahn ins Fleisch gebohrt und ich hatte innen wie außen ein ganz schönes Loch davongetragen. Das Gesicht sah auf der linken Seite insgesamt ziemlich demoliert aus, aber das nahm man an einem solchen Tag ja gleichmütig in Kauf: Lieber den Kopf etwas verbeult als ganz ohne Kopf! Ich hatte zum Glück meine Medikamente griffbereit und pflegte meine Wunden sogleich mit Kamillosan, während Horst misstrauisch den Boden des Bootes beobachtete. Nach dem Schlag - der viel heftiger war als auf der Herfahrt – konnten wir uns nicht vorstellen, dass nicht über kurz oder lang Wasser durch ein Leck eindringen würde.

Wir hatten einen unter der Wasseroberfläche schwimmenden Baumstamm gerammt. Solche Unfälle enden oft tödlich. Ich kann mich gut erinnern, dass hier vor einigen Jahren ein Monteur von Mercedes-Benz umgekommen ist, als er mit einem Schnellboot zu der Baustelle eines Diesel-Kraftwerks gefahren wurde.

Kurz darauf legten wir wieder bei den dicken Damen an, um zu tanken. Die dicken Damen waren über Radio und Fernsehen schon über das Geschehen in Palankaraya und Umgebung informiert und berichteten uns sofort, dass dort schon 24 Menschen geköpft worden seien. In Sampit, von wo die Unruhen sich ausgebreitet hatten, solle es bereits Hunderte Tote gegeben haben. Da scheinen wir ja rechtzeitig geflohen zu sein.

Eigentlich wollte unser Bootsführer auf dem Rückweg noch einen Umweg von einigen Stunden machen, um mit uns zu einem mehr als 200 Jahre alten Langhaus zu fahren. Er meinte, wir sollten doch nicht ohne ein folkloristisches Ereignis wieder nach Hause kommen. Aber nach unserem Bootsunfall war unser Vertrauen in diesen Tag doch so sehr geschwächt, dass wir darauf gern verzichteten. Außerdem hätten wir das Langhaus erst sehr spät am Abend erreicht, und bei Nacht soll man mit einem Schnellboot die Flüsse überhaupt nicht befahren, weil es zu gefährlich ist und schon sehr viele tödliche Unfälle passiert sind. Wir hätten dann dort vermutlich im Langhaus übernachten müssen, was vermutlich auch nicht die reine Wonne gewesen wäre. Aber entscheidend war, dass dieser Tag nicht so gut für uns gewesen war und da konnte man von einem weiteren Langhaus eigentlich nur erwarten – selbst wenn es das friedlichste Langhaus von ganz Kaliman-tan sein sollte –, dass die dortigen Dayaks bei unserem Anblick nostalgische Gefühle und das dringende Bedürfnis nach unseren Köpfen unter ihrem Dach bekommen hätten! Und das wäre uns dann doch zu weit gegangen.

Wir ließen uns also direkt nach Banjarmasin zurückfahren. Schön lang-sam jetzt, denn es wurde schnell dunkel und damit immer gefährlicher. Als wir – zum Glück heil und ohne weitere Blessuren – in Banjarmasin anka-men, mussten wir feststellen, dass bereits alle Hotels von Flüchtlingen aus allen Landesteilen Kalimantans überfüllt waren. Ins ,Borneo Homestay', das ja ein echter Missgriff gewesen war, wollten wir natürlich nicht zurück, etwas mehr Luxus hatten wir uns unserer Meinung nach schon verdient, besonders nach diesem abenteuerlichen Ausflug. Auf der Suche nach einem Zimmer kamen wir am ,Wisma Antasari' vorbei, das kein Hotel ist, sondern das Gästehaus der indonesischen Armee. Horst kam dort direkt mit einem indonesischen Offizier ins Gespräch. Da Horst fast alle gewichtigen Leute der Armee kannte, mit einigen sogar befreundet war, entdeckten die beiden viele gemeinsame Bekannte in Jakarta. Mit General Otty Soekojo hatten Horst und der Offizier sogar einen gemeinsamen Freund. Das öffnete uns die Türen! Wir bekamen ein sehr schönes großes und sauberes Zimmer, das für Offiziere vorgesehen war. Normalerweise dürfen in dem Gästehaus der Armee keine Privatleute übernachten, aber bei Horst machte man eine Ausnahme.

Es war ein großer Vorteil, im Gästehaus der Armee untergekommen zu sein, denn wir nahmen an, dass, falls die Unruhen sich bis Banjarmasin ausbreiten sollten, das Gästehaus der Armee vermutlich mit am heftigsten angegriffen, aber auch am besten verteidigt werden würde. Und da fühlten wir uns natürlich sicher.

Nachdem wir unser Gepäck untergestellt hatten, gingen wir schnur-stracks zu einem Restaurant, das uns ein Einheimischer auf unsere Frage, ob man denn hier nirgendwo Bier bekäme, empfohlen hatte. Wir hatten es kaum betreten, da wussten wir schon, dass es unser absolutes Lieblingslokal werden musste! Es war eine richtige verrauchte, sehr warme Chinesenkneipe, die nur durch einen Fan belüftet wurde. Darin tummelten sich die merkwürdigsten Gestalten, so eine Mischung von malaiischen Piraten und Handlangern von chinesischen Triaden. Die Kneipe – kein anständiger Reiseführer würde sie je erwähnen – heißt ,Eskimo', was angesichts der Hitze im Inneren nur ein Wunschgedanke sein kann. Die Kneipe liegt direkt neben dem hoch renommierten chinesischen Lokal, in dem wir am ersten Abend in Banjarmasin gegessen hatten, aber wir nannten sie ,Eisbär', weil wir immer Schwierigkeiten mit Namen haben. Die Attraktion der Kneipe ist allerdings, wie bereits erwähnt, das Bier! Das findet man sonst nur in teuren Hotels für viel Geld! Weil Bier aber in Lokalen aus religiösen Gründen nicht ausgeschenkt werden darf, wird es hinter der Theke in Plastikteekannen umgefüllt und so serviert. Wenn man das erste Mal in diese verschworene Gesellschaft von Plastikkannen-Biertrinkern kommt, wird man sehr misstrauisch beäugt, ob man nicht doch ein Spion ist, der dieses Eldorado der Biertrinker an die Behörden verpetzt, aber bereits beim zweiten Besuch wird man als alter Bekannter in diese Gesellschaft von eingefleischten Biertrinkern aufgenommen und freudig von allen begrüßt. Als Krönung war sogar das Essen gut, wenn auch einfach. Das wichtigste war aber eben – für den Rheinländer sowieso und in der Karnevalszeit, die ja gerade jetzt Hochzeit hat, besonders – in Gemeinschaft Bier zu konsumieren!

Am nächsten Morgen gingen wir zuerst zum Garuda-Büro, um unsere Flüge umzubuchen. Wir waren jetzt vorsichtig geworden und vermuteten, dass es schwierig sein würde, Flüge zu bekommen, wenn die Unruhen auf Kalimantan weiter anhielten. Aber wir schafften es und bekamen für den übernächsten Tag einen Rückflug nach Jakarta.

Wie wir später aus der Presse erfuhren, warteten in Banjarmasin 20.000 Maduresen auf ihre Evakuierung. Als das Schiff KM TILONGKABILA der staatlichen Schifffahrtsgesellschaft PELNI einen Großteil der Flüchtlinge nach Java und Madura transportiert hatte, wurde die außer Kontrolle geratene Situation wieder beruhigt.

Unsere Reise durch Borneo hatten wir uns ganz anders vorgestellt, aber im Nachhinein war es doch ein spannendes Abenteuer. Aber wir waren froh und glücklich, dass alles gut ausgegangen ist.

Java
Februar/März 2001

von Annette Bräker
(bearbeitet von Horst H. Geerken)

Am 23. Februar 2001 kehrten wir von Kalimantan nach Jakarta ins Gondia Guesthouse im Stadtteil Menteng zurück. Auf dem Rückflug hatte Horst einen kleinen kugelrunden Indonesier neben sich, der sich vergeblich bemühte, sich dünner zu machen, indem er versuchte, seine kurzen, ebenfalls dicken Ärmchen über den Bauch zu halten, was aber nur bis zum Austeilen des Essens anhielt, dann breitete er sich in seiner ganzen Kugeligkeit aus und zerquetschte Horst fast. Aber nach 1 Stunde und 20 Minuten war auch das überstanden. Vom Flughafen nahmen wir diesmal kein Taxi, denn wir hatten ja kein großes Gepäck, sondern fuhren mit dem Flughafenbus bis zur Gambir-Bushaltestelle und sind dort in ein Taxi eingestiegen. Das verbilligte die lange Fahrt vom Flughafen in die Stadt ganz erheblich. Im Gondia Guesthouse bekamen wir unser altes Zimmer wieder, obgleich wir viel früher zurückgekommen sind als erwartet. Das freute uns natürlich ganz besonders und verstärkte das Gefühl, wieder nach Hause gekommen zu sein.

Im Hotel gab es inzwischen drei Holländerinnen, die gar nicht erfreut waren, dass noch mehr Europäer im Gondia residierten, und was ihr Unbehagen noch erheblich verstärkte war, dass Horst auch noch wesentlich besser Indonesisch sprach als sie. Ihr ganzes Gefühl nostalgischer kolonialer Erhabenheit wurde, wenn auch nicht total untergraben, so doch wenigstens erheblich beeinträchtigt. Sie versuchten uns möglichst zu ignorieren, was wir natürlich vereitelten, indem wir sie immer je nach Tageszeit lautstark mit ‚Guten Morgen', ‚Guten Tag' oder ‚Guten Abend' an unsere Anwesenheit erinnerten. Es handelte sich um zwei jüngere Damen so zwischen Mitte/ Ende 50 bis Mitte 60 und eine klapperdürre ältere, die ich zwischen 80 und 85 eingestuft habe. Wie wir aber vom Personal des Gondia erfuhren, war sie noch unter 80. Sie trug einen Dutt und wirkte wie eine Missionarsfrau. Eine der beiden jüngeren Damen war ihre Tochter. Die war immer entweder wohl onduliert, toupiert und fein gemacht oder schlurfte barfuß im Bademantel herum. Sie fand unsere Anwesenheit im Gondia offensichtlich am enervierendsten und bemühte sich am beflissensten, uns zu übersehen. Die dritte im Bunde war eine sehr männlich wirkende Walküre, die immer einen grün gemusterten weiten Rock, eine weiße Bluse und Gesundheitssandalen trug. Sie gehörte offensichtlich nicht direkt mit zur Familie und wirkte anfänglich am abweisendsten, war aber im Endeffekt die zugänglichste, was aber nicht heißen soll, dass sie freundlich gewesen sei. Von ihr erfuhren wir auch, dass die beiden anderen Damen auf der Insel Sumba gelebt hätten, die ältere sogar dort geboren sei. Also, Plantagenbesitzer waren sie dann sicherlich nicht. Die alte Mutter fühlte sich anfangs nicht so recht wohl und war sehr elegisch, was die anderen beiden zu der Erwägung erwog, die Mutter während der Weiterreise vielleicht doch lieber in Jakarta zu lassen. Das erfuhren wir natürlich vom Personal und nicht von den Damen selbst. Als die Ärztin von gegenüber dagewesen war, war die Mutter jedoch schon eine Stunde später wieder auf den Beinen und redete wie ein Wasserfall. Sie verließen das Gästehaus am selben Tag wie wir und fuhren ebenfalls in Richtung Bandung. Aber dort haben wir sie dann zum Glück nicht wiedergesehen.

Am Sonntag hatte Horst mittags seinen ehemaligen Kollegen Mr. P. mit Frau zum Essen eingeladen. Mr. P. hatte Horst bereits bevor ich nach Indonesien kam in Horsts ehemaliges Lieblingsrestaurant ‚Yun Nyan‘ eingeladen. Als wir heil von Kalimantan zurückkamen, hatte Horst mich gleich nach unserer Rückkehr dorthin ausgeführt und wir haben dort ganz vornehm getan und Shrimps in Massen bestellt, große Shrimps, kleine Shrimps, zur Abrundung noch Cumi-Cumi (Calamare) und ganz viel Bier dazu. Wir sauten – anders kann man es nicht bezeichnen – ganz vornehm auf der Tischdecke herum, da wir, wenn nicht mit den Fingern, so doch mit Stäbchen hantierten. Die Rechnung ließ uns dann recht unvornehm den Atem stocken, es ist nämlich in Indonesiens Hauptstadt Jakarta in allen besseren Lokalen Mode geworden, Speisekarten ohne Preise zu drucken, was ja auch schon beim Edelchinesen in Banjarmasin so war. Aber da wir das Essen sehr genossen haben, tat es uns hinterher auch nicht leid.

Nur hatte Horst jetzt Mr. P. gegenüber ein schlechtes Gewissen, weil Mr. P. bei seiner Einladung die Karte rauf und runter bestellt hatte. Nun wollte er sich also revanchieren und ließ Herrn und Frau P., die mit Armen voller Obst ankamen – zum Glück hatten wir noch Wein und Plätzchen zum Verschenken aus Deutschland mitgebracht – das Lokal aussuchen. Sie brachten uns zu einem chinesischen Lokal, in dem es unter andere Leckereien auch Dim Sum gab. Das Lokal wirkte sehr elegant und ziemlich teuer. Es war sehr gut besucht. Unsere Gäste bestellten – weil wir uns nicht so gut auskannten – viele verschiedene Sorten Dim Sum. Es war ausgesprochen lecker. Hinterher aßen wir alle noch eine Nachspeise und trotzdem war das ganze Essen noch billiger als das Essen am Abend zuvor bei Yun Njan, das nur für uns beide war. Wir verbrachten noch den ganzen Nachmittag mit unseren Gästen, hatten sehr viel Spaß, und gingen zum Schluss noch im

Hyatt in der Einkaufspassage Kaffee trinken und natürlich auch Kuchen essen. Dann verabredeten wir uns für den nächsten Tag.

Beim Treffen am nächsten Tag war auch Horsts alter Freund General O. mit dabei. Früher mal war er sicherlich eine beeindruckende Erscheinung, aber heute ohne seine Uniform und ohne seine Zähne – ihm waren nur noch drei Stummel und ein ganzer Zahn von der ehemaligen Pracht geblieben – war er für Horst kaum noch wiederzuerkennen! Früher hatte Horst viel mit ihm geschäftlich zu tun, und er war auch mehrfach mit Horst in Deutschland gewesen. Seine erste Frau, die inzwischen verstorben ist, hatte ihn sogar einmal dorthin begleitet und war vor allem von einem Wunsch getrieben: in Hamburg auf der Reeperbahn auszugehen! Bei den gemeinsamen Reisen hatte der General viel über seine Zeit als Freiheitskämpfer gegen die Niederländer erzählt. Auch jetzt steckten der General und Horst immer wieder die Köpfe zusammen, wenn ihn Horst mit Fragen aus jener Zeit löcherte. Horsts ehemaliger Kollege hatten uns am Vortag erzählt, dass er wieder mit einer jungen Frau verheiratet sei, die man aber niemals zu Gesicht bekäme. Ob die seine fehlenden Zähne mag?

Der General machte den Vorschlag, dass wir nicht in Jakarta zum Essen gehen sollten, sondern in sein Landhaus fahren sollten, das am Vulkan Gunung Salak liegt. Auf dem Weg in Richtung Puncak-Pass würden wir Bogor passieren und dort könne man gut essen.

So machten wir uns gemeinsam auf den Weg. In Bogor aßen wir hervorragend bei dem Chinesen ‚Tan Ek Tjong‘, bei dem Horst in den 60er Jahren immer Brot holte. Das war damals etwas ganz Ungewöhnliches in Indonesien, und Brot war sonst nirgendwo im näheren Umfeld von Jakarta zu finden, genausowenig wie Butter, die es nur in Lembang bei Nonnen gab und die von Horst regelmäßig dort geholt wurde. Ja das Leben bot schon einige Herausforderungen für die Nachkriegs-Indonesienpioniere!

Bei dem Chinesen in Bogor gab es sogar ‚Ikan Pepes‘ (Fisch sehr langsam in Bananenblättern gegart), der natürlich sofort bestellt wurde, als ruchbar wurde, dass ich auch ‚Ikan Pepes‘ koche und dass es einmal einen Disput zwischen Horst und mir um ‚Ikan Pepes‘ und ‚Ikan Pedas‘ (scharfen Fisch) gab. Horst glaubte, ich hätte die falsche Bezeichnung gewählt, und würde von scharfem Fisch sprechen. Da kannte er mich aber schlecht! Meine Sprachkenntnisse mögen zwar einen ‚Fast-Eingeborenen‘ wie Horst nicht besonders beeindrucken, aber wenn es sich ums Kochen handelt, passieren mir selten Fehler. Der Ikan Pepes hier war allerdings ganz anders als meiner: Er war mit Gewürzen und Scheiben von Laos-Wurzel in Bananenblätter gehüllt und ca. 12 Stunden bei kleiner Hitze (ca. 100°C) im Ofen gedünstet. Dadurch wurden die Gräten und auch die Mittelgräte so weich, dass man

Abb. 48
Die ‚Villa‘ von General O.

Abb. 49
Gemütliches ‚Beisammensein‘

sie mitessen konnte. Er war einfach köstlich und ich beschloss sofort, dieses Rezept auch einmal auszuprobieren. Außerdem bestellten wir noch süß-sauren Fisch (Gurami), Cumi-Cumi (Calamares) mit schwarzer Bohnensauce, Saté-Ayam (Hühnerfleischspießchen mit Erdnusssauce) und noch einige weitere Gerichte, an die ich mich nicht mehr so genau erinnere, weil ich vor allem den Fischen zusprach. Auch der Gurami war unglaublich gut, und selbst Horst, der sich nicht so für süß-saure Zubereitungsweisen begeistern kann, war hellauf begeistert. Beim Bestellen des Essens musste ich mich allerdings unheimlich zusammennehmen, um nicht laut loszulachen, weil Horst dem General mit seinen wenigen verbliebenen Zahnstummeln und dem einen intakten Zahn immer versuchte, Ayam goreng (im Öl ausgebackenes Huhn) ans Herz zu legen, was diesem – hätte er sich darauf eingelassen – sicherlich nicht unerhebliche Mühen beim Verzehr bereitet hätte. Zum Nachtisch bestellten wir noch Eis für die Gäste – die sind das ja gewohnt und gehen nicht gleich daran zugrunde –, während wir uns lieber an Kuchen hielten.

Von Bogor fuhren wir in Richtung Puncak-Pass zur ‚Villa‘ – so wurde das Landhaus bezeichnet – des Generals. Es liegt in einem kleinen Dorf mitten in den Feldern mit Blick ins Tal und ist ein wunderschön in einem liebevoll gepflegten und sehr romantischen Garten gelegenes kleines Bambushaus, für das die Bezeichnung ‚Villa‘ hier ganz üblich ist. Und ich hatte mir etwas ganz Großartiges, vielleicht mit Marmor, Säulen und Springbrunnen oder ähnlichem vorgestellt, und natürlich gehörten in meiner Ideenwelt auch Diener zu einer Villa, von denen ich zwar nicht unbedingt erwartete, dass sie uns wie in Kolonialzeiten mit riesigen Fächern Luft zufächeln, aber doch wenigstens Tee servieren würden! Weit gefehlt, aber so verschieden werden die gleichen Bezeichnungen gebraucht, und wenn es auch keinen Springbrunnen gab, floss doch ein Bächlein durch das Grundstück. Trotzdem war ich keineswegs enttäuscht, weil es einfach ausgesprochen hübsch dort war. Wir bekamen auch eine Erklärung dafür, dass der General nur ein Bambushaus hat, dafür braucht man nämlich keine Baugenehmigung und die Steuern sind wesentlich niedriger.

Etwas weiter oben am Berg besichtigten wir auch noch das Haus seiner Schwester, ebenfalls ein Bambushaus, nur etwas größer als das des Generals. Mangels passender Schuhbekleidung – ich trug Pumps und der Weg dorthin war sehr steil und steinig – erreichte ich es auf sehr wackeligen Beinen, und meisterte auf noch viel wackeligeren Beinen den Weg zurück zur Generalsvilla. Dort gab es dann mangels teeservierender Dienerschar die Erfrischungen, die wir in einem großen Korb mitgebracht hatten und die aus Cola, Limo oder Wasser aus Dosen und Keksen in Plastikverpackungen bestanden und von uns auf dem Boden sitzend verspeist wurden. Es machte uns allen ein riesiges Vergnügen und wir tauschten Neuigkeiten über alte Bekannte aus, von denen ich selbst zwar nur einige persönlich kenne, die mir aber aus Horsts Erzählungen sehr vertraut sind. Besonders beeindruckt war der General von der Gastfreundschaft von Horsts Eltern, die ihn mit seiner Frau während eines Aufenthaltes in Tübingen betreuten.

Die Villa hatte natürlich auch ein Gästebuch, und nachdem wir uns alle noch dort eingetragen hatten, fuhren wir wieder nach Jakarta zurück, nicht ohne vorher vom General eingeladen worden zu sein, jederzeit in seinem Landhaus wohnen zu dürfen. Er hatte von uns eine Flasche Rheinwein bekommen und sich riesig darüber gefreut. Wir setzten den General in der Nähe seiner Wohnung ab und dann fuhren Herr und Frau P. uns zum Gondia Guesthouse zurück. Wir mussten ja noch packen, da wir am nächsten Morgen unsere Java-Reise antreten wollten.

Am nächsten Morgen wollten wir um 8:00 Uhr unsere große Java-Rundreise antreten. Bevor es los ging, kam Wardi – ein früherer Hausgehilfe von Horst, der auch schon mehrmals nach Deutschland kommen durfte – noch mit einem großen Paket warmer Tahu Isi (mit Gemüse gefülltem und ausgebackenem Tofu), die er in aller Herrgottsfrühe für uns zur Überbrückung der ersten Hungerattacke zubereitet hat. Wir waren ganz gerührt. Ich hatte ihm ein paar Tage zuvor, als er uns besuchte und gleichzeitig auch Kleider von mir zum Umändern mitnahm, erzählt, dass ich nirgendwo in ganz Indonesien je ein so gutes Tahu Isi bekommen hätte, wie das von ihm zubereitete.

So ausgestattet konnte unsere Reise ja nur gelingen. ‚Helmi‘, unser Fahrer, den Horst schon vor meiner Ankunft in Indonesien verpflichtet hatte – natürlich nicht ohne den Preis erheblich zu drücken –, stand schon bereit und da wir wieder nur unsere Reisetaschen mitnahmen und natürlich eine gehörige Menge Proviant – auch das unvergleichliche Pop-Mie in ausreichender Menge war nicht vergessen worden – war der Wagen in kürzester Zeit gepackt und es konnte losgehen.

Zuerst führte uns unser Weg über den Puncak-Pass nach Bandung. Die Fahrt über den Pass – eine Fahrt, die Horst in seinem ‚indonesischen Leben‘ ungezählte Male gemacht hat und von der er mir immer wieder vorgeschwärmt hat – war wirklich sehr schön, auch wenn wir wegen der Regenzeit keine gewaltige Aussicht hatten. Kurz hinter der Passhöhe machten wir Pause in einem sehr schönen Restaurant, das es zwar zu Horsts Zeiten schon gegeben hat, aber natürlich nicht in dieser Form. Wir tranken Tee und aßen von Wardis Tahu Isi. Auch unserem Fahrer Helmi boten wir etwas davon an und er nahm gleich zweimal, was auch für die Qualität von Wardis Tahu Isi spricht. Einige Stunden später kamen wir in Bandung an, wo wir uns im

Guntur-Hotel niederließen. Es ist ein recht ordentliches Hotel, sauber und sehr freundlich.

Nachdem wir unser Zimmer bezogen hatten, machten wir einen Nachmittags-Spaziergang durch Bandung, das auch das Paris Indonesiens genannt wird. Woher der Vergleich mit Paris kommt ist mir nicht ganz klar, vielleicht hatte es ja früher ein wenig Pariser Flair, jedenfalls für die ja zumeist nicht aus gehobenen Kreisen stammenden Kolonialherren. Heute ist es einfach eine indonesische Stadt, die allerdings noch einige holländische Bauten aus den 20er und 30er Jahren hat.

Wir spazierten also durch die Jalan Braga (die Braga Straße), die sehr schöne Geschäfte und vor allem Konditoreien hat, zur Jalan Asia-Afrika. Hier stehen die berühmten Hotels aus der Kolonialzeit, das Hotel Homann und das Preanger-Hotel, von denen man in alten Reiseberichten schon lesen und die man manchmal auch in historischen Filmen über Java sehen kann. Zuerst besuchten wir das Hotel Homann. Es wurde gerade umgebaut und nach den heutigen Vorstellungen modernisiert. Natürlich sah Horst das als alter Kunde nicht so gern und war nicht so sehr begeistert, zumal die Hälfte des Hotels wegen Bauarbeiten gesperrt war. Aber alle Angestellten waren sehr freundlich und wir konnten überall herumlaufen und uns umsehen. Horst wurde sogar von einigen alten Kellnern wieder erkannt und begrüßt. Im Restaurant wurde eine Rijstafel (Reistafel) für Rp. 30.000 (ca. DM 7,00) pro Person angeboten, und wir beschlossen sogleich, dass wir uns die am nächsten Tag dringend zu Gemüte führen müssten.[8] Als nächstes besuchten wir dann das gegenübergelegene Hotel Preanger. Das war für Horst überhaupt nicht mehr wiederzuerkennen, da es völlig neu – hinter dem ursprünglichen Hotel – erbaut worden ist. Es war wirklich sehr luxuriös, da muss das Homann-Hotel sich wirklich anstrengen, um noch mithalten zu können. Auf der Suche nach irgendwelchen Horst noch vertrauten Teilen des Preanger-Hotels gerieten wir in einen sehr dunklen Gang – ich dachte schon, wir seien in die dem Personal vorbehaltenen Bereiche gelangt –, stolperten eine genauso dunkle Treppe hinunter und gelangten tatsächlich in die alte Bar des Hotels Preanger, die zu Horsts Erleichterung noch unverändert geblieben war. Allerdings gab es die große Attraktion des Hotels, die käuflichen Damen hinter einer großen Glasscheibe, nicht mehr. Die Glasscheibe war noch da, aber die Damen nicht – ob die nach mehr als 20 Jahren noch so ansehnlich und ein Gewinn für die Bar gewesen wären, möchte ich nun doch bezweifeln.

Auf dem Rückweg zu unserem Hotel konnten wir in der Jl. Braga den Konditoreien nicht widerstehen und ließen es uns im Cafe Braga Permai bei

8   s. a. Horst H. Geerken, *Der Ruf des Geckos*, S.202, 222-225, 286

Kaffee und Kuchen gut gehen – vielleicht war es ein bisschen zu gut, denn ab dem Moment ging's mir im Bauch herum. Da wir nicht unverzüglich ins Hotel zurückkehrten, sondern uns noch verschiedene Geschäfte und Lokale ansahen, hatte ich zum Schluss doch ziemliche Not, unser Hotel rechtzeitig zu erreichen. Am späten Nachmittag ließen wir uns von unserem Fahrer Helmi noch zum Dago-Teehaus fahren, das am nördlichen Stadtrand gelegen ist. Es liegt oberhalb von Bandung und man hat von dort oben einen wunderschönen Blick über die Stadt.

Am nächsten Morgen fuhren wir zum Tangkuban Prahu (übersetzt: umgekipptes Boot), einem aktiven Vulkan, bei dem man mit dem Auto bis an den Kraterrand fahren kann. Allein viermal ist er im 20. Jahrhundert explosionsartig ausgebrochen und besteht jetzt aus zwölf Kraterlöchern. Überall brodelt es und aus einigen der Kraterlöcher steigen kochendheiße Schwefeldämpfe auf. Leider war es ziemlich nebelig, sodass wir nicht sehr weit ins Land sehen konnten, aber den Krater selbst konnte man mit seinen kochenden Seen und Dämpfen gut beobachten. Oben auf dem Kraterrand gibt es inzwischen auch einige Verkaufsstände mit Andenken, was Horst, der schließlich auf Pfaden seiner eigenen Geschichte auf dieser Java-Reise wandelt, nicht sehr gut gefiel. Auch die riesigen Farnwälder, durch die er früher immer gefahren ist, wenn er zum Tangkuban Prahu fuhr, gab es nicht mehr. Vom Kraterrand fuhren wir ein Stück bergab, denn von dort führte ein Weg direkt in den Krater. Es war ein Spaziergang von gut einer halben Stunde auf einem überwiegend sehr guten Weg, den wir uns natürlich nicht entgehen lassen wollten. Der Weg führte durch wirklich sehr schönen Urwald, und hier gab es auch viele der von Horst bisher so schmerzlich vermissten Farnbäume.

Auf der Rückfahrt machten wir noch in Lembang halt und besuchten das Grab von Franz Wilhelm Junghuhn. Das Grab war nicht leicht zu finden, weil es nicht ausgeschildert war und zudem inzwischen völlig von Häusern umgeben ist. Aber es wird noch gepflegt. Franz Wilhelm Junghuhn ging 1835 als Militärarzt nach Java, betätigte sich aber dann hauptsächlich als Naturforscher und Völkerkundler. Zum Beispiel hat er den Chininbaum auf Java heimisch gemacht. Einige der berühmtesten frühen Bücher über Java stammen aus seiner Feder. Unsere Freundin Ursula besaß eines davon, welches ich bekommen sollte. Aber dann nahm es leider Ursulas Freundin Ulla mit, als sie zu Besuch aus Indonesien in Deutschland weilte, und zu meinem Ärger auch noch ein Buch von Ida Pfeiffer, das aus meiner Sammlung von Indonesienbüchern stammte und das ich Ursula nur leihweise überlassen habe. Jetzt kann ich beiden Büchern nachweinen, die vermutlich bei irgendeinem Pater auf Java verschimmeln. Dieser Bücher gedachte ich beim Besuch von Junghuhns Grab.

Abb. 50
Das Grabmal des Tropenforschers Dr. Franz Wilhelm Junghuhn

In Lembang kauften wir dann noch Markisa (Passionsfrüchte), Mangistan, Zwiebeln, Knoblauch, Limetten und Avocados. Wir wollten ja mittags nur Obst und Avocados essen, um für die Rijstafel noch genügend Kapazitäten frei zu haben. Aber ach! Kaum im Hotel Guntur angekommen, nachdem wir unterwegs noch einen kurzen Halt gemacht hatten, um einen neuen ‚Redsleuding‘ (Reißverschluss) in meine Jeans einnähen zu lassen – es dauerte genau eine halbe Stunde und in der halben Stunde schaffte ich es auch noch, ein paar Schuhe zu kaufen –, stürzten wir uns auf die Avocados, die wir mit Zwiebeln, Knoblauch und Thousand-Island-Dressing angemacht hatten und schlugen uns so den Wanst voll, dass wir abends beim besten Willen keine Reistafel mehr essen konnten. Stattdessen wollten wir im ‚Queens‘, einem ehemaligen Stammlokal von Horst in Bandung, das direkt hinter dem Hotel Homann gelegen ist, eine Kleinigkeit essen. Das verging uns allerdings nachhaltig, als wir die Preise auf der Karte sahen! 100.000 indonesische Rupien für eine Spargelsuppe! Da verging uns der Appetit vollends. Wir ergriffen die Flucht und aßen noch eine Kleinigkeit im Guntur-Hotel und waren vollauf zufrieden.

Am nächsten Morgen verließen wir Bandung in Richtung Pangandaran, das an der Südküste Javas liegt. Bei der Fahrt hinaus aus Bandung fiel uns wieder besonders auf, wie wohlhabend Bandung zu sein scheint. Sehr viele schöne Häuser oder besser Villen – allerdings im europäischen Stil und nicht wie das Landhaus des Generals – und auch unendlich viele Hotels. Woher die Hotelgäste kommen sollten, blieb uns verborgen, aber scheinbar muss die Nachfrage ja da sein. Was uns noch auffiel war, dass offensichtlich ein neuer Gelderwerbszweig von männlichen Jugendlichen entdeckt worden ist, von denen zumeist einer eine Gitarre hat: Meist zwei bis drei von ihnen postieren sich an Straßenkreuzungen mit Ampelanlagen, und sobald die PKWs einer Fahrtrichtung stehen bleiben müssen, wandern sie singend und manchmal auch tanzend von einem PKW oder LKW zum nächsten und versuchen für ihre – überwiegend schreckliche – Singerei Geld zu ergattern. Manche dieser Straßensänger sehen schwer rauschgiftsüchtig und einer sah sogar wie ein indischer Transvestit aus. Bei unserem Wagen blieben sie nie stehen, bei ‚Orang bule' (Weißen) ist offensichtlich erfahrungsgemäß nichts zu holen.

Die Fahrt von Bandung nach Pangandaran ist wirklich wunderschön. Weil unser Fahrer uns noch Gelegenheit geben wollte, das älteste sundanesische Dorf Westjavas zu sehen, fuhr er bald von der sehr befahrenen Hauptstraße ab und dann ging es richtig durch die Kampungs (Dörfer) und man sah allerorten das noch ziemlich unberührte javanische Leben. Zu dem altsundanesischen Dorf Naga führten ungeheuer viele Stufen hinunter, was ganz schön anstrengend war, aber da es keine Straße in das Tal gibt, war es die einzige Möglichkeit, zu diesem Dorf zu kommen. Die strohgedeckten Häuser in diesem Dorf standen in langen Reihen hintereinander und wirkten fast wie Langhäuser.

Die Einwohner waren sehr freundlich und hilfsbereit und noch gar nicht kommerzialisiert. Sie führten uns im Dorf herum und freuten sich scheinbar sogar über unseren Besuch. Geld oder Geschenke wollte keiner von ihnen, ganz im Gegenteil. Aber ... aber ... aber dann wieder die Stufen zurück zu unserem Wagen! Was wir im Moment und in der Mittagshitze zwar schweißgebadet, aber ohne größere Klagen bewältigten, bescherte uns an den nächsten Tagen so heftigen Muskelkater, dass vor allem ich die nächsten zwei Tage kaum noch laufen konnte. Vor allem meine rechte Wade war sehr in Mitleidenschaft gezogen.

Am späteren Nachmittag kamen wir dann in Pangandaran an, einem Beach-Resort auf einer Landzunge, an das sich ein Naturschutzgebiet anschließt. Horst erinnerte es an Carita in früheren Jahren, aber doch nicht ganz so schön. Da das Meer direkt gegenüber dem Hotel Sandaan, in dem

Abb. 51
Das Dorf Kampung Naga

Abb. 52
Hier wird Krupuk getrocknet, ein Salzgebäck aus Krabbenmehl

wir uns einquartierten, auf ziemlicher Breite viel zu gefährlich zum Schwimmen war, war es wunderbar, dass das Hotel einen großen Swimmingpool besaß. Wir nutzten ihn sobald wir es uns in unserem Zimmer bequem gemacht hatten. Für unser Zimmer mit Frühstück und Abendessen bezahlten wir 120.000 Rupiahs (der damalige Kurs war 4.500 Rupiahs für 1 DM). Um nach Pangandaran zu gelangen muss man am Ortseingang jedes Mal 24.000 Rupiahs bezahlen, selbst wenn man dort wohnt und nur mal kurz den Ort verlassen will. Wofür dieser Eintritt war, konnte uns kein Mensch sagen. Aber wir hatte Glück, dass Helmi – unser Fahrer – alle Kassierer kannte und so mussten wir nur 5.000 Rupiahs bezahlen und das nur einmal, obwohl wir in der Zeit, die wir in Pangandaran verbrachten, den Ort mehrmals verließen und wieder zurückkamen. Horst führt natürlich immer wieder heftige Diskussionen über Sinn und Unsinn solchen ‚Straßenzolls‘ und erzählt den Kassierern, dass früher alles besser gewesen sei, und zu Bung Karnos (Soekarnos) Zeiten sowieso. Da hätte es keine Korruption gegeben und außerdem hätte Bung Karno perfekt Deutsch gesprochen. Dann gibt es viele Ah's und Oh's und zum Schluss löst sich alles in Wohlgefallen und Gelächter auf. Aber diese Gespräche würzt Horst meist noch mit einer Portion politischer Propaganda – nicht für Abdurahman Wahid, sondern für Megawati Sukarnoputri, die Tochter Soekarnos von der PDI (Demokratische Partei Indonesiens). Sie war die Herausforderin für den Posten als neue Präsidentin der Republik Indonesien. Dass die PDI Horst Gehalt für Imagepflege zahlt ist nur noch eine Frage der Zeit – oder es gibt demnächst Demonstrationen gegen uns, finanziert von Suhartos Familie oder Weggefährten. Der General erzählte uns, dass es auffälligerweise jedes Mal, wenn ein Prozess gegen ein Mitglied der Familie Suharto stattfindet, zu Demonstrationen gegen die augenblickliche Regierung kommt. Dass diese Demonstrationen von dem Suharto Clan oder den Weggefährten Suhartos finanziert werden, ist kaum noch ein Geheimnis. Jeder Demonstrant erhält für seine Teilnahme 10.000 Rupiahs und für Demonstrationen auf anderen Inseln, z.B. Irian Jaya oder Ambon werden natürlich die Fahrt und etwa 100.000 Rupiahs bezahlt. Damit kann man sich natürlich auch den Lebensunterhalt verdienen. Aber Horsts Propaganda für Megawati zeigt schon Erfolge: Schon schreiben die Zeitungen, dass Megawatis Einfluss im Parlament immer stärker wird! Na, hoffentlich kommt's nicht zum Militärputsch, denn dann bekommt Horst Einreiseverbot!

Aber zurück von Horsts politischem Engagement zu Pangandaran. In Pangandaran gab es nicht sehr viele Weiße, genutzt wird der Ort vor allem von einheimischen Chinesen am Wochenende, aber ein paar Europäer bevölkerten doch unser Hotel. Bis auf ein sehr nettes junges holländisches

Paar handelte es sich bei diesen Weißen um ausgesprochene Merkwürdigkeiten: ein Ehepaar (holländisch) und zwei Männer (ein Deutscher und ein Holländer). Bis auf dieses nette junge holländische Paar sind alle Holländer, die uns bisher begegnet sind, äußerst unhöflich und unfreundlich. Das ältere holländische Paar, das auch dort wohnte und an unserem letzten Tag auch noch das Zimmer neben uns beziehen musste – weil die anderen Zimmer rund um den Swimmingpool am Wochenende für Chinesen reserviert waren –, war wirklich außergewöhnlich unhöflich. Der Mann grüßte erst beim zweiten höflichen ‚Guten Tag' von uns zurück, die Frau gar nicht. Daraufhin war das das erste und letzte Mal, dass wir von ihrer Existenz überhaupt Notiz genommen haben. Genauso oder fast noch merkwürdiger benahm sich der einzelne Holländer, den wir den ‚schwulen Friseur' (er sah mit seiner Dauerwelle so aus und bewegte sich auch noch wie eine Karikatur eines schwulen Friseurs) getauft haben! Dass er Holländer war, wusste ich, weil ich ihn schon einmal mit einem Niederländer hatte holländisch reden hören. An unserem zweiten Abend in Pangandaran begegneten wir ihm nach einem Strandspaziergang am Eingang des Hotels, wo er mit ein paar Einheimischen saß. Unter anderem war auch die Masseuse dort, die uns nachmittags massiert hatte. Bei der Massage fiel ich fast in Ohnmacht, da sie meinen von Muskelkater geplagten Unterschenkeln so zusetzte, dass ich die Schmerzen kaum aushalten konnte. Die Schmerzen verschlimmerten sich daraufhin so stark, dass ich die nächsten Tage weiteren Strand-Spaziergängen entsagen musste. Ich entsagte aber auch weiteren Massagen! Dieser Masseuse massierte der schwule Friseur nun seinerseits den Nacken. Da die Einheimischen uns sogleich in ein Gespräch verwickelten fragte Horst aus Höflichkeit den Holländer, ob er Deutscher sei. Er verneinte ziemlich schroff und auch die weitere Frage, ob er denn Holländer sei, verneinte er ebenso schroff. Daraufhin beachteten wir ihn gar nicht weiter und ignorierten seine Existenz fortan völlig, auch wenn wir uns, sobald wir in seiner Hörweite ebenso wie in der Hörweite des älteren Ehepaars befanden, immer laut und deutlich über die Gräueltaten der Kolonialzeit unterhielten. So hatten sie wenigstens einen ordentlichen Grund, uns nicht zu mögen. Über den schwulen Friseur erfuhren wir noch, dass er ein Haus in Bogor besitzen soll und dass er regelmäßig längere Zeit in Pangandaran zubringt, aber seinen richtigen Wohnsitz in Holland hat. Dass wir ihn aber nun gar nicht mehr wahrnahmen, behagte ihm aber nun auch nicht, das wurde an den weiteren Tagen sehr deutlich.

Der Deutsche dort war allerdings auch keine Lichtgestalt. Über ihn erfuhren wir, dass er jährlich dreimal zwei Monate in Pangandaran zubringt und sich in der Zeit immer ein anderes Mädchen nimmt. Mal aus dem

Ort selbst, mal aus anderen Orten. Er wirkte reichlich primitiv mit seinem Bierbauch und seinem schütteren Haar. Das aktuelle Mädchen war sehr jung und vollbusig, und der gemeinsame Begegnungsspielraum ging über die Terrasse nicht hinaus. Ging er weg, nahm er sie niemals mit. Außer uns und dem sehr netten jungen holländischen Ehepaar, das für uns die Ehre der ganzen holländischen Nation hochhielt, ging keiner der anderen Weißen in den Swimmingpool.

Am Samstag änderte sich das Leben im Hotel vollständig! Es füllte sich fast zur Gänze mit einheimischen Wochenendbesuchern, hauptsächlich Chinesen. Auf einmal fühlte man sich dort wie in einem Kampung (einem Dorf). Überall schreiende Kinder, die Mütter sitzen am Pool und häkeln. Eine Familie kommt an, und keine Stunde später hängen drei Wäscheständer voller frisch gewaschener Wäsche und eine malaiische Babu (Dienstmädchen) steht an der Dusche beim Swimmingpool und begießt sich bekleidet mit Rock und Pullover immer wieder mit der Schöpfkelle vom Mandi (Bad) mit Wasser. Händler mit Suppe, Eis, Obst, Badematten, Trockenfisch, Brot und auch frischem Fisch und Meeresfrüchten, die man sich aussucht und abends zubereitet serviert bekommt, haben Hochsaison. Alles wird gebraucht, gegessen, auf Vorrat eingekauft. Überhaupt scheinen die Chinesen im Urlaub nur zwei Beschäftigungen zu kennen: Essen und Wäsche waschen! Ach nein, eins habe ich vergessen, sie rangieren mit Begeisterung, aber mehr oder weniger sinnlos, auf dem Parkplatz mit ihren Autos herum, kein Mensch begreift warum, die Wagenbesitzer vermutlich auch nicht, aber es ist eine überaus beliebte Beschäftigung. Dass dabei immer wieder die Autoalarmsirene ausgelöst wird, hebt vermutlich nur die Bedeutung des Wagenbesitzers.
Die Zwei-Bettzimmer wurden mit Großfamilien belegt und zu großen Matratzenlagern umfunktioniert. Wenn man mal Gelegenheit hatte, in eines der Zimmer hineinzuschauen, herrschte dort ein unglaubliches Chaos von Kleidung, Spielzeug, Essensresten. Zwischen den einzelnen Zimmern wurden intensiv Kontakte gepflegt, die auf den einzelnen Terrassen stattfanden. Abends wurde dann im Restaurant ein langer Tisch für bestimmt 20 Leute gedeckt, zuerst wurden Berge von Tiefseeshrimps und Fisch verzehrt – natürlich mit ausreichend Beilagen an Reis und Gemüse – und anschließend noch Unmengen von Hummer. Kein Wunder, dass viele Chinesen so dick sind.

Schon Tage zuvor hatten wir auch Sonderwünsche für das Abendessen geäußert. Horst wollte mir den Genuss von Ikan Tenggiri (Tenggiri Fisch) gönnen und so bestellten wir für den nächsten Abend einen großen gegrillten Tenggiri. Wir erkundigten uns auch nach dem Preis, sodass klar war, dass wir den Fisch auch extra bezahlen wollten. Am nächsten Tag haben wir uns in unserer Vorfreude auf den Fisch mit dem Essen mittags sehr zurückgehalten, damit es uns nicht wieder so wie in Bandung gehen sollte, wo wir von der Reistafel im Hotel Homann wegen Überfütterung Abstand nehmen mussten! Am nächsten Abend freuten wir uns schon sehr auf unseren Fisch, und begaben uns hungrig und sehr früh ins Restaurant. Als unser Fisch gebracht wurde, möchte ich unsere dummen Gesichter nicht gesehen haben. Hübsch drapiert lagen auf der Platte drei Fischköpfe und ein Schwanz von einem Fisch, die vermutlich von Tenggiri-Fischen waren, aber das schmackhafte Mittelteil fehlte. Na herrlich! So sah also unsere Bestellung aus, für die wir den Tag gehungert hatten. Besonders freuten wir uns, als wir sahen, dass die anderen Hotelgäste auch Tenggiri bekamen, allerdings bekamen sie unsere Mittelstücke! Dass wir dafür keinen Pfennig bezahlen würden war natürlich sofort klar. Wir teilten dies auch sogleich unserem Chauffeur Helmi mit, weil wir wussten, dass es so am schnellsten und nachhaltigsten an die richtige Adresse kam. Das war auch so und sofort bot der Wirt des Lokals an, am nächsten Abend wieder für uns Fisch zu kochen. Das lehnten wir aber dankend ab und sagten, dass wir doch lieber in einem anderen, sehr gut besuchten Lokal direkt um die Ecke unseren Fisch essen wollten. Das taten wir am nächsten Tag auch und schwelgten dort in hervorragendem Tunfisch und Tempe mit Gemüse.

Als Kunden für das tägliche Bier hatte unser Wirt uns auch verloren, denn das bekamen wir inzwischen hinter unserem Hotel in einem kleinen Warung (Kiosk) viel billiger. Wir brauchten dazu nicht einmal unser Hotel zu verlassen: Wir ließen einfach von unserer hinteren Terrasse – unser Zimmer war im 1. Stock – an unserer Wäscheleine einen Beutel mit Geld hinunter und zogen ihn mit Bier wieder herauf! Und schon saßen wir auf unserer vorderen Terrasse mit schönem gekühltem Bier und beobachteten das Treiben des Hotels von oben.

Bevor wir endlich unser heiß erwartetes großes Fischessen genossen, sind wir morgens zum ,Green Canyon' gefahren. Das ist ein Flussarm, der landschaftlich sehr schön ist und den man bis zu einem Felsdurchbruch, durch den er als Wasserfall hindurchfließt, hinauffahren kann. Normalerweise hat der Fluss eine grünliche Farbe, daher auch der Name, aber durch heftige Monsunregenfälle in den letzten Tagen war er an diesem Tag eher lehmbraun. Als wir dorthin fuhren wussten wir nicht einmal genau, ob der Canyon überhaupt befahrbar war, denn wenn er zu viel Wasser führt ist es zu gefährlich. Aber wir hatten Glück. Wir waren recht früh am Morgen dort und die einzigen Touristen, die sich dorthin schiffen ließen. Es war eine wunderschöne Fahrt in einem kleinen Auslegerboot, wir fühlten uns wieder nach Kalimantan versetzt und wie Humboldt auf Forschungsreise. Danach fuhr uns Helmi noch zu einer weiteren Touristenattraktion dieser Gegend: der Bambushängebrücke. Wer die Hängebrücken im Hunzatal oder, was näher liegt, im Inneren von Kalimantan gesehen hat, der fand diese nicht so spektakulär. Selbst ich betrat sie mutig und wagte mich ein Stück weit auf die Brücke, als ich aber sah, dass ein Motorrad die Brücke überqueren wollte, war ich dreimal so schnell wieder von der Brücke hinunter gestolpert wie ich heraufgekommen war!

Ich erinnere mich nämlich noch mit Schrecken an ein Erlebnis, das ich auf meiner ersten Reise nach Kalimantan hatte. Ich überquerte mehr schlecht als recht, und keinesfalls von der Hitze sondern von Angst schweißgebadet, eine hohe, relativ schmale Hängebrücke, als plötzlich ein Motorradfahrer sich daran machte, diese Brücke zu überqueren und sie damit in fürchterliche Schwankungen versetzte. Ich gab sofort mein Vorhaben, diese Brücke zu überqueren auf und blieb einfach stocksteif stehen, nicht mehr bereit auch nur einen Schritt vor oder zurück zu machen und war sicher, mein Leben dort aushauchen zu müssen! Hätte mich nicht ein mitleidvoller Dayak an der Hand gegriffen und mich über die Brücke geschleift, während ein anderer von hinten schob, ich glaube ich säße heute noch dort in vollkommener Verzweiflung! Tragisch, nicht? Aber diese Bambus-Hängebrücke verließ ich zum Glück rechtzeitig bevor der Motorradfahrer sie in bedenkliche Schwingungen versetzen konnte, und entging so jeglichen panischen Hysteriezuständen.

Am letzten Morgen in Pangandaran standen wir schon um 5:30 Uhr auf, weil wir um kurz vor 7:00 Uhr abfahren wollten. Einen Teil der Strecke wollten wir mit einem Boot, keinem privaten, sondern einem öffentlichen zurücklegen und zwar von Kalipucang nach Cilacap. Das Boot sollte um 8:00 Uhr abfahren und daher mussten wir so früh raus. Das war aber kein Problem für uns, da wir eigentlich immer sehr früh aufstehen und auch an diesem Morgen wachten wir vor dem Wecker auf. Aber im Gegensatz zu den vorherigen Tagen, an denen wir immer mit Abstand die frühesten Hotelgäste waren, waren wir an diesem Tag – obgleich wir noch früher als sonst aufgestanden waren – bei weitem nicht die ersten. Die meisten chinesischen Gäste saßen schon draußen und es wimmelte auch schon von Händlern, die ihre Geschäfte machten. Es war wirklich wie in einem Kampung (Dorf).

Um 7:30 Uhr erreichten wir den Bootshafen von Kalipucang, von dem aus unsere Fahrt nach Cilacap losgehen sollte. Früher gab es dreimal täglich ein Boot nach Cilacap, aber als eines der Boote kaputt ging, gab es nur noch zwei Fahrten. Dann ging noch ein weiteres Boot kaputt und so gibt

Abb. 53
Fischerboote an der Bucht von Pangandaran

Abb. 54
Auf dem Green Canyon

es heute nur noch einmal täglich eine Fahrt mit dem Boot dorthin. Das wollten wir natürlich rechtzeitig erreichen, damit wir für die vierstündige Fahrt auch einen guten Sitzplatz bekämen. Das gelang uns auch, wir bekamen sogar einen Paradeplatz ganz vorne und genossen die Fahrt sehr. In Cilacap, der einzigen bedeutenden Hafenstadt an der Südküste Javas, wartete schon unser Fahrer mit Auto auf uns. Er hatte die Strecke auf dem Landweg zurückgelegt. Er brachte uns erst einmal zu einem chinesischen Restaurant das ‚Sien Hieng Perapatan-Restaurant‘ hieß. Man sollte es sich merken, denn dort bekamen wir nicht nur hervorragendes Gemüse sondern auch einen ‚Kakap‘ (Red Snapper), der fächerförmig frittiert war und ohne jegliche Gräten serviert wurde. Wir fragen uns bis heute, wie der Koch das gemacht hat. Er sah nicht nur toll aus und war mangels Gräten sehr einfach zu essen, er schmeckte einfach hervorragend!

Danach fuhren wir weiter nach Baturaden ins Gebirge, auf halber Höhe des aktiven Vulkans Gunung Slamet. Hier kamen wir bei einem so heftigen Monsunregen an, dass wir nicht lange nach einem Hotel suchten, sondern eines der besten am Platz nahmen: ‚Rosenela Cottages‘. Trotzdem handelte Horst sie erst einmal von 180.000 Rp auf 140.000 Rp herunter. Dort hatten wir einen sehr netten Bungalow mit herrlicher Aussicht ins Tal, und einen großen Swimmingpool gab es auch. Dazu noch die chinesischen Wochenendtouristen – viele aus Semarang – und die dazugehörigen Händler, besonders mit allen Arten von Essen, denn an diesem Montag war Feiertag (Lebaran Hajj) und da konnten auch die Einheimischen ein verlängertes Wochenende genießen! Der Saté-Händler hatte besonderen Zulauf, er ging von Bungalow zu Bungalow und briet vor der Tür seine Fleischspießchen, die reißenden Absatz fanden. Da es inzwischen aufgehört hatte zu regnen, machten wir noch einen Spaziergang durchs Dorf. Die Attraktion des Ortes sollte das ‚Rekreasi-Center‘ sein, unter dem wir uns so etwas wie einen Naturpark vorstellten. Man legte es uns auch sehr ans Herz und erzählte uns von einem großen Wasserfall und heißen Quellen und besonderen Tieren, die wir dort sehen könnten. Diese wunderbaren Dinge wollten wir uns natürlich nicht entgehen lassen und beschlossen unverzüglich, am nächsten Morgen das Rekreasi-Center anzuschauen. Allerdings wollten wir vorher unsere Gesundheit durch mehrere Runden im großen Schwimmbad stählen. Und die wurde dann auch wirklich gestählt oder vielleicht doch eher aufs Spiel gesetzt! Das Gebirgswasser im Pool war nämlich so kalt, dass uns fast der Atem stehen blieb. Trotzdem drehten wir ein paar Runden und fühlten uns ungeheuer tapfer. In dieser Höhe und nach so einem heftigen Monsunregen, wie er am Abend zuvor niedergegangen war, ist ja eigentlich klar, dass das Wasser keine Temperatur wie in Pangandaran haben konnte.

Das erste, was uns aber am Morgen weckte, war die Milchhändlerin, die schon früh um 5:30 Uhr ihre Milch anbot. Horst konnte es nicht lassen, sie mit dem Spruch zu begeistern, dass er aus dem Alter der Fläschchen heraus sei und lockte damit den Bubur-Ayam-Händler (Reisbrei mit Huhn), den Nasi goreng-Händler und auch den Saté-Händler vom Vorabend an, die auch schon unterwegs waren und ihre Chance witterten, uns am frühen Morgen kulinarisch zu verwöhnen. Horst wimmelte sie mit einem weiteren Scherz ab und sie zogen fröhlich von dannen, um bei anderen erfolgreicher ihr Glück zu versuchen. Wir ruhten noch ein wenig bevor wir aufstanden, denn es war ja noch recht früh.

Später, nach einem ausgiebigen Frühstück, das wir uns nach unserer todesmutigen morgendlichen Schwimmaktion wahrlich verdient hatten, besuchten wir das Rekreasi-Center und das erwies sich als so eine Art Fantasia-Land, natürlich auf die indonesische Bergwelt zugeschnitten. Schon morgens 8:30 Uhr hatte man dort das Gefühl der totalen Überfüllung, und daher gingen wir nur ein wenig spazieren und ließen uns als weitere Attraktion neben der Kuh mit fünf Beinen und dem Schaf mit drei Beinen von Einheimischen mitsamt der gesamten Familie ablichten, und zogen uns dann vorsorglich in unser Hotel zurück, bevor man einen Zaun um uns gebaut und einen Wegweiser aufgestellt hätte, der den Weg zu den ‚Orang bule‘ (den Weißen) weist.

Wir brachen so gegen 10:30 Uhr in Richtung unseres nächsten Ziels auf und erreichten nach ein paar Stunden Fahrt Wonosobo. Unser Fahrer brachte uns in ein Hotel mitten im Pasar (Basar) von Wonosobo, das Nirwana-Hotel. Wir dachten zuerst ‚na, das kann ja heiter werden‘, aber wir landeten in einem sehr sauberen, gepflegten Hort der Ruhe. Wir fühlten uns gleich sehr wohl dort und überlegten, vielleicht mehr als eine Nacht dort zu verbringen. Schließlich entschieden wir uns doch dagegen, weil es dort zu der Zeit ungeheuer viel regnete. Nachdem wir unsere Sachen ins Zimmer gebracht hatten, ließen wir uns von unserem Fahrer zum Restaurant ‚Asia‘ fahren, das für uns in Wonosobo immer ein unbedingtes Muss ist, weil die beiden chinesischen Eigentümer Albinos sind. Außerdem haben sie immer frische Champignons aus einer Zuchtstation aus der Nähe im Angebot. Aber zu unserer Enttäuschung war nicht nur das Lokal umgebaut, sondern wir konnten nur einen chinesischen Albino entdecken. Vielleicht gibt es den anderen schon nicht mehr, denn auch unser Chauffeur kannte nur einen, und mein letzter Besuch - bei dem es noch zwei gab - ist immerhin schon 10 Jahre her und Horsts noch viel länger. Trotzdem war das Essen vorzüglich. Nach dem Essen gingen wir zu Fuß durch den Pasar zurück, unseren Fahrer hatten wir zuvor zurück ins Hotel geschickt. Im Pasar überfiel uns wieder der Kaufrausch und wir kamen mit Tüten voller Früchte und Kekse zum Nirwana-Hotel zurück. Eine Sorte Kekse ist unser absoluter Favorit hier: ‚Chocomania‘, knusprige Kekse mit Schokostückchen! Neben unserem anderen Suchtmittel Pop-Mie – den Instant-Nudeln – muss auch Chocomania immer in unserem Reisegepäck vorhanden sein. Ohne diese würden wir uns vermutlich dem Dasein als Reisende gar nicht mehr gewachsen fühlen, solange aber der Vorrat an Pop-Mie und Chocomania stimmt, wissen wir, dass wir nicht an Unterernährung dahinsiechen müssen. Auf dem Pasar erhielten wir somit alles, was wir für den Erhalt unseres leiblichen Wohls für unerlässlich hielten. Mit den letzten Schritten zu unserem Hotel setzte ein sehr heftiger Monsunregen ein, sodass wir gerade noch trocken in unser Zimmer kamen. Trotz des vorherigen Festmahls im Restaurant ‚Asia‘ stürzten wir uns unverzüglich auf die Früchte. Wir hatten Papaya, Rambutan und Duku erstanden. Duku ist eine Frucht, ähnlich groß wie eine Mirabelle, die ich zur Zeit sehr favorisiere. Sie muss aber geschält werden und dabei bekommt man entsetzlich klebrige Finger. Sie schmeckt ein wenig nach Grapefruit, aber auch nach etwas anderem, das ich nicht genau einordnen kann. Ich finde sie auf jeden Fall sehr lecker, aber durch die klebrigen Finger, die sich auch kaum abwaschen lassen, verliert sie schon etwas an Glanz bei mir. Horst kann sich sowieso nicht dafür begeistern und schimpft sie auf Schwäbisch ‚Gefräß‘, da es etwas arbeitsaufwendig ist, außer der Schale auch noch die feinen bitteren Häutchen zu entfernen. Später, als wir wieder in Jakarta waren, zeigte mir die Frau von Horst ehemaligem Mitarbeiter, wie man Duku ganz schnell und ohne klebrige Finger schält, und da bekamen sie sofort wieder ihren alten Glanz bei mir!

Auf jeden Fall taten wir uns ausgiebig an Obst und später noch an Pop-Mie und Chocomania gütlich, und beschäftigten uns ansonsten mit Lesen und Schreiben. Wir hätten auch nicht viel anderes tun können als essen, lesen und schreiben, weil es immer weiter wie aus Eimern goss. Manchmal wurde der Regen so heftig, dass wir kaum die anderen Zimmer auf der anderen Seite des Innenhofes erkennen konnten. Es hörte die ganze Nacht nicht auf zu regnen, aber als wir morgens um 6:00 Uhr zum Dieng-Plateau losfuhren, hatte der Regen aufgehört und wir hatten eine wunderschöne Fahrt durch verschlafene Dörfer in Morgensonne und Morgendunst bis hoch zum über 2000 m hohen Dieng-Plateau. Horsts Bedürfnis, noch einmal dorthin zu fahren, war etwas gedämpft, weil er dem Dieng-Plateau nicht so richtig traut. Kurz nachdem er das letzte Mal dort gewesen ist, hat der Vulkan eine Giftgaswolke ausgestoßen, durch die mehr als 1.000 Menschen umgekommen sind.

Morgens um 7:00 Uhr erreichten wir das vulkanische Plateau. Um diese frühe Uhrzeit wirkte es noch etwas unheimlicher und unwirtlicher als sonst. Es waren im Dorf praktisch keine Menschen zu sehen und die ganz wenigen, die sich schon aufgerappelt hatten, waren bis über die Ohren verpackt, weil es dort oben ja ziemlich kalt ist.

Auch bei den kleinen hinduistischen Tempelchen war keine Menschenseele zu sehen. Ich war inzwischen in Nöten und suchte einen Platz, um mich zu erleichtern. Eingedenk der Tatsache, dass Horst mal mitten in der Nacht in den Reisfeldern die gleiche Erleichterung suchte und plötzlich von einem halben begeisterten Dorf umstellt war, die vorher auch nicht zu sehen waren, suchte ich Zuflucht hinter dem zweiten der kleinen Tempelchen und hatte danach das Gefühl, gegen jegliche Unbilden der Natur geschützt zu sein. Als wir von den Tempeln zurück zum Auto kamen, hatte sich tatsächlich der Tempelwärter aus dem Schlaf hochgerissen und forderte 6.000 Rp Eintritt pro Person von uns. Horst ließ sich gerade noch erweichen 6.000 Rp für uns beide zusammen zu zahlen, sozusagen ‚morning-price‘, weil wir ja nun nicht mehr eintreten würden, da wir bereits wieder herausgetreten seien. Damit war der Wärter auch hochzufrieden, und vermutlich wanderte das Geld sowieso in seine eigene Tasche, denn Frau und Kinder wollen schließlich auch leben. Wir fuhren weiter zum Vulkan, der heftig blubberte, und hier waren wir völlig alleine, selbst die Kioske der Händler waren noch völlig verwaist. Als wir danach noch zu dem blubbernden, heißen, grünen See wollten, mussten wir feststellen, dass er inzwischen eingezäunt ist und man hier wieder Eintritt bezahlen muss. Allerdings hat man auch alle Bäume zur Straße hin gefällt, sodass man ihn von der Straße aus genauso gut sehen und auch feststellen kann, dass er seine schöne grün-blau-türkise Farbe zur Zeit verloren hat, also gar nicht mehr so fotogen ist.

Vom Dieng-Plateau fuhren wir zurück nach Wonosobo, wo wir noch frühstückten, bevor wir nach Solo (Surakarta) weiterreisten. Eigentlich wollten wir nur eine Nacht in Solo bleiben, aber dann gefiel uns unser Hotel so gut, dass wir uns gleich zwei Nächte hier einquartierten. Unser Hotel, das Dana-Hotel, ist ein altes, noch aus holländischer Zeit stammendes Hotel, und auch wenn wir bei passender Gelegenheit über die Kolonialzeit schimpfen, lieben wir die alten kolonialen Hotels sehr. Das Dana-Hotel ist weitläufig und sehr grün mit großen Terrassen vor den Zimmern und einem sehr netten Restaurant und – was wir beim Einchecken natürlich noch nicht wussten – mit einem äußerst attraktiven indonesisch-europäischen Frühstücksbuffet. Eigentlich wollten wir ursprünglich noch eine Nacht oben im Gebirge in Sarangan übernachten, aber die Attraktivität des Dana-Hotels machte diese Planung zunichte.

So unternahmen wir nur einen Tagesausflug nach Sarangan. Früh morgens fuhren wir los und kamen bald von der Ebene ins Gebirge. Es war wirklich eine lohnenswerte, wunderschöne Strecke hinauf nach Sarangan. Die Straße war allerdings oft so steil, dass wir bezweifelten, ob unser Wagen das überhaupt schaffen würde, aber wir hatten Glück: im ersten Gang ging es gerade noch. Früher war die Straße noch steiler, sodass nur die stärksten Autos Autos im Rückwärtsgang und entladen die Strecke schafften. Sarangan liegt über 2000 m hoch und dort wird es nachts so kalt, dass man abends wie in Darjeeling den Kamin im Zimmer angemacht bekommt, wenn man bereit ist, für das Holz extra zu bezahlen. Das Sarangan Hotel, in dem Horst früher wohnte, war noch unverändert, aber es gab auch einige neue Hotels. In der Mitte von Sarangan gibt es einen kleinen See, den wir natürlich umrundeten. Wie mir Horst erzählte, war hier von 1942 bis 1949 die größte deutsche Schule in Asien angesiedelt.[9] Horst befragte noch einige indonesische Zeitzeugen, die hier lebten als die Deutsche Schule hier betrieben wurde. Er musste feststellen, dass die letzten Spuren der Deutschen Schule, die er noch 1963/64 hier vorgefunden hatte, in der Zwischenzeit verschwunden sind. Am Nachmittag ging es zurück nach Solo, wo wir wieder schwitzen konnten.

Abb. 55
Hotel Sarangan, am Hang des Vulkans Gunung Lawu

---

9   Einzelheiten zur Deutschen Schule Sarangan siehe Buch *Hitlers Griff nach Asien, Band 2* von Horst H. Geerken

Solo haben wir uns auch angesehen, besonders den Sultanspalast, in dem wir eine Tanzgruppe beim Üben beobachten konnten, und hier kam endlich auch Horsts Weltbild wieder in Ordnung, das in Baturaden erheblich aus dem Gleichgewicht geraten war! Dort begegnete uns nämlich ein älteres Ehepaar mit seinen Enkeln, das diese anwies uns mit ‚Hallo Opa, hallo Oma' zu begrüßen! Das war hart. Aber dann in Solo wurde er von einer lustigen Einheimischen – mehrfach (!) – zum Bade eingeladen. Ich stand zwar daneben, wurde aber nicht gefragt! Und dann stellte sie noch fest, dass er doch unmöglich bereits vor 40 Jahren dort gewesen sein könne, dazu sei er doch noch viel zu jung. Hui, das gab aber Auftrieb. Und das, obwohl die Badenixe durchaus nicht mehr ganz taufrisch war, aber nach dem Oma-Opa-Debakel gibt man sich ja schon mit Kleinigkeiten zufrieden!

Am nächsten Morgen fuhren wir nach Yogyakarta, kurz Yogya genannt. Wir quartierten uns nicht wie in früheren Jahren im Kirana Guesthouse ein, sondern im Wisma Gaja am anderen Ende der Jalan Prawirotaman (Prawirotaman-Straße), weil das Wisma Gaja einen Swimming Pool hat und wir solchen Luxus inzwischen sehr genießen. Wie wir aber dann herausgefunden haben, war das Kirana Guesthouse inzwischen nicht mehr dasselbe wie all die vielen Jahre zuvor (inzwischen 30 Jahren, meine Eltern und ich wohnten mehrfach dort), denn die Familie hatte sich nach dem Tod der alten Mutter zerstritten und das Guesthouse geteilt. Der eine Teil ist jetzt gar kein Guesthouse mehr. Da hätten wir sowieso nicht mehr wohnen wollen, schließlich will der abenteuerlustige Reisende alles immer wieder so vorfinden, wie in den Jahren zuvor. Unsere erste Tat nach unserer Ankunft in Yogya war, eine Runde im Pool zu drehen, und danach fühlten wir uns gleich fit genug, um verschiedene Batikgeschäfte aufzusuchen. Schließlich ist Yogyakarta die Batik-Stadt Indonesiens! Wir suchten Stoffe für Vorhänge, die in Horsts Gästezimmer passten. Es gab aber überhaupt nichts, was man auch nur annähernd dafür hätte verwenden können, und es gefiel uns auch nichts. Alles erinnerte irgendwie an für Touristen hergestellte Massenware, und richtige Meterware gab es gar nicht. Die besonderen Batikstoffe, die es in früheren Jahren noch in den besseren Geschäften gab – damals gab es auch noch Meterware – waren völlig aus den Geschäften verschwunden. Und selbst die Kleidung, Hemden, Kleider und Blusen war maßlos überteuert und nichts Außergewöhnliches. Nur eine Seidenbluse gefiel mir, war aber nicht irgendwie kunstvoll gebatikt, sondern hatte ein ganz einfaches schwarz-weißes Muster und sollte dann DM 200,- kosten. Da gefiel sie mir dann gar nicht mehr! Im Kaufhaus Sarina in Jakarta hatten wir wesentlich wertvollere und schönere Batikstoffe gesehen als hier und die waren verglichen mit denen auch noch wesentlich günstiger.

Bei unserer Besichtigung von Solo wollte mir Horst das Batikgeschäft eines berühmten Batikkünstlers zeigen, bei dem er früher immer seine Batikhemden gekauft hat. Das Geschäft wirkte sehr edel und die Verkäuferinnen sehr chic, aber mehr konnten wir davon nicht sehen, weil wir schon fürs Ansehen der Waren Rp. 15.000 (ca. DM 4,00, das war später der Preis für ein ausgedehntes Abendessen, aber mit Bier!) pro Person bezahlen sollten. Da verabschiedeten wir uns doch lieber wieder und ließen uns von Helmi zu Horsts Silberschmied Moeljodiardjo (die Punze seiner Silberwaren ist MD) im Stadtteil Kota Gede fahren. MD ist einer der bekanntesten Silberschmiede Indonesiens und er erkannte Horst sofort wieder. Das war vielleicht ein Hallo, und gleich wurden wir mit Tee, Kaffee, Emping und Süßigkeiten bewirtet. Neuigkeiten über alte Bekannte wurden ausgetauscht und so saßen wir und ließen es uns gut gehen. Später bestellte Horst noch einen silbernen Reislöffel mit dem Muster von seinem Besteck und ich fand einen wunderschönen silbernen Halsreif mit blau-türkisfarbenen Perlmutteinlegearbeiten.

Als wir uns für diesen Tag verabschiedeten sah ich, wie einer der Arbeiter in der Werkstatt eine Jugendstil-Brosche nach einer Zeitungsvorlage kopierte. Die gefiel mir sehr gut und ich fragte, ob er mir nicht auch so eine machen könne. Da erfuhr ich, dass diese Brosche die Auftragsarbeit für einen Deutschen sei, der derzeit auf Bali weilte und viel bei ihm arbeiten lässt. Wir sagten ihm, dass es kein Entwurf des Deutschen sein könne, sondern ein alter Entwurf sei und dann meinte er, er wolle versuchen, die Brosche noch bis zu unserer Abreise in zwei Tagen fertig zu bekommen. Aber ich hatte das Gefühl, das er das eher aus Höflichkeit sagte, weil er unsere Gefühle nicht verletzen wollte, sich aber eigentlich nicht sicher war, ob er die Brosche auch wirklich für uns kopieren dürfe.

Am späten Nachmittag gingen wir dann vor dem Abendessen noch einmal schwimmen und da gerieten wir gleich wieder an Holländerinnen, alles gewaltige Walküren. Zu zweien gehörten Männer, die waren aber nicht dick. Eine der Holländerinnen sah aus wie unsere Nordrheinwestfälische Umweltministerin Bärbel Höhn und wurde auch gleich so von uns getauft. Alle vier, besonders aber die beiden mannlosen Damen, die ihre Massen auch noch mit Bikinis dekorierten, ließen sich in der Sonne stundenlang braten und hatten Angst vor unserem Eindringen in ihre Sonnenanbeterdomaine am Beckenrand. Vermutlich haben sie dann mit großer Erleichterung registriert, dass wir ausschließlich am Wasser, nicht aber an den Sonnenplätzen am Beckenrand interessiert waren.

So verlief unser erster Tag in Yogya äußerst befriedigend und fand auch noch einen krönenden Abschluss, da wir ein Internet-Cafe fanden, von dem aus wir Nachrichten nach Hause schicken konnten. In der Jl. Prawirotaman fanden wir auch noch ein Lokal, das Palmhouse, in dem wir eine Rijstafel bekamen. Es gab natürlich Reis (was sonst bei einer Rijstafel!), Saté Ayam (Hühnerspieschen), Ikan (Fisch), 2 verschiedene Sayur (Gemüse-Gerichte) – eines davon mit Tempé –, und Ajar (sauren Salat) mit Gurke und Tomate. Wir wurden auf jeden Fall restlos satt. Horst nahm gleich Kontakt zum ganzen Personal, auf, besonders aber zum Besitzer, und konnte dort Tempé goreng und Bawang goreng (gebratenes Tempé und gebratene Zwiebeln) für den nächsten Abend bestellen. So endete der Tag sehr befriedigend für uns, aber nicht ohne noch einmal den Pool zu benutzen!

Am nächsten Morgen ließen wir uns von Helmi als Erstes an einen Platz fahren, von dem aus wir den qualmenden Vulkan Merapi gut sehen konnten. Gut sehen hätte man ihn an einem klaren Tag können, aber wenigstens konnte man ihn sehen. Ob es allerdings für ein Foto reichte, werden wir erst wissen, wenn wir die Abzüge haben. Helmi fuhr uns in die Nähe der Gaja Mada Universität. Eigentlich wollten wir viel weiter aufs Land hinaus fahren, aber aus irgendeinem Grund wehrte sich Helmi etwas dagegen, mit der Feststellung, dass das ja völlig entgegengesetzt von unserem nächsten Ziel Parangtritis sei. Warum wir uns darauf eingelassen haben, war uns eigentlich selber nicht bewusst. Später wurde uns klar, welches der Grund für seine Unwilligkeit war. Wir hatten ihm gesagt, dass wir seine Dienste nur noch an diesem Tag benötigen würden, weil wir am übernächsten Tag mit dem Zug nach Jakarta zurückfahren und an unserem letzten Tag in Yogyakarta nur noch ein wenig in der Stadt herumspazieren wollten. Helmi wollte aber so schnell wie möglich nach Jakarta zurückfahren – nicht erst abends, wie es verabredet war –, damit er noch einiges Geld in die eigene Tasche stecken könnte. Und je früher er nach Hause kam, desto mehr konnte er seinem Arbeitgeber von der Summe abzweigen. Wir sollten nämlich sagen, dass wir ihn nur 11 Tage gebraucht hätten (tatsächlich waren es mit dem Rückfahrtag 12 Tage) und so konnte er seinen Chef um einen Tagespreis betrügen. Mit unserem Trinkgeld hat er dann in die eigene Tasche so viel gewirtschaftet, wie ein wirklich sehr guter Arbeiter in elf Tagen verdienen kann! Aber dass er nun auch von unserem letzten Tag noch die Hälfte abknapsen wollte, das war natürlich nicht verabredet und auch nicht in unserem Sinn, aber wir duldeten es dann doch und schenkten ihm unseren letzten halben Tag auch noch, weil er ein sehr guter, umsichtiger Fahrer war und uns die Fahrt mit ihm sehr gut gefallen hat.

Nachdem wir also den sehr tätigen Vulkan Merapi im Morgendunst nicht sehr deutlich gesehen hatten, fuhren wir nach Parangtritis. Parangtritis ist der Ort an der Südküste, an dem der Sultan von Yogya einmal im Jahr seine das ganze Jahr gesammelten abgeschnittenen Fingernägel und Haare der Meeresgöttin opfert – ein sehr muslimisches Brauchtum!!!

Dort angekommen, sind wir ein Stück am Meer spazieren gegangen. Der Strand war, wie bei vielen vornehmlich von Einheimischen genutzten Stränden oder anderen Erholungsgebieten, übersät mit Fressständchen. An diesem Morgen waren allerdings fast nur die leerem Bretterbuden zu sehen, denn unter der Woche sind ja kaum einheimische Touristen da. Bei unserem Strandspaziergang versuchten uns verschiedene Pferdewagenfahrer in ihr Vehikel zu locken, aber wir liefen lieber zu Fuß. Ohne meinen Schirm allerdings wären wir nicht weit gekommen, denn die Sonne brannte erbarmungslos vom Himmel und es war unheimlich heiß. So kam mein Schirm zu echten Ehren. Aber die große Hitze bewirkte, dass wir uns – zur Erleichterung unseres Fahrers Helmi – nicht allzu lange aufhielten. Es gab ja auch nicht viel mehr zu sehen als die wunderschöne Bucht, in der es allerdings zu gefährlich zum Schwimmen war – wie man überall lesen konnte –, und einer wunderschönen Landschaft drum herum.

Nach unserer Rückkehr ins Wisma Gaja stürzten wir uns erst einmal in den Pool und stellten anschließend den Einzug neuer Gäste fest. Zuerst überlegten wir, ob es sich nicht eher um Freunde oder Angehörige der Familie handelte, später verneinten wir das aber. Diese neuen Gäste beflügelten jedoch überaus unsere Phantasie: drei verhüllte Frauen mit weit ins Gesicht gezogenem Kopftuch, zwei Kinder – Jungen im Alter von etwa drei und fünf Jahren, furchtbar quengelig und verzogen – und ein Mann. Sie bewohnten zwei Zimmer, aber wir konnten nicht ausmachen, wer mit wem das Zimmer teilte. Wir spekulierten hin und her, in welchem Verhältnis sie alle zueinander stehen: Unsere Vermutungen reichten von einer Ehefrau, einer Babu (Hausmädchen) und einer Schwester, über zwei Ehefrauen mit je einem Kind (da hatten wir schon beobachtet, dass die Kinder nicht von einer Frau waren) und einer Babu oder weiblichen Verwandten bis zu drei Ehefrauen, von denen die eine noch ziemlich neu und auch jünger als die anderen war, kein schwarzes Kopftuch trug und auch sonst etwas flotter wirkte. Die letzte Lösung (drei Ehefrauen) schien uns dann doch am wahrscheinlichsten, nachdem wir das Verhalten der drei Frauen untereinander, zu dem Mann und zu den Kindern beobachtet hatten.

Das war immer wieder ein Quell der Freude für uns: Jede der zwei ‚schwarzbekopftuchten‘ Frauen kümmerte sich nur um ihr eigenes Kind und die junge kinderlose Dame mit einem farbigen Kopftuch kümmerte sich um keines der Kinder. War der Ehemann nicht da, gingen die Frauen keinen Schritt vor die Türe. Uns schauten sie überhaupt nicht an. Wenn wir grüßten, guckten sie sofort weg, saßen sie am Pool und wir kamen zum Schwimmen, ergriffen sie sofort die Kinder und mit deren Protestgeschrei die Flucht. Deutlich zu erkennen war die Eifersucht der Frauen untereinander, aber auch, dass sich die beiden ‚älteren‘ Ehefrauen in einem Zweckbündnis gegen die neue, kinderlose und bunte Frau zusammengeschlossen hatten. Als einmal der Mann mit der Neuen alleine aß, kamen die beiden andern Frauen immer wieder mit Fragen oder Problemen an den Tisch und störten das junge Glück. Als das alles nichts half, schickten sie die beiden Kinder, die ‚Papa, Papa‘ schreiend um den Tisch rannten und endlich da Erfolg hatten, wo die Bemühungen der beiden schwarzen Ehefrauen gescheitert waren. So eine Ehe mit drei Frauen ist nicht einfach! Wie gesagt: Die Familie bot uns immer neue Nahrung!

Ansonsten machten wir es uns in Yogyakarta ganz bequem. Wir schwammen mehrmals am Tag, gingen in der Umgebung spazieren, tranken am Nachmittag ein Bier im ‚Laba Laba‘ links neben dem Wisma Gaja und am Abend aßen wir im Palm House Restaurant rechts vom Wisma gaja die vorbestellte Speisen: Mal Tempe goreng, mal Daun Singkong mit Saus Santen (Kokosmilchsauce) und Bawang goreng, dann wieder Fisch und Daun Sinkong. Daun Singkong, Horsts Lieblingsgericht, musste immer dabei sein. Zwischendurch schickten wir E-Mails aus einem nahe gelegenen Internet Café oder machten einen Schwatz mit Anna in Annas Warung und kauften bei ihr Unmengen von Batik-Postkarten. So waren wir rund um das Wisma Gaja immer voll beschäftigt.

Am letzten Nachmittag in Yogyakarta kam Horsts adeliger und vornehmer Silberschmid Moeliopratono zu uns ins Wisma Gadja. Moeliopratono hatte schon oft Ausstellungen in Deutschland und ganz Europa. Aber auch in Japan, wo er auch bei der Entwicklung von Arbeitsvorgängen per Computer hilfreich gewesen ist. Zum Beispiel hat er den Silberschmiedevorgang demonstriert und dieser wurde bis ins kleinste Detail von Computern aufgezeichnet, um dann maschinell ausgeführt werden zu können. Moeliopratono brachte nicht nur seine Frau mit – was eine große Ehre für uns war –, sondern auch den von Horst bestellten silbernen Reislöffel und meine Serviettenringe. Darüber hinaus brachte er auch die allerdings noch unfertige Jugendstilbrosche mit. Ich nahm an, er wollte damit nur seinen guten Willen zeigen, nahm aber nicht an, dass ich die Brosche jemals bekäme. Er fragte nämlich, mit welchem Zug wir am nächsten Morgen zurück nach Jakarta fahren würden. Er wollte sie zum Bahnhof bringen, sie müsste allerdings morgen früh erst noch poliert werden. Ich hielt das für die höfliche javanische Art ‚Nein‘ zu sagen und fühlte mich schon sehr geehrt, dass er sich überhaupt so viel Mühe machte. Wir bewirteten ihn und seine Frau mit Tee und Pisang goreng (gebackenen Bananen). Sie blieben eine gute Stunde. Wir luden sie herzlich ein, uns doch einmal in Deutschland besuchen zu kommen und Moeliopratono fragte direkt, ob wir dann auch mit ihnen auf die Reeperbahn gingen! Das muss augenscheinlich eine ungeheure Attraktion für Indonesier sein, denn auch Horst hatte schon früher, als er indonesische Geschäftsbesucher nach Deutschland begleitete, mit ihnen immer die Reeperbahn besuchen müssen!

Unser Zug am nächsten Morgen nach Jakarta war der Taxaka II, der um 10:00 Uhr Yogyakarta verlassen sollte. Die Tickets hatten wir schon zwei Tage früher gekauft und dabei auch unsere Plätze zugewiesen bekommen. Pünktlich 9:30 Uhr waren wir am Bahnhof, und kein Mensch kann sich unser Erstaunen vorstellen, als tatsächlich unser adeliger Silberschmid mit meiner fertigen Brosche auftauchte! Ich war gerade mit einer jungen, etwas halbseidenen Dame ganz in Lila in ein Gespräch verwickelt, als er plötzlich vor uns stand. Nach kurzer freudiger Begrüßung und hinreichender Bewunderung der Brosche erfreute sich der Herr eines fröhlichen Gesprächs mit der Dame in Lila, die wir ihm vorgestellt hatten. Herr Moeliopratono befindet sich zur Zeit wohl etwas in dem Lebensabschnitt, der in Deutschland als der ‚zweite Frühling‘ und im Rheinland als ‚dä dritte Plöck‘ – das dritte Pflücken – bezeichnet wird. Scheinbar gönnt sich der Rheinländer einen Frühling mehr. Daher hat Herr Moeliopratono vermutlich auch das dringende Bedürfnis, in Deutschland die Reeperbahn zu besuchen!

Nach einem fröhlichen Abschied, Herr Moeliopratono tauschte mit der Dame in Lila noch Visitenkarten aus, genossen wir eine acht Stunden dauernde Zugfahrt nach Jakarta. Es war eine traumhaft schöne Fahrt. Es kam mir so unglaubhaft vor, in einem luxuriösen Zug durch eine unwirklich schöne Landschaft zu fahren, die sich in den letzten Jahrhunderten nicht verändert zu haben scheint. Eigentlich hatte ich ein Buch griffbereit, aber dann konnten wir die ganze Zugfahrt über nur schauen. Die Zugstrecke ist größtenteils einspurig, so dass wir häufig an Ausweichstellen den entgegenkommenden Zug abwarten mussten. Das Essen war im Ticket auch inbegriffen, und nachdem erst Tee und Kuchen serviert worden war, gab es zum Mittagessen Reis mit Gemüse und Hühnerbeinen.

Mit einiger Verspätung sind wir am 12. März wieder in Jakarta angekommen. In Jakarta und anderen Städten Javas waren Demonstrationen angesagt. Die Studenten gingen für Reformen auf die Straße und forderten den Rücktritt von Präsident Gus Dur. Zum Glück waren die für diesen Tag in Jakarta angekündigten Demonstrationen nicht so groß ausgefallen wie erwartet und auch schon beendet. So hatten wir keine Schwierigkeiten, ein Taxi zu finden, das uns ins Gondia Guesthouse zurück bringen konnte. Bis heute, den 17. März, sind die Demonstrationen nicht abgerissen, sie haben täglich stattgefunden. Vorgestern war sogar der Flughafen blockiert, so dass keine Flugzeuge landen konnten.

Einen Tag verbrachten wir in Jakarta, um unsere Flüge zu reconfirmieren und für Horst früheren Hausboy Wardi ein Ticket nach Deutschland zu besorgen. Er sollte ja Ende April für einige Monate zu Horst nach Bonn kommen. Nachdem alles geregelt war, konnten wir am 14. März beruhigt unsere Reise nach Carita an der Westküste Javas antreten. Früher, zu Horsts beruflichen Zeiten, war Carita-Beach eine Traumdestination. Horst hatte dort in den 1970er Jahren einen wunderschönen Ferienbungalow gebaut.
    Carita wurde dann ein Kapitel für sich. Einerseits war es ziemlich deprimierend, denn es war im Gegensatz zu früher nun fürchterlich dreckig, verkommen und verbaut. Andererseits freuten sich Horsts ehemalige Dienstboten so sehr, ihn wiederzusehen, dass es auch wieder erfreulich war. Es gab ein Riesenhallo! Arti, Horsts frühere Köchin, lud uns sofort zum Essen ein. Sie erinnerte sich an Horsts Lieblingsgericht Daun Sinkong und wollte gleich beginnen es für uns zu kochen. Ihr Mann Karta, der früher für die Gartenarbeit auf dem großen Grundstück zuständig war, war in der Zwischenzeit verstorben. Dafür hat die Tochter von Arti, damals noch ein Baby, inzwischen selbst zwei Söhne. Arti und die Tochter mit Kindern und Schwiegersohn wohnen in zwei Hütten auf Horsts ehemaligem Grundstück, und Arti betreibt einen Kiosk mit Lebensmitteln, Zigaretten und Getränken. Wie Arti sagte, hat sie inzwischen ein eigenes Stück Land und ein Reisfeld. Es ist schön zu sehen, wie Horsts Bemühungen, alle seine Hausangestellten in Jakarta und Carita nach seiner Abreise aus Indonesien in gesicherten Verhältnissen zu wissen, auf fruchtbaren Boden gefallen sind.
    Bei unserem Besuch in Carita erfuhren wir auch noch viel Spannendes über Ursula Müllers Haus, dessen Anblick zu den deprimierenden Eindrücken gehören. Doch davon später!

In Carita angekommen, fanden wir zunächst keine anständige Bleibe. Alle Unterkünfte waren unschön, ungepflegt und maßlos überteuert. Wir überlegten nun, ob wir vielleicht nur eine Nacht im enttäuschenden Carita (und da hatten wir den restlos verdreckten Strand noch nicht einmal gesehen) bleiben und dann für weitere zwei Nächte aufs Land in die Nähe von Bogor fahren sollten. Unser Fahrer Helmi schwärmte uns von einem kleinen Hotel dort vor, preiswert, schön, mit Pool und mitten in den Reisfeldern gelegen. Das klang romantisch! Als wir Helmi diese Überlegung eröffneten, wurde er ganz aufgeregt. Er hatte uns von diesem Hotel nämlich nicht erzählt, um uns auf dieser Fahrt dorthin zu locken, er dachte an neues Geschäft und hoffte auf eine weitere Fahrt! Seine Aufregung kann man immer gut an seiner Stimme erkennen, die dann eunuchenmäßig hoch wird. Er stieß ganz aufgeregt hervor, er habe doch seine Kinder für den nächsten Tag nach Carita bestellt! Na, das war ja nun eigentlich nicht unser Problem. Wir hatten nämlich bereits jede Hoffnung auf eine nette Bleibe aufgegeben. Aber dann konnte sich Helmi wieder beruhigen, denn das letzte Hotel, das wir anschauten, war genau das, was wir uns vorgestellt hatten: eine schöne Anlage, familiär und gepflegt, mit Pool und mit Liebe angelegtem Garten. Das buchten wir dann auch sofort und meinten, nun würde sich Helmi hocherfreut zeigen. Einen Moment war er das vielleicht auch, aber als wir ihm eröffneten, dass er den Rest des Tages frei hätte und wir ihn erst am nächsten Tag wieder bräuchten, verfiel er direkt wieder in seinen hohen und aufgeregten Eunuchentonfall. Das ginge nicht, sagte er, denn da käme ja seine Ehefrau mit den Kindern. Da kam er aber bei Horst an den Richtigen! Horst sagte ihm nämlich, dass wir ihn dann überhaupt nicht mehr benötigen würden, denn wir bezahlten doch nicht für ein Auto mit Fahrer, das wir nicht nutzen könnten. Da solle er doch sofort wieder nach Jakarta zurückfahren und uns am nächsten Samstag wieder abholen. Dann hätten wir immer noch den Tagespreis für das Mietauto gespart. Jetzt wand sich Helmi, ein wenig könnten wir schon herumfahren, aber eben nicht so weit. Es half nichts, er wurde zurück nach Jakarta geschickt. Er bat noch, dass wir seinem Chef bloß nichts sagen sollten, warum wir ihn nicht behalten hätten, sondern dass sich unsere Pläne geändert hätten. Na, wer so durchsichtig zu betrügen versucht, der kommt nie auf einen grünen Zweig.

Nach Helmis Abfahrt führte uns unser erster Weg an den Strand und zu Ursulas altem Haus. Oh je, das sah vielleicht aus! Vom Haus selbst standen nur noch die Mauern, alles andere, selbst die Bambus-Wandverkleidung, war weg. Nicht nur die Möbel und alles, was das Haus zum Haus machte, fehlten restlos, auch das Dach, der Zaun und die Bepflanzung. Auch das Haus von Nottis – Ursulas Wächter-Ehepaar – und das dritte Haus mit der Garage, dem Generator für die Stromversorgung und einem Gästezimmer fehlte. Es stand nur noch das Badehaus mit einem Klo. Achim, der Sohn von Nottis, hat sich neben dem Haus seiner Eltern – das eingestürzt sein soll und von dem man nur noch das Fundament sieht – eine einfache Bude errichtet. Er soll jetzt das Grundstück bewachen und vermietet das Klo und das Badehaus an Personen, die nebenan auf einem Campingplatz hausen. Außerdem betreibt er auf dem Gelände einen Kiosk mit Getränken. Vor dem Grundstück steht ein großes Schild ‚Zu verkaufen‘. Wenn das Ursula wüsste! Hier hatten wir in den 1960er und 1970er Jahren rauschende Feste gefeiert!

Als wir Achim aufsuchten, war er zunächst recht verhalten, aber als er merkte, dass wir nicht ‚deutsche Interessen‘ vertreten wollten, wurde er gesprächiger. Was war passiert? Als Ursula – unsere langjährige Freundin, früher Diplomatin an der Deutschen Botschaft Jakarta – älter wurde und den Bungalow nicht mehr nutzen konnte, hatte sie einen mit ihr befreundeten Jesuitenpater beauftragt, ihr Grundstück mit Haus zu verkaufen, und erteilte ihm dafür eine Vollmacht. Der Pater hat aber offensichtlich versucht, mit dieser Vollmacht das Grundstück der Kirche einzuverleiben, und schon viele Baumaterialien zur Errichtung einer Kirche dorthin gebracht. Das hat nicht nur im islamischen Carita für Unruhe gesorgt, wo ja schon früher die Wohnzimmer-Gottesdienste der Nottis Anlass zu Unmut waren. Der geplante Kirchenbau löste auch bei dem hochrangigen Strohmann für den Grundstückkauf – ein Ausländer durfte selbst kein Grundstück kaufen – großen Ärger aus. Der Strohmann, den auch Horst gut kannte, war nämlich auf dem Papier der offizielle Besitzer des Grundstücks. Als es mit dem Kirchenbau nicht weiterging, verschwand nach und nach das Baumaterial, und als das weg war, begannen die Dorfbewohner das Haus auszuschlachten. Nun ist von einem herrlichen Anwesen in einem gepflegten Garten eine Ruine auf einem Schrottplatz übrig geblieben. Es ist deprimierend!

Genauso deprimierend war der Spaziergang entlang der Carita-Bucht, die früher ‚Celuk Jerman‘, die ‚Deutsche Bucht‘ genannt wurde. Wo früher das Bambus-Hotel von Dr. Ritter stand, steht heute ein schon ziemlich verrotteter und verfallener Betonklotz von drei Kilometern Länge, der mich an den ‚Koloss von Prora‘ auf Rügen, das ehemalige KdF-Seebad, erinnert. Die reinste Landschaftsverschandlung. Schrecklich! Was habe ich hier mit meiner Familie ruhige und schöne Wochenenden verbringen können. Nein, hierher möchte ich nicht mehr zurückkommen! [10]

Mehrmals aßen wir im Warung (Kiosk) von Arti, oder sie brachte uns das Essen ins Hotel. In Carita fühlten wir uns nicht mehr wohl. Auf der Straße entlang des Strandes, auf der man früher in der Abenddämmerung in aller Ruhe flanieren konnte, war nun Hochbetrieb mit lauter Musik. Hütte reihte sich an Hütte mit leichten Mädchen, die um die Gunst der Wochenendbesucher aus Jakarta warben. Wir waren froh, als uns Helmi abholte und wieder nach Jakarta brachte.

---

10   Siehe auch Horst H. Geerken, *Der Ruf des Geckos*, S. 348ff

Im Gondia Guesthouse bekamen wir ein neues Zimmer, das aber auch sehr angenehm war. Das Klofenster ging nun nicht mehr in die Küche, sondern ins Freie. Nun wohnten auch drei Tänzerinnen aus Bandung im Hotel, die immer wieder ungeniert Horst anschwärmten. Wir machten noch einige Besuche bei alten Freunden in Jakarta und trafen uns noch mehrmals mit Horsts ehemaligen Mitarbeitern, seiner Sekretärin und indonesischen Freunden. Wir aßen noch mehrmals in Horsts Lieblings-Nudelhaus ‚Gadja Mada 77‘, in das er früher immer wieder einkehrte. Es war wie immer sehr lecker! Am 21. März feierten wir, wie in jedem Jahr, unseren ‚Hochzeitstag‘, den Tag, an dem wir uns näher kamen. Schon am Vormittag ließen wir uns im Hilton Hotel Cocktails und Kanapees schmecken, und den Abend verbrachten wir in unserem Lieblingsrestaurant Trio bei tollem chinesischem Essen.[11]

Am Abreisetag fuhren wir zum Glück sehr früh zum Flughafen, da für diesen Tag wieder große Demonstrationen angekündigt wurden. Es schien als wollte halb Jakarta zum Flughafen. Am nächsten Tag war auch ein Feiertag, an dem man sich mit seiner Familie trifft. In langen Autoschlangen ging es langsam zum Flughafen. Wir schafften es noch rechtzeitig und kamen auch wieder gut zurück nach Hause.

---

11   Siehe auch Horst H. Geerken, *Der Ruf des Geckos,* S. 46

Bali
Februar/März 2009

von Annette Bräker und Horst H. Geerken
(bearbeitet von Horst H. Geerken)

Der Flug von Frankfurt bis Bali war sehr anstrengend. Der Grund dafür war, dass alle Mitreisenden sich so verhielten, wie ich selbst normalerweise auch! Keiner schlief, alle redeten und liefen herum! Aber im Gegensatz zu den Flügen, bei denen ich die einzige bin, die nachtaktiv ist und alle durch meine Unruhe verrückt macht, machte mich dieses Mal die Rennerei der anderen verrückt! Eigentlich gerecht, aber das konnte ich in dem Moment nicht so recht einsehen. Besonders, da ich mir den strategisch günstigen Sitz in der letzten Reihe am Gang vorbestellt hatte: strategisch günstig zu den Waschräumen, hinter den Sitzen viel Auslauf und man bekommt meist zuerst zu essen und zu trinken. Den freien Platz hinter den Sitzen hatte allerdings ein junger Mann besetzt, der jede wissenschaftliche Erkenntnis, dass Frauen mehr reden als Männer, ad absurdum führte. So viel kann nicht einmal ich in den paar Stunden reden, und das will etwas heißen. Er redete nicht nur viel, sondern auch sehr laut. Ich nehme an, er wollte jeden, der nicht in den Genuss kam von ihm selbst über seine eigene Vorzüglichkeit und seine Weltgewandtheit aufgeklärt zu werden, die Gelegenheit geben, wenigstens auf diese Weise mithören zu können.

Eigentlich reise er ja nur Business-Class, woraufhin ich nach hinten rief: ‚Dann wäre ich aber jetzt mindestens Erste Klasse geflogen und nicht Holzklasse‘, was er als echter Mann von Welt schlichtweg ignorierte. In Hongkong kannte er sich auch besser aus als jeder Einwohner dort und überhaupt, in Südostasien mache ihm ja so schnell keiner etwas vor und ... und ... und ... Diese Dummschwätzerei hörten ich und unsere Nachbarn, die genauso genervt waren, uns mit kurzen Unterbrechungen, die uns die Mahlzeiten boten, fast zwölf Stunden lang bis Hongkong an! Dort hatte ich dann gut zwei Stunden Aufenthalt, bis es nochmals knapp fünf Stunden bis Bali weiterging.

Als ich in Bali ankam, war ich total gerädert. Direkt hinter dem Ausstieg vom Flugzeug stand ein beeindruckend uniformierter Beamter mit einem Schild, auf dem stand ‚Annette Bräker‘. Ich brach sofort innerlich zusammen und versuchte, mich an alle meine Sünden auf dem Flug oder bei meinen letzten Indonesienbesuchen zu erinnern – ohne Ergebnis. Dann fiel mir siedend heiß ein, dass ich Palladon eingepackt hatte, ein Medikament, das unter das Drogen-Gesetz fällt und für das man auf Reisen eine ärztliche Bescheinigung braucht, die ich aber zu Hause vergessen hatte! Auweia, dachte ich, jetzt haben sie dich! Aber da ich annahm, dass es vergeblich sein würde zu leugnen, dass ich Annette Bräker sei und man mir den verräterischen Ausweis nur untergeschmuggelt habe, gab ich mich zu erkennen. Der Uniformierte war freundlicher als ich erwartet hatte, fragte nach meinem Pass und Visum und erklärte mir. dass er von Horst geschickt worden sei, damit ich mich nach dem anstrengenden Flug nicht an die langen Menschenschlangen für die Pass- und Zollkontrolle anstellen müsse. Durch die Mutation vom befürchteten Schwerverbrecher in Sachen Betäubungsmittel zum VIP-Passagier wuchs ich sofort um einige Zentimeter und schritt mit stolzgeschwellter Brust an den langen Schlangen vor der Immigrationsbehörde vorbei direkt zur Gepäckausgabe. Hier wartete schon Horst mit einem Kofferträger und einer roten Rose auf mich. Der Beamte regelte meine Passformalitäten ganz ohne mich, und brachte mir nur meinen Pass nach Erledigung zurück. Eigentlich hätten ich auch vor allen meinen Mitreisenden den Flughafen verlassen sollen, um mein VIP-Gefühl richtig auskosten zu können, aber da mein Koffer so ziemlich als letzter aus dem Flugzeug geladen wurde, schrumpfte ich wieder auf Normalmaß zusammen und verließ den Flughafen wieder als ganz normale Sterbliche. Aber so wussten meine Mitreisenden wenigsten, dass ich nicht verhaftet worden war, sondern nur eine bevorzugte Reisende war, was ja auch was wert ist, wenn man seinen VIP-Status genießen möchte!

Unser alter Fahrer Murah wartete schon mit unserem Mietwagen vor dem Flughafengebäude, und nach einer guten Stunden Fahrt kamen wir in unserem Häuschen in Ubud an. Das Gefühl, nach Hause zu kommen, hielt sich für mich hier etwas in Grenzen, weil Horst mich vorgewarnt hatte. Unsere Vermieter hatten dem Haus einen neuen Look verpasst, der mir – wie auch zuvor schon Horst – einen gewaltigen Kulturschock versetzte! Es gab neue Bilder, und ganz schlimm: eine neue Couchgarnitur! Zuvor waren hier leichte, helle Rattanmöbel mit hellen Kissen, passend für die Tropen, und nun wurden wir optisch durch eine gewaltige dunkelbraune Kunstleder-Eckcouch erschlagen. Zudem hingen an der Wand ein neues Buddha-Bild, was gerade noch erträglich war, auch wenn die Buddhabilder, die die Eigentümer bevorzugen, immer wie Gemälde von Plastikbuddhas aussehen, und hinter der Essecke ein gewaltiges Gemälde von einem angreifenden afrikanischen Elefanten, der so geschickt gemalt ist, dass er aussieht, als hätte er fünf Beine und zwei Rüssel. Ein absolut unerträgliches Kunstwerk! Die Vermieter waren vor uns zwei Wochen lang selbst im Haus und hatten dieses Bild des Grauens zu unserem Entsetzen gekauft und aufgehängt: dabei meinten sie es vermutlich gut mit uns!

Unser erster gemeinsamer Tag bestand also darin, mit Hilfe des Hausboys und der Köchin Anni die alten Möbel wieder zurückzustellen und die neue Couch (wie soll man eigentlich bei dieser Hitze auf Kunstleder sitzen??) in die Abstellkammer zu verbannen! Wir fanden auch noch einige ganz ansprechende Bilder – kein Kunstgenuss, aber ganz nett und vor allem bunt und freundlich –, sodass wir auch noch den aggressiven fünfbeinigen und zweirüsseligen afrikanischen Elefanten und das neue Buddhabild verbannen konnten!

Die ersten Tage habe ich viel geschlafen. Aber jetzt beginnen unsere Aktivitäten: Wir tanzen sogar wieder, obgleich der arme Horst ja momentan sehr lädiert ist, eigentlich kann er weder rechts noch links tanzen! Die rechte Schulter, bereits seit langem vorgeschädigt, hat er sich – als er in einem Laden freundlicherweise einen Stuhl angeboten bekam – beim Zusammenbruch desselben, bei dem er genau auf seiner geschädigten Schulter landete, so verletzt, dass er den rechten Arm nicht mehr heben kann. Den linken Ellenbogen brachte er groß wie ein Tennisball angeschwollen aus Australien mit. Die Ärzte hier meinten, er müsse direkt den Schleimbeutel herausoperiert bekommen, bevor es noch schlimmer würde! Todesmutig wie mein Horst nun mal ist, ließ er die Operation hier in Bali vornehmen, und hat seitdem einen dicken entzündeten Arm, der bisher allerdings immer besser wurde, heute aber wieder ein wenig schlimmer. Der Biss einer australischen Zecke soll die Ursache für die Schleimbeutelentzündung gewesen sein.

Unsere Tanzaktivitäten muss man sich also mehr oder weniger einarmig vorstellen, denn nur den Zeckenbissarm kann Horst noch heben, was unsere Tanzerei ein wenig komisch macht. Nicht etwa, dass Horst versagt: Alles was mit links geht, macht er natürlich, wie es so schön heißt, mit links! Aber mir fehlt hin und wieder bei Drehungen der Halt, da mir die Unterstützung durch seine rechte Hand fehlt. Das bedeutet, dass ich hin und wieder aus der Kurve fliege und mit einem Stuhl am Rande der Tanzfläche oder einem anderen Tanzpaar kollidiere! Die anderen halten schon vorsichtshalber zu uns Abstand, was ja auch recht nützlich ist.

Ich bin wie immer mit dem festen Vorsatz hier her gekommen: Ich brauche nichts, ich kaufe nichts, wir wollen nur Erholung und Ruhe haben und die Freude genießen, gemeinsam wieder hier zu sein. Fast habe ich mich in der ersten Woche auch daran gehalten! Ich habe nur zwei Röcke, eine Tasche, zwei Perlenketten und einen Seidenschal gekauft. Bestellt habe ich nur noch zwei Paar Schuhe, also fast gar nichts! Horst hat für sich auch ein Paar Schuhe bestellt. Allerdings anders als ich: Ich bestellte Modelle aus dem Sortiment oder entwerfe sie selbst, aber Horst hat ein Modell bestellt, das er aus Deutschland mitgebracht hat und nun nachmachen lässt. Außerdem haben wir natürlich noch einige Sarongs gekauft und in Auftrag gegeben. Jetzt sind wir ganz sicher, dass wir gar nichts mehr brauchen! Ob dieser gute Vorsatz bis nächste Woche hält?

Heute Abend wird's kulturell bei uns: In unserem Lieblingslokal ist im Rahmen des Bali-Writers-Festival eine Dichterlesung eines Australiers! Wir haben uns angemeldet und ich bin jetzt schon nicht mehr sicher, ob ich das Aussi-Englisch überhaupt verstehen werde, aber wenn nicht, macht es auch nichts, es gibt dort ausgezeichnetes Essen. Und eigentlich gehen wir vor allem dort hin, weil Horst immer neue Kontakte knüpfen kann. Er hat inzwischen schon einen indonesischen Übersetzer für sein Buch ‚Der Ruf des Geckos‘ gefunden. Agung Rai, der Besitzer des Arma-Museums in Ubud und ein guter Freund von Horst, möchte gerne, dass das Buch bei ihm im Museum vorgestellt wird. Horst war also schon ganz fleißig, was seine Aktivitäten bezüglich der Veröffentlichung seines Buches betrifft. Auch ein guter Freund von uns, der Präsident der Walter Spies Gesellschaft, Horst Jordt, hat inzwischen sein Manuskript gelesen und es hat ihm gefallen, was natürlich aufbaut. Er hatte auch noch einige sehr gute Tipps für Horst.

Diese hier gewachsene Freundschaft zwischen Horst Jordt und meinem Horst (der hier auf Bali übrigens nur ‚Henry‘ genannt wird) hat mich allerdings schon in Deutschland sehr verunsichert. Nicht weil Horst Jordt mehr dem eigenen Geschlecht zugeneigt ist, sondern weil sie beide zusammen auf die Suche nach einem verschollenen Walter Spies-Gemälde gegangen sind. Man erinnere sich an letztes Jahr, als mein Horst hier plötzlich stolzer Besitzer eines Walter Spies-Gemäldes war. Wie es damals dazu kam, soll Horst selbst berichten:

In ganz Ubud war bekannt, dass ich nach einem echten Walter Spies suchen würde. Seit vielen Jahren bemühte ich mich, ein schon seit langem verschollenes Gemälde von ihm wieder aufzufinden. Es wurde vermutet, dass dieses Bild irgendwo auf Bali in einer Ecke oder einem Speicher vor sich hin schlummert, ohne dass der oder die Besitzer von seinem Wert Kenntnis haben. Mancher Besitzer einer Galerie sprach mich daher spaßeshalber schon mit ‚Henry Spies!‘ an. Unzähligen Spuren bin ich schon nachgegangen, aber sie führten mich immer wieder zu mehr oder weniger guten Fälschungen.

Annette wollte erst in den nächsten Tagen hier ankommen. Ich wollte noch etwas mein Tanzbein schwingen, damit ich für Annette schon in Übung bin. Da ich am Abend gerne ein oder zwei Glas kühles Bier trinke, bin ich mit einem ‚Ojek‘, einem Motorradtaxi, ins Jazz Cafe gefahren, und nicht mit meinem Mietwagen. Obwohl es auf Bali kaum Kontrollen gibt, fahre ich nie selbst, wenn ich Alkohol getrunken habe.

Früher, als es noch keine Kühlschränke gab, wurde das Bier in ganz Indonesien – nach der alten holländischen Methode aus der Kolonialzeit – mit Stücken von Stangeneis serviert. Da diese Eisstangen aus unsauberem Wasser gemacht wurden und oft auf dem verschmutzten Boden lagen, traten durch die fehlende Hygiene regelmäßig Magen- und Darmverstimmungen auf. Nun kommen die Flaschen aus dem Kühlschrank und man kann ohne Bedenken ein kühles Bier genießen. Im Jazz Cafe kam das Bier sogar direkt vom Fass!

Nach einigen Tänzchen bestieg ich wieder eines der vielen ‚Ojeks‘, die vor dem Jazz Café aufgereiht standen. Nach dem heißen Tanz genoss ich den Fahrtwind auf dem Sozius in der tropisch lauen Abendluft. Nach 22 Uhr waren nur noch wenige Menschen auf der Hauptstraße, der Jalan Raya. Der Fürst von Ubud, Drs. Tjokorda Putra Sukawati, hat verordnet, dass um 22:30 Uhr alle Aktivitäten zu beenden seien. Im Restaurant Nomad saßen noch ein paar ‚Orang bule‘ – Ausländer – bei einem Glas Bier. Annette und ich gehen hier gerne zum Essen hin. Der Palast des Fürsten von Ubud war auch schon dunkel. Nur im Cafe Lotus war noch Betrieb. Sicher wurden da wieder balinesische Tänze vor der herrlichen Kulisse des Tempels Pura Taman Kemuda Saraswati vorgeführt. Aber bereits um 23:00 Uhr ist kein Restaurant, keine Bar, kein Laden mehr geöffnet. Ubud, das tagsüber von asiatischen und europäischen Touristen wimmelt, wird wieder ein ganz ruhiges Dorf.

Auf dem Nachhauseweg vom Jazz Cafe sprach mich der Fahrer des Motorrades an und erwähnte – ohne dass ich ein Wort mit ihm über Walter Spies gewechselt hatte –, dass er mir einen echten Walter Spies zeigen könne. Er wusste also auch schon über mich Bescheid. Sein Bruder sei Künstler und seit vielen Jahren sei ein echter Walter Spies im Besitz der Familie. Er würde mit dem Bruder reden. Vielleicht könne er mir dieses Gemälde bei Gelegenheit einmal zeigen. Ich war natürlich skeptisch, aber man sollte ja keine Chance ungenutzt vergehen lassen.

Als ich auf dem Bett lag, zerrissen die vielen Gedanken fast meinen Kopf. Wird mir der Künstler morgen eine Nachricht senden? Oder war es nur ‚Omong kosong‘ – leeres Geschwätz – seines Bruders? Hat er wirklich ein Original von Walter Spies? Vielleicht war es wieder nur so eine schlechte Kopie eines Gemäldes, wie so viele auf Bali unter der Hand angeboten werden. Viele reiche Touristen sind damit schon betrogen worden. Walter Spies und sein Leben gingen mir nicht aus dem Kopf.

Bevor ich nach Indonesien kam, war mir Walter Spies kein Begriff. Leider ist der außergewöhnliche Künstler Walter Spies in Deutschland fast nur in Fachkreisen bekannt, während sein Name in der Kunstwelt Indonesiens, und besonders in der balinesischen, nahezu 70 Jahre nach seinem Tod immer noch voller Bewunderung genannt wird.

Meine erste indirekte Begegnung mit ihm hatte ich bereits 1964, fast gleich-
zeitig mit Hinweisen aus Europa und Asien. In Jakarta wies mich ein General,
der Adjutant des Präsidenten, im Palast von Präsident Soekarno auf ein Gemäl-
de von Walter Spies hin, das im Vorzimmer des Präsidenten hing. Nur zwei Tage
später erhielt ich ein Päckchen von meinen Eltern, das das gerade in Deutschland
erschienene Buch von Hans Rhodius, ‚Walter Spies, Schönheit und Reichtum des
Lebens‘ enthielt. Zufall oder Schicksal? Auf jeden Fall fing Walter Spies damals
an, mich in seinen Bann zu ziehen. Nicht lange danach begegnete ich durch Prä-
sident Soekarno in seinem Palast in Tampaksiring auf Bali Walter Spies ein wei-
teres Mal. Der kunstbegeisterte Soekarno war ein großer Verehrer dieses Künstlers
und erzählte begeistert von ihm und seinem Werk. Mein Interesse war geweckt.

Als ich begann, Spuren von Walter Spies aufzuspüren, erfuhr ich in Ubud,
dass der Künstler lange Zeit in einem Haus in Tjampuhan (heute: Campuhan)
gewirkt hatte. Tjampuhan war damals, Anfang der 1960er Jahre, ein kleines
Dorf westlich von Ubud. Der Weg führte mich durch eine enge Schlucht mit tro-
pischer Vegetation zum Tjampuhan-Tal. Der reißende, heilige Tjampuhan-Fluss
wurde von einer schmalen mit Holzbohlen belegten Hängebrücke überbrückt.
Tief unten, zwischen übergroßen Farnbäumen, badeten Frauen und Männer
wie Adam und Eva, aber an getrennten Badeplätzen. Nur wenige hundert Meter
hinter dieser Hängebrücke fand ich den alten Bungalow von Walter Spies auf
dem Gelände des heutigen ‚Campuhan Hotels‘. Der Blick vom Bungalow mit
dem Studio ging über einen herrlichen Garten mit bunten tropischen Blumen
und Bäumen bis hinunter zum Tjampuhan-Fluss: Ein Paradies zwischen den
üppig grünen Hügeln, dem reißenden Tjampuhan-Fluss und der tiefen Schlucht,
mit sich leise im Wind wiegenden Kokospalmen und riesigen Bambusbüschen,
die mit ihren nach oben hin sich verjüngenden armdicken Trieben aus der Ferne
wie zarte zerbrechliche Kunstwerke wirkten.

Es gab unter den zahlreichen europäischen Künstlern in Niederländisch-Indien
keinen, der mit Walter Spies' Qualitäten als Maler, Musiker und Fotograph mit-
halten konnte. Er wird oft als wichtigster Tropenmaler neben Paul Gauguin ge-
nannt. Spies war zwischen 1927 und 1940 der bekannteste Europäer auf Bali.
Er wurde rasch zu einem außerordentlichen Kenner der Kultur dieser Insel, der
Sitten und Bräuche. Ihre Menschen und deren Tänze, ihre Musik und ihr Theater
hatte er erlebt und verstanden wie nur wenige andere Europäer.

Ich genoss stets meine Siesta in der nachmittäglichen Hitze. In dem klima-
tisierten Master-Bedroom war es um diese Tageszeit stets angenehm kühl. Nor-
malerweise schlummere ich nur wenige Augenblicke, nie mehr als 10 oder 15
Minuten. Aber heute, nachdem mich in der vergangenen Nacht so viele Ge-
danken über Walter Spies plagten, muss ich in einen Tiefschlaf gefallen sein. Im
Unterbewusstsein hörte ich Rufe und ‚Bum Bum!‘ Was war das? Ich wollte weiter

schlafen und drehte mich auf die andere Seite! Aber die Rufe und das ‚Bum Bum‘ hörten nicht auf. Nur langsam kam ich in die Wirklichkeit zurück und nahm wahr, dass an meiner Eingangstür Leute waren, die an die Tür pochten. Ich rappelte mich auf und rief: ‚Niento?‘, - Wer ist da? Als ich nicht verstand, was geantwortet wurde, rief ich auf Balinesisch ‚Jantos dumun‘ und auf Malaiisch ‚Tungu sebentar‘ – Einen Augenblick, bitte! Schnell zog ich ein Hemd über und band mir einen Sarong um. Den überschüssigen Stoff des Sarongs legten meine inzwischen geübten Hände in ein Bündel aufspringender Falten. Ich schob den klobigen Holzriegel zurück und öffnete die Türe. Vor mir stand der Motorradfahrer, der mich am Abend zuvor nach Hause gebracht hatte und eine feine schlanke Gestalt, wie ein vornehmer balinesischer Tempelpriester, etwa 50 Jahre alt: gekleidet mit einem goldbestickten weißen Sarong, einem weißen offenen Jäckchen und einem um den Kopf gewundenen Tuch. ‚Ini kakak saya‘ – ‚Das ist mein älterer Bruder, sein Name ist I Gusti Nyoman Woestagama‘.[12] Er ist Kunstmaler‘, sagte der Motorradfahrer. Ich bat die beiden höflich, wie es die balinesischen Sitten verlangen, hereinzukommen. Beide hatten Bücher, Mappen und eine Rolle in den Händen. Meine Haushaltshilfe Anni, ein intelligentes und fleißiges Mädchen von 19 Jahren, hatte ich schon nach Hause geschickt. Ich musste also selbst schnell Tee zubereiten. Ich stellte Zucker – alle Indonesier trinken Tee und Kaffee sehr süß – und von Anni schon gestern zubereitete gebratene Erdnüsse auf den Tisch.

Ganz behutsam kam ein Gespräch in Gange. Wie überall in Indonesien üblich, wird zunächst lange über Nebensächlichkeiten geredet, bis man endlich zu dem wirklichen Grund des Besuches kommt. Und ich wollte doch möglichst schnell einen Walter Spies sehen. Bisher hatte ich echte Gemälde von Walter Spies nur in Museen ansehen können. Aber die Asiaten haben unsäglich viel Zeit und ziehen ein Gespräch in die Länge. Hier benötigt man große Geduld! I Gusti Nyoman Woestagama erzählte von seiner Tätigkeit als Künstler und Kunstlehrer, von seinen Ausstellungen, von seinen vielen nationalen und internationalen Preisen, er zeigte mir einige seiner eigenen Werke, blätterte in Bildbänden und sprach von bekannten balinesischen Künstlern wie I Gusti Nyoman Lempad, I Gusti Ketut Kobot und Ida Bagus Made, alles Maler, die Walter Spies noch kannten und verehrten. Er zeigte mir Fotos mit Beispielen von dem von Spies aus der traditionellen balinesischen Malerei heraus erschaffenen neuen Kenceng-Stils, mit den langgezogenen Körpern.

Ich beobachtete den Kunstmaler während er mir eine halbe Stunde lang erzählte. Er hatte ein rundes Gesicht mit einer hohen Stirn, und wie viele Balinesen, etwas Mysteriöses, etwas Geheimnisvolles. Wenn er lächelte bildeten sich starke Falten von der Nase bis zum Kinn, und ein nicht besonders gut gepflegtes Gebiss kam zum Vorschein. Irgendetwas an ihm, vielleicht seine für Balinesen ungewöhnlich eckigen Bewegungen, warnte mich, auf der Hut zu sein.

---

12 Name durch den Autor geändert

Langsam kamen wir nun dem Thema Walter Spies näher, aber Anstalten, mir das Bild von Spies zu zeigen, machte er immer noch nicht. Danach fragen wollte ich auch nicht, denn wer in Ostasien an einem Gegenstand Interesse zeigt, ist schon in einer schlechteren Verhandlungsposition. Er erzählte, dass Walter Spies im Jahre 1936, zusammen mit dem Cokorde Gede Agung Sukawati, dem balinesischen Künstler I Gusti Nyoman Lempad und dem holländischen Maler Rudolf Bonnet die Künstlergruppe ‚Pita Maha‘ gründete, deren Künstler sich allwöchentlich im Hause von Walter Spies trafen. Das wusste ich natürlich schon, und ich wusste auch, dass nun balinesische Künstler, die bisher nur flächige Darstellungen, den sogenannten Wayang-Stil kannten, durch Walter Spies für sich die Perspektive entdeckten. Durch viele internationale Ausstellungen erfuhr nun der balinesische Malstil weltweite Bekanntheit und Anerkennung.

Walter Spies fand den direkten Kontakt zu den Balinesen, nicht nur weil er ihre Sprache perfekt erlernte, sondern auch durch seinen nicht-kolonialen Umgang mit ihnen. Er wurde ihr Freund, weil er ihnen auf gleicher Augenhöhe begegnete und weil er ihre Kultur mit Bewunderung und Hochachtung in sich aufnahm. Zunehmend entwickelte sich Ubud zu einem kulturellen Zentrum Balis, das es bis heute ist.

Am Ende seiner langen Erzählung legte er die Bilderrolle auf seinen Schoß und fragte: ‚Mau lihat lukisan dari Walter Spies?‘ – Wollen Sie das Bild von Walter Spies sehen? Endlich! Lange hatte ich auf diesen Moment gewartet. Langsam, mit behutsamen Bewegungen, breitete er das Bild auf dem Tisch aus. Es war ein mir bekanntes Motiv von Walter Spies, ein Ausschnitt aus einem Gemälde, von dem ich schon einmal eine Fotografie gesehen hatte. War es eine Fälschung oder war es ein Entwurf von Walter Spies? Ich versuchte, mit der unsäglichen Gleichgültigkeit eines Asiaten das Bild zu betrachten, aber mein Herz klopfte. Signatur konnte ich keine entdecken. Das war nicht ungewöhnlich, den Walter Spies hatte viele seiner Bilder nicht signiert.

Der Kunstmaler drängte nun plötzlich auf einen schnellen Abschluss. Er hätte einen Käufer in Portugal und in drei Tagen würde er dorthin fliegen. Das Flugticket hätte er bereits in der Tasche. Die Eile hätte mich bereits warnen sollen! Der Preis für das Gemälde sollte US-Dollar 200.000 sein, aber er wäre an einem schnellen Abschluss interessiert, um nicht nach Portugal reisen zu müssen. Daher wolle er mir das Bild zu einem Freundschaftspreis von US-Dollar 100.000 überlassen. Bevor ich irgendwelche Zugeständnisse machte, verlangte ich, dass das Bild für eine weitere Prüfung bis morgen bei mir bliebe. Er stimmte zu, aber verlangte, dass ich mich am morgigen Tag entscheiden und eine Anzahlung von US-Dollar 5.000 leisten müsse. I Gusti Nyoman Woestagama überreichte mir das zusammengerollte Ölbild mit der typisch balinesischen Geste, die Harmonie, Respekt und Wohlhabenheit ausdrückt: Die linke Handfläche lag unter der rechten Hand, mit der er das wertvolle Bild wie eine Opfergabe hielt. Die Gesten und Handbewegungen aller Balinesen, nicht nur die der Tempeltänzerinnen und der Priester, sind ein Ausdruck von Anmut und Mystik.

Eine weitere halbe Stunde verging in der balinesischen Gemächlichkeit, bevor er mit seinem Bruder mein Haus verließ. Er gab mit noch den Rat, das Gemälde heute Nacht gut zu verstecken und alle Türen abzuschließen. Dann war ich endlich wieder alleine!

Nun untersuchte ich das Gemälde genauer. Bei einem bestimmten Einfallswinkel des Lichtes konnte ich in der rechten unteren Ecke einige Buchstaben erahnen. Ein ,W' und ein ,s'. Das sah schon erfolgversprechend aus! Als ich dann noch zusätzlich eine Taschenlampe als Lichtquelle verwendete, konnte ich ganz schwach als Signatur W. Spies erkennen. Mein Herz schlug höher! Wenn man bedenkt, dass heute in den bekanntesten Auktionshäusern in London und New York ein Gemälde von Walter Spies nicht unter einer Million Euros gehandelt wird, erschien mir dieser ,echte' Walter Spies für US-Dollar 100.000 als echtes Schnäppchen.

Ich machte Fotos aus allen Blickrichtungen und sandte diese per Internet an Annette und an einen Freund, den Präsidenten der Deutsch-Indonesischen Gesellschaft in Köln. Ich wollte ihre Meinung zu dem Bild und dem bevorstehenden Kauf haben. Ich hatte mich eigentlich aber schon entschieden! Durch die Zeitverschiebung hatte ich ja sieben Stunden Vorsprung und konnte somit am Morgen schon ihre Antwort in Händen haben. Das Bild hätte ich nicht verstecken müssen, denn vor Aufregung konnte ich die ganze Nacht kaum schlafen. Oft stand ich noch auf und betrachtete ,meinen' Walter Spies.

Am Morgen war die Nachricht da. Annette war skeptisch: In dem Standardwerk von Hans Rhodius über Walter Spies hatte sie das Motiv meines Bildes gefunden. Es war ein Ausschnitt des Gemäldes von Walter Spies mit dem Titel ,Sawahlandschaft mit Gunung Agung' von 1937. Die Einfassungen der Reisterrassen wären ihr zu steif und steril, deren Bepflanzung ungewöhnlich, ebenso die Signatur. Auf dem Original von Walter Spies wäre keine Signatur zu entdecken und normalerweise würde er gar nicht oder nur mit W. S. signieren. Annette warnte mich vor einem voreiligen Kauf.

Mein Freund aus Köln teilte mir mit, dass Horst Jordt, der Präsident der Walter Spies Gesellschaft gerade in Denpasar auf Bali sei. Gleich nach dem Frühstück wollte ich ihn telefonisch kontaktieren.

Inzwischen war es 8:00 Uhr geworden. Ich hörte ein Motorrad vorfahren und leises Klopfen an meiner Türe. Es war der Bäcker, der jeden Morgen pünktlich frische, herrlich duftende Brötchen und Croissants ablieferte. Anni war auch schon gekommen und bereitete das Frühstück vor. Wenn Anni früh morgens ins Haus kam, musste sie sich nach balinesischem Brauch zuallererst um die Opfergaben kümmern.

Abb. 56
Walter Spies Original, 1996 versteigert bei Christie's …

Abb. 57
... und Fälschung

Mein kleiner Haustempel stand neben der Eingangstüre. Anni zog für die tägli-
che Zeremonie ihren schönsten Festtagssarong an und bestückte die aus Palmblät-
tern geflochtenen Körbchen, die sie aus ihrem Dorf mitgebracht hatte, mit Blü-
ten, Gewürzblättern und Reis. Mehr als zehn Opfergaben wurden mit graziösen
Hand- und Fingerbewegungen im und vor dem Haus verteilt, an Plätzen, die
ein balinesischer Priester als besonders wirkungsvoll bezeichnet hatte. Geweihtes
Wasser wurde mit graziösen Handbewegungen verspritzt. Ich hörte, wie sie in
ihrem Gebet viele hinduistische Götter anrief – Shiwa, Wisnu, Brahma –, um
unser Haus und die darin lebenden Menschen zu beschützen. Der modernen
Zeit entsprechend bewahrte Anni das heilige Wasser in einer Maggi-Flasche auf
– ein Stilbruch, aber ich ließ sie gewähren.

Wenn Anni ihre Periode hatte, durfte sie die Zeremonie nicht selbst durchfüh-
ren. Sie würde die Götter erzürnen. Dann brachte sie ihre Großmutter aus dem
Dorf mit, die dann die Zeremonie und die Gebete für sie durchführte. Nachdem
die Räucherstäbchen angezündet waren, erfüllte deren Duft, vermischt mit dem
Duft von frisch geröstetem Bali-Kaffee, das Haus.

Täglich genieße ich das von Anni servierte Frühstück: frische Brötchen und
Croissants, Rühr- oder Spiegelei, Butter, sowie von Anni selbst zubereitete Ana-
nas- Mango- und Orangenmarmelade. Besonders liebe ich das balinesische
Rührei mit Zwiebeln, Tomate, Sambal und etwas Knoblauch. Ich trank gera-
de meine vierte Tasse Kaffee, der jedes Mal von Anni frisch aufgebrüht wurde,
als ich plötzlich aus meinen Kaffeeträumen hochgeschreckt wurde. Mein Handy
klingelte.

Leider hatte ich die balinesische Angewohnheit, mich beim Essen durch nichts
stören zu lassen, noch nicht angenommen: 'Keine Störung durch Besucher, durch
Kindergeschrei, auch nicht durch Telefon'. Das Essen wird ruhig genossen, ohne
Unterhaltung. Erst nach der Mahlzeit darf die Stille wieder unterbrochen wer-
den. Da ich noch nicht so weit war, griff ich zum Telefon. Es war der Kunstmaler
I Gusti Nyoman Woestagama, der wissen wollte, ob ich mich schon zu einem
Kauf entschieden hätte. Bis um 13:00 Uhr wollte er mir noch Zeit geben, dann
müsse er eine Entscheidung und eine Anzahlung haben. Ansonsten würde er das
Bild dem Interessenten in Portugal fest zusagen.

Horst Jordt, den Experten in Sachen Spies, konnte ich telefonisch so früh noch
nicht erreichen. Da ich mir entgegen dem Rat von Annette das Bild sichern
wollte, ging ich im Zentrum von Ubud von Geldautomat zu Geldautomat und
leerte sie, bis ich endlich den Gegenwert von US-Dollar 5.000 in Indonesischen
Rupiahs zusammen hatte. Da ein Geldschein der höchsten Nominierung nur ei-
nen Gegenwert von etwa Euro 7,00 hat, hatte ich einen ganz ansehnlichen Berg
von Geldnoten in meiner Reisetasche.

246

Mein Kunstmaler freute sich, als ich ihm kurz vor 13:00 Uhr die Anzahlung brachte. Das Bild war nun für mich reserviert. Ich bestand darauf, eine offizielle Quittung über die Anzahlung – mit dem Vermerk ‚Für ein Originalgemälde von Walter Spies‘ – zu erhalten. Anschließend wurde der Kauf mit einem Glas Tee und einem gemeinsamen Foto besiegelt. Ich besiegelte den Kauf für mich mit einem eiskalten Bier im Restaurant Dian in der Monkey Forest Road und träumte: War ich endlich, nach vielen Jahren der Suche nach einem verschollenen Walter Spies, fündig geworden? War das Bild, das im Hochformat ein Ausschnitt des Originals ‚Sawahlandschaft mit Gunung Agung‘ war, ein Motiv, das der Künstler zuvor oder danach malte? Oder bin ich doch zu unvorsichtig gewesen und einem dreisten Fälscher auf den Leim gegangen? Ein Foto des Originals hatte ich nicht. Ich konnte also noch nicht vergleichen. Viele gute Fälschungen wurden auf Bali angeboten. Aber der Kunstmaler Woestagama räumte meine letzten Zweifel aus, als er mir den Beleg für den Ankauf dieses Bildes zeigte. Vor mehr als 10 Jahren hatte er dieses Bild von einem in Bali ansässigen Schweizer Bürger für US Dollar 100.000,- gekauft. Zum halben Preis, für 50.000 US-Dollar, würde er es jetzt nur veräußern, weil er in großen Geldnöten sei. Er zeigte mir noch mehr Belege von Gemälden, die er von diesem Schweizer gekauft habe.

So träumte ich bei dem kühlen Bier vor mich hin, bis ich mich auf den Weg zur mittäglichen Siesta machte. Die strahlend weißen Wolken, die während der Regenzeit über den Himmel jagen, machen die schwüle Hitze noch drückender. Wie so oft um die Mittagszeit stand mein Freund Dewa mit seinem Taxi vor dem Restaurant und brachte mich nach Hause.

Erst am Nachmittag erreichte ich Horst Jordt in Denpasar, der Hauptstadt der Insel, und er hatte auch Zeit, um mich zu sehen und meinen neuen Besitz zu begutachten. Stolz präsentierte ich ihm meinen Fund. Sofort kamen ihm Zweifel an der Echtheit des Bildes. Dem Gemälde fehlte die Lebendigkeit, die ungewöhnliche Perspektive des ‚doppelten Horizonts‘, das mystische Bali mit seinem ‚Sekala‘ und ‚Niskala‘, dem Gesehen und Nicht-Gesehen werden, das Walter Spies in seinen Gemälden sonst so überzeugend zum Ausdruck bringt.

Um ganz sicher zu sein kontaktierte Horst Jordt noch eine Freundin in Singapur, die eine Walter Spies-Expertin ist und schon viele Originale von diesem außergewöhnlichen Künstler restauriert hatte. Ihr Urteil kam noch am selben Abend per E-Mail. Es war eindeutig: Das Bild war eine Fälschung, aber eine Fälschung, die bereits in den 1930er Jahren entstanden sein musste.

Das war eine schlechte Nachricht. Nun bin ich doch noch, nach vielen Jahren der Recherchen nach einem verschollenen Gemälde von Walter Spies, auf eine Fälschung hereingefallen. Einerseits gefiel mir das Bild, andererseits waren mir US-Dollar 5.000,- für eine Fälschung viel zu viel. Am nächsten Tag wollte ich den Kunstmaler I Gusti Nyoman Woestagama erneut aufsuchen und ihm das Bild zurückgeben. Lange lag ich in dieser Nacht noch wach und grübelte über meinen geplatzten Traum, bis ich endlich in den frühen Morgenstunden in den Schlaf sank.

Nach einer ausgiebigen Erfrischung im Schwimmbad wollte ich heute außer Hause mein Frühstück genießen. Ich musste vor meinem Besuch bei I Gusti Nyoman Woestagama zunächst meine Gedanken sammeln. Wo konnte ich das besser als auf der Farm ‚Sari Organic‘, mitten in den Reisfeldern und mit Blick auf den Vulkan und heiligen Berg Gunung Agung? Also machte ich mich auf. Zuvor gab ich Anni Anweisungen, was sie zum Mittagessen zubereiten solle. In Ubud mit seinen etwa 15.000 Einwohnern kann man alles zu Fuß erreichen, und zur Farm führte ohnehin nur ein schmaler Pfad durch die Reisfelder, der kurz hinter der Schlucht von der Jalan Raya, der Hauptstraße, abgeht. Dieser schmale Pfad ist nur von einem Motorrad zu befahren. Aber ich gehe diesen Weg von etwa 20 Minuten lieber zu Fuß und genieße die Natur, die wogenden Reisfelder und das Plätschern des Wassers im Bewässerungskanal, der mal links, mal rechts des Pfades entlang läuft. Viele Kinder aus den umliegenden Dörfern kamen mir auf dem Weg zur Schule entgegen. Alle begrüßten mich mit einem freundlichen ‚Hallo Mister‘. Diese Freundlichkeit aller Balinesen, ob jung oder alt, die unbeschwerte Fröhlichkeit dieser Menschen, die Kultur, mit der ein Balinese sein ganzes Leben lang verwurzelt ist und die unbeschreiblich schöne Landschaft waren der Grund dafür, dass ich mich schon bei meinem ersten Besuch auf Bali Anfang der 1960er Jahre unsterblich in dieses Eiland verliebte.

Schon die ersten Sonnenstrahlen stachen und im leichten Morgenwind spürte man bereits die aufkommende Hitze des Tages. Nach der kurzen Zeit der Morgendämmerung wurden durch die aufgehende Sonne die üppigen Farben zum Leben erweckt. Fleißige Bauern waren schon auf den unter Wasser stehenden Reisfeldern, die die Sonne in glänzende Spiegel verwandelte. Mit sicherem Schritt gingen sie barfuß entlang der schmalen und glitschigen Erddämme, die die einzelnen Reisfelder voneinander trennen. Fruchtbare Asche, immer wieder von den Vulkanen Balis ausgespuckt, wird als natürlicher Dünger mit dem Wasser, das auf den Reisfeldern von Terrasse zu Terrasse fließt, verteilt.

Sari Organic ist eine kleine Farm, die Gemüse, Salate, Tomaten und Reis nach biologischen Methoden anbaut. Angeschlossen an die Farm ist ein kleines, erhöhtes und offenes Restaurant mit einem Blick, der rundum nur auf die üppig tropische Landschaft fällt. Es ist wunderschön, wenn der leichte Morgennebel noch über der lieblichen Landschaft mit den Reisterrassen und den gewaltigen Bambusbüschen mit den zartgrünen Blättern hängt und die frühe Sonne den Tau auf den Palmen zum Glänzen bringt: diese üppigen Farben, dieses warme Morgenlicht! Ein glücklicher Friede des frühen Morgens umhüllte zu dieser Zeit

die Landschaft. Schon am frühen Morgen wölbte sich der Himmel wie ein blau-
er Baldachin über dem intensiven Grün, geschmückt mit kleinen dahinsegelnden
weißen Wolken. Die auf Bali schon üppige Vegetation explodierte durch das re-
gelmäßige Zusammenspiel von kräftigen Regenfällen und heißem Sonnenschein
förmlich. Ich hatte das Gefühl, in eine neugeborene Welt zu schauen.

In der Ferne, zwischen den Reisfeldern, lagen in dem zäh haftenden Schlamm
noch träge einige plumpe Wasserbüffel mit den furchterregenden Hörnern, auf
deren breiten Rücken weiße Reiher posierten. Eifrig waren die großen Vögel da-
bei, Insekten aus dem dunkelgrauen Fell der Büffel zu picken. In der Ferne sah
man die in der Morgenhitze zitternden Berge: links das liebliche Gebirge mit
dem Gunung Kawi, rechts den furchterregenden Vulkan Gunung Agung, der
schon viel Elend, aber auch viel Gutes über die paradiesischen Insel gebracht hat.

Während ich meinen Träumen nachhing, wurde mein Frühstück serviert. So
früh am Morgen war ich der einzige Gast. Ich hatte mich für ein europäisches
Frühstück entschieden: Toast von selbstgebackenem Brot, Butter, selbstgemachte
Mango- und Rambutanmarmelade, ein Rührei von ,glücklichen‘ Hühnern mit
gebratenen Tomaten und Pilzen. Dazu gab es den herrlich duftenden Kopi Tu-
bruk, den starken indonesischen Brühkaffee aus den Bali-Kaffeebohnen, den es
nirgendwo auf der Welt besser gibt als hier.

In der Zwischenzeit hatte ich den Kunstmaler am Telefon erreicht und ihm
meinen Besuch angekündigt, jedoch ohne ihm den Grund zu nennen. Er wollte
mich sofort empfangen. Sicher dachte er, ich würde eine zweite Anzahlung brin-
gen. Auf dem Weg zu seinem Haus passierte ich regelmäßig das Haus von Ida
Bagus Made. Er war der Lieblingsmaler von Präsident Soekarno, dem er viele
seiner Gemälde für seine ausgedehnte Kunstsammlung schenkte.

Ida Bagus Made war ein eigenwilliger Maler und Analphabet. Er wollte
nichts mit Geld zu tun haben und verkaufte nur selten ein Gemälde an einen
kleinen Kreis von auserwählten Privatleuten, aber nur – wie er sagte – ,wenn
sie seine Kunst verstünden‘. Mit Galeristen und Museumsdirektoren wollte er
nichts zu tun haben. Daher besitzt die indonesische Staatsgalerie heute weltweit
die größte Sammlung von Ida Bagus Made. Im Jahre 1999 ist Ida Bagus Made
in seinem Haus in Ubud etwa 85jährig gestorben. Heute schwingen dort andere
Melodien, denn nun befindet sich dort das beliebte Jazz Café, in dem Annette
und ich regelmäßig an Mittwochabenden Salsa tanzen.

Das Haus meines undurchsichtigen Kunstmalers Woestagama liegt ganz in der
Nähe des Jazz Cafés. Der Eingang ist ganz unscheinbar und leicht zu über-
sehen. Über eine kleine Treppe betritt man durch eine reich geschnitzte Bali-
Türe den Innenhof. Normalerweise muss man sich scharf nach rechts oder links
wenden, wenn man einen balinesischen Wohnhof betritt, da der Weg geradeaus

durch eine Mauer versperrt ist. Durch diesen Trick werden Geister und böse Dämonen davon abgehalten in den Wohnbereich zu gelangen, da diese zum Glück nicht um eine Ecke gelangen können. Hatte man hier keine Angst vor Geistern und Dämonen? Oder sollten diese in dem kleinen Teich hinter der Türe ertränkt werden?

Auf der linken Seite steht eine Reihe von kleinen Häuschen mit kleinen Fenstern und großen Terrassen, in der die Großfamilie wohnt: Onkel, Tanten, Brüder, Schwestern. Nachwuchs gibt es reichlich. Vor jedem Häuschen sitzen Kinder, die sich mit Papier und Farbe beschäftigen. Früh übt sich, wer ein Meister werden will! In der Mitte des Innenhofs steht ein offenes Balai, der Versammlungsort für offizielle Anlässe, der gleichzeitig ein Ruheplatz mit vielen Sitzkissen ist. Hier befindet sich auch der Hausaltar mit vielen bunten hinduistischen Gottheiten. Auf der rechten Seite ist des Malers Studio und ein größeres Gebäude, das als Ausstellungs- und Lagerraum seiner Bilder dient. Woestagama, mit einer roten Hibiskusblüte über dem Ohr, erwartete mich schon im Balai vor einem großen Bild des Gottes Shiva. Daneben war ein Bild von Dewi Saraswati, der Göttin der schönen Künste und der Weisheit, die auf einem überdimensionalen weißen Schwan über den Himmel zog. Beide Bilder waren billige Drucke, die eigentlich nicht in das Haus eines Künstlers passen. Der heiße Tee war auch schon bereit, der nach dem kräftigen kopi tubruk, den ich zum Frühstück hatte, etwas fad und lasch schmeckte.

Woestagama war zunächst ganz begeistert, als er mich so schnell wieder sah, denn er erwartete die nächste Zahlung für das Gemälde von Walter Spies. Seine Begeisterung schlug sofort in Ablehnung um, als er von mir den Grund meines Kommens erfuhr: Ich wollte ihm das Bild zurückgeben und ich wollte mein Geld wieder haben! ‚Uang sudah habis!' – Das Geld ist schon ausgegeben, sagte er. Er sei verschuldet! Fünftausend Dollar sind für einen Balinesen ein kleines Vermögen. Innerhalb eines Tages ausgegeben? Das konnte ich nicht glauben! Aber als Beweis zeigte er mir sein Flugticket, das ihn über Hongkong, wo er auch noch Geschäfte tätigen müsse, nach Lissabon führte. Das Datum des Tickets war von heute.

Ich tauchte den Löffel in den Tee und rührte langsam um, um noch etwas Zeit für meine Antwort zu gewinnen. Verschuldet? Die Balinesen stehen wie alle Malaien im Ruf, nicht mit Geld umgehen zu können. Man sagt in Indonesien, wenn ein Malaie 100 Rupiahs verdient habe, gebe er 150 aus. Wenn aber ein Chinese 100 Rupiahs in der Hand habe, gebe er nur 20 zum Leben aus und investiere 80 in ein neues Geschäft. Daher schätzt man zwar das chinesische Geld, aber nicht die Chinesen.

Ich drängte weiter auf die Rückgabe der Anzahlung, musste dann aber einsehen, dass ich vorläufig leer ausgehen würde. Sein Vorschlag war: Ich solle ihm das

Walter Spies-Gemälde aushändigen, er würde es in Portugal nach seiner Ankunft dort in einer Woche verkaufen. Er würde dann Geld an seine Frau überweisen, die mir die Anzahlung dann in spätestens zwei bis drei Wochen zurückgeben würde. Darauf ließ ich mich aber nicht ein. Ohne Geld würde ich das Bild nicht aushändigen.

Danach kam sein zweiter Vorschlag: Ich solle ihm das Bild von Walter Spies im Tausch gegen ein Original von Affandi zurückgeben. Ein Gemälde von Affandi? Das war interessant, denn der 1990 verstorbene Vertreter eines ‚Neuen Expressionismus‘ wurde hoch gehandelt und hatte eine internationale Reputation. Zwar wurde Affandi bei weitem nicht so hoch bewertet wie Walter Spies, aber ich könnte dafür mindestens den drei- bis vierfachen Gegenwert meiner Anzahlung erzielen, zumal für dieses Gemälde ein unzweifelhaftes Gutachten des Affandi-Museums vorlag. Woestagama erlaubte mir, ein Foto des Bildes zu machen, das ich schon eine Stunde später per E-Mail an den mir bekannten Kurator des Affandi-Museums in Yogyakarta sandte.

Schon am nächsten Vormittag erhielt ich die Antwort: Das Gemälde war eine Fälschung und das Gutachten auch. Der Kurator schrieb, dass sein Sekretär mehr als einhundert Gutachten für Fälschungen teuer verkauft hatte, auf dem Originalpapier des Museums! Man sieht, die Fälscher gingen ziemlich professionell zu Werke. Sofort besuchte ich wieder den Maler und Gemäldehändler und legte ihm die Antwort vor. Er war schockiert, obwohl ich vermutete, dass er bei dem Schwindel beteiligt war. Ich fragte: ‚Woher hast Du die Bilder von Walter Spies und Affandi? Doch nicht aus altem Familienbesitz!‘ Woestagama wollte zunächst keine Antwort geben, aber als ich ganz unbalinesisch immer weiter Druck machte und immer weiter fragte: ‚Sag schon! Wo hast Du die Bilder her?‘ kam die Antwort: ‚Von einem hier lebenden Schweizer, einem gewissen Dr. phil. h.c. Rüppli[13], der auf Bali einen Handel mit Gemälden und alten Fotos betrieb.‘ Natürlich wollte ich diese zwielichtige Person kennenlernen. Ich wollte ihn persönlich treffen, aber mit einem Termin hat es nie geklappt. Entweder war er auf Java, oder er musste am nächsten Morgen in die Schweiz fliegen. Als ich ihn ohne Anmeldung in seinem Haus in Legian überrumpeln wollte, war er laut seinem Angestellten in Australien. Sein Geschäft mit Fälschungen schien zu florieren. Kunst ist ein lukrativer Markt!

Zu jener Zeit war eine erfolgreiche Journalistin aus der Schweiz auf Bali, die interessante Berichte für die Neue Züricher Zeitung schrieb. Ich erzählte ihr die Geschichte, und sie versprach zu recherchieren, um mehr über ihn in Erfahrung zu bringen. Gleichzeitig recherchierten auch Horst Jordt und ich, um diesem Schwindler das Handwerk zu legen. Schon bald stießen die Journalistin und wir an unsere Grenzen: Wir mussten leider von im Kunsthandel erfahrenen Baline-

---

13 Name durch den Autor geändert

sen erfahren, dass das Leben gefährlich wird, wenn man der Sache nachgeht! Es würde sich um eine einflussreiche Mafia des Kunsthandels handeln. Uns wurde die Sache zu heiß! Wir brachten jedoch in Erfahrung, dass die Fälscherwerkstatt, in der rund zehn javanische und balinesische Künstler arbeiteten, südlich von Bandung in Westjava war und dass Herr Rüppli die Bilder über balinesische Maler wie Woestagama an den Mann brachte. Nach der Warnung brachen wir weitere Nachforschungen ab.

Einmal habe ich Dr. phil. h.c. Rüppli gesehen. Beim Dorf Kusambe befindet sich die Fledermaushöhle Goa Lawah. Im Jahre 1906, nach einem Massaker der Niederländer an den Balinesen, versammelten sich hier alle Fürsten Balis, um einen gemeinsamen Schwur gegen die Holländer abzulegen. Ab und zu besuche ich diese Höhle. Nachdem meine Augen sich an die Dunkelheit gewöhnt hatten, sah ich die Umrisse eines Mannes in weißer Hose und dunklem Hemd. Seine Gesichtszüge konnte ich noch nicht erkennen. Als er jedoch aus der Dunkelheit heraustrat erkannte ich ihn. Ein südländischer Typ, braun gebrannt mit schwarzem Haarschopf. Typisch waren seine lebhaften Augen und die weit herabgezogenen Augenbrauen. Es war Dr. phil. h.c. Rüppli, der aber sofort in seinem Auto verschwand und losfuhr, als er sah, dass ich ihn ansprechen wollte.

Mit der hochwertigen Qualität der Fälschungen von Walter Spies und bekannten indonesischen Künstlern hat er schon manchen Experten hinters Licht geführt. Er operierte mit glaubhaften Geschichten. Hatte ein Experte Zweifel, wurde ein gefälschtes Gutachten vorgelegt. Aber Geldgier führt zu Nachlässigkeit. Er ließ in Bandung den Ausschnitt eines Gemäldes von Walter Spies fälschen, dessen Original bereits vor Jahren in Singapur für einen hohen Betrag versteigert wurde. Das fiel auf! Es ging das Gerücht um, dass er in Australien inhaftiert wurde.

Aber nun zurück zu seinem Hehler, dem Kunstmaler I Gusti Nyoman Woestagama. Er musste zu seinem großen Ärger ohne Gemälde von Walter Spies losfliegen, das noch gut verwahrt bei mir lagerte. Sicherheitshalber verbarrikadierte ich in der Nacht die Haustüre. Man weiß ja nie!

In der Zwischenzeit war auch Annette in Bali eingetroffen. Sie unterstützte mich mit guten Ratschlägen. Da wir keinen anderen Weg wussten, wie wir meine 5.000 US-Dollar zurückerhalten könnten, heckten wir mit unseren balinesischen Freunden einen Plan aus, der leider gegen die guten Manieren einer alten balinesischen Familie verstieß. Annette und ich besuchten zusammen mit fünf balinesischen Freunden als Unterstützung die Ehefrau von Woestagama. Natürlich hatte sie kein Geld, um die Schuld zu begleichen. Weitere Mitglieder der Familie kamen dazu und sagten: ,Verkauft ist verkauft!' Aber als ich mir von Woestagama die Quittung für die Anzahlung ausstellen ließ bestand ich auf dem Vermerk ,Für ein Original von Walter Spies'. Da das Bild kein Original war –

was vermutlich die Frau und die Verwandtschaft wusste – wurden sie kleinlaut. Nun bestand ich auf der Herausgabe von weiteren Bildern aus dem Bestand des Malers und Kunsthändlers. Die Ehefrau war ganz kooperativ und sagte, wir könnten alles mitnehmen. Ich wählte rund 20 Gemälde aus und wir fuhren mit dem Schatz als Pfand wieder los. Wie wir erfuhren wäre der undurchsichtige Kunstmaler Woestagama brutal und würde seine Frau sehr schlecht behandeln und gelegentlich sogar schlagen.

Im Freundeskreis machte ich etwas Werbung für die Bilder, die wir als Pfand mitgenommen hatten, und nach wenigen Tagen hatte ich schon einige Bilder verkauft. Als I Gusti Nyoman Woestagama nach zwei Wochen von seiner Auslandsreise zurückkam, übergab er mir noch einen Teil des Geldes, sodass nur noch ein Betrag von etwa 300 US-Dollar offen war. Ich gab ihm die restlichen konfiszierten Bilder und den falschen Walter Spies zurück, bis auf ein Gemälde von ‚Muda‘, das mir besonders gut gefiel. Damit war der Fall abgeschlossen und für mich glücklich ausgegangen.

Das Bild von ‚Muda‘ ist eine Kopie von Walter Spies‘ Gemälde ‚Die Landschaft und ihre Kinder‘, datiert von 1938. Nun begann ich über den Maler ‚Muda‘ zu recherchieren. Auch er war Schweizer, in Lichtenstein geboren, ein Architekt mit dem Namen Ernest Albert Christen. Er war ein Schüler des Schweizer Kunstmalers Quidort, der wie auch Quidort bis kurz vor dem Ausbruch des Zweiten Weltkriegs bei Walter Spies in Tjampuan gelebt hatte. Die beiden Häuser, die sie bewohnten, wurden von Ernest Albert Christen entworfen.[14] Hat ‚Muda‘ das Bild ‚Die Landschaft und ihre Kinder‘ gleichzeitig und neben Walter Spies gemalt, da die Perspektive genau mit dem Original übereinstimmt? Oder ist es eine Kopie?

Auf Bali findet man immer wieder Bilder vom Ende der 1930er Jahre des letzten Jahrhunderts, signiert mit Muda. Es wird erzählt, dass Ernest Albert Christen aufgrund seiner kleinen Statur nur als ‚Muda‘ bekannt war. ‚Muda‘ bedeutet ‚jung‘ oder ‚klein‘. Die größte Sammlung von Gemälden von ‚Muda‘ ist im Besitz von Dr. phil. h.c. Rüppli. Das ist nun verdächtig. Vielleicht ist mein ‚Muda‘ auch eine Fälschung. Oder ist ‚Muda‘ ein von Rüppli erfundenes Phantom? Das ist aber nicht der springende Punkt, denn Annette und ich haben täglich Freude an dem Bild.

Der Kauf einer Fälschung von Walter Spies fand ein glimpfliches Ende. Wir und auch Woestagama waren mit dem Ergebnis einverstanden und zufrieden. Harmonie und Ausgeglichenheit sind auf Bali die Grundlage für alle Aspekte des Lebens.

---

14 Details hierzu siehe *Hitlers Griff nach Asien, Band 2* von Horst H. Geerken, Seite 207

Annette und ich saßen noch bis in die tiefe Nacht unter dem Kreuz des Südens und ließen bei einem Glas Brem (Reiswein) das Erlebte nochmals Revue passieren. Der Mond drang durch die luftigen Wolken, ein paar Sterne funkelten und die Frösche brüllten mit ohrenbetäubendem Lärm nach mehr Regen. Die tropische Nacht ist immer erfüllt von ungewöhnlichen Geräuschen. Von irgendwoher klang die Gamelanmusik einer Tempelzeremonie zu uns. Zwischendurch hörte ich die Rufe eines Geckos. Das Zählen dieser Rufe war für uns schon eine Gewohnheit geworden. Der Gecko rief neun Mal. Das bedeutete Glück! Es war eine verzauberte Tropennacht, die Annette und ich sehr genossen.

Das war nun Horsts Erzählung der Erlebnisse und Aufregungen in Zusammenhang mit dem Kauf eines Walter Spies' aus dem vergangenen Jahr. Und jetzt sollte wieder so eine Aktion starten? Um Horsts Anzahlung von 5.000 US Dollar zurückzuerhalten, hatten wir ja mit Hilfe von balinesischen Freunden rund 20 andere Gemälde aus dem Bestand des Verkäufers und Malers als Pfand genommen. Ich sah mich schon wieder zwischen ungezählten Gemälden und Gemäldeexperten sitzen. Männern, die das große Geschäft wittern, ist nicht zu trauen! Ich war sehr erleichtert, dass das angebliche – neue und nun echte – Walter Spies-Gemälde nun in meinem Beisein vorgeführt werden solle. Vermittler für dieses große Geschäft sollte wieder der Maler Woestagama sein, von dem Horst letztes Jahr das gefälschte Walter Spies-Gemälde erhalten hat! Da ist das Vertrauen ja schon von vornherein sehr groß!!

Der Tag der Besichtigung des Gemäldes kam heran. Horst Jordt kam aus Denpasar, wo er den größten Teil des Jahres lebt, und wir zogen zu dritt zu dem betrügerischen Maler. Als erstes fiel mir auf, dass er wohl den einen oder anderen Walter Spies an den Mann gebracht haben musste, denn er hatte jetzt eine eigene Galerie! Das berühmt-berüchtigte Walter Spies-Gemälde von letztem Jahr hing allerdings noch unverkauft, aber wieder als echter Walter Spies, an der Wand.

Die Vermittlerin war aus Java angereist und rollte ein großes Gemälde im Stil von Walter Spies aus, allerdings in sehr schlechtem Stil. Wir sahen alle sofort, dass es eine weitere plumpe Fälschung war. Ein zweites ‚Original' von Walter Spies brachte sie nur als Foto mit – natürlich auch eindeutig falsch. Wir sagten dies nicht sofort, auch nicht, woran wir es erkennen konnten, denn wir wollten ja nicht, dass die Fälscher ihre Werke vervollkommnen und die Fälschungen demnächst nicht mehr so schnell zu erkennen sind. Wir traten pro Forma in Preisverhandlungen ein, um zu sehen, wie sich die Vermittlerin verhalten würde. Der Preis schwankte innerhalb von Minuten zwischen US$ 1.000. 000 und US$ 10.000 und dann wieder US$ 100.000.

Er änderte sich ständig rauf und runter innerhalb von kürzester Zeit. Als wir dann sagten, dass das Bild falsch sei, antwortete sie – so quasi als Entschuldigung –, dass das andere auf dem Foto ja schließlich auch eine Fälschung sei! Wir amüsierten uns königlich, da wir aber jeden weiteren Aufenthalt dort als Zeitverschwendung betrachteten, gingen wir lieber Kuchen essen. Ich bin auf jeden Fall meine Sorgen vor Großeinkäufen bezüglich weiterer echter Walter Spies-Gemälde los!

Nun bin ich schon mehr als zwei Wochen hier und kann gar nicht glauben, wie schnell die Zeit vergeht. Wir haben eine einigermaßen ruhige Woche hinter uns, da Horsts Arm doch nicht so abheilte, wie wir es erhofft haben. Nach dem letzten Besuch im Krankenhaus in Denpasar, wieder mit einer Punktion, entzündete sich der Ellenbogen wieder stärker und machte uns viele Sorgen. Es gab sogar Anzeichen einer Blutvergiftung. Der medizinische Rat meines in der Schweiz als orthopädischer Chirurg arbeitenden Cousins – Ruhe und Eis – wurde jetzt unbedingt befolgt, und siehe, nach einigen Tagen sah der Arm schon ganz anders aus, und zwar merklich gesünder: viel weniger rot und viel weniger dick. Ich konnte Horst auch ganz einfach zu Ruhe überreden, weil ich in der Zeit, wo er eisverpackt auf dem Sofa ruhte, sein Buch einer weiteren ausführlichen Korrektur unterzog. Da blieb er lieber ruhig, damit ich keinen Grund hatte, meine Arbeit zu unterbrechen!

Vorgestern hatte Horst eigentlich einen weiteren Termin im Krankenhaus in Denpasar, aber da wir neuerliche Serviceleistungen in Sachen Punktion befürchteten – man weiß ja nie, wenn der Arm dazu nicht mehr genug Anlass gibt, ob sie nicht einen anderen Punkt finden, den sie punktieren können –, haben wir lieber hier unseren Arzt aufgesucht. So weit – oder so alt? – sind wir schon, dass wir auf Bali einen Hausarzt haben! Auch der meinte, dass ein Besuch im Krankenhaus in Denpasar nicht mehr nötig sei.

Bei dem Besuch bei unserem Hausarzt erfuhr ich von Horst erstmals, wie das mit der Operation in Denpasar abgelaufen ist. Ich lag nämlich gar nicht so falsch, als ich Horsts Mut bewunderte, sich dort operieren zu lassen: Horst hat nämlich eine Vollnarkose verweigert und daher alles gut mitbekommen. Während der Operation klingelte wiederholt das Handy des Operateurs, und er ließ sich den Apparat von seinem Assistenten, der gleichzeitig auch die Instrumente anreichte, ans Ohr halten und telefonierte ununterbrochen während er operierte. Der Assistent reichte ihm nach jedem Gespräch auch ohne erneute Desinfizierung die Instrumente weiter. Ich glaube, ich wäre vom Operationstisch gesprungen – oder vielleicht doch nicht, denn ich schlafe ja auch bei jeder örtlichen Betäubung sofort ein.

Inzwischen hatten wir aber auch verschiedene Besucher hier. Und einer hat mich besonders beeindruckt, weil er im Guinness-Buch der Rekorde steht! Und das nicht etwa, weil er Kirschkerne mindestens 7,50 Meter hinter sich spucken kann oder Erbsendosen mindestens 9,50 Meter hoch stapeln kann oder auch unzählige Dominosteine aufstellt, um sie dann wieder umzuwerfen. Nein, er hat die meisten Schiffe einer einzigen Werft an eine Schifffahrts-Gesellschaft vermittelt! Und somit empfinde ich ihn auch als unseren Lebensretter, denn wir sind mit dieser Schifffahrtslinie gefahren, und trotz widriger Winde und extrem hoher See nicht untergegangen! Wir waren ja mit der MS Dobonsolo zwischen drei Orkanen von Irian Jaya (Neuguinea) zurück nach Bali unterwegs, und ich wachte nachts dadurch auf, das ich immer laut ‚Junge, Junge, Junge' stöhnte, während ich mich am Bett festhielt, um nicht hinauszustürzen. Das Schiff krachte in allen Nähten, aber ich war mir sicher, es kann nicht untergehen, denn es war ja von der Meyer-Werft in Papenburg erst vor drei Jahren fertiggestellt worden! Richtig: Wir fuhren mit der PELNI, der staatlichen indonesischen Linienschifffahrt. Einige Old-Indonesia-Hands werden jetzt schon wissen, wer uns hier besuchte: Gerda und Wilfried Spöhring! Wir hatten einen sehr lustigen und netten Tag und fanden es abends sehr schade, dass er so schnell vorbeigegangen war.

Wilfried ist Geschäftsführer der Firma Komrowski Maritim in Hamburg. Bisher hat er 24 Passagierschiffe der Meyer-Werft an Indonesien verkauft. Über eine Bestellung des 25ten Passagierschiffes wird gerade verhandelt. Dazu kommen noch weitere andere Schiffe die die Meyer-Werft nach Indonesien geliefert hat, und Teilelieferungen für Nachbauten auf der Werft in Surabaya.

Es gibt natürlich auch noch Neuigkeiten aus der Kunstszene! Horst Jordt und mein Horst befinden sich ja nach wie vor auf dem Walter-Spies-Kriegspfad! Horst Jordt hat jetzt wieder etwas in einer Galerie in Kuta entdeckt, und mein Horst ist schon ganz unruhig geworden: Geschäfte, Geschäfte! Das große Geld winkt! Es hat schon angefangen mit dem großen Geld: Gestern juckte die Nase links – ein untrügliches Zeichen, dass Geld ins Haus kommt – und tatsächlich, heute kam per E-Mail die Nachricht, dass mein Horst im Lotto gewonnen hat! Drei Richtige, Gewinnklasse 8! Der Anfang ist also gemacht. Da können schon mal € 5.- herauskommen!! Aber natürlich ist das nicht die einzige gute Nachricht vom Kunstmarkt. Gestern bekam mein Horst – der andere Horst ist derzeit in Jakarta und dort leider durch einen schwer erkrankten Zahn völlig außer Gefecht gesetzt worden und somit zur Zeit nicht auf der Pirsch – einen Anruf von unserem schon allseits bekannten Künstler, der wieder eine gute Nachricht für beide Horsts hatte! Ich darf das aber selbstverständlich nur unter dem Siegel der Verschwiegenheit mitteilen. Der Künstler hat einen echten van Gogh zu verkaufen! Mit Expertise von einem echten Professor, vermutlich einem Professor für Ökotrophologie oder Ophthalmologie. Das klingt schon recht gewichtig! Jetzt weiß ich endlich, wovon er seine neue Galerie bezahlen konnte (der Walter Spies, den er Horst verkaufen wollte, hing ja noch dort): Er macht jetzt in van Gogh – ist finanziell ja auch noch interessanter, und davon sind auch nicht so viele auf dem indonesischen Markt zu haben – jedenfalls bisher!

Soeben kommen wir von dem Versuch zurück, mit dem Maler in ernsthafte Kaufverhandlungen zu treten – um wenigstens ein Vorkaufsrecht auszuhandeln! Aber er war nicht zu Hause, und wie wir hinterher telefonisch erfuhren, das Bild war auch nicht da, sondern nur ein Foto davon. Aber am Mittwoch wird auch das Bild da sein, und dann wird's ernst!

Unsere Tanzerei musste natürlich einige Zeit ruhen, aber inzwischen fühlt sich Horst wieder fit und drängt in Richtung Tanzfläche. Mal sehen, wie es ihm morgen geht und ob ihm Krankenschwester Annette schon Ausgang erlauben wird. Ich kann ihn ja immer mit seinem Buch erpressen, wenn er zu zappelig wird! Bald kommen auch Ilse und Uwe Hörning - sie sind ja so ein Gemisch aus indonesischen Südamerikanern und tanzen auch sehr gerne Salsa und andere lateinamerikanische Tänze. Da will Horst schließlich auch fit sein, damit wir gemeinsam alle kleinen Indonesier in Grund und Boden tanzen können.

Heute Abend sind wir zum Essen beim Bürgermeister von Ubud eingeladen! Nicht etwa, weil wir so bedeutend sind, oder hier zu den Reichen und Schönen zählen würden, mitnichten!! Wir trafen den Bürgermeister in unserem Lieblingscafe, in dem wir uns immer mal einen Kaffee und ein Stückchen Kuchen genehmigen. Ich habe einmal gelesen, dass ein paar Pfund mehr für ältere Leute durchaus gesund sind, seitdem gibt's für mich auch wieder Kuchen! Hier kamen wir mit dem ebenfalls kaffeetrinkenden Bürgermeister ins Gespräch. Dabei fanden wir heraus, dass er früher beim Cokorde Gede Agung Sukawati, dem hiesigen Fürsten, Sekretär war, und da mein Vater sehr eng mit dem Cokorden befreundet war, er natürlich auch meinen Vater gut kannte. Von dieser Erkenntnis bis zur Essenseinladung bei seiner Familie war es dann natürlich nicht mehr sehr weit. Als wir von Cokorde Gede Agung Sukawati im Palast zu einer Audienz geladen wurden, trafen wir den Bürgermeister wieder.

Inzwischen haben wir den Besuch beim Bürgermeister hinter uns. Es war ein erzählenswertes ‚Staatsbankett'. Horst als der erfahrenere ‚Indonesier' meinte nachmittags um 17:00 Uhr, dass sie normalerweise – wenn sie bei Indonesiern eingeladen waren – vorher noch etwas gegessen hätten, weil man nie wisse, wann es mit dem Essen los gehe. Also genehmigten wir uns noch einen ‚Snack', der uns so gut mundete, dass wir uns etwas mehr genehmigten, was dann natürlich zur Folge hatte, dass wir, als die Zeit der Einladung herannahte, uns völlig übersättigt fühlten.

Der Bürgermeister wollte uns um 19:30 Uhr abholen. Horst – wie gesagt der erfahrenere Indonesier – meinte, dass es durchaus sein könne, dass er schon um 19:00 Uhr komme oder auch erst um 20:30 Uhr. Der Indonesier sei da flexibel. Wir waren also um 19:00 Uhr geschniegelt und gebügelt ausgehfertig: frisch gekleidet, Haare gewaschen, geschminkt – natürlich nur ich –, parfümiert, also das volle Programm, denn so eine Einladung beim Bürgermeister schneit ja nicht alle Tage ins Haus. Aber unser Bürgermeister kannte die deutsche Pünktlichkeit und war genau um 19:29 Uhr da.

Und sofort blamierte Horst sich unsterblich, indem er den Bürgermeister in der Dunkelheit für dessen Fahrer hielt und das auch noch sagte! Im Auto versuchte ich ihn zu bremsen, indem ich ihm immer wieder zuflüsterte: ‚Er ist es selbst, er ist es selbst...', aber ganz sicher war ich mir nun auch nicht mehr. Weit war es nicht bis zum Hause des Bürgermeisters. Dort angekommen führte er uns mit den Worten: ‚Vorsicht, es ist sehr glitschig' in sein Haus. Aber wo und warum es sehr glitschig sein sollte, konnten wir nicht erkennen, da es im Haus völlig dunkel war. Nur in einer Ecke brannten auf einem Esstisch einige Kerzen. Eigentlich wollten wir die Schuhe ausziehen, wie es sich in einem indonesischen Haus gehört, aber er hinderte uns daran und behielt auch seine an. Wir tasteten uns mit seiner Hilfe in die Essecke vor. Es war nur für drei Personen gedeckt. Von seiner Frau und Familie – schließlich war von einem Essen bei seiner Familie die Rede gewesen – keine Spur. Wir waren reichlich verunsichert, durften uns aber nicht allzu oft ansehen, um nicht in schallendes Lachen auszubrechen, so merkwürdig kam uns die ganze Angelegenheit vor. Aus der Dunkelheit – die der Bürgermeister auch noch verstärkte, indem er, gleich nachdem wir uns gesetzt hatten, einige Kerzen wieder wegnahm – tauchten immer wieder irgendwelche Angestellten oder vielleicht auch Familienmitglieder auf, die zuerst Getränke brachten und dann den Tisch mit unzähligen Gerichten deckten: geräuchertes Huhn, gebackenes Schwein, Sates (Fleischspießchen), Shrimps, Gemüse, Reis, Nudeln, alles lauwarm, aber – wir haben aus Höflichkeit und obwohl wir eigentlich schon satt waren als wir ankamen, von allem gegessen, was uns angeboten wurde – sehr lecker und sehr scharf. Tafelmusik lieferte ein Tempelfest, das nebenan stattfand und dessen Gamelan-Orchester mit der sehr gutturalen Stimme des Sängers, die ganze Situation noch pittoresker machte. Der Bürgermeister hatte am wenigsten vom Essen, weil er uns immer wieder fotografierte. Mal Horst alleine, mal mich alleine, mal uns alle beide, mal wurden Angestellte gerufen, die uns alle drei fotografieren sollten. Einer der Angestellten kam mit dem Foto gar nicht zurecht und hielt beim Fotografieren das Objektiv immer auf sich selbst gerichtet. Aber es fiel keinem (außer uns), auch nicht dem Bürgermeister, auf, dass der Blitz immer nur den Fotografierenden selbst beleuchtete!

Es war eine ganz merkwürdige Stimmung so im Dunkeln, man sah zwar, als sich unsere Augen an die Dunkelheit gewöhnt hatten, immer wieder andere Personen auftauchen und verschwinden – es war wie auf einem Bahnhof –, und es saßen auch im Dunkeln lauter Leute um uns herum, die uns beobachteten, aber so recht konnten wir die komische Situation nicht einordnen. In einer Ecke saß auch eine Frau, ziemlich festlich gekleidet, da dachte ich schon, vielleicht ist das seine Frau, die nicht mitessen darf – aus welchen Gründen auch immer, aber plötzlich war diese auch wieder verschwunden. Wozu hatten wir uns eigentlich so um unser Outfit bemüht? Die Parfümierung war das einzige, mit dem wir Eindruck schinden konnten – alles andere war ins Dunkel gehüllt!

Plötzlich ließ sich der Bürgermeister von einem Angestellten, der still im Dunkeln hockte, etwas geben und ich sagte zu Horst: ‚Pass auf, jetzt kommt die Rechnung‘, denn dass es sich um eine Rechnung handelte, die der Bürgermeister sich hatte geben lassen, konnte ich trotz Dunkelheit erkennen. Da antwortete der Bürgermeister mir in seinem sehr gebrochenen Englisch: ‚No, it's just a letter from a friend!‘ Auweia, wie peinlich! Auf die Idee, dass er vielleicht ein wenig Deutsch verstehen könne und damit eventuell auch Teile unserer Unterhaltung, wäre ich nie gekommen. Verzweifelt versuchte ich mich daran zu erinnern, was ich noch alles gesagt haben könnte, für das ich jetzt mit Recht rot werden sollte. Es fiel mir nur ein, dass Horst vermutet hatte, dass es vielleicht gar kein elektrisches Licht gebe und ich darauf geantwortet habe, dass es durchaus elektrisches Licht gebe, aber dass ich nicht wissen möchte, wie der Raum eventuell bei elektrischem Licht aussehe!

Beim Nachtisch machte der Bürgermeister dann auch noch den Deckenventilator über sich an, der sofort alle Kerzen, die ja unsere einzige Beleuchtung waren, ausblies! Aufgrund der merkwürdigen Stimmung ergriff ich sofort unter dem Tisch meine Tasche und hielt sie fest, was völliger Blödsinn war, denn es war nichts drin, auf das ich nicht hätte verzichten können. Und irgendwelche Ängste hatten wir auch nicht, nicht einmal, dass wir noch einmal gemästet werden sollten, bevor wir beim Tempelfest nebenan geopfert werden sollten. Es war einfach ein Reflex.

Nach dem Nachtisch – es gab schwarzen Reispudding, ein Pendant zu unserem Milchreis mit Früchten, den ich bestimmt seit 20 Jahren nicht mehr gegessen hatte, übrigens die einzig heiße Speise an diesem Abend – und unserem ehrlichen Lob für das Essen, erzählte uns der Bürgermeister, dass seine Frau alles selbst für uns gekocht habe. Aber dass er sich entschuldigen müsse, dass sie nicht bei uns sein könne, weil sie in einer Damenkapelle spiele. An der Stelle war es fast endgültig um unsere Fassung geschehen, aber eine weitere Erläuterung brachte uns auf den Boden der Tatsachen zurück: Sie spielte auf dem Tempelfest nebenan in einem Damen-Gamelanorchester! Und seine Kinder seien nicht da, weil sie in Denpasar in die Schule gingen und Sonntagabends immer schon wieder nach Denpasar abreisten. Als es dann soweit war, dass wir uns verabschieden konnten, kamen wir tatsächlich noch in den Genuss, den Raum sehen zu können, in dem wir über zwei Stunden lang gegessen hatten. Nach dem Wenigen, was ich im Dunkeln erkennen konnte, hatte ich mir etwas sehr Chaotisches vorgestellt. Aber es war im Gegenteil sehr viel ordentlicher als ich vermutet hatte, gestaltet wie ein großer Empfangsraum, nur der ganze Boden war von Wasserlachen bedeckt, es muss wohl bei jedem Monsunregenguss kräftig durch das Dach regnen. Daher also auch die Warnung, dass es sehr glitschig sei und daher sollten wir wohl auch unsere Schuhe anbehalten.

Ganz zum Schluss kam heraus, warum er uns – vermutlich – so schnell zu sich eingeladen hatte: Er möchte so gerne Abzüge von den Fotos haben, die meine Eltern 1976 mit dem Cokorden (Fürsten) von Ubud zeigen und die wir dem Sohn des Cokorden mitgebracht, aber noch nicht übergeben haben! Na, das hätte der arme Teufel auch einfacher haben können!

Soeben ging ein gewaltiger Monsun-Regenguss nieder mit der dazugehörigen Weltuntergangsstimmung! Bisher hatten wir nicht viele solche Regengüsse, nur einmal hat es die ganze Nacht durchgeregnet, und gerade als wir morgens sagten, dass wir bei einem solchen Wetter auf keinen Fall unsere morgendliche Schwimmtätigkeit ausführen wollten, kam die Sonne durch die Wolken. Der Regen war plötzlich wie ausgeschaltet, und damit kein Grund mehr zum faulen Leben gegeben!

Unsere sportlichen Aktionen umfassen inzwischen auch wieder unser einarmiges Tanzspektakel. Zweimal waren wir bereits wieder in unserem Lieblingstanzlokal namens Indus. Ich nehme an, dass wir schon etwas merkwürdig auf die anderen Gaste wirkten, denn Horst hatte den einen Arm in der Schlinge – den rechten mit der lädierten Schulter – und den anderen geschmückt mit einer dicken elastischen Binde um den Ellenbogen. Aber auch wenn er aussah, als hätte er sich nach einem schweren Motorradunfall aus der stationären Behandlung einer Unfallklinik davongestohlen, waren wir die ersten auf der Tanzfläche, und ich erregte auch gleich dort für mich einigermaßen unliebsame Aufmerksamkeit: Der Manager kam plötzlich zu uns auf die Tanzfläche, als ich mit Horst dort wie verrückt rumhüpfte. Ich dachte schon, er wolle mich zum Tanzen abklatschen, aber da das hier gar nicht üblich ist und der Manager auch zu würdig für eine solche Hüpferei schien, richtete ich meine Aufmerksamkeit doch auf ihn, um herauszufinden, was er denn eigentlich im Sinn hatte: Er wollte mich darauf aufmerksam machen, dass ich bei meinem letzten Besuch in den sanitären Anlagen meine Kleidung gar nicht ordentlich gerichtet hatte! Kurz: Einen Zipfel meines Rockes hatte ich eingeklemmt und sah nun von hinten anders aus als von vorne, hinten Mini, vorne Maxi! Es war mir natürlich etwas peinlich, aber nicht sehr!

Auch beim nächsten Tanzgeschehen fiel ich wieder unliebsam auf! Horst und ich müssen ja jetzt unsere Tanzschritte auf seine ‚Einarmigkeit‘ ausrichten. Das klappt eigentlich ganz gut, aber nicht immer. Ich hüpfte gerade mit großem Schwung um Horst herum – sonst eine unserer leichtesten Übungen –, sah aber, dass Horsts Bein mir noch im Weg war. Also machte ich einen Schritt zurück, um noch einmal Anlauf zu nehmen und dann wieder mit neuem Schwung vor Horst zu kommen. Der Schwung war zu gut berechnet! Mit mehr Schwung als beim ersten Anlauf stolperte ich über Horsts Bein, das plötzlich wieder vor mir auftauchte, und sauste wie mit einem Hechtsprung auf die sauber polierte Tanzfläche! Ich landete aber genau da, wo ich eigentlich hinwollte: vor Horst. Der war völlig verwirrt, mich auf einmal vor sich zu haben und auch noch so tief! Er zerrte mich aber dann doch hoch und ich blickte in einige sehr missbilligende Gesichter von anderen europäischen Zuschauern, deren Blicke ganz klar ausdrückten: ‚Der arme behinderte Mann muss sich auch noch mit einer völlig betrunkenen Frau herumschlagen!‘ Wir mussten schrecklich lachen – ich war glücklich gefallen und völlig unverletzt und ob der sauberen Tanzfläche selbst auch sauber geblieben – und tanzten fröhlich unseren Tanz zu Ende.

Wir haben zwischendurch auch einige kleinere Ausflüge in die Umgebung gemacht und auch einige schöne Spaziergänge. Besonders gerne gehen wir morgens durch die Reisfelder zum Restaurant der Farm ‚Sari Organic‘ von Nilar. Es ist nicht nur ein wunderschöner Spaziergang, zu dem man nur zu Fuß oder auch mit dem Moped kommt, aber nicht mit einem Auto, sondern auch ein wunderschöner Platz, um ein ökologisch unbedenkliches Frühstück oder einen leckeren Imbiss einzunehmen. Odet und Nilar sind ein Paar, und zwar ein sehr merkwürdiges. Sie kommt aus dem Norden Balis und er ist Israeli, der hier mit deutschem Pass lebt. Israelis dürfen ja nicht nach Indonesien einreisen, daher kommen alle, die hier leben, mit einem deutschen Pass nach Indonesien. Beide sind Kettenraucher, was man bei so viel dynamischer Ökologie eigentlich nicht erwartet. Man trifft die beiden auch regelmäßig im Restaurant Indus, unserem Tanzlokal. Sie kommen immer getrennt, sie reden nie miteinander und tanzen schon gar nicht zusammen. Beide tanzen und reden nur mit anderen und gehen auch getrennt wieder nach Hause. Auch in ihrem Restaurant habe ich noch nie gesehen, dass sie auch nur ein Wort miteinander gewechselt haben. Aber sie scheinen nicht zerstritten oder unglücklich miteinander zu sein – und von anderer Seite ist uns auch noch nie etwas Derartiges über sie zugetragen worden.[15] Auf jeden Fall regen die beiden doch unsere oder besser meine Phantasie an. Ihre Farm liegt wunderschön in den Reisfeldern fernab von jeder Straße und wir lieben es sehr, dort zu sitzen: inmitten der wunderschönen Natur, die Berge rundum im Morgendunst, es ist fast ein unwirklicher Eindruck – als könne so etwas in der heutigen hektischen Zeit gar nicht mehr existieren.

Wir machen hier auf Bali fast einen Arbeitsurlaub. Wir schwitzen und schnaufen unter den Korrekturen an Horsts Buch, an dem wir eigentlich täglich arbeiten, damit es bald in Umlauf kommt. Denn das Jucken von Horsts Nase auf der linken Seite ist nicht mehr zu verkennen, was, wie man ja inzwischen weiß, das Herannahen des großen Reichtums verkündet. Aber nach der Pleite mit dem falschen Walter Spies kann es nur noch der Bestseller oder das Glücksspiel Lotto sein. Momentan denke eher ich an den Bestseller, denn der Autor selbst ist keineswegs so unbescheiden. Neben den Arbeiten an dem deutschen Text ist Horst jetzt auch schon sehr aktiv was die englische Übersetzung anbetrifft. Zuerst hatten wir uns ja auf eine indonesische Übersetzung versteift und dabei einen Reinfall mit dem uns angepriesenen Übersetzer erlebt, denn dessen Übersetzung ließ Fachleute daran zweifeln, dass er überhaupt indonesischer Muttersprachler sei. Daher haben wir uns entschlossen, uns auf direktem Weg an den Welterfolg heranzuarbeiten und die englische Übersetzung vorzuziehen. Durch eine gute Freundin in Hamburg haben wir einen tollen Übersetzer in Großbritannien gefunden, dessen Probeübersetzungen von allen englischsprachigen Freunden rund um den Globus hoch gelobt wurden, und wenn jetzt noch jemand an dem Weltbestseller zweifelt, ist demjenigen natürlich nicht mehr zu helfen. Demnächst sind wir also nur noch auf Vortragsreisen oder bei Autogrammstunden des Literaten weltweit anzutreffen – nur natürlich in den Niederlanden nicht!! Da Horst das Buch aus Sicht der Indonesier geschrieben hat, kommen die Niederländer nach der 350jährigen Kolonialherrschaft und dem grauenhaften Kolonialkrieg

15 Heute ist das Paar geschieden und Odet ging zurück nach Israel

von 1945 bis 1950 nicht gut weg. Ich glaube, der Autor möchte diesen Teil meines Berichtes streichen lassen, aber hier gilt meine dichterische Freiheit! *(Jetzt muss ich, Horst, doch noch eine Anmerkung machen: Im Gegensatz zu Annette habe ich nie daran geglaubt, dass das Buch ‚Der Ruf des Geckos‘ ein Erfolg werden würde. Indonesien ist ein viel zu spezielles Thema. Aber Annette hatte Recht.)*

Vermutlich vermisst der Leser weitere Berichte über Horsts Aktivitäten in Sachen Gemälde von Walter Spies oder Vincent van Gogh. Kein Wunder: Horsts zweite Hälfte bei diesen Aktionen, Horst Jordt, musste leider wieder nach Deutschland zurück! Nun ist er alleine bei seiner Suche und das macht ihm eigentlich nur halb so viel Spaß. Aber der Maler und Bilderverkäufer ist natürlich nach wie vor aktiv und hat schon mehrfach angerufen, weil er wieder ganz neue Walter Spies-Gemälde im Angebot hat. Es heißt auch, dass ihm finanziell das Wasser bis zum Halse steht, da muss er natürlich die sorgsam gehüteten Familienschätze zu Schnäppchenpreisen veräußern!

Inzwischen richten sich die Begehrlichkeiten von meinem Horst – wie ich ehrlich zugeben muss – nicht mehr auf den großen Wurf, hier das einzige noch nicht entdeckte echte Walter Spies-Gemälde zur erstehen, sondern darauf, eine Dokumentation der falschen Walter Spies-Gemälde zu machen, die im Umlauf sind. Also sind meine großen Ängste hinfällig, dass nicht der große finanzielle Wurf, sondern eine erneute Bilderflut aus den Werkstätten des Malers auf uns zukommt. Die neuesten Informationen vom indonesischen Fälschermarkt sind, dass der Kopf der Fälscherwerkstätten, der in Bali ansässiger Schweizer, immer noch in Australien inhaftiert sei.

Und da vor einigen Tagen Ilse und Uwe Hörning mit Freunden hier angekommen sind (was – wie ja jeder wissen sollte – uns eine auf der rechten Seite juckende Nase vorhergesagt haben würde, hätten wir's nicht schon in Deutschland gewusst), haben wir den Maler erst einmal vertröstet. Sollten weitere große Ereignisse aus dieser Richtung ins Haus stehen, werde ich sie natürlich nicht vorenthalten. Als wir das letzte Mal in der Galerie vom Maler und Bilderverkäufer waren, sah ich dort zwar keine Bilder, die meine Begehrlichkeiten weckten, aber eine sehr schöne chinesische Schale (vermutlich oder sicherlich nicht alt), die offensichtlich für irgendwelche Opferzeremonien in Gebrauch war. Die wollte ich ihm eigentlich abluchsen, aber wenn ich mir so mein Gepäck anschaue ... – dann schaue ich mir lieber erst einmal die Schalen an. die ich schon zu Hause habe. Die sind nämlich noch viel schöner!

Wobei wir bei unseren – vor allem meinen – Einkäufen sind: Röckchen hier, T-Shirt dort, das ist ja normal. Meine schwarzen Schuhe haben glücklicherweise gerade hier ihren Geist aufgegeben, und ich konnte gleich ein paar neue bestellen, die ich dann zu den beiden Paaren (rot-schwarz und blau-weiß), die ich schon erhalten habe, dazustellen und voller Wohlwollen den Anblick genießen kann. Außerdem habe ich meine Schneiderin wieder beglückt und natürlich meinen Goldschmied.

Letzterer allerdings will eigentlich gar nicht so gerne für mich arbeiten (es waren nur Reparaturen diesmal), sondern mir immer direkt meine Steine abkaufen. Er verfällt bei ihrem Anblick in eine ganz großartige Schwärmerei, und erzählt mir dann, wie viel die Steine wert seien! Ich denke, wenn ich ihm die Steine tatsächlich anbieten wollte, würde ihr Wert sofort rapide sinken - vermutlich auf 10 % des bis dahin von ihm veranschlagten Wertes! Meine Schneiderin wurde auch schon von mir beschäftigt. Sie hat ja drei Geschäfte hier, in denen sie vor allem aus selbstgewebten Stoffen Kleider, Jacken, Blusen und Hosen anbietet. Wenn ich aber bei ihr ein Kleid aus mitgebrachten Stoffen arbeiten lasse, kostet es mich jedes Mal 75.000 Rupien – das kling viel, ist aber weniger, als in Deutschland das Kürzen einer Hose kostet. 75.000 Rupien entsprechen momentan ziemlich genau € 5,00, dafür kann ich das Kleid auch noch dreimal ändern lassen, aber bisher hat alles wie angegossen gepasst! Sie ist keine Balinesin, sondern kommt von Flores, ist Christin und hier in der christlichen Gemeinde immer sehr beschäftigt durch Singen im Kirchenchor und Tanzen. Wieso aber hier in der Kirche getanzt wird, habe ich nicht begriffen. Zuletzt war es anlässlich eines Kirchenfestes, das mir auch völlig unbekannt war. Da das Fest aber auf unseren Karnevalssonntag fiel, kam in mir der Verdacht hoch, dass dieses Fest – bei dem ja offensichtlich auch getanzt wird – als Ersatzbefriedigung für den bei uns vor Beginn der Fastenzeit stattfindenden Karneval hier eingeführt wurde – vielleicht durch einen Pater aus dem Rheinland ...?! Aber mit der christlichen Mission auf dem hinduistischen Bali hat es ja auch nicht so richtig geklappt, da früher alle Missionare schon kurz nach ihrer Ankunft auf Bali ermordet wurden.

Nachdem wir ja hin und wieder zum Frühstück zur Organic-Farm in den Reisfeldern wandern, waren wir heute Morgen ganz offiziell zum Frühstück beim Cokorden (Fürsten) von Ubud geladen, immerhin so ziemlich der einzige Fürst auf Bali, der noch eine politische Bedeutung hat. Wir hatten uns natürlich entsprechend fein gemacht: ich mit einer neuen Perlenkette (was bedeutet, dass sich auch unser Perlenladen eines Besuches durch uns erfreuen durfte), aber natürlich war ich nicht nur mit einer neuen Kette bekleidet, da hätte ich zwar vielleicht mehr Aufsehen erregt, aber ob ich bis zum Cokorden vorgelassen worden wäre, ist eine andere Frage. Auf jeden Fall waren wir sehr fein gemacht, was immer zu Ausrutschern führen kann.

So verließ Horst zwar das Haus mit perfekt weißer Hose, aber er kam mit einem etwas verfärbten Hinterteil bei der Puri Saren, dem Palast und Sitz des Fürsten, an. Er hatte zwar abends unser gemietetes Auto ordentlich verschlossen, allerdings das Fenster offen gelassen und so konnte es hinein-regnen und das direkt auf seinen Sitz. Zum Umziehen reichte die Zeit nicht mehr, also mussten wir dafür sorgen, dass Horst den hohen Herrschaften nur die Vorderseite zudrehte – was auch hervorragend gelang.

Abb. 58
Annette mit Cokorde

Große Merkwürdigkeiten waren mit dem Frühstück nicht verbunden, keine Ausrutscher unsererseits zu verzeichnen: Wir benahmen uns anständig und unterhielten uns kultiviert! Horsts Zeit in Indonesien war Thema und na-türlich auch die Freundschaft meines Vaters bzw. meiner Eltern mit seinem Vater und dann noch die politische Lage: Islamisierung in Java und Einfluss auf Bali etc. Wir konnten ihm eine Geschichte aus der Schar seiner Unterta-nen berichten, die ihn sehr amüsiert hat. Es gibt hier in Indonesien ein neues Gesetz, das ‚APP-Gesetz' genannt wurde. Es beinhaltet das Verbot Alkohol zu trinken, das Verbot zu rauchen und das Verbot, am Strand Bikinis zu tragen. Bali hat sich von diesem Gesetz distanziert und es nicht ratifiziert.

Beim Einkauf in einem Geschäft mit alkoholischen Getränken, besonders Wein, kamen wir mit den Verkäuferinnen auf dieses Gesetz zu sprechen und eine lachte sich halbtot und meinte, wie man denn dieses Gesetz in Bali verwirklichen wolle, wo doch hier jeden Abend die Menschen gemeinsam nackt in den Flüssen baden würden! Es war gemütlich und freundschaftlich, und zum Schluss wurden wir eingeladen, jedes Mal wenn wir nach Bali kämen, doch einen Besuch bei ihm im Palast zu machen.

Das aufregendste Ereignis in der letzten Woche war aber, dass Horst um ein Haar von einem Baum oder einem Felsen erschlagen worden wäre. Wir hatten eigentlich unsere Freunde und ihre Bekannten zu einem Cocktail eingeladen und unser Mädchen gebeten, nachmittags noch einmal zu kommen, um dabei zu helfen. Wir bekamen aber einen Anruf, dass Uwe, Ilse und ihre Freunde sich bei einer Inselbesichtigung zeitlich so verkalkuliert hätten, dass sie es bis zum Cocktail nicht schaffen würden. Abends waren wir mit ihnen zum Essen und Tanzen im Restaurant Indus verabredet. Die Cocktailstunde fiel somit ins Wasser, und Horst setzte sich ins Auto, um unser Mädchen Anni wieder nach Hause zu fahren. Als er schon wieder fast hier angekommen war, krachte vor ihm plötzlich ein riesiger Baum auf die Straße und direkt hinterher kam ein gewaltiger Felsbrocken gesaust. Wäre er ein paar Sekunden schneller oder langsamer gewesen, hätte entweder der Baum ihn begraben oder der Felsen oder gleich beide zusammen! – Und da träumen wir von großen Geschäften hier auf Bali und sollten doch froh sein, wenn wir unseren Aufenthalt überleben! Horst war über eine Stunde eingeklemmt: vorne der riesige Baum, hinten der Felsbrocken von der Größe eines VW-Käfers. Balinesen schnitten mit Kettensägen eine Schneise aus dem Baum, sodass zunächst Horst wieder freikam. Nun waren wir diejenigen, die zu spät zum Essen mit unseren Freunden in das Restaurant Indus kamen.

Mich hatte in den letzten Tagen – so seit etwa fünf Tagen – eine unglaubliche Müdigkeit gepackt. Spätestens ab mittags, aber gestern sogar schon am Morgen fühlte ich mich total erschöpft und müde und das nach bereits vier Wochen Urlaub. Jeder Schritt bedeutete eine große Anstrengung. Wir überlegten ständig, woran es liegen könne, bis uns die zündende Idee kam: Salzmangel! Ich esse ja immer schon recht salzarm. Aber durch das Schwitzen, besonders bei der Tanzerei und durch die Hitze, braucht man sich nicht zu wundern, wenn man plötzlich Salzmangel hat. Horst kam zuerst auf die Idee, da er bereits 1963 diese Müdigkeit erfahren hatte und der Arzt ihm Vitaminspritzen verpasste, die keine Besserung brachten. Endlich fiel ihm in einem Ratgeber für die Tropen auf, dass die Müdigkeit und Schlappheit auf

Salzmangel zurückzuführen sei. Und mir fiel daraufhin der häufig gehörte Spruch meines Vaters ein, dass man aus diversen Gründen, aber auch für den Salzhaushalt in den Tropen immer Maggiwürfel bei sich haben solle. Die muss man ja nicht mehr mitnehmen, die gibt es auch hier. Und ein paar kräftige Brühwürfelsuppen machten mich schnell wieder munter! Man sollte die alten Weisheiten eben nicht außer Acht lassen! Ihr seht, sehr aufregend war die letzte Woche nicht, aber neben Sonnenschein und Tropen kann man ja nicht jede Woche alles haben.

Eine Woche ist seitdem vergangen und ich bin immer noch nicht so richtig munter. Aber wie soll es auch nach einem (sehr kleinen) Whisky, einem ‚Brem Barong' – das ist ein Reiswein mit Zitronensaft und Tonic – und einem Bier gehen. Wenn es auch im Prinzip nicht furchtbar viel Alkohol ist, ist es für die Hitze schon ganz ordentlich.

Hier beginnt jetzt die Trockenzeit, was gut daran zu merken ist, dass es seit gut einer Woche nicht mehr geregnet hat und die Luft jetzt viel trockener ist. Die erste Auswirkung ist, dass wir morgens am Swimmingpool stehen, es sehr kalt finden und zögern, den ersten Schritt ins Wasser zu tun. Die gefühlte Temperatur ist merklich abgesunken, die tatsächliche keineswegs. Es ist heute viel zu kalt zum Schwimmen, denken wir beide, beschließen aber dann doch jedes Mal, da wir schon unbekleidet sind, in den Pool hinein zu hüpfen. Ich beschließe das immer zuerst und Horst will dann nicht zurückstehen. Da ist er wirklich sehr tapfer! Der Pool überrascht uns aber auch immer wieder. Heute Morgen war nur noch die Hälfte des Wassers darin wie normal. Das hatten wir vor ein paar Wochen schon einmal, können uns aber nicht erinnern, was wir falsch gemacht haben, denn trotz der Elefantenliebe der Hausbesitzer – man erinnere sich an den Elefanten mit fünf Beinen und zwei Rüsseln, oder die bereits im letzten Jahr beschriebenen wasserspeienden Elefanten am Rand des Swimmingpools, die eher aussehen wie Schweine mit Rüssel – nehmen wir nicht an, dass über Nacht einer der Elefanten im Pool gebadet und das ganze Wasser verdrängt hat. Wir haben heute Morgen trotzdem gebadet und uns dabei ziemlich klein und flach gemacht. Zwischendurch hatten wir auch noch das Erlebnis, dass unser Wasser im Pool immer trüber wurde, da war dann offensichtlich die Pumpe nicht mehr in Ordnung. Aber tapfer badeten wir weiter, im Zweifelsfall war es nur unser Dreck, den die Pumpe nicht mehr herausfiltern konnte. Dieser Missstand ist aber in der Zwischenzeit auch wieder behoben worden. Also: Wir sind trotz gefühlter Kälte sportlich geblieben und nutzen regelmäßig den Pool – auch wenn's bei nur 27°C Wassertemperatur schwer fällt!

Gerade habe ich die Zeitung ‚Bali-Advertiser‘ gelesen, die immer alle 14 Tage neu erscheint und dann in unserem Supermarkt ausliegt. Ich bin erschüttert, was man hier alles machen kann, von dessen Existenz ich noch überhaupt keine Ahnung hatte. Es gibt Zahnbehandlungen aller Art. so nach dem Motto: ‚Nehmen Sie ein schöneres neues Lächeln mit nach Hause!‘ Implantate, Bleaching der Zähne etc. etc. Aber das ist noch nicht alles: Botox-Behandlungen, Schönheits-OPs, von deren Existenz ich noch gar keine Ahnung hatte – vielleicht kenne ich ja auch nur die Bezeichnung auf Englisch nicht? –, man kann man sich hier komplett billig und schnell renovieren oder restaurieren lassen ... Das habe ich nun alles verpasst!

Aber ich hatte mir ja vor der Reise ein neues Make-up gekauft – nicht gerade billig, aber mein normales war plötzlich nicht mehr zu bekommen –, mit ‚Sofort-Glatt-Effekt‘! Das habe ich mir gegönnt und war auch von seiner Wirkung ganz fest überzeugt, bis ich feststellte, dass der Weichzeichner-Effekt, den ich jeden Morgen vor dem Spiegel erlebte, von dem Putzlappen unseres Mädchens stammt, das mit Hingabe und immer dem gleichen schmutzigen Lappen jeden Morgen hier auch die Spiegel putzt. Dies erkennen und darauf bestehen, dass ich ein Recht auf meine Falten habe, war eins. Und jetzt gucke ich morgens einfach nicht mehr so genau hin und abends auch nicht. (Übrigens: der ‚Sofort-Glatt-Effekt‘ bezieht sich auf die Hautstruktur und nicht auf die Falten – was man doch alles herausfinden kann, wenn man bereit ist, die Gebrauchsanweisung zu lesen!)

Wir haben uns in letzter Zeit mit Detektiv-Arbeiten aller Art befasst. Einmal haben wir balinesische Skulpturen der holländischen Kolonialherren gesucht, da wir erfahren hatten, dass es davon einige hier auf Bali geben soll. Wir haben mehr gefunden, als wir erwartet hatten: Kolonialherren mit Geldsack im Arm, betrunkene Kolonialherren mit roter Nase und Glas in der Hand, alle in einer etwas satirischen Darstellung, aber auch unverkennbare Japaner mit Schwert oder Gewehr. Man kann sie an vielen Stellen finden (besonders in Museen und in Klungkung), und überall bekommt man zu hören, dass immer wieder von holländischer Seite versucht wird, diese Skulpturen käuflich zu erwerben, um sie aus Bali zu entfernen. Man möchte an die Ausbeutung der Indonesier während der Kolonialzeit nicht mehr erinnert werden!

Das war natürlich nicht unsere ganze künstlerische Recherche-Aktivität: Unsere nicht enden wollende Story, die Walter Spies-Angelegenheit, geht selbstverständlich weiter. Inzwischen wurden wir wieder von unserem Maler (natürlich dem mit den mal mehr, dann mal weniger echten Walter Spies-Gemälden) dringend zur Besichtigung neuer Gemälde gebeten. Gleich vorausgeschickt kann ich sagen: Es war kein Walter Spies von zweifelhafter Herkunft dabei. Aber schon letztes Jahr brachte er auch Gemälde von einem Maler namens ‚Muda' (übersetzt: Jung) an, der Bilder im Stil von Walter Spies teuer verkaufen wollte. Diesmal hatte er mehrere Mudas im Angebot. Besonders ein ziemlich monumentales Gemälde fiel sofort ins Auge, da es sich um eine recht getreue Kopie von einem der bekanntesten Bilder von Walter Spies handelt. Das Bild soll angeblich genau wie das von Walter Spies im Jahr 1939 entstanden sein. Unser Interesse war natürlich sofort geweckt, besonders weil er es zum Spottpreis (!) von nur € 100.000,00 veräußern wollte.

Da er damals den ‚echten' Walter Spies für US$ 50.000,00 verkaufen wollte, fanden wir das doch durchaus angemessen, besonders weil unsere neuen Recherchen bezüglich des angeblichen Schülers von Walter Spies namens Muda bisher den Schluss durchaus rechtfertigen, dass dieser Muda vermutlich niemals existiert hat. Walter Spies hatte keine Schüler. Wir haben unsere destruktiven Ideen zu diesem angeblichen Muda natürlich nicht preisgegeben, da wir noch mehr über diese Fälscherbande erfahren wollten – die viel umfassender ist, als wir es hier darstellen können –, sondern wir haben bei dem Maler unseren Freund Horst Jordt vorgeschoben, dass der sicherlich interessiert sei. Unsere Ausrede war, dass wir nicht genug Geld dafür hätten. Der liebe Horst Jordt, der in Kürze wieder auf Bali sein wollte, war nun unser Alibi, noch mehr Informationen aus dem Maler Woestagama herauszuholen. Er konnte sich im Vorfeld schon darauf freuen, neben Walter Spies- und Muda-Gemälden noch alte Meister von Rubens über Delacroix und Michelangelo in Massen und selbstverständlich alle echt und zum Spottpreis angeboten zu bekommen. Es ist auf jeden Fall recht spannend!

Übrigens zur Vollständigkeit: Die chinesische Schale, von der ich das letzte Mal sprach, hätte ich sofort erstehen können – vermutlich genauso wie des Malers Hund, seine Schwester oder sein Auto –, aber bei näherem Hinsehen hielt sie tatsächlich nicht, was meine Erinnerung daran versprach.

So, jetzt etwas Fröhlicheres als unsere kriminalistischen Fähigkeiten und Recherchen: der Tanz. Zuerst einmal waren wir letzten Samstag beim großen Bali-Salsa-Festival im renommierten Golf-Club des Bali Beach Hotels. Da wir ja so gut und außerdem nach wie vor einarmig sind, haben wir nicht an den Workshops teilgenommen, sondern nur an einem Abend mit Büffet, Showtanz und anschließender Tanzparty. Das Büffet war sehr gut und wir waren die Ersten dort! Das konnte man ja von uns auch erwarten: schließlich hatten wir nicht an den Workshops teilgenommen, waren nicht müde und waren früh genug dort, um uns in eine strategisch günstige Position zu bringen. So hatten wir uns auch für den Showtanz vor allen Anderen gute Plätze sichern können. Es war auch großartig, wirklich grandiose Tanzleistungen, die man vielleicht oder wahrscheinlich in der Karibik nicht mehr als Salsa wiedererkannt hätte, aber wir waren begeistert und konnte bis zum Schluss nicht glauben, dass keiner der professionellen Tänzer über seine oder die Füße seiner Partnerin gefallen ist. Selbst der fünfmalige Salsa-Weltmeister gab dort eine Vorstellung seines Könnens. Unser nächster Tanzabend stand selbstverständlich noch ganz unter dem Eindruck dieses Erlebnisses. Auf unseren oben beschriebenen Recherche-Fahrten über die Insel (Skulpturen von Kolonialherren), war uns sogar in einem Museum in Klungkung eine neue Salsa-Figur eingefallen, die wir sofort dort eingeübt haben! Also wir marschierten, mindestens so fein gemacht als hätte die Mutti uns herausgeputzt, in unseren Tanzschuppen, und Horst gab der Band noch ein Trinkgeld, damit sie für uns auch die richtigen Songs spielte. Und dann legten wir los! Ich kann nicht sagen, dass wir nicht begeistert von uns waren: Es klappte wie am Schnürchen, selbst die neue Figur aus dem Museum, die wir auch Klungkung nannten! Bis – ja, bis es zwischen Horst und mir ein akustisches Missverständnis gab! Demzufolge schmiss ich mich vor seine Füße, erwartend, dass er mich auffangen würde. Das hätte er auch getan, hätte er denn geahnt, was ich vorhatte! So versuchte er nur, als er sah, dass ich da mit Schwung angeflogen, kam zu retten, was eigentlich nicht mehr zu retten war und gab sich größte Mühe, mich zu halten. Die Folge war, dass ich flach auf dem Rücken auf der Tanzfläche landete und Horst mitriss, der dann direkt auf mir landete. Das war für uns schon komisch genug – besonders, da sich keiner von uns wehgetan hatte –, aber die Reaktion der Mittänzer – es waren inzwischen ziemlich viele auf der Tanzfläche – war noch komischer: Alle blieben völlig entgeistert gleichzeitig stehen, die Kapelle hörte auf zu spielen – es war wie bei Dornröschen, als alle gleichzeitig in Schlaf fielen, alles steif und atemlose Stille! Bis wir uns aufrappelten und fürchterlich lachen mussten. Ich nehme an, diejenigen, die mich vor kurzem schon im hohen Bogen vor Horsts Füße fallen sahen, dachten diesmal: ‚Jetzt ist nicht nur sie betrunken, sondern er auch noch!' Andere, die uns schon des Öfteren hier gesehen haben, werden gedacht haben: ‚Jetzt habe die zwei so verrückt tanzenden Alten den Geist aufgegeben!' Aber als mir Horst sagte: „Jetzt gehe ich zur Kapelle und bestelle ‚Ich hatt' einen Kameraden'", bogen wir uns vor Lachen. Wir haben aber feste weitergetanzt und alle haben sich wieder beruhigt!

Vermutlich werden wir hier bald ein Denkmal bekommen zu Ehren der Touristen, die immer am falschen Platz herumliegen! Entweder auf irgendeiner Tanzfläche oder mit einem zusammengebrochen Stuhl im Blumenladen oder gar in einem Blumenbeet, so vor Jahren in Seminak geschehen. Die

Geschichte hänge ich noch an, da ich finde, sie rechtfertigt langsam ein Monument für uns: Vor 10 oder 15 Jahren kamen wir hier in Bali an und hatten ein Hotel für die ersten Tage in Seminak, ein sehr schönes neues Hotel, das im Preis für das Flugticket mit eingeschlossen war. In dem Preis war auch ein Gutschein für einen Willkommensdrink an der Poolbar des Hotels mit drin. Wir nicht faul, das Zimmer bezogen, die Koffer nur abgestellt und zum Sturm auf die Poolbar geblasen! Wir sahen sie nicht sehr fern von uns am Pool liegen und Arm in Arm ging es im Stechschritt geradewegs auf die Bar los. Allerdings wurden wir von Scheinwerfern angeleuchtet, und da wir irgendwie beim Haustempel oberhalb der Bar waren, suchten wir geblendet, die Treppe hinab zum Pool zu finden. Horst meinte er könne nichts sehen, aber ich war mir ganz sicher, dass die Treppe genau vor mir lag. Wir beide machten einen großen Schritt – Horst ganz im Vertrauen auf meine guten Augen – und schon wurde es dunkel um uns. Wir waren etwa 1,80 Meter tiefer in einem Blumenbeet gelandet. Jetzt waren wir nicht mehr geblendet, die Scheinwerfer leuchteten über uns hinweg, dafür ruhten die Augen aller Poolbar-Besucher auf uns. Die Treppe, die wir verpasst hatten, war zehn M e t e r weiter rechts von uns. Übrigens, der Willkommensdrink, den wir verdreckt, aber frohen Mutes, serviert bekamen, war alkoholfrei! Und nun sag noch einer, wir hätten nicht langsam ein Monument verdient.

Unsere letzten Tage hier werden durch die sehr wichtigen Festivitäten ‚Kuningan' und ‚Galungan' belebt. Schon jetzt finden überall Prozessionen und Tänze mit Gamelan-Musik statt. Die Musik hört die ganze Nacht nicht auf. Man braucht nur der Musik nachzugehen und landet bestimmt auf irgendeinem balinesischen Fest. Überall werden die Straßen geschmückt und es wirkt jetzt schon – mit nur dem halben Straßenschmuck und den überall schon viel häufiger als sonst traditionell gekleideten Menschen – sehr festlich und viel ursprünglicher als sonst. Diese beiden Festivitäten werden sicherlich noch einmal ein Höhepunkt auf dieser Reise, obwohl wir diese schon mehrmals auf Bali erlebt hatten. Auch wenn wir gestern auf einer Fahrt über die Insel bei schönstem Wetter schon viele Tänze auf den Dörfern beobachten konnten, wird das sicherlich noch einmal etwas ganz Besonderes.

Die Fahrt gestern hatte außerdem noch einige andere Höhepunkte. Wir waren morgens schon um 6:30 Uhr zum Vulkan Batur gefahren. Wir hatten – wie gesagt – traumhaftes Wetter, konnten fast die ganze Insel von oben überblicken und darüber hinaus sahen wir sehr deutlich die Insel Lombok mit ihrem Vulkan Rinjani jenseits der Straße von Lombok, und auf der anderen Seite die Insel Nusa Penida.

Leider sind wir bald wieder fern der Tropen. Der tränenreiche Abschied rückt näher und ich habe das Gefühl, dass ich immer nur die Hälfte geschrieben habe. Ich muss ja sagen, dass wir hier doch schwer davon ausgegangen sind, dass das Wetter in Deutschland bis zu unserer Rückkehr wärmer würde. Aber nach dem, was wir in den Wetternachrichten sehen können, lässt der Frühling noch auf sich warten. Eigentlich sollten wir noch ein wenig hier bleiben, aber ... irgendwie lockt die Heimat ja auch schon wieder.

Unserem Mädchen Anni müssen wir noch ein Zeugnis schreiben, sie hat uns wirklich viel Freude gemacht, und das neben der Tatsache, dass sie uns gut betreut hat und uns alle Arbeiten, die wir zu Hause nicht gerne machen, abgenommen hat. Was uns sehr erstaunt hat: Sie nahm immer alle unsere Plastik-Wasserflaschen und andere Plastik-Gefäße und Gerätschaften, die wir hier so in den Abfall geworfen hätten – nicht ohne schlechtes Gewissen natürlich, da ja Horst ,Ambassador for a plastic-free Bali' ist – mit nach Hause. Als wir uns endlich dazu aufgerafft hatten, sie zu fragen, was sie eigentlich mit all dem Plastikkram veranstalte, erzählte sie uns, dass es in ihrem Dorf eine Initiative gebe: sie würden allen Plastikmüll sammeln und zur Wiederverwertung bringen. Daraus würden dann Plastikstühle gemacht. Man könne diese Initiative unterstützen mit 30.000 Rupiahs. Ob wir auch einen Bon kaufen wollten? Das wollten wir natürlich gerne, und dann eröffnete sie uns noch, dass wir nun ein Essen von der Gemeinde gut hätten und wann sie uns das Essen mitbringen solle. Mit unserer kleinen Spende (etwas mehr als € 2,00) waren wir nun auch noch Empfangsberechtigte der Gemeindewohlfahrt geworden! Wir sagten ihr aber, dass sie das Essen ihrer Familie mitbringen solle.

Unser Mädchen hat eigentlich einen ganz schweren Stand. Sie ist gerade 19 Jahre alt und das älteste Kind ihrer Eltern. Nun ist nicht nur der Vater auf dem Bau verunglückt (er ist Dachdecker) und jetzt schwer behindert (natürlich ohne soziale Unterstützung), sondern auch die Mutter ist nicht nur depressiv, sondern hat sich auch noch auf dem Feld mit der Hacke ins Bein gehackt und ist ebenfalls arbeitsunfähig. Jetzt sorgt unsere Anni für ihre ganze Familie: beide Eltern und die beiden jüngeren Brüder. Man darf nicht sagen, wie hier die Löhne sind. Wir zahlen Anni weit über Tarif, aber für einen Halbtags-Job bei andern Arbeitgebern bekäme sie normalerweise € 25.00 im Monat! Das ist ganz normal, aber davon könnte sie ihre Familie nicht ernähren. Also arbeitet sie auch noch auf dem Bau und was sich so sonst noch ergibt. Das ist die andere Seite der paradiesischen Insel der Götter.

Die Frauen haben hier generell kein einfaches Leben. Sie arbeiten hart und die Männer gehen oft aus dem Haus, um Karten zu spielen oder ihre Kampfhähne zu streicheln, damit sie bei der Arbeit den Frauen nicht im Weg herum stehen. Was ja auch sehr aufmerksam ist! Die Frauen kochen, putzen, ziehen die Kinder groß und versorgen meist auch noch ihre Männer. Eine Scheidung von ihrem Mann zu erreichen ist für eine Frau zwar prinzipiell kein Problem, aber sie verliert dann unwiederbringlich ihre Kinder, die immer beim Mann und seiner Familie bleiben. Auch wenn der Mann stirbt und die Frau möchte wieder heiraten, verliert sie ihre Kinder, die dann zur Familie des verstorbenen Ehemannes müssen. Nur wenn die Frau nicht mit einem Balinesen, sondern mit einem Javaner, Chinesen oder Europäer verheiratet ist und sich von diesem scheiden lässt, bleiben die Kinder bei ihr.

Unsere kompetente Masseurin Komang würde sich sofort von ihrem Mann scheiden lassen, der nicht mehr arbeitet, sondern nur noch spielt – Glücksspiel, was hier wie in ganz Asien ein echtes Laster ist. Er verpulvert ihr schwerverdientes Geld und hat auch schon ihren Familienschmuck gestohlen und verkauft, um seine Spielschulden zu bezahlen. Aber sie möchte natürlich auf ihre beiden Kinder nicht verzichten. So ist das mit dem Paradies, von innen betrachtet doch oft ein zweischneidiges Schwert. Uns kommt es hier paradiesisch und sehr billig vor, wenn man aber die Löhne der Einheimischen betrachtet, dann sieht es schon wieder ganz anders aus.

So ein Tanzabend wie wir uns den hier immer wieder einmal gönnen, kostet uns immer zwischen € 10,00 und € 15,00 (für beide zusammen selbstverständlich!). Gut, wir essen nicht ausufernd und trinken auch keine großen Mengen alkoholischer Getränke – schließlich wollen wir ja tanzen. Angetrunken oder mit überfülltem Bauch lägen wir noch viel öfter flach auf der Tanzfläche als so schon! Übrigens: apropos flach auf der Tanzfläche liegen! Als wir gestern bei unserem Tanzabend mit der Kapelle scherzten (so nach dem Motto, wann sie denn gerne unseren nächsten Abflug sehen wollten), meinten sie, bei unserem Sturz am Freitag hätten sie angenommen, dass der ‚Papa‘ (so nennen sie Horst immer!!) zu viel Sport getrieben hätte, und sie hätten nicht gewusst, ob sie nun einen Trauermarsch anstimmen müssten! Vielleicht bringen wir ihnen vorsichtshalber ‚Ich hat‘ einen Kameraden‘ bei – man weiß ja nie ...! Aber ich ging von unseren Kosten für einen Abend mit Essen, Trinken und Tanzen aus. Solche Kosten sind für einen normalen Balinesen absolut unerschwinglich.

Ich habe mich jetzt seit zwei Tagen mit einem komischen Fieber herumgequält, es überfiel mich ganz plötzlich mit Schüttelfrost und gewaltigen

Kopfschmerzen! Innerhalb von 45 Minuten stieg das Fieber von 37,5°C auf 39,4°C. Dann aber sank es wieder langsam und pendelte sich jetzt morgens auf 38°C ein. Zuerst befürchtete ich eine heftige Rückkehr meiner Tropenkrankheit aus Indien und dann dachte ich, ich hätte das zweite Mal Denguefieber, da wir an der Küste gewesen sind und die Zeit genau für eine Inkubationszeit von Denguefieber sprach. Und jetzt denke ich an einen linksseitigen Schnupfen. Alles ist links bei mir: die Kopfschmerzen, die Nase ist nur links etwas verstopft, ich hatte links Zahnschmerzen bevor das Fieber kam (genau an dem Zahn, mit dem damals meine Tropenkrankheit anfing und der gar nicht mehr da ist!) und links einen geschwollenen Fuß. Ich bin mir jetzt nicht sicher, ob ich zu viel über juckende linke Nasenflügel und ihre voraussagende Bedeutung gescherzt habe und daher das ‚linke Fiebersyndrom‘ zur Strafe ertragen muss, oder ob ich am besten nicht mehr daran denken sollte, damit ich mir die letzten beiden Tage hier nicht versaue. Ich denke, das werde ich machen.

Gestern fingen wir damit schon an und gingen in den Golfclub des Bali Beach Hotels in Sanur zum Tanzen. Ich trank Pfefferminztee und aß und tanzte nur ganz wenig, aber es ist mir relativ gut bekommen. Heute haben wir unseren letzten Tanzabend im Indus, unserem Lieblingsrestaurant. Wir gehen mit Uwe und Ilse Hörning hin, die ja schließlich unsere Fachleute für Südamerika und südamerikanische Musik sind, und wenn ich nicht zu wild herum hüpfe, wird's schon gehen - zugucken ist ja auch ganz nett.

Gestern Mittag haben wir noch ein Paket mit 20 Kilogramm in die Heimat zurückgeschickt. Angefangen hat es damit, dass Horst die Reisetasche, die er von Australien mitgenommen hat, nicht hier zurücklassen wollte und zudem aus seinen australischen Jahren noch einiges mitgebracht hatte, was noch bei seiner Tochter herumlag. Dann haben wir noch Bücher gekauft und ... und ... und – also genug für ein Paket. Alles war kein Problem. Wir brachten die Sachen in Plastiktüten zur Post. Hier wurde von den Angestellten der passende Karton ausgesucht, alles gepackt und unser Paket noch mit akkuraten Stichen in ein Tuch eingenäht. Wir zahlten, ab ging die Post, und wir fuhren beglückt wieder nach Hause – mit der Reisetasche in der Hand, die doch eigentlich die Ursache für diese ganze Aktion war. Die hatten wir vergessen, ins Paket zu tun. Nun muss diese Reisetasche doch im Koffer mitfliegen.

Morgen Abend gibt's hier zum Abschiedsfest eine indonesische Reistafel mit Uwe und Ilse, aber ohne ihre beiden Gäste. Die hatten uns bereits durch ihre Miesmacherei den Tanzabend im Indus versaut. Gekocht und serviert wird die Reistafel hier bei uns im Haus. Vorher müssen noch die Koffer gepackt werden, denn wissen wir, ob wir nach der Reistafel und den dazugehörigen Getränken – es müssen ja noch die vom nicht stattgefundenen Empfangscocktail vernichtet werden – noch in der Lage sein werden, das zu erledigen?

Der Rückflug wird sicherlich viel angenehmer werden als der Flug nach Bali, denn nun ist ja mein Horst dabei und zu zweit ist alles besser zu ertragen als alleine!

Bali, Februar-April 2012

von Annette Bräker
(bearbeitet von Horst H. Geerken)

Genau heute vor einer Woche, am Samstag, dem 18. Februar, bin ich hier in Bali bei Horst angekommen. Diesmal ist Cathay Pacific die Ehre zuteil geworden, mich hierher zu schaffen. Knapp 12 Stunden bis Hongkong und dann noch einmal vierdreiviertel Stunden bis Denpasar.

Horst nimmt ja jede Gelegenheit wahr, auszuprobieren, was alles möglich ist. So hat er mir bereits einmal – ich glaube, es war 1996 – über die Verwaltung von Cathay Pacific einen Brief ins Flugzeug geschickt, an Flug Hongkong – Denpasar, Sitz Nr. H22!

Oder er hat mir einen postlagernden Brief in ein abgelegenes Dorf im Karakorumgebirge im Norden Pakistans geschickt! Ich habe Horst – der natürlich mit mir in diesem Dorf war – für leicht höhenkrank gehalten, als er dort immer wieder in der Bretterbude, die scheinbar nur von dem Schild ‚Post Office‘ zusammengehalten wurde, nach postlagernden Briefen fragte. Erst als er kurz vor unserer Weiterreise über den Kunjerab-Pass nach China feststellen musste, dass der lustige und freundliche Postbeamte nicht die entfernteste Ahnung hatte, was postlagernde Briefe sein könnten, und genauso weit davon entfernt war, lateinische Buchstaben lesen zu können, durfte Horst die Bretterbude selbst nach eventuellen Briefen durchsuchen und natürlich fand er einen postlagernden Brief für mich!

Seine letzte große Tat war, uns von Singapore Airlines einen Hochzeitskuchen auf dem Rückflug servieren zu lassen! Die Stewardessen waren so begeistert von unserem (angeblichen) Hochzeitstag und auch von dem servierten Kuchen, dass ich ihn hinterher noch mit bis Bonn geschleppt habe, weil es mir zu peinlich war, ihn abzulehnen! Die zum Kuchen bereitgestellte Flasche Champagner hatten wir während des Fluges geleert.

Für diesen Flug hatte er sich für mich wieder etwas Besonderes ausgedacht: Er wollte mir den Weg bereiten! Also hatte er – eingedenk meines Behindertenausweises, den das Sozialamt Bonn mir zu Weihnachten geschenkt hatte – Cathay Pacific mitgeteilt, dass ich eine hilfsbedürftige Person sei, die schlecht laufen und schon gar nicht ihr Gepäck tragen könne! Glücklicherweise hatte er mich vorgewarnt und ich hatte mein übliches hohes Schuhwerk durch Turnschuhe ersetzt. Sonst hätte man mir vermutlich zu verstehen gegeben, dass nicht mein Rücken, sondern meine Schuhe mein gesundheitliches Problem seien! Horst wollte mir einfach nur das Leben erleichtern und mich schneller durch die Flughäfen dieser Welt lotsen.

So verfrachtete man mich direkt auf ein Elektrowägelchen und schaffte mich an allen Schlangen vorbei zur deutschen Pass- und dann zur Sicherheitskontrolle. Hier war aber die Herrlichkeit erst einmal vorbei, als sich vor mir auf einmal eine Dame aufbaute, die als Zierde einer russischen Polizeistation im hintersten Sibirien hätte gelten können: groß, Schultern wie ein Ringer, vernünftiges Schuhwerk und Lachen ist nur im Keller erlaubt! Da ich mein medizinisches Rückenkorsett trug, piepste bei mir alles. Ich wies sie auf den Grund für die überall aufleuchtenden Warnlichter hin, und sie wies mich streng zurecht, dass ich so etwas gar nicht tragen dürfe beim Sicherheitscheck! Ich verzichtete darauf, mit ihr gesundheitliche Probleme zu diskutieren, sondern meinte nur: ‚Kein Problem, ich ziehe es aus'! So schnell konnte sie gar nicht reagieren, wie ich vor allen meinen Pullover hochzog und die Jeans öffnete, um das Rückenkorsett auszuziehen. Meine Willfährigkeit stimmte sie aber keineswegs freundlicher, sondern im Gegenteil! Sie bremste mich (ich hätte mich sowieso nicht weiter ausgezogen!) und wies mich barsch in eine Kabine. Aber zu ihrer eigenen Sicherheit holte sie eine weitere Beamtin dazu. Hier sollte ich dann auch noch die Schuhe ausziehen! Das kam mir gerade recht: Aufmüpfig, wie ich durch ihren Ton nun schon geworden war, erklärte ich unverzüglich meine Bereitwilligkeit, mich meiner Schuhe zu entledigen, aber leider könne ich das nicht, sie müsse mir die Schuhe aus- und auch wieder anziehen! Zurück konnte sie nun nicht mehr und musste zu meiner großen Genugtuung vor mir knien und mir die Schuhe aus- und auch wieder anziehen! Natürlich holte sie zum Gegenschlag aus und wies einen Beamten an, meine Reisetasche noch einmal genau unter die Lupe zu nehmen. Und natürlich wurde er fündig und nahm mir den Camembert weg, den ich im letzten Moment für Horst ins Handgepäck gesteckt hatte!

Wer nun die Schlacht an der Sicherheitskontrolle gewonnen hat, kann ich nicht genau sagen. Ich würde es als Remis bezeichnen. Ich denke, beide Kontrahentinnen waren zufrieden mit dem Ausgang: Sie musste zwar knien, aber dafür hatte sie dann auch die Genugtuung, mir meinen Käse wegnehmen zu können.

Der weitere Ablauf der Flüge und Landungen verliefen prächtig, ich wurde wie Königinmutter betreut und von einem Flugsteig zum anderen verfrachtet. Außer in Frankfurt interessierte sich keine Sicherheitskontrolle mehr für mich oder mein Gepäck, da ich immer auf Schleichwegen an allen Kontrollen vorbei geschubst wurde. Genauso bei der Landung in Denpasar auf Bali. Als letzte aus dem Flugzeug, aber als erste beim Gepäck!

Die ersten Tage hier habe ich mehr oder weniger geschlafen, ich war so entsetzlich müde, als ich hier ankam. Aber danach wurde ich gleich wieder aktiv: nicht nur mit Tanzen (das geht nicht mehr ganz so ausgiebig wie früher, aber immerhin noch ohne Rückenkorsett), sondern wir gingen auch wieder auf die Suche nach Perlen und Edelsteinen. Mein Goldschmied in Ubud, der mich schon beim letzten Mal geärgert hatte, weil er sich nicht an die vereinbarten Preise halten wollte und auch nicht mehr so gut gearbeitet hat, hat Pleite gemacht. Wir wollten ihn aber sowieso nicht mehr beschäftigen. Das letzte Mal hatte er uns so geärgert, dass wir keinerlei Trauer empfinden konnten, aber eine leise Schadenfreude schon. So haben wir uns auf den Weg gemacht, eine neue Werkstatt ausfindig zu machen und haben hier im Dorf der Silberschmiede, in Celuk, einen kleinen Familienbetrieb gefunden, der uns zu einem – für unsere Begriffe – angemessenen Preis einige meiner Entwürfe mit Silberperlen, die ich mitgebracht hatte, umsetzen will. Jetzt hoffe ich, dass alles nach meinen Vorstellungen gelingt.

Man glaubt es kaum, heute, Samstag, dem 3. März, bin ich schon fast 14 Tage hier, und Horst und ich haben weder die Natur ruiniert, indem wir heilige Bäume mit dem Auto gerammt haben, oder unsere Mitmenschen in Mitleidenschaft gezogen, indem wir die Tanzfläche durch unvorhergesehene Stürze lahm gelegt haben! Ihr seht also: Wir haben nicht nur die besten Vorsätze mitgebracht, uns ‚sopan dan rapih‘ (frei übersetzt: ‚wohlanständig‘) zu benehmen. Bisher haben wir es nach unserem eigenen Ermessen auch geschafft! Aber immerhin bleiben uns ja noch viereinhalb kreative Wochen, um den guten Eindruck, den wir noch von uns selber haben, total ins Gegenteil umzukehren. Wir haben diesmal auch ein kleineres Auto und vermeiden nächtliche Fahrten durch heilige Haine. Vermutlich blieben daher auch alle heiligen Bäume bis heute unversehrt. Außerdem ist unsere Arbeitsteilung beim Autofahren klarer geregelt: Horst fährt und ich gucke (und sage natürlich auch, wo's langgeht!). Meistens hört er sogar auf mich.

Die Tanzfläche lahmzulegen war uns – wie gesagt – bisher auch noch nicht vergönnt! Zum einen war ich anfangs sehr unbeweglich und musste erst durch regelmäßige Massagen mobilisiert werden, und zum anderen wollten wir mit unseren neuen Fertigkeiten im ‚Bachata‘ hier auftrumpfen. Dazu hatte Horst bereits vor meinem Eintreffen Unterricht bei ‚Made Gamma‘ genommen. – Man erinnere sich: im letzten Jahr gab es hier nur ‚Made Alfa‘ (mit ‚f‘ geschrieben) und ‚Made Beta‘. Wenn das so weitergeht, haben wir in Kürze hier das ganze griechische Tanzlehreralphabet zusammen! Aber wenn die Balinesen ihre Kinder einfach nur durchzählen: Nr. 1 heißt Wayan, Nr. 2 heißt Made, Nr. 3 heißt Nyoman, Nr. 4 heißt Ketut und bei Nr. 5 fängt es wieder von vorne mit Wayan an und so weiter, außerdem bekommen Mädchen wie Jungen die gleichen Namen, dann bleiben nur noch die alten Griechen, um das totale Chaos in Grenzen zu halten. Die heutigen Griechen möchte ich für die Begrenzung des totalen Chaos lieber nicht in Anspruch nehmen. Also: Nach Made Alfa – unserem Salsa-Lehrer – und Made Beta, dem zweiten Tanzlehrer hier, der viel mit mir getanzt hat – wobei ich mir immer wie ein alter Stock vorkomme, weil er sich so schlangenartig über die Tanzfläche bewegt – gibt es jetzt auch noch Made Gamma, den Bachatalehrer! Ich glaube kaum, dass ihm der Privatunterricht mit uns echte Freude bereitet! Über unsere Hüftschwünge weint er vermutlich nachts Tränen des Entsetzens in sein Kissen und die neuen Figuren haben wir spätestens vergessen, wenn wir im Rampenlicht auf der Tanzfläche stehen und alle beeindrucken wollen! Gerade am vergangenen Mittwoch boten wir einen mehr als peinlichen Anblick: ... ‚Du musst nach rechts!‘ ... ‚nein, nach links ist richtig!‘ ... ‚was machst Du da eigentlich?‘ ... ‚weiß ich doch auch nicht!‘ Wir zogen und zerrten aneinander, taumelten um einander herum, von Hüftschwung keine Spur, und der nötige Ernst fehlte uns auch noch! Wir übertönten fast die Musik mit unserem Gelächter und fielen dadurch natürlich mit unserem Unvermögen noch mehr auf! Wir retteten unsere Tänzer-Ehre nur dadurch, dass wir auf ChaChaCha umschwenkten, der auf Bachata-Musik ja immer funktioniert.

Ach ja: Tanzen ... da hatte ich vorgestern ein Erlebnis der besonderen Art! Ich hatte am Tag zuvor einen besonderen Perlenstrang gesehen, der mir aber viel zu teuer war. Trotzdem schwärmte ich Horst weiterhin davon vor, unter anderem mit den Worten: ‚Für diese Perlen würde ich hier im Lokal nackt auf dem Tisch tanzen!‘ Abends brachte Horst zu meiner großen Freude die Perlen als Geschenk für mich mit und meinte, es sei ihm doch zu riskant gewesen, die Perlen in dem Laden zu lassen, er wisse ja nicht, auf welchen Tischen ich sonst noch nackt herum hüpfen wolle. – Das war die Vorgeschichte zu dem erschütternden Erlebnis, das mir am nächsten Morgen widerfahren sollte!

Es war 6:30 Uhr Bali-Zeit: Ich rappelte mich auf und stellte fest, dass Horst offensichtlich schon länger auf war und auf unserer Terrasse am Computer arbeitete. Ich war zwar noch in dem Zustand, in dem man in meinem Alter morgens vor den Spiegel tritt und zu seinem Gegenüber sagt: ‚Ich kenn‘ Dich nicht, aber ich wasch‘ Dich trotzdem‘. Aber ich war schon voller Elan, um für Horst den Schleiertanz der Salome mit Sarong und der neuen Kette aufzuführen. Ich tanzte also aus dem Schlafzimmer hinaus und tanzte – meiner Ansicht nach – eine Art von balinesisch-indischem Tempeltanz. Keine Reaktion von Horst, also begann ich noch eine Melodie zu summen, die ich als Begleitmusik zu meinem Tanz sehr passend fand. Immer noch nicht die geringste Reaktion. Mir brach nun langsam der Schweiß aus ob meiner Anstrengungen, und ich sah nur zwei Möglichkeiten: mich verlegen und unbemerkt zurückzuziehen oder zum direkten Angriff überzugehen. Ich entschied mich nach meinen vergeblichen Anstrengungen für letzteres und tanzte schweißgebadet mein Horstle direkt an. Damit habe ich den armen Teufel so erschreckt, dass er mir fast tot vom Stuhl fiel und dann in ein brüllendes Gelächter ausbrach! Das hat man nun davon! Da wollte ich ihn entzücken und erntete Spott – aber immerhin wohlwollenden Spott! Ihr seht, auch hier – im sogenannten Paradies – muss man Niederlagen hinnehmen können!

Weil heute, am 18. März, Sonntag ist, will ich endlich mein Vorhaben in die Tat umsetzen und meinen ersten indonesischen Kirchgang schildern. Er fand Mitte der 80er Jahre auf Sumatra statt. Auf der einen Seite war die nördliche Halbkugel, auf der anderen Seite die südliche Erdhalbkugel, und in der Mitte, sagen wir mal genau auf dem Äquator, eine Kirche. Ich nehme an, es war eine protestantische Kirche: nicht wegen des Gottesdienstablaufs, aber hier in Indonesien herrschte Ordnung in den Missionsgebieten, und zu den Menschenfressern nach Sumatra durften eben nur protestantische Missionsgesellschaften wie zum Beispiel die Rheinische Mission. Die Steyler Missionare oder die Jesuiten bekamen dafür andere zu bekehrende Menschen zugeteilt. Je weniger ‚Eingeborene‘ zum Christentum bekehrt wurden, desto weniger Probleme gab es mit der Gleichwertigkeit der Einheimischen gegenüber den Kolonialherren. Daher war vermutlich jeder aufgefressene Missionar ein Glück in den Augen der niederländischen Kolonialregierung.

Aber diese guten alten Zeiten waren inzwischen ja vorbei und meine Freundin und ich standen – fast – auf dem Äquator und vor einer kleinen Kirche, in der gerade ein Gottesdienst stattfand. Wir also hinein, weil uns ein Gottesdienst auf Sumatra durchaus interessierte, und wir trauten unseren Augen kaum. Das konnten wir auch nicht, denn es war alles ziemlich dunkel und vor allem voller Rauch! Als sich unsere Augen einigermaßen eingewöhnt hatten, sahen wir, dass der Rauch kein Weihrauch war (was uns in Sumatra auch in einer protestantischen Kirche keineswegs gewundert hätte), sondern es handelte sich um den Rauch vieler Sumatra- Zigarren! Links saßen die Frauen der Gemeinde auf der nördlichen Erdhalbkugel und rauchten Zigarren, rechts saßen die Männer der Gemeinde auf der südlichen und rauchten echte Sumatra-Zigarren. Alle sangen dabei ein Kirchenlied, das der einheimische Pfarrer vorne auf die Wand gemalt hatte. Der Pfarrer selbst hielt in der einen Hand einen Zeigestock und zeigte an, welche Strophe des Liedes gerade gesungen wurde, und in der anderen Hand hielt er eine brennende Zigarre und stand seinen Schäfchen in den Kirchenbänken beim Qualmen in nichts nach! Ob auch Kinder am Gottesdienst teilnahmen und ebenso rauchten oder bereits aufgrund des Qualms in Ohnmacht gefallen waren, konnten wir ebenso wenig ausmachen wie die uns brennend interessierende Frage, ob der Gottesdienst genau eine Zigarrenlänge gedauert hat, denn obwohl wir beide damals Raucher waren, konnten wir es nicht lange genug in der Kirche aushalten, um das zu erforschen!

Als wir von diesem Erlebnis einige Tage später in Jakarta erzählten, erfuhren wir durch einen katholischen Missionar, dass es zu der Zeit auf Bali einen deutschen Priester gab, der regelmäßig während seines Gottesdienstes in Trance fiel und dann jedes Mal vom eilig herbeigeholten hinduistischen Dorfpriester aus der Trance erweckt werden musste! Das wollten wir unbedingt erleben, aber auch wenn wir den Namen des Priesters wussten und auch den Namen der Kirche, hatten wir vergessen, nach dem Dorf zu fragen, in dem die Kirche war. So konnten wir den Ort einfach nicht herausfinden. Schade!

Heute trösten uns über fehlende in Trance fallende Priester (ich denke der alte Herr muss längst tot sein) all die mysteriösen Heiler, Gurus, die verirrten heilsuchenden Nachkommen Baghwans aus Poona in Indien und weitere Mystiker aus westlichen Gefilden hinweg. Gerade habe ich einen Prospekt in die Hand gedrückt bekommen von ‚White Star‘. Sie ist eine angeblich halb-indianische Heilerin (White Star can see inside the body and can give you a spiritual diagnosis ….), ein Medium (White Star is happy to contact your loved ones on the Other Side to see if they have a message for you), eine Lehrerin (White Star has been teaching healing and intuitive development for 30 years!) und sie kann sogar herausfinden, 'who act as your angels'! Na, wenn das nichts ist, dann weiß ich es auch nicht! Offensichtlich kann man davon ganz gut leben, denn sie ist mindestens 150 kg schwer!

Wir machten eine große Inselrundtour. Zuerst fuhren wir zum Kraterrand des noch aktiven Batur-Vulkans, wo wir wieder einmal die tolle Aussicht über ganz Bali und über das Meer bis zur Insel Lombok genießen wollten. Dort oben in Kintamani wollten wir auch unser Frühstück einnehmen. Gefrühstückt haben wir, allerdings frierend bei strömendem Regen, Nebel und Kälte und natürlich ohne jegliche Aussicht! Das Frühstück entschädigte uns keineswegs für das schlechte Wetter. Eher im Gegenteil, es passte dazu: drei weiche Scheiben Toast, etwas Margarine und Honig, dazu eine Tasse Kaffee und das Ganze zum Preis einer sehr anständigen Mahlzeit für uns beide hier in Ubud! Also beeilten wir uns, wieder in wärmere Gefilde, in den Norden von Bali – Richtung Singaraja – ans Meer zu kommen. Und das war auch gut so, denn wir erfuhren, dass nicht nur unser Weg, sondern auch alle anderen Wege zum Batur-Kraterrand kurz darauf gesperrt werden mussten, weil durch tagelangen Regen viele Bäume umstürzten und ebenso auch viele Erdrutsche die Wege versperrten! Wir hatten also das Glück der schnellen Gebirgsflucht und wurden nur noch von einem platten Reifen vorübergehend am Weiterkommen gehindert! Aber glücklicherweise waren wir ja nicht selbst gefahren, sondern waren mit unserem Fahrer unterwegs, der das schnell regelte. Eigentlich wollten wir noch ein Hotel ansehen, das auf unserem Weg liegen sollte (und mit Sicherheit auch dort liegt), aber wir konnten es einfach nicht finden und keiner, den wir fragten, schien es zu kennen. Aber wir trösteten uns mit einem guten Mittagessen in Amed direkt am Strand und erfreuten uns herzlich an den Kindern, die mit allen Tricks – besonders mit schlecht gespielter tränenreicher Enttäuschung, wenn die Touristen den Kauf oder Preis ablehnten – den Touristen billigsten Nepp zu völlig überteuerten Preisen andrehten!

Es war ein langer, mehr als zehn Stunden dauernder Ausflug, der uns aber viel Spaß gemacht hat.

Außer diesem Ausflug stand natürlich auch Shopping auf dem Programm. Shopping: zu Horsts Leidwesen und zu meiner Freude! Shopping ist ja ‚sooo‘ ansteckend, allerdings muss ich immer aufpassen, nicht einen Haufen Zeug zu kaufen, das man in unseren eher kühlen Regionen Europas überhaupt nicht gebrauchen kann. Aber ich hatte ja zum Ausgleich meine blau-grünen oder eher grün-blauen Schuhe von unserer Schuhdame bekommen und das gab mir das erhebende Gefühl, alles was der Mensch braucht, bereits zu besitzen! So war ich ziemlich gefeit gegen nicht zu bremsende Shopping-Anfälle! Allerdings, ein wenig shoppen ließ sich nun doch nicht vermeiden.

Heute ist schon wieder Samstag. Wir habe eine Woche der Einladungen hinter uns! Zuerst waren wir bei einer balinesischen Familie zum Essen eingeladen, die wir schon lange kennen: Mama, Papa und drei Kinder. Wir kamen also fröhlich, fein gemacht, mit Geschenken für alle und einem leeren Magen pünktlich um 19:00 Uhr an. Wir bekamen Tee mit einem halben Pfund Zucker drin angeboten, der uns nur schwer die Kehle hinunterfloss und Nüsschen aller Art (eingebacken mit Knoblauch und ohne Knoblauch und auch ganz ohne Teighülle) und unterhielten uns nett. So ging das mindestens eine Stunde lang (wir dachten mit leerem Magen und Wehmut an die Einladung beim Bürgermeister vor zwei Jahren zurück, bei dem wir zwar im Dunkeln speisen mussten, aber immerhin gab es etwas zu essen! Hier bekamen die Kinder nach eineinhalb Stunden zu essen. Wir bekamen große Augen und mussten uns heftig zurückhalten, damit wir nicht den Jüngsten den Reisbrei entrissen, um unsere eigenen Mägen zu füllen. Denn obgleich vom übersüßten Tee unsere Speiseröhre schier zusammenklebte, meldeten sich unsere Mägen heftig. Ich suggerierte mir immer wieder, dass noch niemand gestorben sei, weil er einen Abend kein Essen bekam, war mir aber nicht mehr so ganz sicher, ob das auch für die Erdenbürger gelten könne, die schon mittags auf das Essen verzichtet hatten, um abends Platz für ein fulminantes balinesisches Mahl zu haben! Meine Vermutung war, dass wir die Einladung falsch verstanden haben mussten! Horst informierte mich (natürlich auf Deutsch), dass er das schon früher erlebt habe und es erst sehr spät am Abend – manchmal erst um 22:00 Uhr – Essen gegeben habe, wirkte dabei aber nicht allzu zuversichtlich. Zum Trost meinte er, dass wir nicht mehr allzu lange bleiben würden und auf dem Heimweg noch etwas Leckeres essen könnten! Wir hatten inzwischen gegen den Hungertod sämtlichen Nüsse, eingebacken, mit Knoblauch und ohne diesen und auch gar nicht eingebacken, den Garaus gemacht, als um 21:30 Uhr die Hausfrau Schüsseln und Schalen voller balinesischer Köstlichkeiten auftischte. Unsere Kapazitäten waren dank der Nüsse inzwischen recht begrenzt, aber trotzdem haben wir das Essen noch sehr genossen!

Unsere Gegeneinladung sollte dann auch nicht lange auf sich warten lassen! Zwei Tage später luden wir, der Vorliebe der Indonesier für extrem süße Speisen Rechnung tragend, die ganze Familie zu Kaffee und deutschem Kuchen, Plätzchen und Baden in unserm Pool (das war ein großer Wunsch der Kinder) ein. Wir bestellten extra unsere Kokki (unsere Köchin), damit sie beim Servieren helfen konnte und sie sollte auch noch weitere kleine Snacks zubereiten. Wir bestellten bei einer Bäckerei einen ‚Black Forrest Cake' von herrlichem Aussehen – Sahne, Schokolade und Kirschen – und herrlichem Preis. Über 20 € haben wir uns diese Köstlichkeit kosten lassen, um mit deutscher Schwarzwälder Kirschtorte angeben zu können. Dazu haben wir noch ungezählte Hefeteilchen mit Aprikosen, Kirschen und Pudding eingekauft! Die Gäste sollten um 15:30 Uhr kommen. Wir hatten alles ganz schön gemacht, Vasen mit Blumen gefüllt, den Tisch schön gedeckt, Handtücher für die Badefreuden der Kinder bereitgelegt (ich sogar einen Bikini für mich, falls die kleineren Kinder noch nicht schwimmen könnten und ich helfen müsste), und schnell noch ein paar Wäschestücke im Kleiderschrank versteckt. Wieder hatten wir uns fein gemacht und standen gebügelt und gestylt bereit, die Gäste zu empfangen. Es wurde 16:00 Uhr und kein Gast war erschienen, die Torte war in ihrer ganzen Pracht längst wieder im Kühlschrank gelandet, damit sie bei 31°C nicht völlig derangiert und in ihre Einzelteile zerlaufen würde. Außerdem ist hier immer ein Ameisenangriff zu befürchten, daher waren ebenso die ungezählten Teilchen in den Kühlschrank gewandert, der damit voll war! Unsere Kokki tröstete uns, dass es für Balinesen normal sei, eine Stunde später zu kommen. Trotzdem rief Horst bei unseren balinesischen Freunden an, um sie an unsere Einladung zu erinnern, was er auch schon Tags zuvor getan hatte. Nur die Mailbox meldete sich, was uns recht verunsicherte. Es wurde nun 16:15 Uhr und dann 16:30 Uhr, unsere Hoffnungen auf Besuch lösten sich nach und nach in ein gewisses Maß an Verzweiflung auf, was wir nun mit einer prächtigen Schwarzwälder Kirsch-Torte und ungezählten Teilchen machen sollten! Unsere Gäste waren telefonisch immer noch nicht zu erreichen und auch Nachrichten auf der Mailbox wurden nicht beantwortet. Also schickten wir die Kokki wieder nach Hause, mit Teilchen für ihre ganze achtköpfige Familie versehen, und hatten damit wieder wenigstens etwas Platz in unserem Kühlschrank! Dann räumten wir unser ganzes Eisfach aus und schoben die Schwarzwälder Kirschtorte hinein. Das Eisfach ließ sich aber nun nicht mehr schließen! Es hat einiger Umbauten an der Kuchenverpackung bedurft, bis die Torte sicher im Eisfach verstaut war. Da stand sie nun in ihrer ganzen Pracht und wir hatten keine Ahnung, was wir nun damit anfangen sollten. Wir beide sind nämlich keine allzu großen Freunde von Sahnetorten!

Aber: ‚Wenn du glaubst es geht nicht mehr, kommt von irgendwo ein Lichtlein her'! Am nächsten Tag besuchten wir unseren Freund Agung Rai, den Besitzer des wunderschönen Arma-Museums und erhielten gleich die nächste Einladung! Er lud uns zu einem Familienfest und einer großen Zeremonie für seine jüngste Enkelin ein. Hier auf Bali wird für ein Baby im Alter von drei Monaten eine große religiöse Zeremonie (Upacara) veranstaltet, bei der die Füßchen des Kindes zum ersten Mal den Erdboden berühren dürfen. Die Einladung war eine große Ehre für uns und eine besondere Freude, denn wir hatten direkt eine gute Idee für ein passendes Gastgeschenk: eine prächtige Schwarzwälder Kirschtorte!

So traten wir zwei Tage später, zum dritten Mal in dieser Woche feingemacht und perfekt gestylt, zur Zeremonie an. Unsere Torte wurde mit großer Begeisterung von der Familie entgegengenommen und wir wussten, wenn wieder ein Familienfest anliegt, werden wir sicherlich wieder eingeladen.

Die Zeremonie war sehr beeindruckend! Es waren ca. 150 geladene Gäste dort, der balinesische Oberpriester, der zu unserem Erstaunen ein Gesicht wie ein tibetischer Priester hatte, vollzog die Zeremonie, die einige Stunden dauerte. Es gab auch ein ‚Sandritual', bei dem auf dem Boden liegender Sand mit magischen Zeichen versehen wurde und dann die Füßchen des

Babies darauf gestellt wurden. Später fand noch eine Art ‚Taufzeremonie‘ statt, bei der das Kind mit heiligem Wasser übergossen wurde und das Gesicht gewaschen bekam. Danach durfte das Baby von dem heiligen Wasser trinken. Wir waren erstaunt, wie geduldig das kleine dreimonatige Mädchen das über sich ergehen ließ. Sie verzog zwar einige Male das Gesicht, aber dann lächelte sie wieder ganz zufrieden – und das, obgleich sie überhaupt nicht ihrer wunderschönen Mutter, sondern ihrem optisch gewöhnungsbedürftigen Vater unglaublich ähnlich sah. Na, hoffentlich verwächst sich das noch! Die Gäste saßen allerdings nicht, wie bei uns in der Kirche, ruhig und sahen der Zeremonie zu, sondern sie liefen herum, unterhielten sich, setzten sich mal in der einen kleinen Gruppe zusammen, dann wieder in einer anderen Gruppe. Die ganze Zeit wurden Kaffee, Tee oder Wasser und die verschiedensten kleinen Reiskuchen und andere Süßigkeiten gereicht. Auch das Buffet wurde während der Zeit aufgebaut. Der andere Großvater, also der Vater des Kindsvaters, war die ganze Zeit mit zwei Handys und den dazugehörigen empfangenen und gesendeten SMS so beschäftigt, dass er fast das Familiengebet versäumt hätte und mehrfach dazu aufgefordert werden musste. Die Zeremonie war noch nicht beendet, als sich die ersten Gäste auf das warme Buffet stürzten und wir schlichen uns davon, weil wir noch eine weitere Einladung, die vierte an diesem Tag, ‚abzuarbeiten‘ hatten!

Wir hatten versprochen, am dritten Geburtstag des Restaurants ‚Laughing Buddha‘ teilzunehmen, mit freien Getränken und Tapas ohne Ende! Ich denke, wir sind zu der Einladung nur gekommen, weil Horst als ‚Mr. Henry Gecko‘ hier als eine wichtige Persönlichkeit gehandelt wird (vielleicht hatte sich auch unsere Schwarzwälder Kirschtorte herumgesprochen?), denn wir waren noch nie zuvor in diesem Lokal! Also nichts wie hin! Wir wurden überschwänglich mit Küsschen rechts und links begrüßt (auch ich!) und sofort mit Getränken und Tapas versorgt! Eine uns unbekannte ‚lateinamerikanische‘ Band begrüßte uns auch wie alte Bekannte und wir durften uns als Ehrengäste ins Gästebuch eintragen. Ich kam mir vor, als schriebe ich mich in das Goldene Buch einer wichtigen Großstadt ein! Als wir rundum satt waren – eingedenk unserer ersten Einladung dieser Woche, bei der ich den bevorstehenden Hungertod befürchtete, stopften wir uns umgehend mit allen angebotenen Köstlichkeiten voll, bevor die Tapas-Platten an andere Tische weitergereicht werden konnten – und auch ausreichend die angebotenen Getränke konsumiert hatten, schlichen wir uns wieder davon – wichtige Leute haben immer viele Termine –, weil wir noch Schweizer Freunde in unser Lieblingslokal ‚Indus‘ zu einem Drink und zum Salsa-Tanzen eingeladen hatten.

Über Schuhe, Brillen und unsere ‚Haustiere' gäbe es auch einiges zu berichten, aber ich will natürlich nicht zu ausufernd werden. Aber über unsere Masseurin Komang, die gerade davongeeilt ist, muss ich noch berichten. Schon seit vielen Jahren ist sie unsere Masseurin: ein laufender Meter geballte Masseurinnen-Energie (klein aber oho!). Jedes Mal wenn sie anfängt, bin ich fest davon überzeugt, ‚heute macht sie bestimmt etwas kaputt bei mir'. Massiert sie meinen Rücken, muss ich immer die Zähne zusammenbeißen, so schmerzhaft ist es, wenn sie die Muskeln lockert! Massiert sie mein linkes Knie, kann es sein, dass die rechte Schulter schmerzt und wenn sie den Kopf massiert, bin ich jedes Mal fest davon überzeugt, dass sie gleich mit den Daumen meine verknöcherte Fontanelle durchbricht und in meinem Klein-, Groß- oder sonstigem Hirn landet oder zumindest meinen Haarwuchs erheblich reduziert! Aber wenn sie nach eineinhalb Stunden fertig ist, fühle ich mich wie neu geboren und richtig leicht! Selbst mein ‚Möhne-Speck' sitzt plötzlich egal, wie der feine vornehme Rheinländer sagen würde (Möhne ist eine alte Frau)! Kurzum: Ich fühle mich leicht, ‚egal' und entspannt, also der richtige Moment um Nachrichten aus dem fernen Osten zu verteilen!

Heute in einer Woche sitzen wir bereits wieder im Flugzeug nach Hongkong. Für den frühen Morgen ist unsere Masseurin Komang noch einmal bestellt, damit der lange Flug besser zu überstehen ist.

Gestern war wieder ‚Nyepi', das balinesische Neujahr, Balis ‚stiller Tag', an dem alles brach liegt. Ich habe ja bereits letztes Jahr darüber berichtet. Aber es ist jedes Mal wieder ein Erlebnis: Es ist wirklich absolut still auf Bali. Keiner darf das Haus verlassen, es gibt kein Fernsehen, kein Radio, es darf kein Licht angemacht werden, nicht laut gesprochen werden, Hunde, Katzen und Hühner werden mit ins Haus genommen. Der Flughafen bleibt geschlossen und die Insel darf auch nicht überflogen werden! Dieses Mal wurde auch die Elektrizität auf halbe Kraft heruntergefahren, was sich nicht ganz so gut auf den Inhalt unseres Kühlschranks und besonders des Eisfachs ausgewirkt hat. Wie wir inzwischen erfahren haben, wurde diese Reduzierung der Elektrizität beschlossen, weil zu viele hier lebende Ausländer und Touristen das Verbot, Licht anzumachen die Jahre zuvor ignoriert hatten. Gute Bali-Hindus sollen an diesem Tag sowieso nur meditieren und auch fasten. Ich vermute, die meisten Balinesen verschlafen diesen Tag einfach, der ‚Indonesier an sich' kann nämlich überall und in jeder Körperhaltung schlafen! Vielleicht hat die balinesische Verwaltung gedacht, fasten und meditieren könne uns anderen auch nicht schaden? Wir hatten allerdings eingekauft, als stehe eine mittlere Hungerskatastrophe bevor!

Ich hatte gestern sowieso die Tropenmüdigkeit und schlief ständig ein! Je öfter man hierher kommt, desto schneller verfällt man ihr! Die feuchte Wärme – warm und wohlig wie im Mutterleib – saugt einem sämtliche Energie aus dem Körper! Man dämmert gemütlich in einer bequemen Ecke vor sich hin, einen Drink in der Hand, den einem kurz zuvor der Boy gemixt hat und denkt an nichts! Ich kann mir gut vorstellen, dass die Kolonialherren überall in tropischen Ländern sich so entspannt dem Trunke ergeben haben – wenn sie überhaupt so lange lebten, dass sie genug Zeit hatten um Alkoholiker zu werden! Die meisten überlebten die ersten drei Jahre in den Tropen nicht!

Mein Problem bei der ganzen Sache war gestern – und auch schon immer wieder in den letzten Wochen – nicht der Alkohol, sondern das Salz. Horst mixte mir immer wieder Elektrolyte, aber gestern half es wenig, bis wir den Blutdruck gemessen haben: Er war viel zu hoch! Ich nahm gleich eine Tablette – man ist ja gut versorgt, nicht nur Blutdruckmessgerät sondern auch Tabletten! – und wenn mich diese Blutdruck-Tabletten sonst müde machen, machten sie mich diesmal wach! Verkehrte Welt.

Unser Sozialfall hier ist unser unfähiges Finkenpärchen! Sie waren sehr bemüht – aber völlig unfähig – ein Nest zu bauen. Ich hatte versucht, hilfreich und gut zu sein und hatte in mühevoller Kleinarbeit und unter Beobachtung des unfähigen Pärchens aus Gras einen Nestrohling für sie erstellt. Aber auch wenn sie versucht haben, diesen zu vervollständigen, es wurde auch so nichts! Diese Finken gab es bei jeder jährlichen Wiederkehr immer noch in unserem Bungalow. Unser Boy ‚Lopo' gestand uns, dass es kein Pärchen, sondern eine Dreiecksbeziehung sei: zwei Finkenmännchen und ein Finkenweibchen! Hätte man uns das vorher gesagt, hätten wir dieses unsittliche Haus vermutlich nicht wieder gemietet. Unser moralisches Gewissen hätte sich zu sehr entrüstet! Unser Boy versucht seit zwei Jahren sie zu vertreiben, weil sie in ihrem Nestbauwahn immer wieder das Gras in den Swimmingpool werfen und dadurch regelmäßig die Pumpe des Wasserfilters verstopften! Vor drei Wochen sah es so aus, als hätte er es geschafft! Lopo warf einen Stein nach den auf dem Dach hockenden Finken und erschoss damit das Weibchen! Drei Tage war kein Vogel mehr in unserem Garten zu sehen – auch alle anderen kamen nicht mehr –, dann waren sie wieder da, die Finken, und wieder zu dritt! Die beiden Kerle haben wieder eine neue Frau gefunden! Im Prinzip muss ich diese für Bali revolutionäre Konstellation ja gut heißen, denn dass ein Mann hier mehrere Frauen hat, ist nicht ungewöhnlich. Aber eine Frau mit mehreren Männern ist hier unbekannt, das kennt man nur aus Tibet oder Ladakh und irgendwo aus

Afrika. Ich sah mal einen sehr aufbauenden Film darüber, wie eine ganz dicke Afrikanerin mit vier Männern lebte: Ihre Hütte stand in der Mitte und die Herren durften sich in gebührendem Abstand drum herum ihre Hütten bauen und ihre Angebetete dann mit allem versorgen, was der Mensch so zum Glücklich sein und Dick-werden benötigt!

Bemerkenswert ist hier noch unser Neuzugang, unser Gecko, hier Tokek genannt! Er ist auch nicht das, was man sich unter einem anständigen Hausgecko vorstellt! Laut ‚kollernd' und angeberisch holt er mindestens dreimal Luft und hat sich damit offensichtlich kräftemäßig schon so übernommen, dass er selten mehr als vier Gecko-Rufe zustande bringt, oft sogar nur einen! Der Nachbargecko bringt mit einem Mal Einatmen mindestens 9 Rufe zustande! Zur Strafe hat unser Gecko keinen Namen bekommen. In einer anderen Bleibe hatten wir einen Gecko namens Sir Archibald, aber der hatte sich seinen Namen auch verdient und bewegte sich zudem sehr gemessen und vornehm!

Morgen wollen wir auch mal wieder unseren Freund im ARMA-Museum besuchen und die Mädchen und Jungen beim klassischen Tanzunterricht beobachten. Das ist für mich immer faszinierend und ich könnte stundenlang dabei zusehen, während Horst mit dem Museumsbesitzer Kaffee trinkt!

Was für ein Glück, dass unsere Abreise nicht schon morgen stattfindet, denn dann hätten wir wichtige Ereignisse verpasst! Nein, es handelt sich keineswegs um faszinierende Tempel-Feste – was ist das schon, Tempel-Feste finden schließlich hier an ungefähr 300 Tagen im Jahr statt. Das fünfte ‚Bali Spirit Festival' steht kurz bevor und es findet hier in Ubud statt. Schon jetzt sind viele Heilsuchende, spirituelle Heiler und Weltentrückte anlässlich des Festivals hier eingetroffen. Und so weltentrückt, wie sie hier mit in die Ferne oder in den Himmel gerichteten Blick umher wandeln, haben wir unsere echten Zweifel, dass sie den Beginn des Festivals überhaupt noch erleben werden. Drei ‚Entrückte' haben wir bereits mit dem Motorrad verunglückt auf der Straße liegen sehen. Sie waren aber noch ganz lebendig, aber wir trösten uns damit, dass – falls sie bei einem Unfall tatsächlich ihren Odem endgültig aushauchen sollten – sie das sicher beseligt vom Spirit Balis tun werden und dann vermutlich ihren Astralleib am Bali Spirit Festival teilnehmen lassen.

Gestern fand unsere montägliche Salsa-Nacht in unserem Lieblingslokal Indus statt. Wir also wie immer energiegeladen dorthin geeilt, wo uns mitgeteilt wurde, dass eine Gruppe von 25 bis 30 Gästen erwartet wurde. Da das Lokal immer gut besucht ist, hat uns das anfänglich nicht weiter beeindruckt, denn normalerweise essen die Leute dort und tanzen vielleicht ein wenig, wirken sich aber nicht störend auf unseren normalen Tanzbetrieb aus. Was mich bei dieser Gruppe, die nach und nach eintraf, aber verwirrte war, dass sie säuberlich getrennt, die Damen auf der einen Seite der langen Tafel, die Herren auf der anderen Seite Platz nahmen. Optisch wirkte die Gruppe aber nicht wie eine ‚Vereinigung zur säuberlichen Geschlechtertrennung‘, sondern eher wie eine Mischung von Nachhippie-Generation, Hausfrau auf Abwegen, bis zu Gigolo auf Beutezug. Kurzfristig überkam mich auch die Vermutung, dass es sich um ein Speed-Dating oder etwas ähnlich Profanes für einsame Herzen handeln könne.

Bevor die Kapelle anfing zu spielen wirkte die Gruppe noch wenig störend, beim ersten Ton der Kapelle wurde aber schnell klar: Diese Menschen streben nach höheren Erkenntnissen, und versuchen die besonderen Seiten ihres eigenen Wesens, die vermutlich a priori bereits vor ihrer Zeugung in ihrer Seele vorhanden waren, im rituellen Tanz zum Leuchten zu bringen. Alle stürzten auf die Tanzfläche und verwirklichten sich selbst. Unsere Erfahrung bei dieser Form der Selbstverwirklichung war, dass die inneren Werte, a priori oder auch sonstwie vorhanden, ein gewisses Maß an Rücksichtslosigkeit beinhalteten, denn ihre ‚Entrückung‘ schlug im wahrsten Sinne in alle Richtungen aus und alle anderen Tänzer in die Flucht! Wollte man tanzen, konnte man eigentlich einem Schlag an den Kopf, einen Stoß durch eine fremde Hüfte oder einem Tritt gegen die Wade kaum entgehen, so sehr man sich auch bemühte, auszuweichen! Aber dann entdeckten wir unseren echten Heimvorteil: Entrückte Heilsucher tanzen fast ausschließlich barfuß – vermutlich um den Kontakt zur Mutter Erde, den Kräften des Entstehens und des Wachstums besser zu spüren und in sich aufnehmen zu können –, und wir anderen mit den Tanzschuhen der tanzenden Schuhdamen, mit hohen Absätzen! Und so entrückt können selbst die hartnäckigsten Heilsuchenden nicht sein, dass sie einen meiner Absätze auf dem Fuß oder in der Kniekehle so einfach wegstecken! Auf einmal hatten wir auf jeden Fall – etwas – mehr Platz! Und auch ein paar andere Salsa-Tänzer schienen den Vorteil der Beschuhten gegenüber den barfüßigen Erdverbundenen entdeckt zu haben.

Zwei Mitglieder der Gruppe – zwei Deutsche – wurden uns von Stefan, dem französischen Restaurantleiter vorgestellt, in der Annahme, dass er uns damit eine Freude macht. Eine Dame, eine handfeste ‚Hamburger Deern‘ mittleren Alters, deren Zugehörigkeit bei dieser Gruppe nur durch die Wahrnehmung eines besonders spektakulären Sonderangebots eines Reisebüros vorstellbar war, und eine etwas jüngere, reichlich altjüngferlich, die dafür doppelt entrückt war. Die warf sich sogleich an meine Brust und bohrte mir – vermutlich als Rache für meine Absatzstrategie beim Tanzen

– ihre langen indischen Ohrringe in die Wange! Von ihr erfuhren wir, dass sie eine internationale Gruppe seien, die gemeinsam an einem Workshop für ‚Soul motion dancing' teilnehmen würden. Die Gruppe war vermutlich so international, dass sie nach zwei Wochen Bali nur noch ‚Denglisch' reden konnte. Als Horst ihr auf ihre Frage hin erzählte, dass er den ersten Flughafen auf Bali geplant habe und sich damit vermutlich am Touristenboom mitschuldig gemacht habe, blickte sie ihn verträumt elegisch an und hauchte: ‚Ach, you are ein Pilot?' Als Horst sie berichtigte, dass er Ingenieur sei, verflog der verträumte Blick sofort. Ich nehme an, damit hatte Horst sich aller Chancen bei ihr beraubt, da sein Beruf zu erdverbunden war: Barfuß entspricht Erdverbundenheit und Pilot dagegen Luft und Himmel, quasi eine ‚yin und yang' Konstellation, mit der Horst vermutlich noch echt gute Chancen gehabt hätte, als Ehrengast beim ‚Soul motion workshop' teilzunehmen. Aber so konnte er sich das gleich wieder abschminken, und wir wurden ohne Bedauern, aber leider nicht ohne Umarmung, entlassen.

Und diese ‚Soul motion Tanz-Workshop-Gruppe' zählt vermutlich nicht nur optisch zu den normaleren Neuankömmlingen hier: Rastafari-Frisuren überall oder rasierte Köpfe verhinderter indischer Gurus westlicher Herkunft, ebenso wie Poona-Sanyassin-Restbestände, die sich hier spirituell einbringen wollen! Und das ist erst der Anfang: es kann nur schlimmer werden. Aber solange die Indonesier gut daran verdienen, finden wir das alles in Ordnung und ganz schön amüsant! Besonders gefallen hat uns gestern die Frage eines der balinesischen Journalisten, die über das Festival berichten werden, was denn eigentlich ‚Bali Spirit' bedeuten solle!

Wir können gelassen unseren letzten Tagen hier in Bali entgegensehen, denn wir haben alles erledigen können, was wir uns vorgenommen haben. Selbst unser neuer Silberschmied hat seine Probearbeiten sehr zufriedenstellend erledigt. Daneben hat er mir einen sehr schönen, aber auch sehr großen Edelstein, der bei mir schon lange in der Schublade verkümmerte, nach meinen Zeichnungen zu einem Ring verarbeitet. Mein Entwurf wurde perfekt umgesetzt. Der Stein im Ring ist so groß, dass er der Konkubine eines Maharadschas würdig wäre! Aber gut, uns gefällt er und jetzt brauche ich nur noch eine Kette dazu!

Java und Bali, Februar-April 2014

von Annette Bräker
(bearbeitet von Horst H. Geerken)

Am Dienstag, dem 25. Februar, ging es wie in jedem Jahr wieder nach Indonesien. Bei dieser Reise wollte ich auch nochmals etwas von Java sehen. Obwohl ich durch meine Krankheit und die Chemotherapie und Bestrahlungen schon ziemlich beeinträchtigt war – das Gehen fiel mir immer schwerer –, hat mich Horst zu dieser Reise ermuntert und mir – wie immer – jegliche Unterstützung zugesichert.

Unser Flug nach Jakarta verlief völlig problemlos, auch wenn bei Emirates nicht alles so gut klappte wie mit Cathay Pacific im vergangenen Jahr. Auch die Business Class war nicht ganz so edel wie bei Cathay Pacific, aber sie war gut genug, dass wir auf dem Flug nach Dubai fünf Stunden schlafen konnten und auf dem Flug von Dubai nach Jakarta sogar sieben Stunden.

Auf dem Flughafen von Jakarta war ich erstaunt, wie wohlwollend mir die weiblichen Pilger zulächelten, die ganz offensichtlich nach Mekka unterwegs waren, bis mir einfiel, dass ich ja mit meinem Kopfputz – einem Kopftuch wegen meiner fehlenden Haare – auch ein wohlwollendes Lächeln verdiente! Allerdings hielt das Wohlwollen nur bis in unser Hotel an, denn bis dahin hatte ich noch die Arme bedeckt! Aber als ich dann mit Kopftuch und Bikini im Hotel in den Pool sprang, holten die meisten kopftuchtragenden einheimischen Frauen doch lieber ihre Kinder aus dem Wasser! Das hatte ich jetzt davon, dass ich so unzüchtig bekleidet im Wasser planschen wollte – die islamischen Indonesierinnen, egal ob mit oder ohne Kopftuch, gehen voll bekleidet ins Wasser, was irgendwie völlig blödsinnig ist, weil man, sobald sie nass sind, mehr sieht, als wenn sie direkt einen Badeanzug oder Bikini angezogen hätten. Uns war die Rettung der Jugend vor uns aber ganz recht, denn so hatten wir den Pool fast für uns alleine.

In Jakarta habe ich fast die ganze Zeit verschlafen. Horst hatte ja noch einige Meetings mit seinem Verlag und Besprechungen mit indonesischen Historikern und Journalisten. Essenseinladungen von Freunden waren meist etwas mühsam, weil ich nach wie vor ja nichts anderes als Obst und Joghurt mit Honig essen kann, und dann ist es immer peinlich, wenn ich nur zuschaue. Davon abgesehen, dass ich nichts essen kann, wird mir vor allem von Essensgerüchen übel. Aber ich bin sicher, das wird jetzt alles besser!

Eine Freundin, deren Mann gerade an einem Hirntumor gestorben ist, brachte mir zu unserer Verabredung die Reste der Astronauten-Nahrung ihres Mannes mit. Sie hatte diese für ihn in Hongkong und Singapur besorgt, weil es so etwas hier in Indonesien nicht gibt! Ich habe dann bei unserer Verabredung ein solches Päckchen genuckelt, allerdings mit Todesverachtung, weil es so stark nach Kokosmilch schmeckte, dass ich es nur mit größter Mühe zur Hälfte vertilgen konnte.

Unser Hotel in Jakarta war recht gut, mit allem, was man so braucht, auch mit einem sehr schönen Garten mit Pool. Es gehört zu einer großen Hotelkette und war vor allem sehr vorteilhaft für Horsts Unternehmungen gelegen.

Von Jakarta nach Surabaya (ca. 800 km) sind wir mit dem Zug gereist. Zehn Stunden sollte das Vergnügen dauern, hinterher waren es elf. Es war der Luxus-Zug namens Java Express. Wir reisten ,Executive Class', aber damit hatten wir nichts Besonderes gebucht, denn der ganze Zug war Executive! Reichlich heruntergekommen war unser Zug, und am schlimmsten die Toiletten! Ich erspare Euch eine nähere Beschreibung. Ich gönnte mir das Erlebnis nur einmal und Horst wollte nach meiner Beschreibung gar nicht dorthin! Zu Essen gab es ununterbrochen und alles wurde an den Platz gebracht. Der Geruch brachte mich dazu, einen Mund- und Nasenschutz zu gebrauchen. Aber alle waren unheimlich fröhlich und freundlich.

Unser Super-Luxus-Zug hatte natürlich doch etwas, das ihn auf jeden Fall jegliche höheren Ehren und auch die Bezeichnung ,Executive' verdienen lässt! Es gab einen Karaoke-Wagen!! Der Indonesier an sich singt für sein Leben gern und meistens sogar recht gut. Also sind Karaoke-Wagen in Zügen der absolute Luxus, den sich der Indonesier an sich gerne gönnt! Wir haben uns sehr weit fern gehalten!

Was das Reisen in Asien und besonders in Indonesien ja sehr bequem macht ist, dass man niemals sein Gepäck selber tragen muss: Überall gibt es Porter, die sich freuen, für kleines Geld alles zu schleppen! Für die Porter ist die Schlepperei sicherlich nicht so schön, aber für uns super.

Hier in Surabaya sind wir auch in einem Ableger einer großen Hotelkette abgestiegen. Auch dieses Hotel ist sehr schön und man hat uns statt des bereits aus Deutschland bestellten Doppelzimmers eine Suite mit Wohn- und Schlafzimmer beschert! Vielleicht in der Hoffnung, dass unsere Bewertung dann besser ausfällt? Da hatten sie auch durchaus Recht! In dieser Beziehung sind wir bestechlich ohne Grenzen! Daher haben wir auch unsere Pläne geändert: Ursprünglich wollten wir am Sonntag weiter in den Luftkurort Tretes in den Bergen fahren und von dort aus den Vulkan Bromo besuchen. Nachdem wir uns in unserem Hotel umgeschaut hatten und vermuteten, dass es in

Tretes in den Bergen recht kalt ist, beschlossen wir unseren Aufenthalt hier um vier Tage zu verlängern und von hier aus zum Vulkan Bromo zu fahren.

Das Vier-Sterne-Hotel, so komfortabel es ist, hat natürlich das, was alle großen Hotels der gängigen Hotelketten haben: Sobald man in der Lobby ist, könnte man in Hongkong, Bangkok, Los Angeles oder von mir aus auch in Berlin sein. Horst hatte auch hier noch einiges für sein neues Buch zu recherchieren und dazu lag es ganz ideal.

Fast hätte ich vergessen das gestrige Event in unserem Hotel zu beschreiben: Es sollte offensichtlich ein Dinner im Freien veranstaltet werden. Welchen Anlass es dafür gab, haben wir vorerst nicht in Erfahrung bringen können. Trotz mehrerer Nachfragen! Nicht dass man meinen könnte, wir seien neugierig, absolut nicht, wir sind nur interessiert. Der Garten war festlich geschmückt, Baldachine wurden errichtet und so gut wie möglich regenfest gemacht, sogar eine Überbrückung des Pools mit einer Bühne wurde vorgenommen. Wir schlichen herum und hatten keine Ahnung, was dort gefeiert werden sollte! Unruhe machte sich bei uns breit! Aber nicht lange, dann ging's los: Jüngere und ältere Herrschaften trafen ein und eine Life-Band begann zu spielen! Und da fielen uns die Schuppen von den Augen oder was auch immer uns die Sicht auf das Ereignis verstellt hatte! Denn plötzlich sangen alle mit Inbrunst ‚Gaudeamus igitur' und das auch noch dreimal hintereinander mit allen Strophen. Ja, wenn das kein Enthusiasmus ist, dann weiß ich es auch nicht! Aber dass es hier in Indonesien auch Studentenverbindungen gibt, war für mich auch eine neue verwirrende Erkenntnis.

In Surabaya besuchten wir das U-Boot-Museum. Wegen Horsts neuem Buch ‚Hitlers Griff nach Asien' war er natürlich an allem, was U-Boote in Indonesien betraf, interessiert. Wie überall in Indonesien gab es auch hier einige Warungs (kleine Verkaufsstände) mit Essen. Eine alte Muslima, Besitzerin eines Warungs, fragte mich vorsichtig, ob ich auch Muslima sei. Als ich ihr erzählte, dass ich das Tuch wegen meiner Krankheit trüge und nicht wegen meiner Religionszugehörigkeit, war sie sehr betroffen und wollte mir ein Essen (Nasi bungkus, ein einfaches Reisgericht mit Gewürzen zum Mitnehmen) spendieren. Da ich das nach meiner Therapie überhaupt nicht essen kann, musste ich sie wieder enttäuschen. Wir gingen aber als Freunde auseinander und sie rief Allah an, dass es mir bald wieder besser gehen solle.

Das nächste Hotel, das wir morgen in Blitar beziehen werden, ist ein altes Kolonial-Hotel, natürlich inzwischen komplett saniert und auf das Feinste herausgeputzt. Dafür hat es auch fünf Sterne und wir werden uns hoffentlich so zu benehmen wissen, dass sie nicht durch uns ein bis zwei Sterne verlieren! Diese alten Kolonial-Hotels haben wirklich noch Charakter! Auch auf den Reisen mit meinen Eltern haben wir, wenn möglich, immer in solchen alten ‚colonial-style' Hotels gewohnt. Vor allem in Indien findet man noch recht viele davon. Auch hier in Surabaya gibt es ein solches Hotel, das Fünf-Sterne-Majapahit-Hotel: wunderschön und mit langer Geschichte. Horst wird in seinem neuen Buch ‚Hitlers Griff nach Asien' darüber berichten.[16]

Meine Güte, ich komme schon wieder ins Schwafeln! Aber eine Geschichte kann ich Euch doch nicht ersparen: die Muezzins von Surabaya! In Jakarta haben wir keinen einzigen gehört, dafür ist der Gebetsruf von Surabaya sehr vielfältig und etwas gewöhnungsbedürftig. Zum einen fangen alle Muezzins unterschiedlich an zu singen. Das ist eigentlich normal, denn nicht alle Uhren gehen gleich in Surabaya oder woanders auf der Welt. Aber einer ist hier dabei, der klingt wie ein halbwüchsiger Junge, bei dem der Stimmbruch nicht richtig funktioniert hat (ein bisschen wie der Schauspieler und Komiker Jerry Lewis – falls sich an den noch jemand erinnern kann), er quakt ganz fürchterlich und total falsch und ich glaube auch nicht, dass er den Text richtig kann! Meine Vermutung: Ich stelle mir einen relativ kleingewachsenen, fülligen jungen Mann aus steinreicher Familie vor (natürlich der einzige Sohn neben sieben Schwestern), dessen größter Wunsch es immer war, Muezzin zu werden. Weil er mit der Stimme und dem Gesangsvermögen das nie erreicht hätte, wollte sein Vater ihm den Wunsch trotzdem erfüllen und hat dem Sohn eine eigene Moschee mit einem schönen und vor allem hohen Minarett mit vielen Lautsprechern gebaut, damit er seinen Berufswunsch erfüllen konnte, und dafür von seinem kleinen dicken Sohn immer geliebt wird. Nur manchmal muss er auch eine seiner sieben Schwestern mitsingen lassen! (Das habe ich nämlich auch gehört!! Und war natürlich entsetzt: eine Frau auf einem Minarett!! Pfui!)

Nun habe ich vergesse über unsere Fahrt zum Vulkan Bromo zu berichten! Unser Fahrer, der uns zum Kraterrand des Bromo bringen wollte, war der Fahrer unseres Hotels namens Hari. Es waren stolze Festpreise, die das Hotel verlangte. Als Horst mit ihm auf Indonesisch verhandelte, bot er uns diese Fahrt zum halben Preis als Privatfahrt an. Solche Sachen funktionieren nur, wenn man – so wie Horst – fließend Bahasa Indonesia spricht. Aber uns im Hotel als Privatfahrer abzuholen, ohne dass das Hotel das mitbekam, war eine logistische Meisterleistung.

---

16 Horst H. Geerken, *Hitlers Griff nach Asien*, Band 2, S. 135, 139f

Um rechtzeitig zum Sonnenaufgang am Kraterrand zu sein, mussten wir um 3:00 Uhr morgens aufbrechen. Um den Sicherheitsleuten im Hotel nicht aufzufallen, sollten wir an einen Hintereingang kommen, der nicht bewacht war! SMS flogen hin und her, als wir durch das nächtliche Hotel schlichen, bis wir unseren Fahrer gefunden hatten! Er hatte nicht den Wagen vom Hotel dabei und so hatten wir nicht das Gefühl, dass wir einen kompletten Betrug unterstützten!

Auch wenn unser Fahrer auf der Fahrt dringend an irgendeiner Raststätte mit Moschee halten musste, um sein Morgengebet zu verrichten (was wir ihm gerne zugestanden, denn er ist ein sehr frommer Mann und schaden konnte es ja auch nicht!), kamen wir gerade zum Sonnenaufgang auf dem Kraterrand an! Das war schon sehr beeindruckend! Der gewaltige Kraterrand und die riesige Caldera im Inneren des Kraters, es soll ja die größte Caldera weltweit sein, und in der Mitte der neu gewachsene ‚kleine' Bromo, der immer wieder Rauchwolken hinaus puffte, und daneben ein weiterer Vulkankegel, der wunderschön aussieht, aber zur Zeit inaktiv ist. Im Hintergrund sah man den noch sehr aktiven Vulkan Semeru, mit 3.700 Metern der höchste Berg Javas.

Abb. 59
Der Vulkan Bromo über dem Morgennebel. Im Hintergrund der Vulkan Semeru, der höchste Berg Javas.

Man kann heutzutage mit einem Jeep in den inneren Krater fahren, die Caldera durchqueren und dann bis zum Rand des aktiven kleinen Bromo – allerdings zu Fuß – vordringen. Aber das haben wir uns erspart! Wir wollten das Schicksal nicht herausfordern! Schließlich passiert immer dort etwas, wo wir gerade hinwollen: Nur wenige Tage bevor wir nach Indonesien flogen, ist der Vulkan Kelut ausgebrochen und hat Surabaya, Malang und Blitar mit Asche bedeckt! Alles sind Orte unseres Reiseplans. Wir hatten schon befürchtet, dass wir gar nicht nach Surabaya und Blitar fahren könnten, aber dank des heftigen Tropenregens, der hier in der Regenzeit regelmäßig herunterkommt, war alles wieder wie sauber gewaschen, als wir hier ankamen. Nur am ersten Tag konnten wir den großen Pool im Hotel nicht benutzen, da das Wasser durch die viele Vulkanasche komplett ausgewechselt werden musste.

So konnten wir alle unsere Pläne verwirklichen. Und es wäre schade gewesen, wenn es nicht geklappt hätte, denn Surabaya ist zu unserem Erstaunen nicht nur eine industrielle Hafenstadt, sondern eine sehr grüne, saubere und gepflegte Stadt. Für asiatische Städte schon sehr ungewöhnlich, aber auch in Asien hat sich offensichtlich einiges Umweltbewusstsein entwickelt!

Ach ja: Umweltbewusstsein! Auf dem Weg zum Vulkan Bromo sind wir übrigens auch an dem Schlammvulkan vorbeigekommen, über den vor einigen Jahren weltweit viel berichtet wurde. Heute ist er den Nachrichten keine Berichterstattung mehr wert, obwohl er nach wie vor ununterbrochen riesige Mengen giftigen Schlamms ausspuckt. Viele Dörfer sind schon von dem Schlamm bedeckt worden, viele tausend Häuser wurden zerstört und viele Menschen haben ihre Heimat verloren. Wir standen auf dem Damm: giftiger Schlamm so weit das Auge reicht, viele Meter hoch! Damals ist der Vulkan wohl angebohrt worden, auf der Suche nach Öl, obgleich alle Fachleute vor einer solchen Bohrung gewarnt haben. Inzwischen hat man einen hohen Damm gebaut, der aber immer wieder aufgestockt werden muss, weil der Schlamm ja immer weiter fließt und fließt. Jetzt will man den giftigen Schlamm mit Flusswasser vermischen, in einen nahen Fluss hineinleiten und damit ins Meer entsorgen! So viel zum Umweltbewusstsein des zuständigen Ministeriums.

Unser Hotelfahrer Hari hat uns auch hierher nach Blitar gefahren. Es war wieder eine etwas umständlichere Angelegenheit, denn wir mussten erst ein Taxi zum Bahnhof nehmen und wurden dort von unserem frommen Hari übernommen! Nicht nur seine Verpflichtung zum Beten erfüllt er gewissenhaft, sondern auch seine Verpflichtung zum Spenden von Almosen! Überall in den Dörfern gibt er ‚kleine Münzen‘.

Hier in Blitar, direkt neben dem immer noch unruhigen Vulkan Kelut (man hört ihn vor allem nachts poltern und rumpeln), wohnen wir im wunderschönen Tugu Hotel. Wieder hat man uns ‚upgegraded' und wir werden behandelt wie Ehrengäste! Das haben wir unserem Freund Horst Jordt zu verdanken, dem Präsidenten der Walter Spies Gesellschaft, der hier eine zweite Heimat hat und der uns wohl wärmstens empfohlen hat! Überall finden wir Blumen und Willkommensschreiben! Ob wir das verdient haben?

Es ist wirklich ein wunderschönes Kolonialhotel mit unglaublich hohen Räumen. Ich schätze, sie sind mindestens 4,50 Meter hoch. Man kommt sich so winzig vor, als sei man aus Liliput in die Welt des Riesen geraten! Der Besitzer sammelt überall Antiquitäten für seine Tugu Hotels zusammen und gestaltet sie damit wirklich sehr geschmackvoll aus. Außer dem Badezimmer, Klimaanlage und elektrischem Licht gibt es wirklich nichts, das an ein modernes Hotel erinnert. Unser Bett ist riesig und so hochbeinig – die Liegefläche befindet sich ca. 1,20 m über dem Boden –, dass man nur mit Hilfe eines Tritts einsteigen kann, der aus einer kleinen antiken Truhe besteht! Das hat wohl damit zu tun, dass man als holländischer Kolonialherr immer weit über der einheimischen Bevölkerung stehen oder eben auch schlafen musste!

Selbst die Hausschuhe, sozusagen echte ‚Holzklompen' – wie sie Frau Antje aus Holland trägt –, sehen aus, als seien sie mindestens 100 Jahre alt. Da haben wir doch lieber unsere eigenen Gummilatschen ausgepackt, denn Fußpilz aus der Kolonialzeit brauchen wir mit Sicherheit nicht auch noch, vor allem wo der edle Spender vermutlich schon 50 Jahre tot ist und wir ihn wegen unkontrollierten Verteilens von Fußpilz nicht mehr gerichtlich belangen können!

Unsere riesige Suite ist direkt neben der Suite von Präsident Soekarno gelegen, in der er mehrmals im Jahr gewohnt hat! Soekarno, der Indonesien in die Unabhängigkeit führte, stammte ja aus Blitar und seine ganze Familie lebte hier. Sein Elternhaus haben wir heute am Morgen besucht und auch sein Grab und die Gedenkstätte.

Zu Soehartos Zeiten, seinem Nachfolger und zweiten Präsidenten Indonesiens, wurde jegliche Soekarno-Verehrung mit Gewalt unterdrückt, aber nach Soehartos Entmachtung und Tod ist die Soekarno-Verehrung zu einer Art richtigen Heiligen-Verehrung angewachsen. Soekarno galt ja auch schon zu Lebzeiten als magische und mystische Person – vielleicht auch, weil alle Versuche, ihn zu ermorden, erfolglos blieben!

Horst musste in der Soekarno Bibliothek und dem Soekarno Museum alle seine ‚Gecko-Bücher', die hier bereits in allen Sprachen vorlagen, signieren.

Abb. 60
Unser Himmelbett im Hotel Tugu

Abb. 61
Zimmer und Arbeitsplatz von Präsident Soekarno im Hotel Tugu in Blitar

Na, da war aber etwas los! Wir wurden bewirtet, bestaunt, überall herumgeführt und vorgestellt. Horst hatte noch Fotos von Soekarnos Deutschlandreise im Jahre 1956 entdeckt, die bisher unbekannt und nicht veröffentlicht worden sind. Zur großen Freude überreichten wir dem Museum eine CD mit diesen Fotos. Wir beide erhielten die Soekarno-Ehrenmedaille in Gold (in Goldfarben – wie ich annehme) für unsere Verdienste um Soekarnos Andenken. Nun liefen wir beide mit stolzgeschwellter Brust herum.

Morgen werden wir uns auf den Weg nach Bali machen. Und dort werden wir endlich unsere Koffer auspacken können! Ich weiß nicht, wie es möglich ist, früher auf Reisen mit meinen Eltern konnte ich problemlos aus dem Koffer leben, ich wusste immer wo ich was suchen musste, selbst wenn wir in mehr als 25 Hotels auf unseren Reisen wohnten! Heute verzweifele ich schon, wenn ich nur zweimal das Hotel wechseln muss! Und finde nach nur einem Suchvorgang nichts mehr – ich habe auch, ehrlich gesagt, nicht so die richtige Ahnung, was alles im Koffer sein könnte! Na, morgen werde ich mehr wissen!

Inzwischen ist Sonntag, der 9. März 2014 und wir sind hier in Bali in unserem Häuschen in Ubud in den Bergen gelandet. Alles scheint als hätten wir es erst gestern verlassen. Unsere ‚Pembantus‘, unsere Angestellten, sind dieselben, die Nachbarn sind dieselben: zum Beispiel der dicke Barry, der einsame Lesley und unser Vermieter Steve natürlich, der jetzt auch einsam ist, da sein javanischer Lebensgefährte sich entschlossen hat, dass es Zeit sei zu heiraten und Kinder zu bekommen! Mit zwei Restaurants, die er von seinem Lebensgefährten Steve geschenkt bekommen hat, kann er ja jetzt endlich auch sorgenfrei eine Familie gründen!
    Wie man sieht, sind wir schon wieder ganz gut informiert über die Dramen und Tragödien, die sich inzwischen hier abgespielt haben. Aber nun haben wir den dicken Barry und Steve zusammen ausgehen sehen! Vielleicht könnte sich daraus ein neues Glück entwickeln. Mit Barry, dem die Villa nebenan gehört und der sehr viel hier ist, braucht Steve auch nicht Ramadan zu halten, wie er das immer mit seinem javanischen Lebensgefährten tat. Das hält die Körperfülle zusammen!

Aber bevor hier alle Dramen offenbart werden, erst einmal unsere Anreise nach hier. Wir flogen von Malang mit einer kleinen Propellermaschine sehr gemütlich und mit ausgezeichneter Sicht auf alle Vulkane Ostjavas – da die kleinen Maschinen ja sehr viel tiefer fliegen – nach Denpasar, der Hauptstadt Balis. Das Tugu-Hotel in Blitar hatte unser Auto für die Fahrt zum Flughafen mit dicken Kissen für den Rücken ausgestattet, ebenso wie mit

Fruchtkörbchen mit exakt zugeschnittenen exotischen Früchten. Man wollte es mir – der Kranken – so bequem wie möglich machen. Zuerst wurden wir für eine Erholungspause in das Tugu Hotel in Malang gebracht, wo man uns wieder von hinten bis vorne verwöhnte. Statt eines Mittagsessens, das sie uns so gerne servieren wollten, haben wir uns mit einem Saft begnügt und uns zur Freude unserer ‚Betreuer‘ das Hotel zeigen lassen! Wirklich sehr beeindruckend! Man fühlte sich direkt wieder in eine andere Zeit versetzt. Leider war unsere Zeit recht begrenzt, weil wir dann sehr schnell zum Flughafen mussten.

Hier in Bali hat uns unser alter Fahrer Murah (was seltsamerweise ‚preiswert‘ oder ‚billig‘ heißt, wobei wir uns für ‚Preis wert‘ entschieden haben, weil er seinen Preis wirklich wert ist, denn er ist ein sehr angenehmer und vorsichtiger Fahrer) vom Flughafen abgeholt. Das gab uns gleich ein heimatliches Gefühl! Einen Mietwagen haben wir auch direkt nach unserer Ankunft erhalten. Ihr seht, alles war perfekt vorbereitet: Man wird am Flughafen abgeholt, ein Mietwagen und das Hauspersonal stehen beim Haus bereit, und der Kühlschrank ist gut gefüllt mit allem, was man die ersten Tage benötigt. Man wird einfach nur verwöhnt!

Nur hätten wir uns vielleicht vor unserer ersten Fahrt mit unserem gemieteten Auto vertraut machen müssen, aber wir waren überzeugt (besonders Horst), dass wir immer wie im Traum fahren und keine Erklärungen benötigen. Außerdem waren wir am ersten Abend unglaublich müde! So war der erste Tag mit unserem Mietwagen doch recht aufregend.

Unsere Arbeitsteilung war wie gehabt: Horst fährt und ich schützte die Umwelt, das sind Pflanzen, Tiere und Menschen vor eventuellen tätlichen Übergriffen unsererseits, indem ich aufpasse! Üblich sind dabei ständige Diskussionen! Ich: ‚Guck auf die Straße! Mehr links! Mehr rechts! Vorsicht Japaner‘, die eine besonders beliebte Jagdbeute sind (!), usw.! Horst hält dagegen: ‚Hab‘ ich doch gesehen, ... ich musste dem entgegenkommenden Fahrzeug ausweichen....‘ usw.! Dann ich beleidigt: ‚Dann sage ich eben gar nichts mehr‘! Diese Diskussionen sind unsere ständigen Begleiter, wenn wir die Gegend mit dem Auto unsicher (im wahrsten Sinne des Wortes) machen! Dazu kommt ja auch noch der Linksverkehr, auf den man sich umstellen muss. Bei Horst klappt das immer sofort – aber man wird ja auch nicht jünger!

Dann kam unser erster Stopp mit unserem Wagen und wir beide, als Autofahrer von Gottes Gnaden, bekamen den Motor nicht ausgestellt – was bedeutete, dass wir im Auto eingesperrt waren, da sich in Indonesien die Autos automatisch verschließen, wenn der Motor läuft. Dann war das Auto endlich aus, wir konnten wieder die Türe öffnen, dann ging der Schlüssel nicht aus dem Zündschloss! Ein Straßenpassant konnte uns den Trick zeigen! Vor lauter Peinlichkeit bekamen wir beide rote Ohren und krumme Zehen, aber es wurde noch besser, denn dann kam der große Moment, als Horst in einem Parkhaus den Rückwärtsgang suchte und wir im Parkhaus bei jedem neuen Versuch in Richtung Parkhauswand vorwärts fuhren. Nur zwei Zentimeter (für mich gefühlte zwei Millimeter, es könnten auch zwanzig Zentimeter gewesen sein) vor der Wand war der vermaledeite Rückwärtsgang endlich gefunden und wir konnten aufatmen!

Aber nicht lange, dann war auf einem anderen Parkplatz ein Begrenzungspoller mit Eisenstange obendrauf und einer Verbindungskette zum nächsten Poller: der sollte uns gehören! Ich schrie noch: ‚Mehr links‘! Und Horst entschied messerscharf: ‚Links und rechts, das kann sie nie unterscheiden‘! und fuhr scharf rechts! Und schon war der Poller mit einem Riesenknall unterm Auto verkeilt mitsamt Eisenstange und Kette! Aber wir wurden natürlich fündig. Wir fanden einen Polizisten, der den Poller und das Auto trennte, die Eisenstange wieder einigermaßen gerade bog und die Eisenkette wieder mit dem nächsten Poller verband! Dem Auto war außer einem kleinen Kratzer nichts passiert. Dann winkte er uns, vermutlich damit wir auf diesem Parkplatz nicht noch mehr Unheil anrichten konnten, freundlich und ohne ein Trinkgeld anzunehmen in den Straßenverkehr zurück! Das nennt man ‚Polizei, dein Freund und Helfer‘.

Aber das sollte natürlich nicht unser letzter ‚Aufreger‘ mit unserem Leihwagen an diesem Tag sein! In einer engen Kurve trafen wir zielsicher mit unserem linken Vorderrad ein tiefes Loch. Ein Stück der Abdeckung eines Kanaldeckels fehlte und ich befürchtete, da kämen wir nie mehr alleine raus. Junge Männer mit kräftigen Oberarmen sammelten sich bereits zur ersten Hilfe, als Horst eine Art ‚Kavalierstart‘ mit Vollgas versuchte und tatsächlich hüpfte das Auto aus dem Loch! Seitdem, ‚toi, toi, toi‘, fahren wir unfallfrei! Aber wir haben bisher noch keine Nachtfahrt gemacht. Das kommt erst morgen, wenn wir abends unser Lieblingslokal Indus besuchen. Ob das mit dem Tanzen allerdings klappt, wage ich zu bezweifeln, weil ich abends immer so müde bin, dass meine Beine nicht mehr richtig laufen wollen! Aber alte Bekannte wiedersehen und uns an der Musik erfreuen, das ist doch auch schon etwas. Und vielleicht fangen die Beine auch an zu zappeln, sobald sie die Musik hören!

Ansonsten ist hier alles so schön wie immer, nur noch etwas kalt! Es ist schon wie in der Trockenzeit: sonnig, nicht feuchtheiß, nicht einmal richtig heiß: morgens 24°C, nachmittags 30°C, dann ist auch die Luftfeuchtigkeit etwas höher.

Unsere Angestellten stehen, wie gesagt, wieder vollzählig zu unserer Verfügung. Unser Boy Lopo klopft immer noch mit dem Reisigbesen auf unserem Bett herum, was mir besonders sinnlos vorkommt, wenn er es gerade frisch bezogen hat, und unser Hausmädchen Anni ist endlich schwanger! Da sie schon zwei Fehlgeburten im letzten Jahr hatte, fassen wir sie jetzt mit Samthandschuhen an und lassen sie nur leichte Arbeiten machen. Ihr Kinderwunsch ist scheinbar so gewaltig, dass sie ihrem Körper keine Ruhe nach den Fehlgeburten gelassen hat und jetzt zum dritten Mal innerhalb eines Jahres schwanger geworden ist! Der Kinderwunsch ist hier so stark, weil eine Frau ohne Kinder nichts wert ist. Man braucht Kinder auch – besonders Söhne – zur Altersversorgung. Allerdings habe ich den Eindruck, dass die Söhne sich davor am liebsten durch Arbeitslosigkeit und Spielsucht drücken und die Altersversorgung der Eltern lieber ihren Frauen überlassen. Vielleicht kommt daher auch der Brauch, dass die Ehefrau des Sohnes unverzüglich nach der Eheschließung zur Schwiegermutter ziehen muss – bis in deren Schlafzimmer! Aber das vermutlich nur, wenn der Ehemann mal weg ist.

Eigentlich sollte es für heute genug sein, aber von unserem Orchideen-Reichtum, mit dem wir unseren Pool rundum geschmückt haben, wollte ich wenigstens noch berichten! Die haben wir am ersten Tag als wir hier waren, auf unserer Chaosfahrt, bei einem Orchideen-Züchter besorgt und seitdem hat sich unserem Leihwagen nichts mehr in den Weg gestellt! Nun kämpfen schon unsere Angestellten, einschließlich unserer Masseurin Komang, die uns schon seit 20 Jahren verwöhnt, darum, wer welche Orchidee bekommt, wenn wir abreisen. Aber die schönsten überlassen wir immer unserem Boy Lopo, der sie zu Hause pflegt, bis wir im nächsten Jahr wieder kommen.

Ach, noch etwas zum Schluss: Die ersten Tage fehlten all unsere Tiere - Gecko, Vögel und Cicaks. Unser Frosch hatte sich ja schon vor einigen Jahren mitsamt Fröschin und der Geliebten davon gemacht, aber die anderen wollten wir doch wenigstens wiederhaben. Und siehe, sie sind alle wieder da, bis auf unsere erfolglosen Nestbauer, die wie die Frösche in einer Dreierbeziehung lebten! Aber ich vermute, nachdem sie unsere schwangere Anni gesehen haben, sind alle drei in Depressionen verfallen, haben die Familienplanung erst einmal eingestellt und sich in eine psychosomatische Reha-Vogelklinik begeben, um diesen Schock zu verkraften!

So, jetzt aber endgültig Schluss mit diesem Blödsinn. Mir geht es übrigens ganz gut, mit dem Essen klappt es noch nicht so richtig – eigentlich gar nicht bis auf Früchte und Joghurt, aber mein Gewicht steht jetzt seit einiger Zeit bei knapp 50 Kilogramm und damit kann ich leben, auch wenn meine Haut etwas Überschuss hat, was bei älteren Damen aber mal vorkommen kann und sich sicher bald auch wieder ändern wird.

Große Ereignisse schicken ihre Boten voraus: Seit gestern haben wir wieder einen Frosch in unserem Garten, ein Erdbeben hatten wir auch schon (als auch die Erdbeben in Kalifornien, Griechenland und Japan waren), wir haben am letzten Montag schon ein wenig getanzt, und noch ganz wichtig, es wachsen bei mir auf dem Schädel wieder Haare!

Womit fange ich jetzt an? Am besten mit mir selbst und meinem Kopfbewuchs! Zuerst fiel mir auf, dass ich plötzlich zweifarbige Augenbrauen hatte, vorne, also in der Mitte, dunkel und hinten hell. Ich nahm an, dass mein Augenbrauenstift schuld an der vorderen Verfärbung sein müsse – meine Augen sind eben auch nicht mehr die besten –, aber mit dem Vergrößerungsspiegel sah ich, dass die dunkleren Augenbrauen viel buschiger waren als der Rest und unverkennbar aus neuen Haaren bestanden. Ich fand mein Aussehen recht witzig, wie ein unfertiger Pandabär! Noch besser wurde es, als Horst plötzlich feststellte, dass sich auf meinem Kopf etwas tat: In der Mitte des Kopfes von der Stirn bis in den Nacken wächst dunkler Flaum nach! Jetzt sehe ich aus wie ein Pandabär mit Irokesenschnitt! Zwar sollte ich mich freuen über die Neuentwicklung auf meinem Kopf, aber die Angelegenheit juckt ganz schön unter meinen flotten Tüchlein, die ich immer um mein Haupt drapiere! Aber das ist ja alles glücklicherweise vorübergehend!

Das Erdbeben ist schnell abgehandelt, es bebte hier am 9. März ungefähr um 21:30 Uhr und ich habe es verschlafen, obwohl es laut Horst, der noch wach war und las, ganz ordentlich gebebt haben soll. Nachbeben oder ähnliches gab es nicht – glaube ich –, denn die hätte ich dann auch verschlafen.

Als Nächstes kann ich kurz von unserer Tanzerei im Indus am Montag berichten: Es war wenigstens ein Anfang, Salsa war noch gar nicht möglich, weil der viel zu schnell ist, aber ein bisschen Cha-Cha-Cha, den aber nur halb, denn dann wackelten meine Beine so sehr, dass ich nicht mehr weiter machen konnte. Einen Bachata tanzte ich mit Budi, meinem Lieblingstänzer von den ‚Eintänzern'. Er sagte immer ‚ganz langsam und keine Drehungen' und trotzdem stolperte ich über meine Füße! Aber er war sehr verständnisvoll! Er ist klein – bestimmt einen halben Kopf kleiner als ich und ganz schön kugelrund –, aber er ist ein guter Tänzer und immer lustig.

Trotz der kurzen Tanzeinlagen mit Horst und der einen mit Budi war ich ganz beglückt, dass ich überhaupt wieder tanzen konnte! Am Mittwoch wollten wir eigentlich ins Jazz-Café, auch um dort zu tanzen und die Musik zu hören, aber da kam solch ein Tropenregen herunter, dass wir doch lieber zu Hause geblieben sind. Aber morgen ist Montag und da ist wieder lateinamerikanischer Abend im Indus. Ein Muss!

Das Wetter hier ist ganz schön kühl nach meinem Gefühl. Es fühlt sich mehr nach balinesischem Sommer als nach balinesischer Regenzeit an! Es regnet sehr wenig und ist auch nicht sehr schwül, was bei mir dazu führt, dass ich oft friere und meine Wärmflasche vermisse – und das am Äquator! Ich hänge es ja nicht an die große Glocke, aber ich muss zugeben, dass ich eine Sucht habe: Ich bin ein Wärmflaschenjunkie! Im Winter sieht man mich selten ohne meine Wärmflasche unter dem Arm! Manchmal nehme ich sie auch im Auto mit! Sie liegt immer auf meinem Schoß und malt im Laufe des Winters ein schönes Muster auf meine Oberschenkel, so wie ein überdimensionales Spinnennetz. Das braucht dann einen ganzen Sommer, um wieder zu verschwinden! Unsere Masseurin Komang hat zwar etwas verwundert geguckt, aber sie hat nicht gefragt! Ich denke, sie schiebt es meiner Erkrankung zu und nicht meiner Wärmflasche, da Wärmflaschen hier unbekannt sind! Aber nicht nur ich finde es manchmal recht kalt: Wir beide saßen hier schon sehr warm eingepackt mit Kaschmirpullover und Jacken! Der Gang in den 27°C warmen Pool morgens ist für uns beide immer ein Angang, aber ich schaffe es nun immer öfter: also auch eine Aufwärtsbewegung für mich!

Und jetzt nach dem langen Vorgeplänkel der absolute Höhepunkt, der uns nächste Woche erwartet: Wieder findet hier das ‚Bali-Spirit-Festival‘ vom 19. bis 27. März statt. Davon habe ich ja mit Begeisterung schon in den letzten Jahren berichtet. Die gleichen Typen fallen jetzt wieder hier ein! Ich bin immer froh, wenn sie die Balinesen nicht noch anbetteln! Aber was ich letztes Jahr in meiner westlichen Verblendung durch absolute Nichtbeachtung von mir geschoben habe, wird mir jetzt erst nach der Lektüre einiger Beiträge in einem Heftchen namens ‚Ubud Community‘, das für Touristen herausgegeben wird, klar! Auf diesem Festival wird auch Holistic Healing, Trifinity 8, Colonics, Sound Healing und vieles andere angeboten!

Robert Lonsdorf, der sich als Healer und Reiki-Master bezeichnet, macht jeden zum Heiler! Vier Wochenendkurse dauert es, bis man Reiki-Meister ist! Für viel Geld! Aber wenn man ein ‚highly effective healer‘ werden möchte, dauert es etwas länger (nicht viel länger, vermute ich, denn Robert Lonsdorf schreibt ‚that's going to take a little more time‘), aber dafür kann man dann alles heilen: Chronic disorders, emotional issues and even serious diseases like cancer!

Jetzt ist mir natürlich klar: Ich habe den völlig falschen Weg gewählt. Hier hätte ich vermutlich mein ganzes ‚altes Ich‘ in die Hände eines sogenannten oder selbsternannten westlichen Heilers legen müssen (mitsamt meinem bisschen Vermögen) und schon wäre ich mental und körperlich gesundet und bettelarm! Dann macht es ja auch nichts mehr, wenn man mangels ärztlicher Versorgung früher stirbt, denn zu essen kann man sich mangels Geld ja nichts mehr kaufen und ein Dach über dem Kopf ist auch unerschwinglich! Na, dann behalte ich doch lieber meine paar Kröten und lebe ohne Holistic Healing glücklich weiter! Übrigens, falls einer weiß, was

‚Trinfinity8' oder ‚Colonics' sein soll, ich habe keine Ahnung und bin auch nicht interessiert an der Aufklärung!

Aber einen schönen Satz aus diesem klugen Tourismusbüchlein möchte ich Euch doch noch zu Kenntnis bringen! Jade Richardson schreibt über einige spirituelle Heiler und ganz besondere Yogis: 'Longtime yogi Danny Paradise used Yoga to overcome injury and find a life-path of leadership, travel und wonderful juju!' Was ‚juju' ist würde mich aber nun doch interessieren!

Nach wie vor gibt es in dieser ‚spirituellen' Welt, die sich hier vor allem Amerikaner, Australier und natürlich auch Europäer geschaffen haben, keinen Platz oder Interesse für die balinesische Spiritualität und Kultur. Es ist nach wie vor eine Gesellschaft, die sich hier trifft, die sich augenscheinlich aus den Übriggebliebenen oder Nachkommen von Bhagwans Ashram in Poona in Indien rekrutiert oder auch von Maharishi Yogi, die mit ihrer Mischung und Vereinfachung von indischer und christlicher Mystik sich eine eigene esoterische und mystische Welt geschaffen hat! Und in dieser Welt können Indonesier nur störend sein!

Nun lasse ich noch kurz Horst zu Wort kommen, der ein heute Morgen mit unserem Boy gemachtes Wortspiel der Welt zur Kenntnis bringen möchte. Er findet es genial und konnte mit dem Boy Lopo herzlich darüber lachen. Lopo hatte vergessen, am Sonnenschirm am Swimmingpool eine Spinne samt Netz zu entfernen, wie ihm Horst am Abend zuvor aufgetragen hatte. Das mahnte Horst dann auf Indonesisch an: ‚Lopo lupa laba laba'. Das heißt ‚Lopo vergaß die Spinne'! Das findet Horst so schön, dass er sich bis jetzt darüber freut!

Habt Ihr schon den Kauf von neuen Schuhen vermisst? Es gibt diesmal keine! Ich bin froh, wenn ich auf flachen Schuhen einigermaßen laufen kann, ohne umzufallen! Außerdem, noch mehr Schuhe könnte keiner verkraften!

Man sollte es kaum glauben, aber jetzt, am 23. März, sind es nur noch knapp drei Wochen bis zu unserem Rückflug! Die Zeit enteilt wirklich überschnell! Aber es geht uns recht gut hier.

Gestern hatte ich ein für mich einschneidendes Erlebnis! Ich konnte etwas anderes essen als nur Joghurt und Früchte! Wir waren beim Japaner und ich konnte tatsächlich eine halbe Portion rohes Thunfisch-Carpaccio, ohne die eigentlich dazugehörige japanische Vinaigrette, mit der das sonst immer serviert wird, essen! Horst war so stolz auf mich wie ein begeisterter Vater, dessen Töchterchen zum ersten Mal ins Töpfchen gemacht hat! Aber ich war auch stolz auf mich! Es geht also nicht nur mit der Kondition wieder aufwärts!

Tanzen versuchen wir jeden Montag im Indus und jeden Mittwoch im Jazz-Café. Langsame Tänze gehen so einigermaßen, aber selbst da habe ich ein ‚Kurvenproblem'! Nicht nur wegen meines Nicht-Essens und der daraus folgenden Gewichtsreduzierung, sondern besonders beim Tanzen! Ich komme nicht rum um die Kurven! Immer steht mir ein Fuß im Weg, und zwar mein eigener! Ich bin einfach zu langsam im Moment. Versuche ich aber schneller zu werden, fliege ich aus der Kurve und habe nur noch nicht auf der Tanzfläche rumgelegen, weil Horst mich immer festhält! Aber Hauptsache wir haben – trotz meiner Schwindelattacken und der fehlenden Koordination der Bewegung meiner Beine – großen Spaß und immer etwas zu lachen. Auf jeden Fall üben wir jetzt regelmäßig mit unserer Tanzlehrerin zu Hause, denn ehrlich gesagt, hatten wir nach fast einem Jahr, das wegen meiner Krankheit ‚ungetanzt' hinter uns liegt, auch viele Figuren mehr oder weniger vergessen. Inzwischen sind wir aber ganz gut wieder eingetanzt.

Der Höhepunkt der letzten Woche war aber unser Besuch beim Garuda Airlines Haupt-Büro in Denpasar, bei dem wir noch Tickets von Bali nach Jakarta kaufen mussten, denn unser Flug mit Emirates geht von Jakarta ab. Wir hatten für die Fahrt unseren Fahrer Murah engagiert, weil wir uns in Denpasar inzwischen gar nicht mehr auskennen und der Verkehr unglaublich verrückt geworden ist, besonders mit den Motorrädern und Mopeds. Wir selbst hätten auch das Büro von Garuda niemals gefunden, und würden auf der Suche bis heute verzweifelt und dem Selbstmord nahe durch Denpasar irren. So aber war es kein Problem. Horst ließ mich direkt in der Wartezone des Garuda-Büros zurück und begab sich zum Schalter. Horst hat auf Bali einen gewissen Bekanntheitsgrad, da er ja in den 1960er Jahren dort den ersten Flughafen geplant hatte. Schon viel wurde darüber in indonesischen Zeitungen – meist mit einem Foto von ihm – berichtet.

Es warteten zwar schon viele Leute, aber merkwürdigerweise wurde Horst als Erster aufgerufen! Schon ziemlich bald wunderte ich mich, warum er so lange brauchte, um zwei Tickets von Denpasar nach Jakarta zu erwerben! Horst, der Schwabe, war gut vorbereitet auf so einen Ticketkauf und daher konnte er dem Schalterbeamten direkt die billigsten Internet-Preise für die Tickets abfordern!

Aber das war nicht alles! Als Horst dem Schalterbeamten quasi als Belohnung dafür, dass er die Internetpreise ohne zu verhandeln an uns weiter gegeben hatte, erzählte, dass er den ersten Verkehrsflughafen von Bali Anfang der 60er Jahre geplant und auch Präsident Soekarno persönlich gekannt habe, sagte er: ‚Ach, Sie sind das!' und schickte Horst in die Wartezone zurück. Er wolle erst einmal mit seinem Chef sprechen und verschwand hinter einer Türe. Wir waren schon beunruhigt, dass wir hinterher doch noch nachzahlen müssten, denn die bereits beim Beamten bezahlten Tickets nahm der Beamte wieder mit. Nach nicht allzu langer Zeit kam der Beamte mit einem Bündel Geld zurück, und wie Horst mir hinterher erzählte, hatte der Beamte mit seinem Chef geredet, dass da draußen der Erbauer des ersten Flughafens von Bali stehe und zwei Tickets wolle in der Business-Class nach Jakarta, und da habe der Chef direkt noch einmal 25 Prozent Nachlass auf unsere schon äußerst günstigen Tickets gewährt. Wir bekamen noch einiges Geld zurück! So etwas gibt es nur in Indonesien, oder vielleicht nur, wenn ein Schwabe in Indonesien auf Indonesisch verhandelt! Was für ein Glück! Jetzt hätten wir doch direkt noch Geld für einige Paar Schuhe! Aber keine Sorge! Wir hatten ja bereits unseren Goldschmied wieder beschäftigt und insofern tut uns der Verzicht auf Schuhe nicht weh!

Inzwischen haben wir das Gefühl, dass Bali einer Neo-Kolonisation zum Opfer fällt! Oft beim Auto- bzw. Motoradfahren sind besonders die Ausländer (insbesondere Amerikaner und Australier) extrem rücksichtslos. Wir warten immer darauf, dass einer brüllt: ‚Macht Euch von unserer Insel, Ihr Sch...-Balinesen! Und wenn Ihr schon hier seid, dann macht Euch wenigstens unsichtbar, wenn wir unterwegs sind!' Ich bin oft total entsetzt. Von der hiesigen Kultur will keiner etwas wissen oder gar kennenlernen. Disco, Surfen, Saufen, und der Rest praktiziert Yin-Yoga, Holistic Healing, Mutter Erde betanzen und alle weiteren Merkwürdigkeiten, die ich ja zum Teil schon beschrieben habe. Sie schweben in einer anderen Welt.

Es ist schon sehr traurig und ernüchternd. Man sieht jedes Mal, wenn man wieder hierherkommt, ein wenig von der Kultur schwinden. Besonders die Reisfelder und wunderschönen Reisterrassen! Die werden von Amerikanern gepachtet, man setzt sich ein großes Haus darauf, weil ja Bali inzwischen viel schöner sei als Hawaii. Das sei ja inzwischen total zugebaut! Da sollten sich die Amerikaner mal fragen, warum!

Die Balinesen lassen sich da schnell über den Tisch ziehen und verpachten – da Ausländer in Indonesien kein Land kaufen können – ihr Land für 25 und mehr Jahre. Die Balinesen bekommen alles Geld dafür auf einmal ausbezahlt. Sie haben aber keinen Geschäftssinn, sie geben das Geld schnell aus für religiöse Feste, japanische Autos etc., so dass sie spätestens nach zwei oder drei Jahren bettelarm dastehen und sich nicht einmal mehr den Reis leisten können, den sie zuvor auf ihren Reisfeldern, auf denen jetzt eine amerikanische Luxusvilla steht, ernten konnten. Das Auto wird wieder verkauft, für weniger Geld, da ja inzwischen gebraucht. Dann müssen sie versuchen, irgendwo Arbeit zu finden, vielleicht bei einem Nachbarn, der sein Reisfeld, noch nicht verpachtet hat, oder vielleicht auch auf einer anderen Insel Indonesiens! So verliert Bali immer mehr von seinem Land und seiner eigenen Kultur an den Westen. Es ist traurig!

Es ist nicht nur der Westen, der das balinesische Gleichgewicht stört, eine weitere große Gefahr kommt aus dem Land selbst, aus Java. Immer mehr islamische Javaner drängt es nach Bali, da hier die Geschäfts- und Verdienstmöglichkeiten viel einträglicher sind als auf Java. Im Gegensatz zu den Balinesen sind Javaner sehr geschäftstüchtig und drängen immer tiefer in das balinesische Geschäftsleben ein. Dies führt dazu, dass ganze Straßenzüge mit Läden, die noch bis zu den 1980er Jahren in balinesischen Händen waren, heute von Javanern aufgekauft wurden. Der Balinese – ganz im Gegensatz zu den fleißigen Balinesinnen – ist träge und beschäftigt sich lieber mit Glückspiel und anderen Vergnügungen.

Natürlich ist hier die Zeit auch nicht stehen geblieben und das ist ja auch so in Ordnung, wir möchten ja auch nicht mehr leben wir früher mit Waschbrett und Kohleofen und mit dem Pferdewagen unsere Feldfrüchte zum Markt tragen. Aber der endgültige Verlust dieser einmaligen Kultur und Natur Balis sollte verhindert werden! Zum Glück wird jetzt schon auf Balis ‚Nebeninseln' ausgewichen, wie Lembongan, Nusa Penida, außerdem nach Lombok, auf die Gili-Inseln und seit neuestem auch nach Flores! Lembongan und Nusa Penida sind Inseln, auf die früher Verbrecher verbannt wurden und auf die seit jeher bei dem balinesischen Neujahr die bösen Geister getrieben werden. Auf Lembongan ist auch der Tempel der bösen Geister beheimatet. Die Insel Lembongan, die von gebildeten Balinesen gemieden wird, wird heute hauptsächlich von Australiern besucht. Entweder kennen sie die balinesische Geschichte und Kultur nicht, oder sie beachten sie nicht, da sie ja selbst auf einer ‚Insel' leben, die früher von Verbrechern besiedelt wurde. Wegen der bösen Geister hätte ich allerdings Bedenken. Horst und ich haben diese Insel daher bis heute gemieden. Nun hoffen wir sehr, dass das schon überbevölkerte Bali ein wenig durch die anderen Inseln gemildert wird, bei dem Ansturm und Übergriff der Ausländer auf die Schönheiten der Insel! Ganz erschreckend finde ich, dass viele Australier und Amerikaner soziale Projekte betreiben für Hunde, für Katzen, für Delphine und so weiter, aber für Kinder, für deren Ausbildung, für balinesische Familien, für eine bessere ärztliche Versorgung gibt es sicher auch etwas, aber bei weitem nicht im gleichen Verhältnis, und oft sind das auch Projekte von Indonesiern oder Balinesen. So, jetzt habe ich mich aber verausgabt! Aber wenn ich mich aufrege, rede ich besonders viel! Aber so etwas regt mich im Moment schrecklich auf!

Jetzt freuen wir uns aber erst einmal auf ein ganz balinesisches Fest, das balinesische Neujahrsfest! Der erste Tag mit Ogo Ogo, der sehr malerischen und sehr lauten Dämonen-Vertreibung, und dann Nyepi, der Tag der Stille, an dem alles zum Erliegen kommt und absolute Stille herrscht. Das erleben wir ja jedes Jahr hier und freuen uns auch jedes Mal sehr darauf.

Wie fast in jedem Jahr fällt der balinesische Jahreswechsel in diesem Jahr wieder in unseren Aufenthalt auf Bali. Am kommenden Sonntag, 30. März, ist der letzte Tag des Jahres, das sogenannte Ogo-Ogo-Fest. Es wird viel Krach gemacht und grausig anzusehende Dämonen werden mit lauter Gamelanmusik durch die Städte und Dörfer getragen, um die bösen Geister von der Insel zu vertreiben. Am Montag, 31. März, ist Nyepi, das balinesische Neujahr 1936, der Tag der Stille. Die balinesische Zeitrechnung beginnt 78 Jahre nach unserer. Kein Mensch darf sich an Nyepi außerhalb des Hauses aufhalten, die Elektrizitätswerke werden abgeschaltet, der Verkehr ruht total. Kein Strandleben, kein Telefon, kein Fernsehen, kein Radio. Der Flughafen ist geschlossen. Durch den Tag der Stille, ohne Geräusche und Licht, sollen die bösen Geister, die man beim Ogo-Ogo-Fest vertrieben hat, den Weg zur Insel Bali nicht mehr zurückfinden.

Wir genießen den Tag der Stille mit Lesen und Schwimmen. Kein lautes reden, nur flüstern. Besonders schön ist der nächtlichen Himmel, da kein elektrisches Licht stört. Die Sterne können sonst nie so klar gesehen werden. So ein Tag der Ruhe müsste in unserer hektischen und lauten Zeit weltweit eingeführt werden. Man kommt wieder zu sich selbst!

Heute findet Ogo-Ogo statt, die Dämonenaustreibung zum Jahresausklang! Riesige Figuren, schrecklich anzusehen, von innen beleuchtet mit aufblinkenden Augen, werden jedes Jahr neu gebaut und es ist für die ‚Konstrukteure‘ ein ähnlicher Spaß wie für die Erbauer von Karnevalswagen in Köln. Aber der Sinn der Veranstaltung, die Austreibung der Dämonen, wird durchaus ernst genommen.

Es ist eine wilde Veranstaltung. Als wir das letzte Mal daran teilgenommen haben, wurde eine der riesenhaften Figuren – teilweise über 4 m hoch – so energisch von ihren Trägern geschwenkt, dass sie in die Zuschauermenge stürzte! Wir waren zwar nahe am Unglücksort, aber zum Glück außerhalb der Gefahrenzone. Dieses Mal werden wir uns nicht in die Menge stürzen. Wir sehen uns den Aufmarsch und die Aufstellung des Zuges heute Nachmittag auf dem Fußballfeld unseres Ortes Ubud an und schleichen uns vor dem großen Umzug heute Abend davon.

Weil ich nach wie vor ein wenig unbeweglich bin, haben wir auch nicht so viel wie sonst unternehmen können. Aber wir hatten für ein paar Stunden Besuch von alten Freunden aus Deutschland: Karl und Hella Schulz haben uns wieder besucht! Wir wussten, dass sie einige Wochen in Melbourne bei ihrem Sohn Mark und ihrer Schwiegertochter waren, und auch dass sie auf dem Weg nach Kuala Lumpur zu ihrem Sohn Ralph knapp drei Wochen in Bali verbringen wollten, aber dann brach jeglicher Kontakt ab. Sie meldeten sich nicht mehr und wir setzten alle Hebel in Bewegung, um sie ausfindig zu machen: Wir riefen in Melbourne an, Anrufbeantworter, und wir riefen in Deutschland bei Tochter Carmen an, Anrufbeantworter. Die Telefonnummer von Sohn Ralph in Kuala Lumpur hatten wir zum Glück nicht, sonst hätten wir die auch noch strapaziert. Als wir den einen Tag bei Garuda in Denpasar waren, haben wir noch vergeblich versucht, auf der Rückfahrt ihr Hotel zu finden. Auch das gelang und nicht! Nach dem Verschwinden der A777-200 der Malaysian Airlines kamen uns die seltsamsten Ideen, auch wenn wir natürlich genau wussten, dass sie nicht in dieser Maschine gewesen sein konnten. Und dann standen sie plötzlich vor unserer Türe! Was für eine Erleichterung und fröhliches Wiedersehen! Des Rätsels Lösung: Ihr Computer funktionierte nicht mehr!

Das Bali-Spirit-Festival liegt glücklich hinter uns. Inzwischen konnte ich aus einem Heft über das Festival sehen, dass eine wirklich erdrückende Übermacht der Akteure aus westlichen Ländern vorliegt: Von 58 verschiedenen Heilern, Yogis und sonst was für spiritistischen Lehrern waren 39 Amerikaner, Australier und Kanadier, 10 weitere kamen aus anderen westlichen Ländern und nur neun aus asiatischen Ländern (und ob das alles Asiaten waren, bezweifeln wir). Bei den Bands, die für die Abendunterhaltung sorgten, waren von 21 Bands 12 Bands aus USA und Australien. Aus anderen westlichen Ländern waren 4 Bands und aus Ländern wie Afrika, China und Indien kamen insgesamt 5 Bands! Aus Bali war nur ein klassisches Gamelan-Orchester dabei, das nur im Vorprogramm spielen durfte, solange die Begrüßungsdrinks gereicht wurden! Beim eigentlichen Ereignis war die balinesische Musik nicht erwünscht.

Jetzt noch etwas anderes: Unser Frosch ist wohl wieder ausgezogen. Ich glaube, er fühlte sich hier ungeliebt und nicht willkommen! Er hatte Recht! Als wir ihn das erste Mal hörten, dachte jeder von uns, dass der andere Blähungen habe und jeder schwieg höflich darüber: Kann ja mal passieren! Als sich das Geräusch dann im Minutentakt wiederholte, blickten wir uns beide sehr betroffen an und meinten fast gleichzeitig: ‚Bist du das‘? Dass wir beide gleichzeitig von dem anderen das Schlechteste angenommen hatten, erheiterte uns sehr und wir krochen durchs Unterholz unseres kleinen Gartens, um den Frosch mit den unanständigen Tönen zu finden und nach draußen zu setzen! Es gelang uns nicht, ebenso wenig unserem Boy Lopo. Aber nach ein paar Tagen war er plötzlich nicht mehr da!

So langsam machen wir uns mit dem Gedanken vertraut, dass unser Urlaub zu Ende geht! Heute in einer Woche werden wir unwiderruflich abreisen! Es war diesmal außer den ersten beiden Wochen auf Java ein sehr ruhiger Urlaub, da ich einfach nicht so richtig in Gang kommen wollte. Ich hätte nicht gedacht, dass eine Bestrahlung des Kopfes solche Nachwirkungen nach sich ziehen würden – bei anderen schon, aber bei mir doch nicht!! Und vor allem erwartete ich nicht so lange und heftige Nachwirkungen, aber auch das wird bald vorbeigehen, da bin ich mir ganz sicher. Und im Großen und Ganzen habe ich mich auch gut erholt!

Hier findet zur Zeit das ‚Odalan Fest‘ in der Nachbarschaft statt, das ist vielleicht vergleichbar mit dem Kirchweihfest bei uns. Odalan ist das Fest des Tempelgeburtstages, das drei Tage lang mit Musik, Wayang-Puppenspielen und Tanz gefeiert wird. Danach gibt es große Reinigungszeremonien, bevor die Götter dann wieder verabschiedet werden, von denen man annimmt, dass sie der Einladung zur Teilnahme gefolgt sind. Es ist normalerweise ein großes buntes und malerisches Fest, aber hier in unserer Nachbarschaft ist es ein kleiner Tempel und daher ein kleines Fest. Ein Gamelan-Orchester ist nicht dabei und die balinesischen Gesänge sind ohne Musikuntermalung recht gewöhnungsbedürftig und selbst für unsere ‚trainierten‘ Ohren auf die Dauer nicht ganz leicht zu ertragen. Wenn man die Aktionen beim Puppen- oder Schattenspiel dazu sieht – was wir natürlich auch schon wahrgenommen haben –, dann ist es viel einfacher und kommt einem auch verständlicher vor, obwohl wir natürlich kein Wort verstehen, weil die übliche Sprache bei diesen Spielen Alt-Javanisch oder Alt-Balinesisch ist.

Seit gestern Abend ist zwar das Odalan-Fest vorbei, aber zum Ausgleich ist heute wieder Live Musik im Restaurant ‚Bayus Kitchen‘ nebenan. Das macht uns auch nicht glücklicher, denn die vielversprechenden Musiker, die dort regelmäßig musizieren, haben sich spezialisiert auf 70er Jahre Rock- und Country-Western-Musik à la Johnny Cash! Und nun spielen die fünf jungen und sicherlich auch vielversprechenden Musiker seit zwei Jahren am Sonntag, Mittwoch und Freitag immer dieselben Songs in derselben Reihenfolge! Beim ersten Mal ist es ja noch ganz hübsch, und Rock-Musik der 70er Jahre ist ja auch so ‚unsere‘ Zeit, wobei uns Country-Western-Musik noch nie begeistern konnte! Aber drei Mal pro Woche dieselbe Musik und das jetzt seit zwei Jahren, das fällt uns ein wenig schwer.

Was uns hier aufgefallen ist, die Indonesier, vor allem die Indonesierinnen, werden immer dicker. Kam ich mir früher vor wie eine Elefantenkuh zwischen lauter Elfen, ist es heute umgekehrt – wobei: Sollte ich mich als Elfe bezeichnen, müsste ich selbst darüber lachen! Elfen sind zart und niedlich und flattern von Blümchen zu Blümchen – oder so ähnlich! Ich bin dann eher die magere und hagere Fee. Gut oder böse? Vielleicht eher gut, denn ich habe keine Warze mit drei schwarzen Haaren im Gesicht. Ich finde es auf jeden Fall sehr schade, dass die grazilen, zierlichen Indonesierinnen vielfach so aus dem Leim gegangen sind. Aber warum sollte es hier anders sein als in anderen Ländern dieser Welt. Da fällt mir ein Spruch aus dem weltbewegenden und richtungsweisenden Schönheitsratgeber meiner Mutter aus den 50er Jahren ein: ‚Eine magere Kuh ist noch lange keine Gazelle‘! Stimmt!! Ich fühle mich im Moment eher wie die magere Kuh! Aber ebenso gab es den Hinweis: ‚Fett muss man kneifen‘! Das nahm ich mir zu Herzen und es gab zwar kein Fett mehr, aber doch ist die Haut eindeutig größer geworden und nicht mehr so fest! Dem dachte ich auch mit Kneifen abzuhelfen! Großer Erfolg: Die Haut hat sich nicht verändert, aber dafür habe ich jetzt überall blaue Flecken! Ob das nun schöner macht??

Gestern war unsere Masseurin Komang mit ihrer Tochter bei uns. Die Tochter wird jetzt mit der Schule fertig und möchte eine Ausbildung zur Hotelfachfrau machen. Das fanden wir mutig, denn sie spricht fast kein Wort Englisch. Da erfuhren wir, dass in den Schulen auf Bali kaum noch Englisch angeboten wird, die Schüler sollen Japanisch und Französisch lernen – besonders die, die in der Tourismus-Branche arbeiten möchten! Das verwundert uns, denn wir haben den Eindruck, dass vor allem Englisch hier gefragt sein sollte. Japanisch auch, aber Französisch? Sollte das eine erste Reaktion auf die überbordende Präsenz der Touristen aus Regionen mit englisch-, amerikanisch- und australisch-sprachiger Bevölkerung sein?

Die ganze Zeit hier haben wir die Hühner hinter unserem Haus vermisst, jetzt wissen wir, was dort passiert ist: Auch der Bauer hinter unserem Haus wollte ein Stückchen vom Tourismus-Kuchen abhaben. Er hat die Hühner ausquartiert (vermutlich alle aufgegessen) und ein Gästezimmer aus dem Hühnerstall gemacht. Und es funktioniert: Das Bali-Spirit Festival hat zwei Amerikanerinnen in seinen Hühnerstall gespült! Diese Information haben wir von Lopo, unserem Boy, als wir nach den Hühnern fragten. Er lachte sich kaputt und meinte, da wohnten jetzt Touristen! Er selbst würde nie in einem ehemaligen Hühnerstall wohnen wollen! Uns fehlen unsere Hühner! Sie gaben uns noch ein ‚altes Bali-Gefühl‘, denn früher krähten die Hähne nächtens immer drei Mal: um 1:00 Uhr, um 4:00 Uhr und dann um 6:00 Uhr – wie man es ja schon aus der Bibel kennt! Und jetzt kräht auch hier nichts mehr, und dann meldet sich auch kein Hund mehr zu Wort wenn die Hähne krähten, wie das früher immer war. Also brauchen wir jetzt einen Wecker, um nachts zu wissen, wie spät es ist! Moderne Zeiten!!

Was ich schon angedeutet habe: der Tierschutz wird von den Touristen und Residents hier höher angesehen als Hilfe für die Menschen! Jetzt habe ich ein großes Plakat und eine Werbeanzeige in einer Zeitung von einer Initiative entdeckt, die sich für glückliche Schweine einsetzt. Früher liefen die Schweine hier alle frei herum, aber heute sieht man keine Schweine mehr auf der Straße. Ich nehme an, sie müssen jetzt wegen der vielen Motorräder und Autos im Stall bleiben. Und da hat sich gleich eine Initiative von Tierfreunden aus westlichen Landen gebildet, die sich bisher vergeblich nach einer schützenswerten Kreatur umgesehen haben und die nun endlich fündig wurden! Wie glücklich werden die Schweine jetzt sein! Die nächsten sozusagen heimatlosen – da objektlosen – Tierschützer werden sicherlich demnächst die Hühner unter ihre Fittiche nehmen! Na, denn mal los!

Wir werden hier auch wieder schwer Abschied nehmen, weil auch dieser Urlaub wieder wunderschön war, trotz ein paar Problemen. Die lagen aber mehr in mir selbst begründet, weil ich mir einfach selbst lästig war, wenn nicht alles so funktionierte, wie ich das von mir selbst erwartet hätte. So zum Beispiel bei einem Reisfeld-Spaziergang zur ‚Sari-Organic-Farm‘ von Nilar, unserer indonesischen Tanz-Freundin, die auf ihrer Farm tolles biologisch-dynamisches Essen zubereitet, was wir immer sehr genossen haben. Diesmal konnte ich nur einen Weg von maximal zwei Kilometern bewältigen und nur einen Obstdrink genießen. Für den Rückweg organisierte Nilar ein Moped mit Fahrer, und ich hintendrauf. Das war sehr hilfreich, aber enttäuschend für mich, weil ich sicher war, ich würde beide Wege schaffen. Horst mosert gerade: Zwei Kilometer seien schon eine ganz tolle Leistung für mich, wenn man bedenkt, dass ich in Deutschland keine 200 Meter mehr habe laufen können! Na gut, lassen wir das mal so stehen. Obgleich das zwar stimmt, sind seitdem doch fast acht Wochen vergangen! Das letzte Wort bleibt mir doch. Trotz aller Beschränkungen und Erschwernissen bin ich doch sehr dankbar, dass ich dies alles noch erleben kann. Ohne die liebevolle Hilfe von meinem Horst wäre dies alles nicht zu ermöglichen gewesen.

Ach, noch etwas: Seit ein paar Tagen ist mir nicht mehr zu kalt! Der Pool schon, aber es dauert ja nur ein paar Minuten Jammern und Zähneklappern, dann finde ich es sehr angenehm im Pool und betreibe heftig meine Wassergymnastik. Aber schwitzen kann ich im Gegensatz zu Horst überhaupt noch nicht. Nicht einmal beim Tanz.

Morgen, Donnerstag 10. April, ist unser letzter Tag hier, denn übermorgen fliegen wir nach Jakarta und von dort mit Emirates einige Minuten nach Mitternacht (also eigentlich Sonntag früh) via Dubai zurück nach Deutschland.

Die Abschiedsveranstaltungen in Form von Essenseinladungen an unsere internationalen und indonesischen Freunde liegen schon hinter uns. Wir veranstalten immer zwei Einladungen. Eine für die internationalen Freunde und eine für die indonesischen. Das soll keine Diskriminierung einer der beiden Gruppen sein, aber die Indonesier bleiben bei so einem Ereignis lieber unter sich. Dazu jetzt ein kurzer Bericht, dann wird das alles verständlicher: Gestern war also unsere Einladung der indonesischen Freunde. Wir hatten einen Tisch für 18 Personen bestellt, für 16 Gäste und uns. Eingeladen hatten wir für 18:30 Uhr – wegen der Kinder! Wie wir Deutsche nun mal sind, waren wir pünktlich an unserem Tisch eingetroffen, wohl wissend, dass für Indonesier die ‚Jam karet‘, die Gummizeit, nach wie vor kein gesellschaftlicher Fauxpas ist – für die ‚orang bulé‘, die Weißen, aber auf jeden Fall, die müssen bei indonesischen Einladungen immer pünktlich sein, selbst wenn sie dann noch stundenlang bis zum Abendessen warten müssen. Man darf also nie mit nüchternem Magen zu einer indonesischen Essenseinladung gehen!

So hockten wir pünktlich um 18:30 Uhr auf unseren Stühlen und die Kellner brachten uns Kissen, damit wir einigermaßen bequem sitzen konnten. Wir bestellten uns schon mal ein Bier vom Fass. An den Nachbartischen blickten uns die anderen Gäste – ausschließlich Weiße – mitleidig an: ‚Ach, so viele Gäste haben sie eingeladen und keiner kommt‘. ‚Jam karet‘ war denen sicherlich kein Begriff! Wir überbrückten die Zeit etwas gequält mit der Betrachtung des riesigen Tisches, der aus einem Baumstamm geschnitten war und schauten unauffällig zu den Nachbartischen, in deren zentralen Interesse wir zu stehen schienen. Nach über einer dreiviertel Stunde schickten wir eine SMS an alle Geladenen! Die größte Familie (6 Personen) hatte gar keine Zeit, sie waren auf einer wichtigen ‚Upacara‘, einem religiösen Fest, was auch gut zu hören war, als der Familienvater kurz anrief, um sich zu entschuldigen, denn im Hintergrund ertönten Gamelan-Musik und Gesänge. Warum er erst zugesagt hatte, ist wahrscheinlich leicht zu erklären, denn ein Indonesier sagt nie ‚nein‘, wenn er es irgendwie vermeiden kann. Und da wir auf einen Termin gedrängt hatten, da unsere Zeit knapp wurde, hat er irgendwann einfach ‚ja‘ gesagt! Aber unsere anderen Gäste waren bereits auf dem Weg, beziehungsweise machten sich gerade auf den Weg. Wir organisierten schnell einen anderen Tisch mit weniger Plätzen. Ein Familienvater war noch in einem Meeting gewesen. Blöderweise fand das in einer Pizzeria statt und er hatte seine Familie schon dorthin mitgenommen, die die Zeit angenehm überbrückte, indem sie sich schon einmal den Bauch vollschlug! Das war für uns kostentechnisch zwar günstiger, aber wir fanden es trotzdem schade. Aber es wurde auch mit den restlichen verbliebenen Gästen und fast zwei Stunden Verspätung ein sehr lustiger und fröhlicher Abend.

Nachwort

Das waren die letzten Zeilen, die Annette aus Bali schrieb. Eine für Februar 2015 geplante und bereits gebuchte Reise konnte Annette wegen ihrer Krebserkrankung im letzten Moment leider nicht mehr antreten. Sie verstarb im April 2015. Annette war bis zu ihrem Ende eine außergewöhnliche, fröhliche und humorvolle, aber auch überaus tapfere Frau. Sie fühlte sich in Indonesien – ihrer zweiten Heimat – immer so wohl! Entsprechend ihrem Wunsch wurde ihre Asche in der Nähe von Tampaksiring am heiligen Fluss Campuhan auf Bali im Januar 2016 verstreut. Schade, dass wir ihre frohgestimmten, witzigen, aber oft auch ironischen Reiseberichte in Zukunft nicht mehr erhalten werden.

Horst H. Geerken
Februar 2016

Weitere Bücher des Autors

Horst H. Geerken
Der Ruf des Geckos. 18 erlebnisreiche Jahre in Indonesien
436 Seiten, Paperback, Norderstedt 2009
EUR 24,90, E-Book, EUR 19,99

Horst H. Geerken
A Gecko for Luck. 18 years in Indonesia
392 Pages, Paperback, Norderstedt 2010
EUR 24,95, E-Book, EUR 19,99

Horst H. Geerken
A Magic Gecko. CIA's Role Behind the Fall of Soekarno
360 Pages, Paperback, Jakarta 2011
ISBN 978-979-709-554-3, IRP 150.000,00

Horst H. Geerken
A Magic Gecko. Peran CIA di Balik Jatuhnya Soekarno
498 Pages, Paperback, Jakarta 2011
ISBN 978-979-709-555-0, IRP 85.000,00

Horst H. Geerken
Missbrauchte Kindheit. Geboren im Jahr von Hitlers Machtergreifung
240 Seiten, Paperback, Norderstedt 2011
EUR 16,90, E-Book, EUR 12,99

Horst H. Geerken
Hitlers Griff nach Asien, Band 1
380 Seiten, Paperback, Norderstedt 2015
EUR 27,95, E-Book, EUR 13,99

Horst H. Geerken
Hitlers Griff nach Asien, Band 2
432 Seiten, Paperback, Norderstedt 2015
EUR 27,95, E-Book, EUR 13,99

Horst H. Geerken
Hitler's Asian Adventure
572 Seiten, Paperback, Norderstedt 2015
E-Book, EUR 13,99

Alle Bücher können im Buchhandel oder über mehr als
1.000 Online-Shops wie www.amazon.de bezogen werden.

BukitCinta Books
www.bukitcinta.com